中国地方志"一体两翼"工程
The "One Body Two Wings" Project of China's Local Chronicles

U0861484

中国方志发展报告

2018

主　编　冀祥德
副主编　杨海峰

方志出版社
Publishing House of Local Records

图书在版编目（CIP）数据

中国方志发展报告 . 2018 / 冀祥德主编. -- 北京：方志出版社，2018. 12

ISBN 978-7-5144-3460-6

I. ①中… II. ①冀… III. ①方志学 - 发展 - 研究报告 - 中国 -2018 IV. ① K290

中国版本图书馆 CIP 数据核字（2018）第 286917 号

中国方志发展报告（2018）

主　　编：冀祥德
副 主 编：杨海峰
责任编辑：张　昊

出 版 人：冀祥德
出 版 者：方志出版社
地址　北京市朝阳区潘家园东里 9 号（国家方志馆 4 层）
邮编　100021
网址　http://www.fzph.org
发　　行：方志出版社图书经销中心
电话　（010）67110500
经　　销：各地新华书店
排　　版：北京纺印图文设计制作有限公司
印　　刷：北京盛旺世纪彩色印刷有限公司

开　　本：700 × 1000　　1/16
印　　张：25.25
字　　数：392 千字
版　　次：2018 年 12 月第 1 版　　2018 年 12 月第 1 次印刷

ISBN 978-7-5144-3460-6　　**定价**：38.00 元

《中国方志发展报告（2018）》编委会

编辑说明

一、指导思想　以马克思列宁主义、毛泽东思想、邓小平理论、“三个代表”重要思想、科学发展观、习近平新时代中国特色社会主义思想为指导，坚持辩证唯物主义和历史唯物主义立场、观点和方法，继承和发扬我国优秀文化传统，弘扬中国特有的方志文化，并对新方志事业的发展现状和热点问题进行年度研究，以专业的角度、专家的视野和实证的研究方法，针对方志领域现状与发展态势展开分析和预测。

二、断限范围　基本以2017年为一个年度进行研究，对个别事项的研究时限作适当上溯和下延。

三、内容要求　全书各报告反映一年来促进地方志事业转型升级的有益探索和创新举措，贯彻“一纳入、八到位”、实现“两全目标”的做法和经验，地方志工作在经济、社会、文化发展大局中的地位、作用和成果，本区域、本系统地方志工作的亮点与特点，以及对地方志事业发展的趋势预判和对策建议等。

四、总体结构　全书总体划分为五个部分：第一部分为总报告；第二部分为评估报告；第三部分为专题报告；第四部分为探索与创新；第五部分为附录。

五、体例要求　全书每篇报告除了对所研究领域的现状描述外，还指出该领域存在的问题和对策，并预测分析未来发展的趋势。全书各报告均设置内容提要和关键词。

六、注释方式　为体现学术规范，本书所参考的重要资料，采取随文标出，集中在页下注释的方式，一一注明出处。

七、数字标点　遵循国家标准出版规定，数字书写以GB/T15835—2011《出版物上数字用法》为准；行文使用标点符号以GB/T15834—2011《标点符号用法》为准。

摘　要

《中国方志发展报告（2018）》由总报告、评估报告、专题报告、探索与创新以及附录组成，重点反映2017年促进全国地方志事业转型升级的有益探索和创新举措，贯彻落实“一纳入、八到位”、加快实现“两全目标”、稳步推进全国地方志“十大工程”的做法和经验，以及本区域、本系统地方志工作的亮点与特点等。

总报告全面梳理了2017年度全国地方志事业发展概况，指出2017年是在全国范围内全面推进地方志转型升级的关键一年，其发展呈现出突出整合资源、突出改革创新、突出宣传方志文化三个特点，并持续保持高位运行态势。同时，报告指出了地方志事业发展存在的问题及原因，并提出对策与建议。

2018年卷重点推出了地方志社会需求“微信调查”研究报告。上海市地方志办公室利用“微信方式”对7710人进行地方志社会需求调查，调查结果表明：社会对地方志总体需求较大，达到92%；但不同职业、年龄和学历群体对地方志需求差异较大，主要呈现出“需求目的多元化、需求种类差别化、需求内容偏好化、需求形式当代化、需求方式碎片化、需求渠道普及化”的特点。同时，就进一步满足社会需求，发挥存史、育人、资政作用提出对策与建议。

按时保质完成“两全目标”、围绕“三大主题”开拓创新、如何让地方志“用起来”“立起来”“活起来”“热起来”、中国方志文化走向世界等问题，既是国务院办公厅要求的法定任务，又是关乎地方志事业转型升级的重大问题。本卷报告以专业的角度、专家的视野和实证的研究方法，对相关问题的发展现状、存在问题展开分析，并提出对策与建议，是地方志工作者和科研工作者治学所必需，成为供广大读者不断开发和研究有关问题的资料宝库，堪称一部权威的年度性重要文献。

Abstract

"Report on the Development of Chinese Local Chronicles (2018)" consists of General Reports, Assessment Reports, Special Reports, Exploration and Innovation, as well as Appendix. This report emphasizes on recording the explorations and innovations done in 2017 to promote the transformation and upgrade of the Chinese Local Chronicles career. The strategies of "One in consideration, eight in preparation" is implemented to accelerate the realization of the "Two Comprehensive Goals". This report aims to popularize the practice and experience of China's "Ten Major Projects" of local chronicles and highlights the key points and features of operations in this region and system.

The general report comprehensively summarizes the development of local Chronicles in China in 2017, and points out that 2017 is a key year to comprehensively promote the transformation and upgrading of local Chronicles in China. Its development presents three characteristics, which are the integration of resources, the reform and innovation, and the publicity of local Chronicles. At the same time, the report points out the problems and causes of the development of local Chronicles, and puts forward countermeasures and suggestions.

"Report on the Development of Chinese Local Chronicles (2018)" focuses on the launch of the "WeChat survey" research report on the social demand of local Chronicles. Shanghai Local Chronicles Office conducted a "WeChat" survey on the social demand for local Chronicles among 7710 people. The results show that there is a great overall demand for local Chronicles, reaching 92%. However, the different occupation, age and educational groups have different needs for local Chronicles, which mainly show the characteristics of "diversification of needs, diversity of needs, preference of needs, modernization of needs,

fragmentation of needs and popularization of demand channels". At the same time,this report puts forward some countermeasures and suggestions to further meet the needs of the society and give full play to their historical, educational and political functions.

Completing the "Two-Comprehensive Goals" on time and with high quality, exploring and innovating around the "Three Themes", how to make local Chronicles "using up", "live up", "hot up" and Chinese local Chronicles culture going global, they are not only legal tasks required by the General office of the State Council, but also some major issues related to the transformation and upgrading of local Chronicles. *"Report on the development of Chinese Local Chronicles(2018)"* analyzes the current development and existing issues of the career of local chronicles from a professional angle and the view of experts with empirical research methods, as well as making predicts and offering suggestions to future development trend. It can be called an authoritative and important annual report.

有关组织机构、文件全称、简称对照表

中国地方志指导小组	中指组
中国地方志指导小组办公室	中指办
地方志编纂委员会	地方志编委会（方志编委会、方志委）
地方志办公室	地方志办（地志办、方志办、志办）
地方史志办公室	地方史志办（史志办）
《全国地方志事业发展规划纲要（2015—2020年）》	《规划纲要》

目录

I 总报告

II 评估报告

III 专题报告

Ⅳ 探索与创新

V 附录

编后记

Ⅰ General Report

Ⅱ Assessment report

Ⅲ Special report

Ⅳ Exploration and innovation

V Appendix

Postscript

I

总报告

2017年全国地方志事业发展报告

宋丽亚[①]

提　要：文章全面梳理了2017年度全国地方志事业发展概况，指出2017年是在全国范围内全面推进地方志转型升级的关键一年，被定位为督查年、落实年，其发展呈现出突出整合资源、突出改革创新、突出宣传方志文化三个特点，并持续保持高位运行态势，主要表现在："一纳入、八到位"落实到位，志书编修成果丰富，旧志整理精益求精，信息化建设增速提质，方志馆建设全面铺开，地方志资源开发利用的质量和效率显著提升，地方志理论研究持续深入，依法治志成效显著，地方志机构队伍建设扎实推进。同时分析了地方志事业发展面临的"瓶颈"问题，如事业发展不平衡、法治化建设面临现实困境、"两全目标"任务完成问题突出、方志人才严重缺乏等，并提出对策。

关键词：全国地方志事业　转型升级　问题　对策

2017年，《关于实施中华优秀传统文化传承发展工程的意见》《国家"十三五"时期文化发展改革规划纲要》先后出台，地方志工作被纳入社会主义文化强国建设任务之中。党的十九大胜利召开，开启了决胜全面建成小康

① 宋丽亚，中指办规划处副处长。

社会、全面建设社会主义现代化国家的新征程，为全国地方志事业发展指明了前进方向。可以说，2017 年是在全国范围内全面推进地方志转型升级的关键一年，是全面督促落实《规划纲要》任务的重要一年。全国地方志系统认真学习宣传贯彻党的十九大精神，高举习近平新时代中国特色社会主义思想伟大旗帜，把握新时代对地方志工作的新要求，找准全国地方志事业发展的历史新方位，提出并践行方志文化自信，围绕全面深化改革，提出围绕党和国家利益、经济社会发展、以人民为中心三个方面开拓创新，开拓志、鉴、史、馆“四驾马车”并驾齐驱，志、鉴、库、馆、网、用、会、刊、研、史“十业并举”的新局面，大力拓展地方志事业发展格局。

一、全国地方志事业发展概况

在党中央、国务院的亲切关怀和高度重视下，中指组及其办公室认真履行统筹规划、组织协调和督促指导职责，在开调查研究、发现与分析问题、强化顶层设计、拓展地方志功能的基础上，将 2017 年定位为督查年、落实年。在全面贯彻《规划纲要》、加快推进“两全目标”的基础上，2017 年全国地方志事业发展呈现三个特点：一是突出整合资源。主要有三种形式：1. 整合区域地方志资源，如京津冀共同签署《京津冀地方志事业协同发展框架协议》，统筹推进京津冀地方志事业协调发展，联合推出“京津冀运河文化展”。2. 加大全国地方志系统支援西藏、新疆地方志工作力度。召开全国地方志系统援藏援疆工作座谈会，统筹布置对口援助工作。各地积极开展对口支援西藏、新疆地方志工作的基础上，还对其他边疆地区进行支援。如山东省为云南省培训地方志业务骨干，支持云南省地方志工作。3. 整合高校、科研机构、媒体等资源。如天津市与地方民俗专家合作建立研讨平台，浙江省与浙江师范大学就地方志工作达成初步合作意向，湖北省与湖北日报传媒集团签署战略合作协议。广东省加强与中山大学、暨南大学、华南师范大学、仲恺农业工程学院等高校合作，并与仲恺农业工程学院签订战略合作协议，共建岭南地方文化研究中心。二是突出改革创新。按照国家全面深化改革的战略布局，围绕党和国家利益、经济社会发展、以人民为中心三大方向开拓创新，做“活”做“热”地方志事业。如举办南海主权与地方志论坛，启动《中国南海志》《三沙市志》编纂，整理、挖掘历朝历代和当代关于南海的史料；启动国家社科基金抗日战争研究专项工程项目《中国抗日战争志》及地方抗日战争志编纂，全面系统、客观真实记述中国抗日战争基本情况；推出《中国地情报告》《中国方志发展报告》《中国年鉴发展报告》，谋划编纂社区志、居民小区志，建立村史馆、村情网等，利用“三网一馆两平台”建设，让地方志走进寻常百姓家。北京市立足首都城市战略定位，积极参与全国文化中心建设。浙江省将地方志工作和农村文化礼堂相结合，全面参与服务农村文化礼堂建设。福建省举办“与历史同行”喜迎十九大“方志之夜”文艺晚会，充分展示地方志与福建地域文化之间的渊源关系，启动《中国影像志·福建名镇》暨《八闽历史文化名镇名村影像志》拍摄等，让地方志“活起来”。三是突出宣传方志文化，讲述中国故事，传播中国声音。实施中国方志文化走出去战略成效显著，首部中英文版名镇志《中国名镇志·乌镇志》亮相世界互联网大会，充分展示地方志的时代价值及独特魅力。召开走向世界的中国方志文化国际学术研讨会，来自中国、美国、德国、日本、越南等国家和地区的代表150多人与会，扩大了方志文化影响力。中国地方志指导小组办公室（以下简称中指办）和内蒙古、上海、浙江、山东等地方志工作机构与中国香港、中国台湾地区及德、英、法、瑞典、挪威等国开展多次学术交流活动，推动中国方志文化走向世界。

（一）“一纳入、八到位”落实到位

一年来，党中央国务院继续高度重视地方志工作。2017年1月，中共中央办公厅、国务院办公厅印发《关于实施中华优秀传统文化传承发展工程的意见》，在重点任务中明确要求“做好地方史志编纂工作，巩固中华文明探源成果，正确反映中华民族文明史，推出一批研究成果”，将地方志工作纳入了中华优秀传统文化传承发展工程。2017年5月，中共中央办公厅、国务院办公厅印发《国家“十三五”时期文化发展改革规划纲要》，强调“加强中国共产党史、中华人民共和国史编修，加强地方史编写和边疆历史地理研究。完成省、市、县三级地方志书出版工作。开展旧志整理和部分有条件的镇志、村志编纂”，将地方志工作纳入社会主义文化强国建设任务之中。地方志在国家文化建设中的作用愈加明显，地位愈加突出。

一是各地坚持落实“一纳入”工作要求。如山西、江苏、江西、山东等省（区）

将地方志工作写入年度政府工作报告，并纳入2017年政府重要工作任务。其中，福建省将地方志工作列入省委、省政府办公厅印发的《福建省优秀传统文化传承发展工程实施方案》。江西省将地方志工作纳入《江西省国民经济和社会发展第十三个五年规划纲要（草案）》。山东省不仅连续四年将地方志工作写入省政府工作报告，而且将其写入省第十一次党代会报告中，山东省主动将地方志工作主动融入经济文化强省建设大局，省委印发的《关于大力弘扬沂蒙精神的意见》，省委办公厅、省政府办公厅印发的《山东省传承发展中华优秀传统文化工作方案》，省委宣传部等40个部门出台的《山东省文化领域供给侧结构性改革实施方案》，都将史志工作列为重要内容。

二是各地坚持落实“八到位”工作要求。北京、山西、内蒙古、辽宁、上海、江苏、浙江、福建、山东、安徽、湖南、广西、西藏、青海、宁夏等省（区、市）主要、主管领导重视地方志工作，分别作出批示。其中，山东省13位省领导一年内就地方志工作作出28次批示，青海省主管领导直接就地方志工作约谈州及省直单位负责人。宁夏出台地方志事业发展规划实施方案，已有31个省（区、市）出台本地地方志事业发展的规划性文件。在市、县级层面，各地也强调立梁架柱，注重用科学规划引领事业不断高质量发展，如山东实现省、市、县三级地方志规划“全覆盖”，云南省各市（州）、四川成都市下辖区（市）县相继出台地方志事业发展规划、意见或办法。北京、云南等省（市）协调解决相关部门，解决经费落实不到位问题。北京市针对市级委办局地方志工作常态化机制不健全、区级地方志工作机构和力量不到位等问题，深入调研，会同市编办研究提出关于进一步落实市、区两级地方志工作职责的意见。西藏自治区各级各部门进一步从战略全局的高度深刻认识做好地方志工作的特殊重要性，通过成立地方志办公室、调剂办公场所、解决办公经费、配备办公设施等，全面落实“八到位”。

（二）志书编修成果丰富

中指办继续实施中国志书精品工程、民族地区与贫困地区志书出版资助工程，开展省级志书、政治部类志书编纂研讨，梳理资料搜集、资料长编编写、审查验收等环节，建立质量标准，组织召开全国地方志系统“两全目标”工作推进会、志书编纂工作经验交流会议，总结经验，梳理问题，解决难题，推动《地方志书质量规定》贯彻落实，确保第二轮修志的质量与进度。各地多措并举抓进度强质量：一是组织召开“两全目标”工作推进会，明确时间表、任务图；二是加强调研，及时发现问题，关口前移，提前介入，强化跟踪服务；三是加强督促检查，及时通报，强化行政执法；四是细化工作目标，明确完成时限，强化动态管理；五是签订目标责任书，明确责任；六是进一步完善制度，如建立地方志编纂“两全目标”工作约谈制度，完善业务帮扶制度，严格志稿编写、审查验收、质量评估等制度，健全、落实质量责任体系，强化内部控制；七是加强分类指导、全程指导，加大培训力度，规范第二轮修志工作流程，明确编纂标准；八是建立健全评审专家库、开展质量建设年、举办优秀志书评比活动等。

截至2018年第一季度末，全国第二轮三级志书规划5722部，较2017年第一季度末增加70部。其中省级志书2416部、地市级志书389部、县级志书2917部，分别较2017年第一季度末规划数增加70部、减少1部、增加1部。按已出版指标统计，三级志书共出版2687.5部，占规划总数的46.97%，较2017年第一季度末增加223.5部，同比增长9%。除广东省全面完成第二轮三级志书规划任务外，天津、吉林、江苏、安徽、山东、河南、湖北、湖南、重庆、四川、宁夏等11个省（市、区）第二轮三级志书出版总完成率超过50%。完成率在40%—49%的有7个省（区、市），完成率低于30%的还有8个省（区、市）和新疆生产建设兵团。

截至2018年第一季度末，省级志书共出版661.5部，占规划总数的27.38%，较2017年第一季度末增加99.5部，同比增长17.7%。除广东、宁夏完成规划任务外，天津、吉林、安徽、山东、湖南、重庆等6个省（市）以及新疆生产建设兵团出版总完成率超过50%。但是省级志书出版完成率低于20%的还有14个省（区、市），其中河南、湖北、云南、江西、新疆5个省（区）为零（个别省为整体打包出版）。

截至2018年第一季度末，地市级志书共出版196部，占规划总数的50.39%，较2017年第一季度末增加15部，同比增长8.29%。除广东、安徽完成规划任务外，吉林、江苏、浙江、江西、山东、河南、湖北、湖南、四川、甘肃等10个省的出版总完成率超过50%。但是出版完成率低于20%的还有5个省（区、市）和新疆生产建设兵团，其中有海南、西藏2个省（区）为零。

截至2018年第一季度末，县级志书共出版1830部，占规划总数的62.74%，较2017年第一季度末增加107部，同比增长6.21%。除广东、安徽完成规划任务外，吉林、上海、江苏、江西、山东、河南、湖北、湖南、四川等9个省（市）的出版总完成率超过70%。但是出版完成率低于20%的还有3个省（区、市）和新疆生产建设兵团，其中有海南省为零。①

乡镇志、村志编修如火如荼。中指办深入推进中国名镇志文化工程、中国名村志文化工程，并召开第二届全国名镇论坛、首届全国名村论坛。各地快速响应、认真组织、积极推进。其中，北京启动21部国家级传统村落志和市级第一批44部传统村落志的编纂工作，江苏深入推进《江苏名镇名村志》编纂工作，陕西启动陕西名村志文化工程。同时，各地积极推动地方志书编纂工作由省、市、县三级向省、市、县、乡镇、村五级延伸。如河北、山东全面启动乡镇（村）志编纂工作，河南、湖北、四川、宁夏等省持续推进（村）志编纂工作，其中四川西昌、宁南等市县把部门志、乡镇志编纂纳入市县综合目标考核。截至2017年底，全国年内出版乡镇志、村志590部，比去年同期增加150部，同比增长34%，累计出版5290部。专门志、行业志、专题志的编修成果丰硕。各地积极探索，主动作为，突出地域特色、行业特色，服务经济社会发展，满足人民需求。截至2017年底，全国年内出版部门志、行业志、专题志535部，累计出版24000多部。②

（三）旧志整理精益求精

一年来，各地通过开展旧志普查工作、联系高校科研机构、图书馆、档案馆、开展深度合作、制定旧志整理办法、健全旧志整理制度等方式加大旧志整理力度，提升旧志整理工作质量。年内共整理旧志366种，累计整理3400多种。

一是省级层面加大旧志摸底、整理以及丛书（集成）等编纂出版工作力度。

---

① 三级志书完成情况数据来源于中指组《关于2018年第一季度全国第二轮省市县三级志书和综合年鉴全覆盖完成情况的通报》（中指组字〔2018〕3号）。

② 乡镇志、村志、专门志、行业志、专题志数据来源于中指办《全国地方志系统行业志、部门志、专业志、乡镇村志、街道社区志、山水名胜古迹志、地情书、教材、理论著述、工具书、历代方志整理出版情况统计表（2017年度）》，中国方志网，http://www.difangzhi.cn/zgdfz/zxtj/201805/92c4525ef1fc4017b26010aa1a6fff33.shtml。

上海市深入开展文献资料整理工作，重点启动《上海府县旧志·索引》；江苏省启动家（族）谱文化资源普查与整理工程，影印出版《江苏历代方志全书》；四川省全面完成《四川历代方志集成》（共四辑）出版工作。福建、山东、河南、广东、陕西、宁夏等省（区）继续推进《闽台历代方志集成》、《山东省历代方志集成》、《河南历代方志集成》、《民国广东年鉴资料汇编》、《陕西历代旧志文库》（影音为主）、《陕西省历代旧志集萃》（点校为主）、《宁夏旧方志丛书》编辑、出版工作。湖南省持续推进《湖南通志》点校出版工作。

二是市、县旧志整理工作逐步成熟。一方面，成果频出。如山西省晋中市、临汾市、运城市、芮城县、吕梁市临县、阳泉市平定县，四川省成都、绵阳、遂宁、乐山、南充、广安、雅安、达州、阿坝等市（州），大邑、中江、西充等县（区），云南省昆明市、昭通市、楚雄州、玉溪市、保山市、丽江市等地的旧志整理成绩突出。另一方面，各省（区、市）对市、县的旧志整理工作从规划引领到业务指导工作有力度，有成效。

（四）信息化建设增速提质

中指组印发《全国信息方志与数字方志建设工程实施方案》，指导各地信息化工作。中指办大力推进全国信息方志与数字方志建设工程，引领地方志信息化大发展。全国地方志系统按照“互联网＋地方志”的新理念，加快推进网站、数据库、微信平台等建设。截至2017年，全国31个省（区、市）和新疆生产建设兵团，省、市、县三级地情网站建成总数为908个，其中省级地情网站31个、市级地情网站221个、县级地情网站656个。数字方志馆（数据库）建成总数为226个，其中省级数字方志馆（数据库）22个、市级数字方志馆（数据库）53个、县级数字方志馆（数据库）151个。新媒体建成总数为388个，其中省级新媒体34个、市级新媒体128个、县级新媒体226个。①

一是全国地方志网站群覆盖面进一步扩大。北京、山东、陕西等省实现地情网省、市、县三级全覆盖，内蒙古、湖北、广西等省（区）实现地情网省、市两级全覆盖，20个省（区、市）建成省级地情网站，并能按照相关要

---

① 相关数据来源于中指办《全国地方志系统信息化建设情况统计表（截至2017年12月31日）》，中国方志网，http://www.difangzhi.cn/zgdfz/zxtj/201805/68d69f79dc9c4a38a1ddfdace11cff9d.shtml。

求实时更新相关栏目内容。北京、吉林等省（市）制定出台地方志信息化建设指导意见，规范引领信息化建设，统一地情网站平台建设。北京市在完成市、区两级地情网站群建设基础上，有序推进乡镇地情网站建设。宁夏地情网正式上线；天津、吉林、上海、江苏、山东、湖北、广西、陕西等省（区）完成地情网改版升级；辽宁省地方志网站获批“辽宁省地方志·政务”中文域名。

二是各地地方志数据库（数字方志馆）建设稳步推进。江苏省志办制定的《地方志元数据规范》《地方志数字化处理规范》，正式列入江苏省质监局2017年度第一批地方标准项目计划，地方志数据库标准化建设有了质的突破。各省（区、市）不断完善地情资源数据库建设，快速扩容，取得突破性进展。北京、江苏、陕西、湖南等省（市）数字方志馆已经建成并投入运营。辽宁省进一步完善地情资料数据库；上海市实现全市志书数字化，并基本完成批量导入网站工作；江苏省基本建成具备江苏省标和地方特色的地方志智能信息检索系统，覆盖省、市、县三级的江苏省数字方志馆系统等；浙江省完善多位一体的信息检索数据库建设；山东省完成首轮县志数字化工作，启动志鉴编纂资源库项目；湖南省完成“数字方志馆”一期工程验收工作，启动“湖南数字方志馆”二期工程。广东省继续实施信息化建设系统工程，完成广东省数字方志馆首期建设项目并通过验收；四川省完成“四川省情信息库”（四川省数字方志馆）项目平台建设，启动第一期地方志资源数字化加工处理、建库、入库；贵州省全力推进“方志云”平台建设。同时，一些市、县的数字方志馆陆续建成上线。

三是全国方志新媒体矩阵影响力不断扩大。天津、山西、湖北、湖南、福建、云南、陕西等省（市）新设微信公众号，目前已有27个省（区、市）开设微信公众号各地微信平台与其他新媒体形成发展合力。例如，上海、河北、山东、湖北、四川等省（市）微信公众号与“今日头条”新闻资讯类手机客户端合作，河北微信公众号与“一点资讯”合作。各地公众号关注量、日均浏览量、影响力不断攀升。各市、县地方志系统微信公众号开通率不断提升，如河北省邢台、邯郸等市实现地方志系统微信公众号开通全覆盖，形成以“方志中国”为龙头，覆盖省、市、县三级的地方志微信矩阵。各地按时推送相关信息，为社会各界读志用志提供服务。新媒介不断涌现，如广东省建设面向社会应用服务的《南粤村情一点通》网络频道等。

（五）方志馆建设全面铺开

中指组印发《方志馆建设规定（试行）》，为全国各级方志馆建设提供了重要依据，并且在山西、内蒙古、广西等省（区）方志馆建设、立项和功能升级过程中发挥了关键性作用。组织首届全国方志馆馆长论坛，举办首届全国方志馆讲解员大赛，提升方志馆建设与服务水平；推动国家方志馆基础设施建设，“魅力中国”展览开展，黄河分馆展陈深入进行，长江分馆选址完成，积极讲好中国故事，培育社会主义核心价值观。各地方志馆建设全面加速，一年来，全国新建各级方志馆 125 个，累计建成 586 个，其中，国家方志馆 1 个，省级方志馆 23 个，地市级方志馆 132 个，县区级方志馆 430 个。[①]

一是省级方志馆建设逐渐规范化和科学化。北京、山东等省（市）出台一系列相关规定，指导当地方志馆的建设与发展。运行中的北京、吉林、上海、江苏、江西、山东、湖南等省级方志馆不断改造升级地情展，如北京市举办“北京恢复高考 40 周年专题展”“北京大运河水利工程遗产展”等多种题材的专题展览，以及“一把手走上京华讲坛”系列讲座。广东、陕西等省级方志馆完成布展，向社会公众开放。福建等省级方志馆开始布展。河北、山西、内蒙古、辽宁、四川等省（区）方志馆，山东省方志馆新馆建设均取得实质性进展。北京、江西等省（市）方志馆加强基地建设，北京市方志馆成为中小学生社会大课堂第六批市级资源单位，并挂牌北京市首个离退休干部活动基地；江西省在乡村创建江西省方志馆地情文化普及基地，形成省市县三级共建新格局。

二是市、县级方志馆建设体量增大。各地加强指导，强化规划，统筹推进基层方志馆建设。如北京市稳步推进区级方志馆建设，房山区已建北京市首个区级方志馆。山东省积极推进省、市、县三级方志馆全覆盖，17 个地级市均按照相关规定建有达标的市级方志馆，已建成、在建或拟新建县级方志馆中，面积达到 1000 平方米以上的有 85 家，其中 25 家在 2000 平方米以上。四川绵阳等市将方志馆建设纳入本地规划。吉林省制定方志馆建设评估标准，对市（州）、县（市、区）方志馆（资料室）进行实地评估。

---

① 相关数据来源于中指办：《全国地方志系统方志馆建设情况统计表（2017 年度）》，中国方志网，http://www.difangzhi.cn/zgdfz/zxtj/201805/324aebec8d66413aab35e7d2d76ea05a.shtml。

（六）地方志资源开发利用的质量和效率显著提升

中指办组织召开全国地方志资源开发利用工作会议，全面部署地方志开发利用工作。引领全国地方志系统围绕三大方向开拓创新，不断提升服务中心工作的水平和能力。各地主动作为，强化对地方志资源的深加工，为各级党委政府科学决策提供重要的借鉴和依据，为中国特色社会主义建设服务，为广大人民群众服务。地方志开发利用工作呈现出四大特点。

一是科学性。各地站在实现中华民族伟大复兴中国梦、推进社会主义文化强国建设的高度，围绕三大方向，科学谋划地方志开发利用工作，充分发挥地方志在经济社会发展和文化强国建设中的重要作用，凸显地方志"资政、教化"功能。如北京市出台《北京市地方志资源开发利用规划（2017 ~ 2020 年）》，以科学规划引领地方志开发利用工作的高质量、高效率开展。吉林省制订《2017年吉林省地方志资源开发立项工作计划》《2017 年地方志资源开发立项项目验收方案》，不断完善地方志资源开发模式，规范地方志资源开发利用工作。上海市以"项目化管理"推进地方志开发利用工作，明确重点推出和做好 14 项地方志重大项目。湖北启动"充分发挥方志功能 服务湖北发展大局"调研项目。

二是创新性。各地不断创新工作地方志开发利用工作的理念、方式、手段，打造具有地域特色的公共文化产品。如上海创新保护性开发利用、拓展普及性开发利用、开展各区特色性开发利用、推进研究性开发利用，启动系列研究课题及项目，完成《改革开放排头兵，创新发展先行者——上海改革开放 40 年大事研究》课题研究、《长江三角洲发展报告·区域合作》，编辑出版《当代上海研究论丛（第 4 辑）》，留存地方历史记忆。江苏省围绕"特"字做文章，组织编纂了一批区域特色鲜明、人文气息浓厚的特色专业志书。

三是主动性。各地坚持以有为谋有位，服务经济社会发展大局，成果显著。1. 继续深化抗战研究，积极参与《中国抗日战争志》及地方抗日战争志编纂工作。如山东省制作完成 6 集《山东抗战将士记忆》口述史专题片，传承革命文化。2. 深挖特色文化资源，积极参与文化强省建设。如四川省建立开放共享的四川文化资源共享数据平台，深入开展并推动四川民间民俗文化、家训和家书文化乡土文化整理研究。3. 深入开展地情研究，通过编辑资政刊物，编写志书干部读本或地情书籍，为党委政府科学决策提供信息咨询服务。

如山西省启动《山西家规家训精选》编纂工作；山东省出版《山东地方治理历史经验参考》；湖北省开展《湖北要览》系列地情丛书编纂工作；陕西省推进地情丛书编纂。4. 各地积极参与规划编制、旅游开发、气象研究、地名普查、历史文化遗产发掘保护、扶贫行动、陈列展览等方面的工作。如北京市梳理传承古地名文化、挖掘新地名文化内涵，服务行政副中心地名规划编制工作。

四是延续性。各地深刻把握地方志开放利用工作的特点，注重开放利用项目的联系性，打造具有地域特色的地方志开发利用品牌。如北京市连续数年编报《地情参阅》，直接影响了《北京城市总体规划（2016—2035年）》编制等，受到市领导高度重视。《吉林年鉴》与《新文化报》合作开展的年度"感动吉林十大人物"评选活动，已连续进行14年，产生了广泛的社会影响；继《知家乡 爱延边 三字经》出版发行后，吉林省继续开发青少年知家乡爱家乡系列方志读物。这两项工作被吉林省委、省政府纳入"健康生活·悦动吉林"活动当中。广东省继续推进广东自然村落历史人文普查工作。

（七）地方志理论研究持续深入

一年来，中指组及其办公室重点抓好三项工作，引领全国地方志理论研究向纵深发展。一是抓好两个平台建设。依托中国地方志学会及分会，召开年会或学术会议，充分发挥学会的学术引领作用。推进《中国地方志》名刊建设，组织全国地方志期刊工作会议和主编培训会，充分发挥方志期刊的理论阵地和引导作用。二是抓好方志学学科体系建设。提出地方志学科建设，与中国社会科学院研究生院联合举办公共管理硕士（MPA）（地方志方向）专业学位研究生班；联合中国社会科学院、北京大学在方志出版社设立博士后科研工作站，招收第一批方志学博士后。三是抓好相关制度建设，拓展地方志理论研究领域。组织第二次全国地方志科研工作会议暨中华一统志编修可行性论证会议，积极推进《地方史工作规定》《地方史编写基本规范》等基础性文件的制定，深入探讨中华一统志编修可行性。截至2017年底，全国地方志系统一年内共发表志鉴论文1300多篇，出版专著、教材、论文集66部。①

各地积极举办学术年会和理论研讨会，创办理论期刊，设立专项研究课题，组织优秀论文评选，编辑出版论文集，进一步深化地方志理论研究，呈现以下特点：一是课题化、项目化。如北京市将2017—2018年度地方志课题调整为资政课题和工作课题两类；上海设立上海社科规划（地方志专项）课题，公布年度研究课题方向，公开向社会征集；四川省印发《2017年全省地方志工作重点研究课题及任务分工方案》，明确研究重点课题，拓宽理论研究渠道，增强了理论研究力量，形成了理论研究合力。二是国际化。如上海市召开地方志理论研讨会，来自海内外80多名专家学者参加研讨会并为地方志理论建设积极建言献策。地方志理论研究走出国门，走向世界，更多海内外学者关注地方志，参与地方志理论研究是大趋势。三是品牌化。如吉林省“方志理论研究三百工程”、河北安徽两省联合举办的“冀皖方志论坛”、上海市“上海地方志论坛”、湖南省“湘志杯”地方志理论研究征文评奖活动等不仅面向全国，而且连续举办，成为全国地方志有影响力的理论研究品牌。四是各地鼓励地方志工作者加大科研力度。如北京市出台《关于资助志书主编出版学术著作的意见》，支持地方志工作者将丰富的地方志工作实践转化为理论研究成果。

（八）依法治志成效显著

一年来，中指办就《地方志工作条例》的修订完善、《中华人民共和国地方志法》立法可行性展开调查研究，为进一步完善地方志法规体系，提升法律效力做好基础性工作。同时，加大《地方志工作条例》落实情况的检查力度，针对推进依法治志、“一纳入、八到位”过程中发现的困难和问题，提出意见和建议，全面落实依法治志。各地通过地方志立法、建章立制、督促检查考核等深化法治化建设。

一是健全地方志法规体系。一年来，各地立法工作卓有成效。《江苏省地

---

① 出版专著、教材、论文集的数据来源于中指办《全国地方志系统行业志、部门志、专业志、乡镇村志、街道社区志、山水名胜古迹志、地情书、教材、理论著述、工具书、历代方志整理出版情况统计表（2017年度）》，中国方志网，http://www.difangzhi.cn/zgdfz/zxtj/201805/92c4525ef1fc4017b26010aa1a6fff33.shtml。

方志工作条例》立法加快推进，被江苏省政府列入2018年立法正式项目。[①]《广东省地方志工作条例（草案）》已通过广东省人大常委会一审，预计2018年出台。[②]天津市即将出台《天津市地方志工作办法》。[③]《辽宁省地方志工作规定（草案）》被列入2018年度辽宁省政府立法规划。同时各地加大地方志法规规章的修订力度。《吉林省地方志工作条例修正案（草案）》已通过吉林省十二届人大常委会第三十七次会议审议，黑龙江省修订《黑龙江省地方志工作规定》。截至2018年第一季度，以《地方志工作条例》为参照，除辽宁、重庆外，已有29个省（区、市）出台省级地方志法规规章。根据《规划纲要》的要求，除重庆以外的所有省级地方志工作机构，均已出台本地地方志事业发展的规划性文件，实现了有法可依。

二是严格规范依法履职。北京、福建、四川等省（市）政府正式公布本省（区、市）地方志工作机构权力清单、责任清单。北京市规范行政审批工作程序和流程，严格执行行政审批各项规定，全年依法完成16项行政许可事项的审批工作。四川省加强地方志行政权力依法规范公开运行平台建设，依法梳理行政执法依据，清理和统计各市（州）、县（市、区）地方志办行政执法证办理情况，建立全省执法队伍台账。山西、四川等省就贯彻落实国务院和山西省《地方志工作条例》及《规划纲要》开展执法调研。河北、山西、黑龙江、上海等省（市）等省将《规划刚要》任务列为督办事项，实行目标考核。北京、天津、河北、山西、辽宁、黑龙江、浙江、山东、湖南、广西、四川、贵州、西藏、陕西、甘肃、青海、宁夏等省（区、市）以及新疆生产建设兵团依法督促检查《地方志工作条例》及“一纳入、八到位”落实情况、“两全目标”进展情况。

三是强化地方志法规教育宣传。各地把法治教育纳入方志系统培训内容，通过组织法治培训班、知识竞赛等，增强地方志工作者运用法治思维和法治方式开展地方志工作的能力，如四川将《四川省地方志工作条例》纳入2017

---

① 《江苏省地方志工作条例》由江苏省第十三届人民代表大会常务委员会第五次会议于2018年9月21日通过，现予公布，自2018年12月1日起施行。

② 《广东省地方志工作条例》由广东省第十三届人民代表大会常务委员会第三次会议于2018年5月31日全票通过，自2018年7月1日起施行。

③ 《天津市地方志工作办法》经天津市政府第3次常务会议于2018年2月23日通过，由市长张国清于3月1日签发第3号市政府令正式公布，自4月1日起施行。

年省政府常务会学法内容；上海、福建、宁夏等省（区）坚持每年开展地方志法规宣传活动；湖北省组织开展纪念《湖北省地方志工作规定》颁布施行10周年纪念活动；上海依靠新媒体平台开展上海地方志法规宣传网络和微信竞答活动。

（九）地方志机构队伍建设扎实推进

一年来，中指组及其办公室继续推进中国地方志学科建设与人才队伍建设工程，完善教育培训制度，分类对地方志工作机构新任负责人、志鉴主编（总纂）等进行专项培训，组织地方志信息化、方志馆建设、科研工作、期刊工作等业务培训。支持地方志工作人员接受专业继续教育，培养地方志专业人才。落实“机构到位、人员到位”，加大干部交流力度。在弘扬“修志问道、直笔著史”方志人精神的基础上，提出发扬“三耐一强”仙人掌精神，强化地方志事业发展的内在驱动力，提升队伍的向心力、凝聚力。

一是机构建设进一步加强。江苏省按照《关于规范和加强市辖区地方志工作机构的通知》要求，深入各地检查指导机构，人员、经费、职责落实情况，目前江苏省市辖区地方志机构设置全部到位。吉林省未理顺地方志机构的23个县（市、区），已全部在原承担地方志工作职能的部门加挂了地方志办公室的牌子，同时各市、县严格落实编制到位，增加工作人员。广东省深圳、湛江等市地方志工作机构实现机构升格，惠州、茂名等市地方志工作机构更名为市人民政府地方志办公室。重庆市调整市志办职能职责和内设机构，去除经营发行职能，强化规划、指导、协调、督促以及政策法规执行等职能；最后1个尚无独立工作机构的区县年内挂牌，实现修志机构全覆盖。四川省德阳、绵阳、乐山、巴中、凉山等市（州）或所辖县（市、区）配齐、配强了领导班子和调整充实了人员。

二是队伍建设成效显著。各地认真学习贯彻习近平新时代中国特色社会主义思想和党的十九大精神，把好正确的政治方向和工作导向。全面落实新时代党的建设总要求，深入推进“两学一做”学习教育常态化制度化，不断增强政治意识、大局意识、核心意识、看齐意识，确保基层党组织充分履行职责、发挥核心作用，确保党员干部增强党性观念、发挥先锋模范作用。不断完善培训、轮岗、交流等各项工作制度，推进队伍规范化建设，如北京市制定《北京市地方志人才发展五年行动计划（2018—2022年）》，以及方志办干部职业生涯规划；江苏省制定机关处室绩效管理目标规划。全方位搭建业务和学术交流平台，多渠道举办有针对性的培训，多方式组织开展技能比赛、表彰先进等活动等，如河北省借助"方志河北"微信公众平台举办"最美方志人"评选活动，山西省举办"晋志讲堂"，辽宁省召开座谈会大力弘扬"修志问道，直笔著史"的方志人精神，山东省组织"山东史志"十大年度人物评选活动，广西举办"桂志文化讲堂"，贵州省开展中青年知识与能力测试工作。

二、问题与对策

2018年是改革开放40周年，2019年是建国70周年，2020年既是全面建成小康社会之年，也是全面完成《规划纲要》任务，特别是实现"两全目标"这一世界文化创举的收官之年。当前，全国地方志事业进入爬坡过坎的关键期，完成使命的决胜期，应清醒地看到，《规划纲要》任务的完成依然任重道远，全国地方志事业发展还面临诸多"瓶颈"问题亟待解决。

（一）事业发展不平衡

主要表现：一是志、鉴、库、馆、网、用、会、刊、研、史"十业"之间发展失衡。如理论研究普遍滞后于地方志实践，研究成果学术含金量不高，在论点、论据、论证上没有太多新意；理论研究各自为战居多，合作水平不高，尚未出现一致公认的权威著作；理论研究指导实践能力不足等。方志馆建设作为地方志事业发展的新生事物，整体上还处于起步、探索阶段。[①] 地方史工作普遍未开展等。二是地区之间发展失衡。从纵向来看，越往基层，工作开展的难度越大，效果越差。以地方志工作机构的设置为例，越往基层，独立的设置越少，无机构情况越多。[②] 从横向来看，发达地区与欠发达地区、贫困

① 李培林：《在全国方志馆建设工作研讨会暨方志馆业务培训班上的讲话》，中国方志网，http://www.difangzhi.cn/zgdfz/ldjh/201809/61eedcb8870b41b79df13deaf262e240.shtml。

② 中指办：《全国地方志系统工作机构情况统计表（2017年度）》，中国方志网，http://www.difangzhi.cn/zgdfz/zxtj/201805/d3eed3327dea43aab16a89ca32d9a8ab.shtml。

地区在经费保障、人才支撑等各方面的差距非常大，在推进地方志从一项工作向一项事业转型升级的力度、效果也有差距。

对策：一是站在落实国家精准扶贫战略的高度，深入推进民族地区与贫困地区志书出版资助工程，确保工程质量。各地要高度重视，将其作为一项重要政治任务抓好落实，确保资助实效。二是整合全国地方志系统力量对口支援西藏、新疆地方志工作，给予必要的人员和经费等支持，争取将地方志援藏援疆纳入全国和各省（区、市）援藏援疆工作大盘子。首先要开阔思路，着眼全局，做好顶层设计。立足于中央对口援藏援疆工作总体部署，明确目标，突出重点，精准措施，以对口援藏17个省（市）和对口援疆19个省（市）体制机制为基础，统筹安排。以县为单位推动分块责任制落实，实现一对一帮扶。同时，未纳入全国对口援藏援疆的省份各尽所能，积极参与。受援地区内地方志工作先进地区发挥优势，援助本地落后地区。其次要坚持精准援助、注重效果。立足受援方地方志工作实际，厘清受援方地方志工作存在的困难，针对受援方在志鉴编纂资金、专家业务指导、人才培养交流、工作业务探讨等方面的不同需求，分类施策开展有针对性的援助，精准发力，利用有限的资金、人力达到援助效果最大化。再次，坚持造血为主、输血为辅。明确支援方和受援方权利与义务，明确主体责任与援助义务，发挥援受双方两个积极性。最后，坚持突出重点、兼顾各业。援助重心应集中在“两全目标”的全面实现上。在此基础上，兼顾援助“馆、网、库、用、会、刊、研、史”等。三是以全国地方志“十大工程”① 为抓手，全面推进地方志转型升级。地方志“十业”之间的不平衡发展既有历史因素，也有现实原因。只有彻底抛弃“一本书主义”，树立协调发展的理念，才能更加主动、积极地参与全国地方志“十大工程”，开拓地方志“十业并举”新局面。

（二）法治化建设面临现实困境

主要表现：一是依法治志的理念还未深入。在实际工作中“说起来重要，

---

① 全国地方志“十大工程”是中指办依据《规划纲要》主要任务梳理出来，并具体实施的。主要有：民族地区与贫困地区志书出版资助工程、中国精品志书工程、中国精品年鉴工程、中国名镇志文化工程、中国名村志文化工程、中国地方志“一体两翼”工程、全国信息方志与数字方志建设工程、方志馆研究建设及全国地方志专业出版基地建设工程、中国地方志学科建设与人才队伍建设工程、中国方志文化走向世界工程。

做起来次要，忙起来不要”的现象仍比较突出。一些地区、部门、行业史志工作的开展，完全决定于领导者个人对史志工作认识水平的高低，缺乏法律的规范和约束，致使工作随意性很大，机构、人员的稳定性受到影响，经费也难以保证。领导重视的，工作还能顺利开展；领导不重视的，工作便无人问津；领导虽然重视但不顾客观规律的，工作往往急躁冒进、粗制滥造，影响所及，工作进度、质量水平参差不齐。二是《地方志工作条例》不适应新时代地方志事业科学发展的需要。随着经济社会的不断发展，地方志编修主体日益多元化，地方志工作领域不断扩大，“十业并举”的事业发展格局初步显现。而仅靠行政手段来组织地方志工作，在相当多的领域和行业已不适用，主要规范省、市、县三级地方综合性行政区域志和年鉴编修的《地方志工作条例》，已无法满足事业拓展、内涵不断深化等需要。当前地方志工作主体权利与义务不明确，存在法律责任不清晰，无法约束相关行为等问题。

对策：一是推动《中华人民共和国史志法》[①]立法，夯实立法的理论基础和实践基础，充分论证立法的必要性、紧迫性和可行性，制定一部好的法律，真正发挥法的约束和保障作用，确保在法治轨道上推进地方志事业发展。在省、市、县三级层面，尚没有制定或正在制定地方志工作法规规章的地区，应该加大工作力度，力争早日出台，以健全地方志法律体系。二是强化督促检查。建议将《地方志工作条例》《规划纲要》的落实情况、地方志“两全目标”完成情况督查纳入国务院办公厅大督查范围。各级政府，地方志工作机构要依法履行相关职能，将相关法规、制度、规定落实在实际工作中，加大依法督查考核的力度，切实做到违法必究。三是通过组织法治化培训、交流经验等，切实强化地方志工作者的法治思维，提高依法行政能力，用法治方式来解决地方志工作遇到的问题，化解矛盾，推动地方志事业在法治轨道上健康发展。四是积极开展普法宣传。在系统外组织主题明确、形式多样的普法宣传活动，在增强全社会厉行法治的积极性和主动性，营造守法光荣、违法可耻的社会

① 2017年2月，中指办开始筹备“依法治国与依法治志论坛”，就“地方志立法研究”在全国范围内征文，为地方志志立法做好理论、舆论准备。在筹备过程中，针对地方史没有法律规范，无法可依，无人管理，存在法律监管空白的实际，以及中宣部办公厅、新闻出版广电总局办公厅联合发文的要求“将地方史编写纳入地方志工作范畴，统一规范管理”（中共中央宣传部办公厅、国家新闻出版广电总局办公厅：《关于进一步做好地方史编写出版工作的通知》（新广出办发〔2015〕45号），2015年5月18日），专家学者们建议制定《中华人民共和国史志法》，以规范史志工作。

氛围中，培养社会公众对地方志法规规章的遵守意识。

（三）“两全目标”任务完成问题突出

主要表现：一是完成“两全目标”任务时间紧、任务重、压力大。以第二轮三级志书编修为例，目前离规划任务完成的时限只有两年多，但是对标任务分析，形势不容乐观。就第二轮三级志书编修整体进度而言，出版完成率超过80%的仅有3省，低于30%的还有8个省（区、市）和新疆生产建设兵团。涉及上海、内蒙古、山西、湖南4个省（区、市）的37部志书还尚未启动编纂。省级志书编修进度情况更是堪忧，出版完成率低于20%的有14个省（区、市）。涉及上海、山西、湖南3个省（市）的33部省级志书尚未启动编纂。部分省市表示完成“两全”目标任务有较大难度。二是质量参差不齐。在调研的过程中，发现部分地区有用质量换数量，为了加快速度放松甚至放弃质量的现象；大部分地区在梳理事业发展问题时，明确指出了质量问题是头等问题，表示个别地方和单位质量意识不牢，编纂的志鉴不符合规范要求，存在政治站位不高、主线突出不够、资料堆积重复、编纂梳理不够、特色亮点不浓、对评审会意见建议重视不够等问题，严重影响了志书质量的提升。

对策：一是以法治方式保障进度。强化督查手段，建立督查通报机制，明确责任追究。对抓落实工作成效明显的地方，要及时给予表扬，总结其经验，交流推广，推动工作；对工作进展缓慢、落实不力的地方和部门，要指出问题，责成报告原因，提出改进意见，以提升工作效能。二是落实“一纳入、八到位”保障进度。认识、领导、机构、编制、经费、设施、规划、工作等不到位，进度难以有保障。在后勤保障到位、规划到位，目标任务细化，时间表、任务图明确的同时，要做好跟踪服务工作，如关口前移，提前介入，发现问题，及时解决。三是树立精品意识，深入推进中国志书精品工程，打造精品佳志；各地要高度重视，加强组织领导，切实做好推荐、评审、宣传推介等各项工作。同时，要将精品意识贯穿于地方志编纂出版工作全过程，严把政治关、史实关、体例关、文字关、出版关，提高志书质量。四是进一步明确志书质量要求，在提高贯彻落实《地方志书质量规定》的自觉性和主动性的同时，制定质量管理、质量监督等规定。

（四）方志人才严重缺乏

主要表现：一是队伍结构不合理。截至2017年底，省、市、县三级地方志机构共定编19792人，在编18220人。其中，具有高级职称的有418人，占总人数的2.29%；中级职称的有798人，占总人数的4.39%；初级及以下职称的有724人，占总人数的3.97%。从学历学位情况看，博士55人，占总人数的0.3%；硕士1282人，占总人数的7.04%；本科11551人，占总人数的63.4%；高中以下652人，占总人数的3.6%。[①] 可见，专业技术人员占总人数的10.65%，硕士以上人员占总人数的7.34%。人才数量远远达不到地方志事业发展的需要。同时，部分地区专家队伍老龄化严重，“队伍不整齐、专业人员匮乏、青黄不接是全国地方志队伍的共性问题。”[②] 二是干部队伍素质有待提升。部分地方志工作者工作的积极性、主动性不够；执行力、学习力、创新力不强；钻研精神和工匠精神缺乏；业务能力不足，视野不开阔等。

对策：一是加大对地方志高端人才的培养储备力度，拓宽人才培养的方式、渠道，拓展人才培养的深度、广度。如扩大学术交流与合作，与高等院校、科研机构合作培养硕士、博士研究生，联合培养博士后等。同时，鼓励、支持在职地方志工作人员继续教育，规范继续教育的管理。二是做好、做实基层地方志工作者的培训。要分级、分类组织业务培训，从地方志“十业”发展的角度，可分别举办方志馆业务培训班、行政管理队伍培训班、年鉴主编培训班、全国史志期刊主编（编辑）培训班、信息化业务培训班、新任负责人培训班等等；从纵向来看，针对省、市、县三级地方志事业发展的需求不同，可分别有针对性地组织培训、座谈等。三是探索适合地方志事业发展的人才政策和机制，重视人才的选拔、引进和任用。要不断优化人才成长环境，鼓励各级地方志工作机构开展多种形式的人才交流活动，建立科学的人才评价

---

① 中指办：《全国地方志系统工作人员情况统计表（2017年度）》，中国方志网，http://www.difangzhi.cn/zgdfz/zxtj/201805/36b85fff41c54431a7d564c5885e6d4a.shtml。

② 冀祥德：《在中国年鉴精品工程专家指导会议上的讲话》，中国方志网，http://www.difangzhi.cn/zgdfz/gzyw/201611/07adfa8acbd948788fd6d05dede26249.shtml。

和激励机制。[1] 四是通过评比表彰、经验交流等方式，弘扬“修志问道、直笔著史”的方志人精神，营造干事创业新环境。

三、展望

中国特色社会主义进入新时代，为全国地方志事业发展指明了新方向、提出了新目标，全国地方志事业也进入到转型升级的关键期、推进“两全目标”的攻坚期。当前，在规定时间内高质量完成《规划纲要》既定任务，尤其是“两全目标”，开创地方志高质量发展的新局面，让方志“用起来、活起来、立起来、强起来”是新时代方志人的新使命。

（一）当前和今后一个时期，首要工作就是要学习贯彻习近平新时代中国特色社会主义思想和党的十九大精神

要在真正学懂弄通做实上下功夫，自觉用习近平新时代中国特色社会主义思想武装头脑、指导地方志实践、推动地方志工作。首先要牢固树立“四个意识”，更加坚定地维护以习近平同志为核心的党中央的权威，更加自觉地在思想上政治上行动上同以习近平同志为核心的党中央保持高度一致，真正做到对党忠诚、襟怀坦白，守纪律、讲规矩。其次要深刻理解习近平新时代中国特色社会主义思想对全国地方志事业转型升级的重大指导意义，明确方志人在新时代的新使命和新担当，准确把握新时代地方志事业转型升级新内涵，更加扎实地把党中央的各项决策部署落到实处。三是严格贯彻落实中央八项规定及实施细则，持续深入推动地方志系统全面从严治党，驰而不息加强作风建设，真正做到改进调查研究、精简会议活动、精简文件简报、规范出访活动、改进新闻报道、厉行勤俭节约，营造风清气正的干事创业氛围。

① 李培林:《以习近平新时代中国特色社会主义思想　为指导为实现地方志“两个一百年目标”而奋斗——在2018年全国地方志机构主任工作会议第二次全国地方志工作经验交流会暨中国名山志文化工程启动仪式上的讲话》，中国方志网，http://www.difangzhi.cn/zgdfz/ldjh/201712/34fa8390b0754c90bfd6c33a9327c22c.shtml。

（二）当前和今后一个时期，中心工作就是要强化地方志质量建设，推进地方志事业高质量发展

党的十九大报告中明确提出“质量强国”，“努力实现更高质量、更有效率、更加公平、更可持续的发展。”这为地方志质量建设指明了方向，具有很强的理论意义和实践意义。李克强总理明确指出，地方志要“为当代提供资政辅治之参考，为后世留下堪存堪鉴之记述。”这是对地方志质量建设的要求。尤其在完成“两全目标”任务的关键期，在抢进度的时候，质量建设更是头等大事。一是要处理好进度与质量的关系。可以预计，今后一两年内，志书、年鉴出版呈井喷之势，数量之多前所未有。必须在质量上下功夫，狠抓质量，将质量观念和质量管理贯穿于地方志的全过程。二是加快形成推动地方志高质量发展的指标体系、政策体系、标准体系、统计体系、评价体系、考核体系，进一步探索创新提高地方志质量的手段与方法。同时开拓思路，结合各地地方志工作实际，建立有效的质量保障体系。三是切实抓好全国地方志“十大工程”的质量建设，当好标杆、做好示范、起好引领，全方位推进地方志质量建设，推动各地“志、鉴、库、馆、网、用、会、刊、研、史”高质量发展。

（三）当前和今后一个时期，主要工作就是全面落实依法治志，积极推进史志立法

党的十八大以来，全国地方志事业发展有了质的提升，地方志工作内涵不断丰富，《地方志工作条例》已不适应全国地方志事业发展的需要。在全系统内全面落实依法治志，当务之急就是要解决《地方志工作条例》无法规范约束部分地方志活动的问题。当前，我国文化立法进程加快，史志立法也应提上日程安排，做好相关论证，在广泛征求法学学者、地方志专家、地方志工作者等意见的基础上，就《中华人民共和国史志法》的基本框架和主要内容提出建议。同时要加大地方志法规规章的宣传力度、执行力度，建立督察考核机制，依法纠正、查处执行不力和违法行为；积极开展普法宣传，增强地方志工作者依法治志的能力，培育全社会依法治志的意识。[①]

---

① 冀祥德：《论依法治志》，《中国地方志》2016 年第 5 期。

（四）当前和今后一个时期，重点工作就是加大方志理论研究力度，加强地方志学科建设

目前，方志理论研究、学科建设仍是地方志事业发展中的薄弱环节，远远落后于地方志实践。[①] 没有理论的实践是盲目的实践，没有方志理论研究和学科建设的支撑，地方志事业科学永续发展难以保证。提高方志理论研究水平，首先必须打开“方志理论研究大门”，将相关学科的专家学者“迎进来”，同时主动“走出去”，走向高等院校、科研机构，走向世界，与一流的学者合作，共同开展理论研究，提高理论水平；与一流的高校、科研机构合作，共同培养地方志高端人才，为地方志事业科学发展提供理论支撑和人才保障。其次，制定方志学学科建设规划，建立和完善方志理论研究学术规范，依托高校、科研机构设立方志学系，形成方志学本科、硕士研究生、博士研究生、博士后完整的方志学人才培养体系。

① 李培林：《以习近平新时代中国特色社会主义思想　为指导为实现地方志“两个一百年目标”而奋斗——在2018年全国地方志机构主任工作会议第二次全国地方志工作经验交流会暨中国名山志文化工程启动仪式上的讲话》，中国方志网，http://www.difangzhi.cn/zgdfz/ldjh/201712/34fa8390b0754c90bfd6c33a9327c22c.shtml。

Ⅱ

评估报告

2018 年第一季度全国第二轮省市县三级志书完成情况评估报告

安　山[①]

提　要：文章在介绍 2018 年第一季度末全国第二轮省市县三级志书完成情况的基础上，重点分析全国地方志系统在推进志书全覆盖工作中存在的工作推进不平衡、工作手段不丰富、志书质量不平衡等问题和不足。基于此，全国地方志系统要增强大局意识，坚持问题导向，正视存在的问题，完善常态化督查机制，全力推进“两全目标”工作，一是提高思想认识，二是加大督查力度，三是优化统计方式，四是狠抓质量控制。

关键词：三级志书　季度通报　问题　对策

为贯彻落实国务院办公厅印发的《规划纲要》，进一步推进全国第二轮省、市、县三级地方志书和综合年鉴编修工作，确保到 2020 年实现“完成第二轮地方志书规划任务，省、市、县三级地方志书全部出版”，“做到地方综合年鉴由地方志工作机构组织编纂，一年一鉴，公开出版，实现省、市、县三级综合年鉴全覆盖”的目标（以下简称“两全目标”），中指组从 2018 年第一季度开始实行“两全目标”工作进度季通报制度。截至 2018 年第一季度末的全国第二轮省市县三级志书完成情况如下。

---

① 安山，中指办方志处主任科员。

一、基本情况

“两全目标”督查小组于2018年3月26日下发《关于实行“两全目标”工作进度季通报制度的通知》，4月中旬，各地完成截至2018年第一季度末的省、市、县三级规划志书完成情况数据报送工作。经数据汇总、统计、校核、报审等流程，于4月28日下发《关于2018年第一季度全国第二轮省市县三级志书和综合年鉴全覆盖完成情况的通报》。

（一）三级志书完成总体情况

截至2018年第一季度末，全国第二轮三级志书规划5722部，其中省级志书2416部、市级志书389部、县级志书2917部。按已出版指标统计，三级志书共出版2687.5部，占规划总数的46.97%，较2017年第一季度末提高2.97个百分点；按通过终审（包括志稿评审终审、审后修改、移交出版、已出版等几个统计指标之和）指标统计，三级志书共完成3606.5部，占规划总数的63.03%，较2017年第一季度末提高7.03个百分点。全国31个省（区、市）和新疆生产建设兵团，第二轮三级志书出版总完成率超过50%的有12个省（区、市），分别是广东100.00%、安徽80.93%、宁夏80.77%、四川76.11%、湖南75.12%、山东75.11%、吉林71.09%、重庆68.00%、江苏60.95%、湖北55.84%、天津55.84%、河南51.32%。完成率在40%—49%的有7个省（区、市），完成率低于30%的还有8个省（区、市）和兵团，分别是海南7.79%、西藏8.03%、兵团10.98%、上海13.99%、北京15.12%、新疆20.22%、青海26.29%、陕西26.29%、浙江26.54%。涉及上海、内蒙古、山西、湖南4个省（区、市）的37部志书尚未启动编纂，占规划总数的0.65%。涉及23个省（区、市）的260部志书已启动编纂但尚未进入初稿撰写阶段，占规划总数的4.54%。

（二）省级志书完成情况

截至2018年第一季度末，按已出版统计，省级志书共出版661.5部，占规划总数的27.38%，较2017年第一季度末提高3.38个百分点。按通过终审

（包括志稿评审终审、审后修改、移交出版、已出版等几个统计指标之和）的指标统计，已完成1205.5部，完成率为49.90%，较2017年第一季度末提高9.90个百分点。出版完成率超过80%的有广东、宁夏2个省（区）和兵团，出版完成率在30%到80%之间的有山东、湖南、重庆、天津、安徽、吉林、山西、四川、福建、广西、陕西11个省（区、市），出版完成率低于20%的有14个省（区、市），其中河南、湖北、云南、江西、新疆5个省（区）为零（个别省为整体打包出版）。涉及上海、山西、湖南3个省（市）的33部省级志书尚未启动编纂，占规划总数的1.4%。涉及18个省（区、市）的146部省级志书已启动编纂但尚未进入初稿撰写阶段，占规划总数的6.04%。

（三）市级志书完成情况

截至2018年第一季度末，按已出版统计，市级志书共出版196部，占规划总数的50.39%，较2017年第一季度末提高4.39个百分点。按通过终审（包括志稿评审终审、审后修改、移交出版、已出版等几个统计指标之和）的指标统计，已完成249部，完成率为64.01%，较2017年第一季度末提高7.01个百分点。出版完成率超过80%以上的有广东、安徽、湖北、吉林、江西5个省，出版完成率在30%到80%之间的有河南、江苏、四川、山东、浙江、甘肃、湖南、山西、云南、河北、宁夏、内蒙古、福建、辽宁、黑龙江15个省（区），出版完成率低于20%的有5个省（区）和兵团，其中海南、西藏2个省（区）为零。涉及5个省（区）和兵团的28部市级志书已启动编纂但尚未进入初稿撰写阶段，占规划总数的7.20%。

（四）县级志书完成情况

截至2018年第一季度末，按已出版统计，县级志书共出版1830部，占规划总数的62.74%，较2017年第一季度末提高3.74个百分点。按通过终审（包括志稿评审终审、审后修改、移交出版、已出版等几个统计指标之和）的指标统计，已完成2152部，完成率为73.77%，较2017年第一季度末提高3.77个百分点。出版完成率超过80%的有广东、安徽、湖北、江西、河南、四川、吉林、江苏8个省，出版完成率在30%到80%之间的有湖南、山东、上海、重庆、河北、宁夏、贵州、黑龙江、云南、甘肃、辽宁、浙江、山西、内蒙古、天津、福建、广西、青海18个省（区、市），出版完成率低于20%的有3个省（区、市）和兵团，其中海南省为零。内蒙古自治区的4部县级志书尚未启动编纂，占规划总数的0.14%。涉及12个省（区、市）和兵团的86部县级志书已启动编纂但尚未进入初稿撰写阶段，占规划总数的2.95%。

（五）有关后续工作

一是部分省（市）分管省领导作出批示。通报下发后，北京、江苏、吉林、山东、重庆、天津、山西、青海、福建、江西、甘肃等省（市）分管领导相继作出批示、指示，要求地方志工作机构严格按照通报的有关要求，加大工作推进力度，确保按时完成目标任务。

二是梳理工作进度相对滞后的志书。“两全目标”督查小组经与有关省级地方志机构沟通，部分地区对二轮志书出版规划进行了调整。6月8日，下发《关于对“两全目标”进度相对滞后志书、年鉴的通报》。截至2018年6月初，全国地方志系统尚有267部志书工作进度相对滞后，其中10部志书未启动编纂，257部志书未进入初稿撰写阶段。

三是实行督查销号制度。“两全目标”督查小组建立“两全目标”督查台账，对工作进度相对滞后的志书进行全过程督查，定期向各省（自治区、直辖市）政府通报工作进度。对于工作推进不力、进展不大的单位，将采取约谈相关单位主要负责人、召开专题督办会等措施进行重点督查。督查小组将进一步加大督查力度，强化督查手段，明确责任追究，提升工作效能，决胜“两全目标”。

二、存在问题

在统计过程中，发现全国地方志系统在推进志书全覆盖工作中依然存在一些问题和不足。

（一）工作推进不平衡

从全国范围看，“志书全覆盖”工作推进不平衡现象十分突出。有的中东部省区市完成进度不如有的西部省区市好，这种不平衡与地理位置、经济发展现状、地方志工作机构人数没有直接因果关系，而与各级党委、政府重不重视地方志工作，地方志机构是否落实依法治志，地方志工作者是否弘扬方志人精神有直接关系。

（二）工作手段不丰富

从了解到的情况看，部分地区推进“志书全覆盖”任务落实的手段比较单一，未把“两全目标”纳入行政督查，工作推进效果不明显。个别地方志工作机构主动性和开拓性不够强，攻坚克难的意识和能力不够强，修志队伍综合素质需进一步提高。

（三）志书质量不平衡

从已出版发行的规划志书看，有的省份志书质量整体较好，也有个别省份对志书质量重视不够，落实志书质量审核规定流于形式，影响志书质量。有的地区为了赶进度，当“甩手掌柜”，对志书审查把关不严，志书质量方面不过硬。

三、下一步工作计划

按时保质完成“两全目标”，是党和国家交给各级政府的法定任务。全国地方志系统要增强大局意识，坚持问题导向，正视存在的问题，完善常态化督查机制，全力推进“两全目标”工作。

（一）提高思想认识

距离完成“两全目标”还有两年多的时间，时间紧、任务重。尚未完成“两全目标”的地区要充分认识完成“两全目标”的重大意义，进一步增强危机意识、责任意识，制定切实可行的“时间表、路线图、计划书”，按照计划全力推进。

（二）加大督查力度

督查是推进工作的有力手段。创新督查手段，通过重点督查、挂牌督办、联合检查、定期通报等多种方式，建立督查长效机制，明确责任追究，提升工作效能。有关单位应积极争取把“两全目标”纳入政府督查工作内容，加大工作推进力度。

（三）优化统计方式

“两全目标”督查小组正会同技术公司开发在线统计系统，充分利用信息化手段，科学设计统计流程，进一步提高统计效率。下一步，将加强统计成果的分析利用，明确工作重点和难点，研究对策措施，为领导决策提供参考和借鉴。

（四）狠抓质量控制

各地在加快“两全目标”推进工作的同时，要高度重视志书质量。既要做好编纂流程控制，又要严格审核把关，严把政治关、史实关、体例关、文字关、出版关。通过严格的质量控制，真正编修出堪存堪鉴的志书成果，完成第二轮志书规划目标，为实现“两个一百年”奋斗目标贡献“志”力。

全国第二轮三级志书完成进度统计排名表

（截至2018年第一季度末）

表1

排名	行政区划	规划数	未启动	部署动员	篇目设置	资料收集	初稿撰写	志稿初审	志稿复审	志稿终审	审后修改	移交出版	已出版	完成率
1	广东	161											161	100.00%
2	安徽	215					1			3	7	30	174	80.93%
3	宁夏	52		2		2	4				2		42	80.77%
4	四川	293			3	2	12	4	6		17	26	223	76.11%
5	湖南	201	1	2		6	20	11	2	2	1	5	151	75.12%
6	山东	229				3	26	13	1	3	9	2	172	75.11%
7	吉林	128					12	2	7		14	2	91	71.09%
8	重庆	125		1		1	18	9	3	1	1	6	85	68.00%
9	江苏	169				1	14	11	11	4	7	18	103	60.95%
10	湖北	197										87	110	55.84%
11	天津	77				1	11	6	10		3	3	43	55.84%
12	河南	304									8	140	156	51.32%
13	山西	221	3			2	39	20	32		9	7	109	49.32%
14	江西	213			2	2	69	17	16		1	1	105	49.30%
15	河北	227				1	30	27	31	9	13	7	109	48.02%
16	贵州	161					26	2	26	4	17	13	73	45.34%
17	黑龙江	255		4		4	53	8	26	12	26	13	109	42.75%
18	福建	173			1		30	21	5	15	12	18	71	41.04%
19	甘肃	171			1	3	34	16	15	7	3	23	69	40.35%
20	云南	212		9	5	10	31	14	12	36	12	2	81	38.21%
21	内蒙古	191	4	8	7	20	43	12	15	5	3	6	68	35.60%
22	广西	189					32		47		28	16	66	34.92%
23	辽宁	241		16	7	20	60	21	12	2	11	13	79	32.78%
24	浙江	211				3	78	29	27	3	5	10	56	26.54%
25	陕西	194		6			42	17	17	10	24	27	51	26.29%
25	青海	116		1		4	38.5	10	13	2	11.5	5.5	30.5	26.29%
27	新疆	89		1		3	41	8	11		1	6	18	20.22%
28	北京	86		1			9	25	20	7	2	9	13	15.12%
29	上海	243	29	12	2	28	117	4	6	2	2	7	34	13.99%
30	兵团	164		7		46	62	10	5	1	9	6	18	10.98%
31	西藏	137					96	17	9	1	2	1	11	8.03%
32	海南	77					2	30	19	10	10		6	7.79%
合计		5722	37	70	28	162	1050.5	364	404	139	270.5	509.5	2687.5	46.97%

全国第二轮省级志书完成进度统计排名表

（截至2018年第一季度末）

表2

排名	行政区划	规划数	未启动	部署动员	篇目设置	资料收集	初稿撰写	志稿初审	志稿复审	志稿终审	审后修改	移交出版	已出版	完成率
1	广东	43											43	100.00%
2	宁夏	25											25	100.00%
3	兵团	5							1				4	80.00%
4	山东	74					8	9		1			56	75.68%
5	湖南	66	1	2			12	2	1				48	72.73%
6	重庆	86		1		1	13	6	2			5	58	67.44%
7	天津	61				1	7	6	8		1	2	36	59.02%
8	安徽	88					1			3	7	30	47	53.41%
9	吉林	60					12	1	7		9	1	30	50.00%
10	山西	91	3				17	12	17				42	46.15%
11	四川	93			3	2	9	2	2		15	20	40	43.01%
12	福建	80			1		17	8	3	7	7	4	33	41.25%
13	广西	68					14		12		12	4	26	38.24%
14	陕西	77		6			20	8	2	3	9	5	24	31.17%
15	贵州	64					11	1	24	1	8	2	17	26.56%
16	江苏	60				1	14	10	8	4	1	7	15	25.00%
17	青海	62		1		4	18.5	5	5		8.5	4.5	15.5	25.00%
18	甘肃	72				2	23	2	12	5	1	11	16	22.22%
19	内蒙古	76		8	7	9	20	5	8	3		1	15	19.74%
20	黑龙江	99		4		4	31	3	19	7	9	3	19	19.19%
21	北京	68		1			9	24	11	3	2	7	11	16.18%
22	海南	55					1	12	16	10	10		6	10.91%
23	辽宁	84		16	2	5	26	12	8		4	3	8	9.52%
24	西藏	57					45	6	1		1		4	7.02%
25	上海	218	29	11	2	28	114	3	6	2	2	6	15	6.88%
26	河北	72				1	22	20	16		8	1	4	5.56%
27	浙江	113				1	53	23	21		4	7	4	3.54%
28	河南	136										136		0.00%
29	湖北	83										83		0.00%
30	云南	68		9	4	5	15	1		24	10			0.00%
31	江西	102			2	2	67	16	15					0.00%
32	新疆	10							10					0.00%
合计		2416	33	59	21	66	599.5	197	235	73	128.5	342.5	661.5	27.38%

全国第二轮市级志书完成进度统计排名表

（截至 2018 年第一季度末）

表 3

排名	行政区划	规划数	未启动	部署动员	篇目设置	资料收集	初稿撰写	志稿初审	志稿复审	志稿终审	审后修改	移交出版	已出版	完成率
1	广东	19											19	100.00%
2	安徽	17											17	100.00%
3	湖北	17										1	16	94.12%
4	吉林	9									1		8	88.89%
5	江西	11						1				1	9	81.82%
6	河南	18									2	2	14	77.78%
7	江苏	13							1		2		10	76.92%
8	四川	21					2	1	1		1		16	76.19%
9	山东	17					4			1	2		10	58.82%
10	浙江	11					3	1	1				6	54.55%
11	甘肃	14						5				2	7	50.00%
12	湖南	14				2	3		1			1	7	50.00%
13	山西	11					2		2			2	5	45.45%
14	云南	16			1	1	3		2	1		1	7	43.75%
15	河北	7					2	1	1				3	42.86%
16	宁夏	5		2							1		2	40.00%
17	内蒙古	12				2	3	1			1	1	4	33.33%
18	福建	9					1	1		3		1	3	33.33%
19	辽宁	57			2	11	16	4	2		2	2	18	31.58%
20	黑龙江	13						1		1	7		4	30.77%
21	广西	15					3		5		2	1	4	26.67%
22	贵州	9					1			1	4	1	2	22.22%
23	新疆	11					8	1					2	18.18%
24	青海	8					6					1	1	12.50%
25	陕西	11					7	1		1		1	1	9.09%
26	兵团	15				7	5			1		1	1	6.67%
27	海南	2						2						0.00%
28	西藏	7					6	1						0.00%
合计		389	0	2	3	23	75	21	16	9	25	19	196	50.39%

全国第二轮县级志书完成进度统计排名表

（截至 2018 年第一季度末）

表 4

排名	行政区划	规划数	未启动	部署动员	篇目设置	资料收集	初稿撰写	志稿初审	志稿复审	志稿终审	审后修改	移交出版	已出版	完成率
1	广东	99											99	100%
2	安徽	110											110	100%
3	湖北	97										3	94	96.91%
4	江西	100					2		1		1		96	96.00%
5	河南	150									6	2	142	94.67%
6	四川	179					1	1	3		1	6	167	93.30%
7	吉林	59						1			4	1	53	89.83%
8	江苏	96						1	2		4	11	78	81.25%
9	湖南	121				4	5	9		2	1	4	96	79.34%
10	山东	138				3	14	4	1	1	7	2	106	76.81%
11	上海	25		1			3	1				1	19	76.00%
12	重庆	39					5	3	1	1	1	1	27	69.23%
13	河北	148					6	6	14	9	5	6	102	68.92%
14	宁夏	22				2	4				1		15	68.18%
15	贵州	88					14	1	2	2	5	10	54	61.36%
16	黑龙江	143					22	4	7	4	10	10	86	60.14%
17	云南	128				4	13	13	10	11	2	1	74	57.81%
18	甘肃	85			1	1	11	9	3	2	2	10	46	54.12%
19	辽宁	100			3	4	18	5	2	2	5	8	53	53.00%
20	浙江	87				2	22	5	5	3	1	3	46	52.87%
21	山西	119				2	20	8	13		9	5	62	52.10%
22	内蒙古	103	4			9	20	6	7	2	2	4	49	47.57%
23	天津	16					4		2		2	1	7	43.75%
24	福建	84					12	12	2	5	5	13	35	41.67%
25	广西	106					15		30		14	11	36	33.96%
26	青海	46					14	5	8	2	3		14	30.43%
27	陕西	106					15	8	15	6	15	21	26	24.53%
28	新疆	68		1		3	33	7	1		1	6	16	23.53%
29	北京	18						1	9	4		2	2	11.11%
30	西藏	73					45	10	8	1	1	1	7	9.59%
31	兵团	144		7		39	57	10	4		9	5	13	9.03%
32	海南	20					1	16	3					0.00%
合计		2917	4	9	4	73	376	146	153	57	117	148	1830	62.74%

工作进度相对滞后的志书统计表

（截至 2018 年 6 月初）

表 5

序号	行政区划	未启动编纂的规划志书	未进入初稿撰写的规划志书	占规划总数的比例
1	北京	0	1	1.16%
2	天津	0	1	1.30%
3	河北	0	1	0.44%
4	山西	0	2	0.90%
5	内蒙古	4	35	20.42%
6	辽宁	0	43	17.84%
7	吉林	0	0	0.00%
8	黑龙江	0	8	3.14%
9	上海	5	40	18.52%
10	江苏	0	1	0.59%
11	浙江	0	3	1.42%
12	安徽	0	0	0.00%
13	福建	0	1	0.58%
14	江西	0	4	1.88%
15	山东	0	2	0.87%
16	河南	0	0	0.00%
17	湖北	0	0	0.00%
18	湖南	1	8	4.48%
19	广东	0	0	0.00%
20	广西	0	0	0.00%
21	海南	0	0	0.00%
22	重庆	0	2	1.60%
23	四川	0	5	1.71%
24	贵州	0	0	0.00%
25	云南	0	24	11.32%
26	西藏	0	0	0.00%
27	陕西	0	6	3.09%
28	甘肃	0	4	2.34%
29	青海	0	5	4.31%
30	宁夏	0	4	7.69%
31	新疆	0	4	4.49%
32	兵团	0	53	32.32%
合计		10	257	4.67%

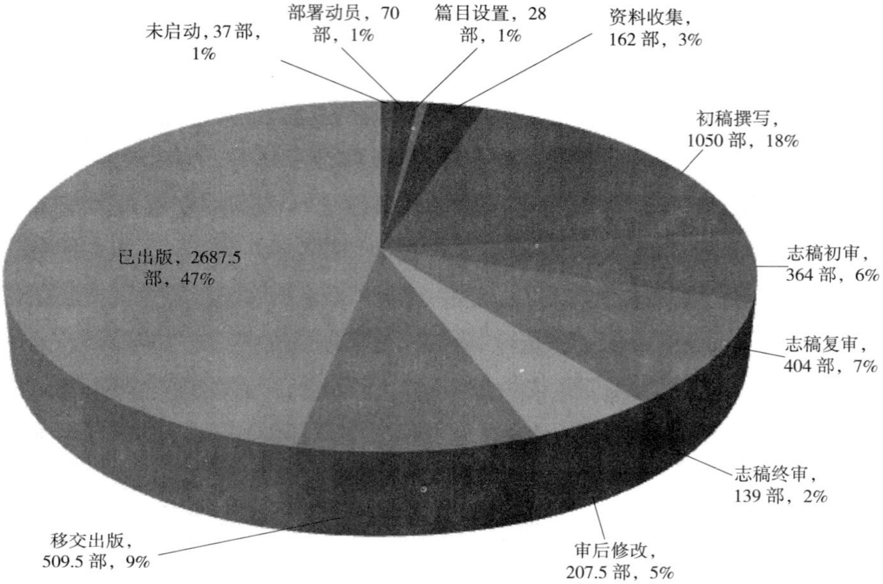

图1　截至2018年第一季度末全国第二轮三轮志书完成情况汇总情况

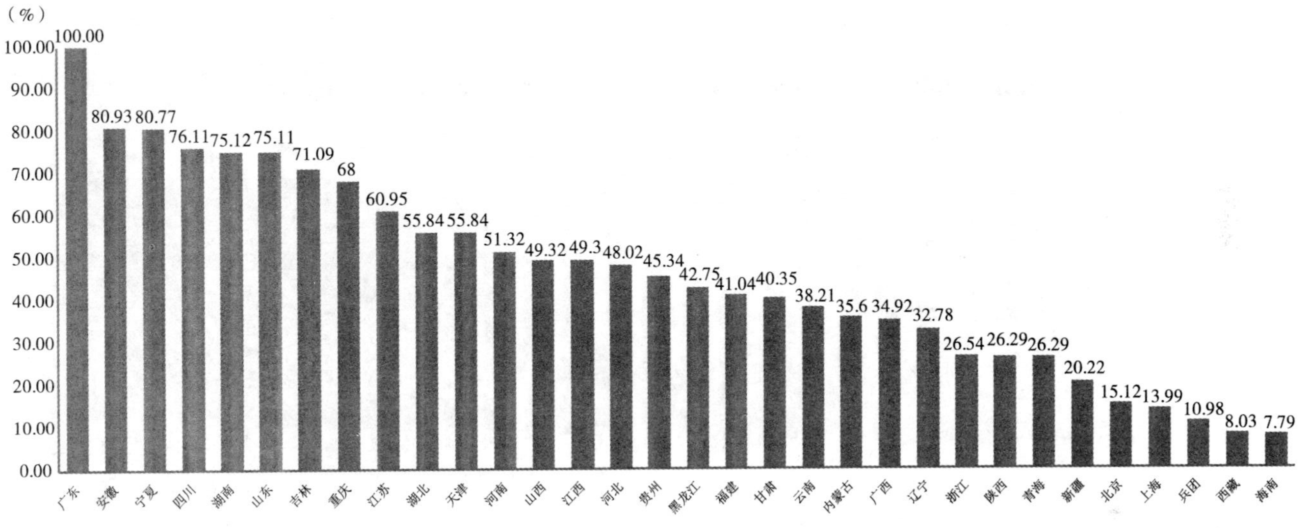

图 2　截至 2018 年第一季度末全国第二轮三级志书已出版占规划总数比例排名情况示意图

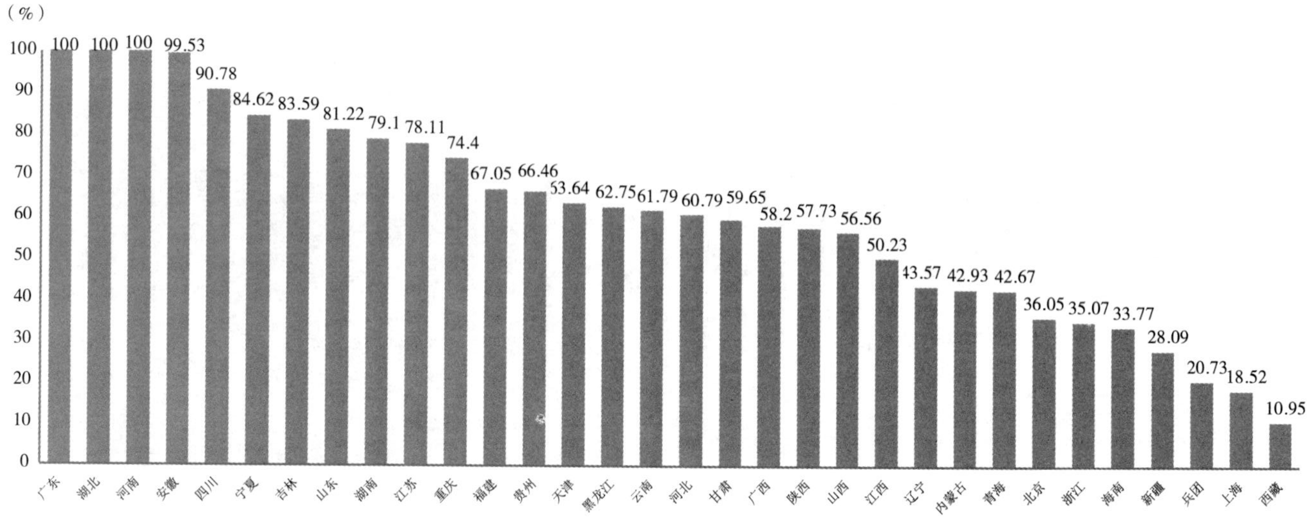

图 3　截至 2018 年第一季度末全国第二轮三级志书通过终审占规划总数比例排名情况示意图

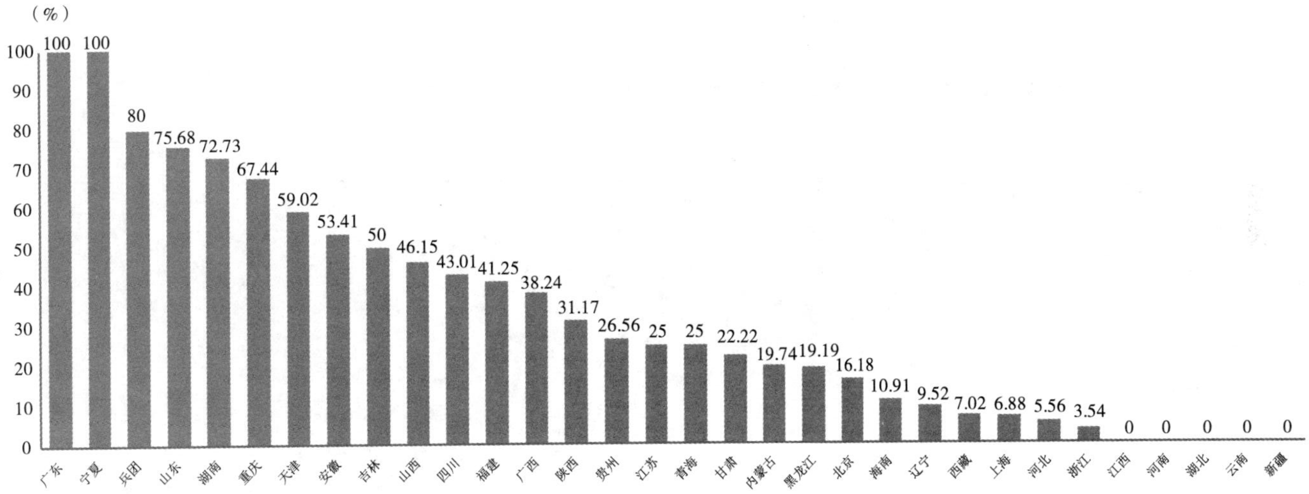

图 4　截至 2018 年第一季度末全国第二轮省级志书已出版占规划总数比例排名情况示意图

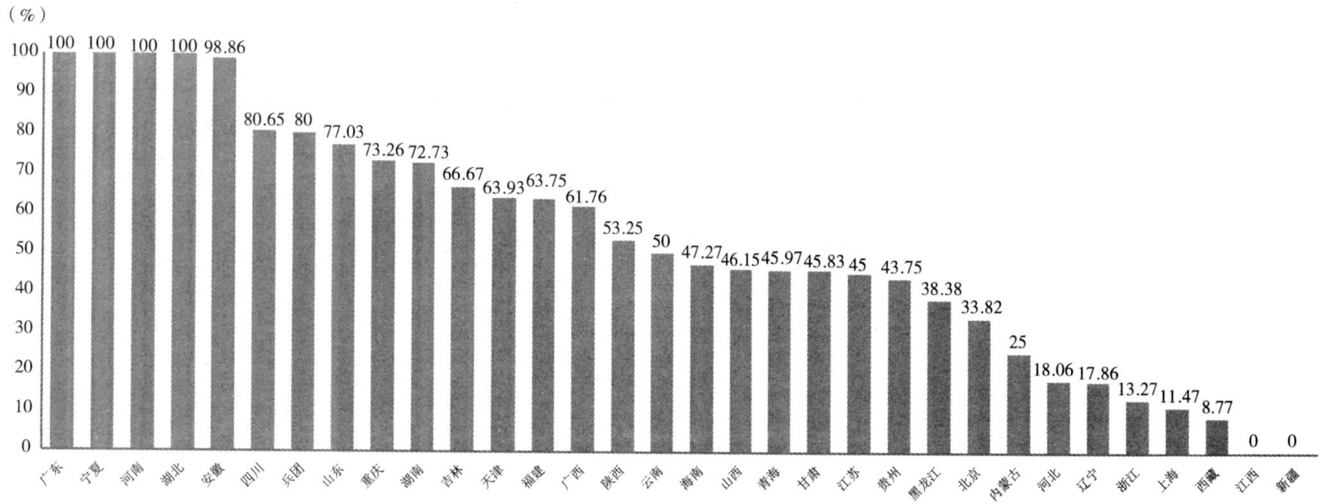

图 5　截至 2018 年第一季度末全国第二轮省级志书通过终审占规划总数比例排名情况示意图

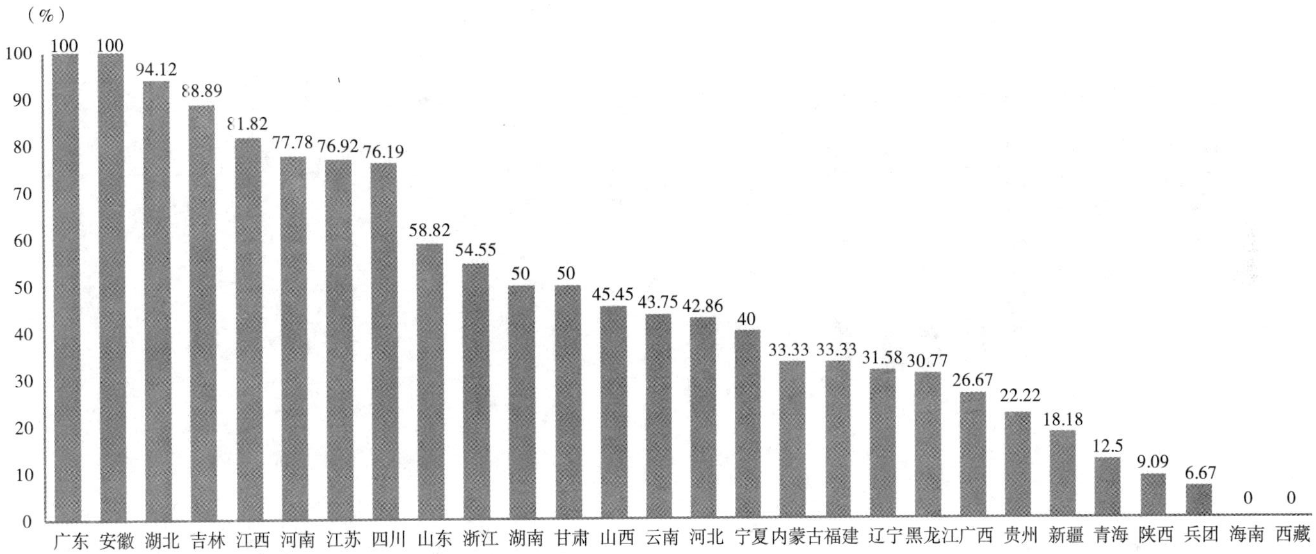

图 6 截至 2018 年第一季度末全国第二轮市级志书已出版占规划总数比例排名情况示意图

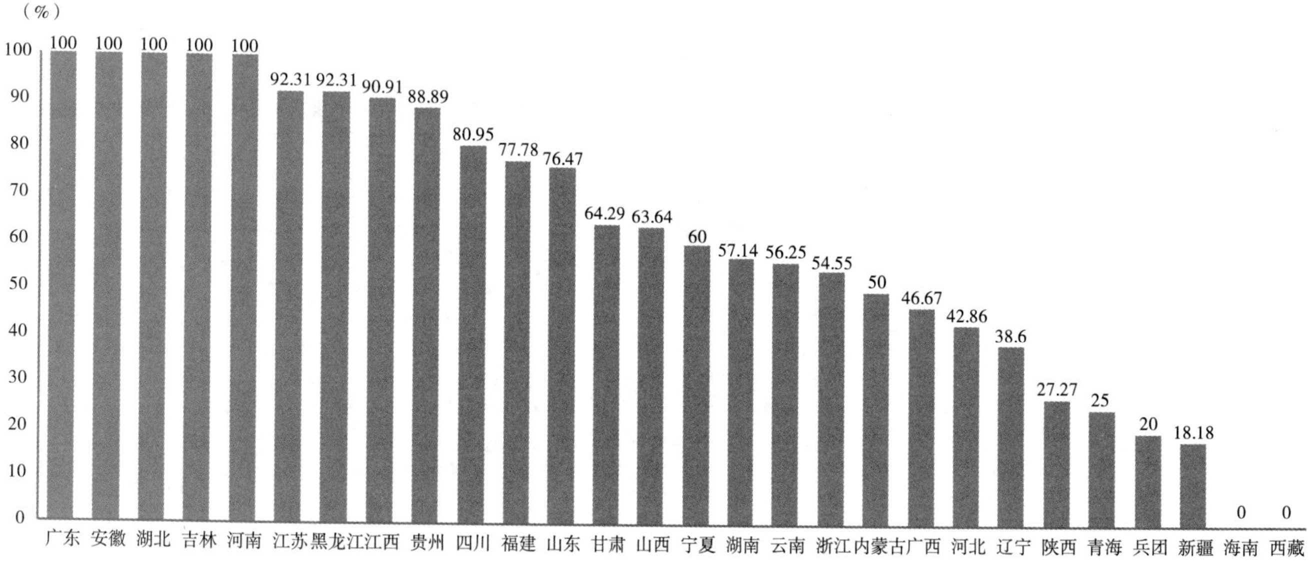

图 7　截至 2018 年第一季度末全国第二轮市级志书通过终审占规划总数比例排名情况示意图

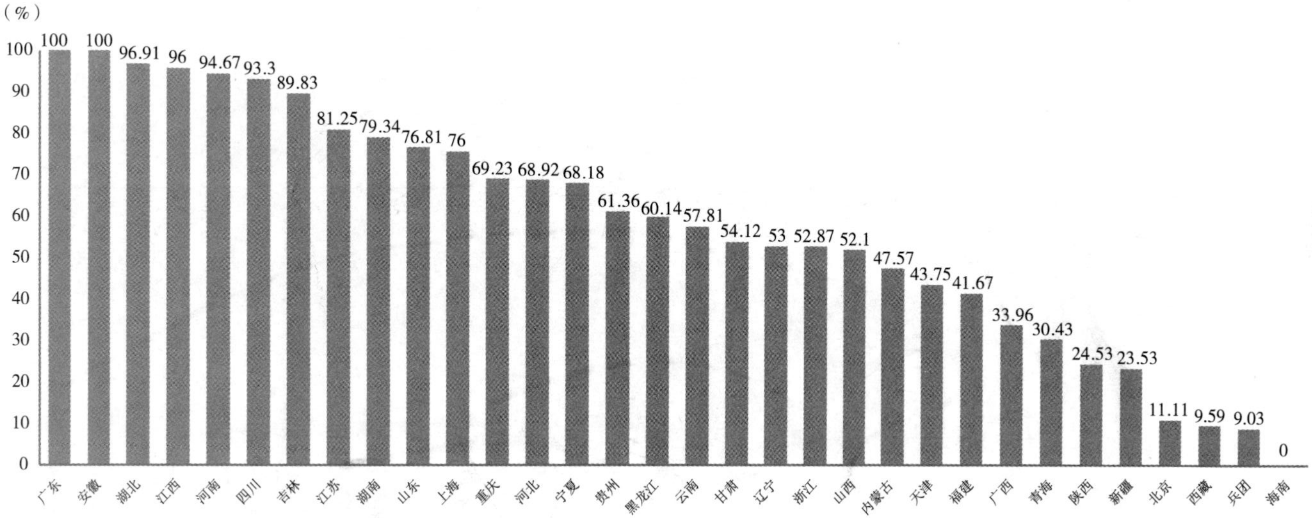

图 8　截至 2018 年第一季度末全国第二轮县级志书已出版占规划总数比例排名情况示意图

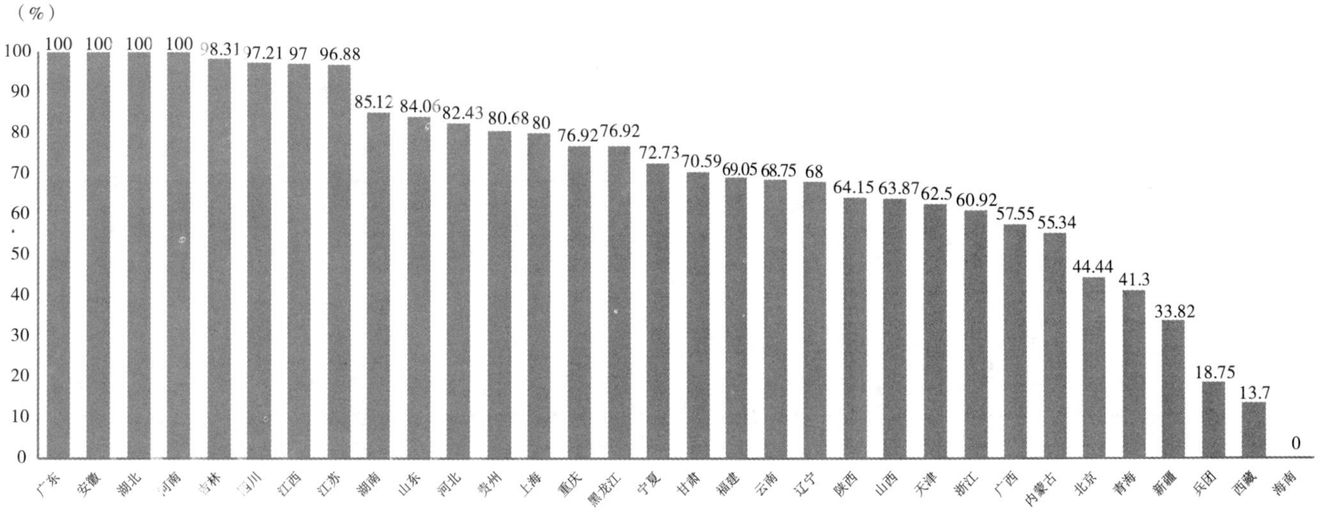

图9 截至2018年第一季度末全国第二轮县级志书通过终审占规划总数比例排名情况示意图

关于《国家“十三五”文化发展改革规划纲要》实施情况评估报告

中指办[①]

提　要：中指办认真贯彻落实习近平新时代中国特色社会主义思想，在把握新时代地方志的目标定位、因地制宜服务经济社会发展、牢固树立方志文化自信、通过依法治志规范提升地方志管理水平等方面开展了大量工作。文章介绍了围绕《国家“十三五”文化发展改革规划纲要》深入实施的重点工程情况，诸如省、市、县三级地方志书出版工作、指导地方史编写工作、旧志整理工作、镇志村志编纂工作、中国影像志拍摄工作、方志馆建设工作等，并分析了存在的管理体制不理顺、法治保障不足、地方政府重视不够、地方志人才队伍素质需进一步提高等问题和不足，同时提出了进一步理顺管理体制、推进依法治志、加大政策支持力度、加强人才队伍建设等对策。

关键词：十三五　文化发展改革　规划纲要　评估

在习近平新时代中国特色社会主义思想的指导下，在中国社会科学院党组、中指组的领导下，中指办认真贯彻落实《国家“十三五”文化发展改革规划纲要》（以下简称《文化发展改革规划纲要》），探索新时代对地方志事业

① 执笔人：杨海峰，中指办信息处处长、方志处负责人；安山，中指办方志处主任科员。

的新要求，凝心聚力，创新发展，推动史志工作转型升级发展。中指办主要承担《文化发展改革规划纲要》专栏十九“中华文化传承工程”的子项目“史志编修”的“加强地方史编写，完成省、市、县三级地方志书出版工作，开展旧志整理，部分有条件的镇志、村志编纂”等任务。现将有关工作实施情况报告如下。

一、认真贯彻落实习近平新时代中国特色社会主义思想

（一）统一思想，用习近平新时代中国特色社会主义思想指导地方志工作

中指办认真学习宣传党的十八大、十九大、全国“两会”精神，尤其是习近平总书记系列重要讲话精神，深刻学习领会习近平新时代中国特色社会主义思想的精神实质和丰富内涵，先后创建了中国国情网、中国地情网、中国方志网、方志大讲堂、“方志中国”微信公众号、《中国方志》报等宣传教育平台，在全国地方志系统深入贯彻落实以习近平同志为核心的党中央关于文化发展改革的重大决策部署，为党立言、为国存史、为民修志，记录好中华民族伟大复兴的光辉历程。

（二）明确方向，把握新时代地方志的目标定位

中国特色社会主义进入新时代，中指办向全国地方志机构明确提出地方志也进入了新时代。中指办要求并带领全国地方志系统摒弃传统“一本书主义”认识，实现志、鉴、馆、史“四驾马车”统筹并进，志、鉴、馆、网、库、用、会、刊、研、史“十业并举”，全力推进全国地方志事业的转型升级。中指办结合新时代地方志事业发展的新形势，提出地方志“两个一百年”奋斗目标，即在中国共产党成立一百周年时，实现省省有志鉴、市市有志鉴、县县有志鉴的伟大世界文化创举；到中华人民共和国成立一百周年时，力争完成《中华人民共和国国志》的编纂，全国完成第三轮修志目标并实现志鉴各系统、各领域的全覆盖，让每个中国人都能在地方志中找到自己的位置，让地方志事业成为不可或缺的重要事业。

（三）强化创新，因地制宜服务经济社会发展

中指办认真把握国家“四个全面”战略布局与地方志改革创新的关系，提出地方志要紧紧围绕党和国家利益、经济社会发展和以人民为中心三个方面开拓创新，召开“南海主权与地方志论坛”，稳步推进《中国抗日战争志》《中国南海志》《三沙市志》编纂工作，发挥地方志维护国家核心利益的作用。实施中国名酒志、中国名山志、中国名水志、中国名街志等一系列特色志工程，为当地经济社会发展服务。积极开展方志文化进机关、进农村、进社区、进校园、进企业、进军营“六进”活动，推动地方志以喜闻乐见的方式走进千家万户，彰显地方志价值，展示地方志魅力，提升地方志影响力。

（四）注重交流，牢固树立方志文化自信

史志承载中华民族文化的“根”与“魂”，具有客观性、民族性、资料性、区域性、证据性等特点。中指办在树立中华文化自信、实施中华文化走出去战略的过程中，提出牢固树立方志文化自信，充分发挥方志文化的引领作用，推动方志文化站到世界文化舞台的中央。国家方志馆“方志中国”展览、“魅力中国”展览相继开展。2017 年 4 月，“方志中国”展览亮相中国苏州文化创意设计产业交易博览会。2017 年 9 月，中指办在北京举行走向世界的中国方志文化国际学术研讨会，来自美国、德国等国家和地区的 150 余名专家与会，共同推动方志文化走向世界。中指办学术交流团先后赴德国、法国、英国以及我国台湾、香港、澳门地区交流地方志文献工作。福建省地方志编委会 2017 年 9 月在福建大剧院举行的“喜迎十九大·与历史同行·方志之夜”文艺晚会、2018 年 4 月在福建省宁德市高级中学举行的“与历史同行·方志进校园”文艺晚会，在全国首开用文艺晚会形式展现方志文化的先河，社会影响很大，进一步树立和增强了方志文化自信。

（五）依法治志，规范提升地方志管理水平

中指办在全面落实依法治国战略中，主动作为，敢于担当，提出依法治志，号召全国地方志系统准确把握依法治国与依法治志的关系，把依法治志作为依法治国不可或缺的有机组成部分，通过推动《中华人民共和国史志法》

立法工作，制定《方志馆建设规定（试行）》《关于做好影像志工作的意见》《关于全国地方志系统支援新疆、西藏地方志工作的意见》等指导性文件，推动地方志事业走上法治化轨道，在全面推进依法治国中作出方志人的贡献。

二、深入实施重点工程

（一）省市县三级地方志书出版工作

2015年8月25日，国务院办公厅印发的《规划纲要》，提出，“到2020年，全面完成第二轮修志规划任务，实现省、市、县三级综合年鉴全覆盖”（以下简称“两全目标”）。实现“两全目标”，完成省、市、县三级地方志书出版工作是党中央、国务院确定的工作任务，是各级党委、政府的法定职责。2017年8月，中指组召开全国地方志系统“两全目标”工作推进会，中国社会科学院副院长、中指组常务副组长李培林出席会议并发表讲话，对推进“两全目标”工作提出具体要求。各地以2020年为基准点，倒排工期，明确完成“两全目标”的时间表、路线图和责任人。山西、黑龙江、四川等地把“两全目标”纳入行政督查范围，逐级通报，层层传导压力，加快了工作进度。截至2018年第一季度末，全国第二轮三级志书规划5722部，其中省级志书2416部、地市级志书389部、县级志书2917部。按已出版指标统计，三级志书共出版2687.5部，占规划总数的47%，较2017年第一季度末提高3个百分点；按通过终审指标统计，三级志书共完成3606.5部，占规划总数的63%，较2017年第一季度末提高7个百分点。为确保“两全目标”如期完成，中指办成立“两全目标”督查小组，从2018年第一季度起实行“两全目标”工作进度季通报制度，将各地推进“两全目标”工作进度进行排名，以中指组文件的形式一季度一通报。通报对象为各省级人民政府和省级地方志工作机构。“两全目标”督查小组组长由李培林担任，常务副组长由中指组秘书长，中指办党组书记、主任冀祥德担任。下设办公室，具体负责“两全目标”工作进度统计表的催报汇总、统计分析、通报下发等日常工作。下一步，中指办将建立相应的统计分析系统，实时掌握全国地方志系统“两全目标”推进情况，确保“两全目标”有序推进。

（二）指导地方史编写工作

2015年5月18日，中央宣传部办公厅、国家新闻出版广电总局办公厅印发《关于进一步做好地方史编写出版工作的通知》（新广出办发〔2015〕45号），要求各地党委宣传部门和出版行政管理部门要高度重视地方史编写出版工作，加强组织领导，加强对地方史编写出版工作的统筹规划，加强内容把关，尤其是地方史中涉及党和国家领导人工作生活情况，涉及党史、军史重大事件和人物，涉及外交、民族、宗教、边疆等需向出版管理部门履行备案程序，征求相关部门意见，确保作品思想观点正确，内容史料准确。还特别要求完善管理办法，因地方史编写与地方志工作密切相关，所以强调地方史编写要加强与本地区地方志工作机构的沟通协调，具备条件的，可将地方史编写纳入地方志工作范畴，统一规范管理。《规划纲要》，也提出要重视地方史编写工作，具备条件的，可将地方史编写纳入地方志工作范畴，统一规范管理。这可视为是对中宣部办公厅、国家新闻出版广电总局办公厅《关于进一步做好地方史编写出版工作的通知》的呼应。为贯彻落实以上两个重要文件精神，地方志系统对地方史编写工作做了大量的调研工作，对各地的地方史编写情况作了初步了解、统计。2017年5月，《文化规划纲要》印发后，中指办在前期调研的基础上，起草了《地方史工作条例（征求意见稿）》《地方史编写基本规范（征求意见稿）》。目前正在与中宣部、国家新闻出版署等相关部门进行沟通，力争早日形成正式文件，以加强对地方史编写工作的管理，规范编写工作相关程序，确保编写出版质量，推动地方史编写的制度化和规范化。

（三）旧志整理工作

我国留存的历朝历代方志数量巨大，据有关部门不完全统计，有8000余种，约占我国现存古籍的十分之一。2013年第五届中指组成立以来，各地通过成立旧志整理工作机构、建立完善旧志整理办法制度、开展旧志普查工作、联系高校科研机构开展深度合作等方式加大旧志整理力度。广东在完成《广东历代方志集成》基础上开始了新一轮旧志整理工作；上海点校出版《上海府县旧志丛书》；江苏、四川分别影印《江苏历代方志全书》《四川历代方志集成》；北京制订旧志整理规划；黑龙江与国家图书馆出版社签订《黑龙江旧志》战略合作协议。福建、山东、河南、广东、贵州、陕西、宁夏等省（区）继续推进《闽台历代方志集成》《山东省历代方志集成》《河南历代方志集成》《民国广东年鉴资料汇编》《贵州历代方志集成》《陕西历代旧志文库》《宁夏旧方志丛书》编辑、出版工作。福建、江西、湖南、广西、重庆、四川、云南等省（区、市）出版部分旧志点校本、影印本等。

（四）镇志村志编纂工作

《规划纲要》提出："指导有条件的乡镇（街道）、村（社区）做好志书编纂工作，做好中国名镇志文化工程、中国名村志文化工程组织编纂工作。"中国名镇志文化工程、中国名村志文化工程是中指办组织实施的全国方志文化项目，自2015年、2016年分别启动以来，已经出版中国名镇志丛书38部、中国名村志丛书27部，召开两届全国名镇论坛、一届全国名村论坛。通过中国名镇志丛书、中国名村志丛书的编纂，记述了名镇、名村的文物古迹、特色文化、旅游名胜、风土民情、村民生活、新农村建设、艺文杂记等"名"与"特"的内容，诠释了乡村文化的精华，呈现了乡风文明的进步。通过举办论坛以及上下联动、全方位多角度的宣传，引起了社会各界的广泛关注，社会影响力不断扩大。其中，《乌镇志》《枫泾镇志》《周庄镇志》英文版先后在加拿大出版发行，首批"志书精品走出去"项目取得圆满成功。2017年12月，《中国名镇志·乌镇志》中英文版亮相世界互联网大会，并作为特别礼物被赠予参会的国内外重要嘉宾，获准在大会重要位置放置其中英文版，这是极具中国特色的地方志书首次以中英文双语版本的形式亮相重大国际会议，有效地推动了方志文化走向世界，扩大了方志文化在国际上的影响力。全国地方志系统乡镇村志、街道社区志编纂开展得如火如荼。

（五）中国影像志拍摄工作

2017年开始，中指办与中央电视台合作，以县志为基础，联合拍摄《中国影像方志》大型纪录片，截至2018年8月底，已在中央电视台累计播出100多集，引起强烈反响。此同时，为配合中国名镇志、中国名村志文化工程的推进，中指办已启动中国影像志名镇、名村系列影像志拍摄的前期策划和调研工作。2017 年 4 月，在江苏周庄正式启动中国名镇影像志拍摄；2017 年 9 月，在福建古田举行《中国影像志 · 福建名镇》开机仪式。2018 年计划先期拍摄名镇、名村系列影像志各 4 集，拟在央视和有关网络媒体播出。在中指办的指导下，福建省地方志编委会已联合福建省广播影视集团启动《中国影像志 · 福建名镇名村影像志》拍摄，先期拍摄 6 集，在东南卫视、海峡卫视等平台播出，第一集已播出，产生很好效果。

（六）方志馆建设工作

自 2012 年国家批准建设国家方志馆以来，截至 2018 年 5 月 29 日，全国共建成国家、省、市、县等各级方志馆 597 家。方志馆已经成为地方志服务中心工作、服务人民群众需要的桥头堡，已经成为全国地方志事业发展新的增长点，在打造中国方志文化传播平台、提升公共文化服务水平、助推社会主义文化强国建设等方面发挥了重要作用。2017 年 11 月，在广州成功举办"中国梦 · 方志情"首届全国方志馆讲解员大赛。截至目前，国家方志馆黄河分馆、知情分馆已分别于 2018 年 5 月 29 日、8 月 14 日开馆，国家方志馆长江分馆、中原分馆、黄金分馆、冶炼分馆等正处于筹建阶段。

三、强化组织保障

（一）加强组织领导

中指办党组高度重视落实《文化规划纲要》工作，从 2018 年开始将此项工作列为年度重点工作任务，以全国地方志"十大工程"为抓手深入贯彻落实《文化规划纲要》。中指办党组定期听取工作进展情况汇报，形成落实《文化规划纲要》工作的合力。

（二）明确任务分工

中指办将《文化规划纲要》涉及的相关工作任务进行细化分工，制定时间表、路线图，明确责任处室，建立督查工作制度，强化督查手段，明确责任追究，提升工作效能，形成督查长效机制，确保《文化规划纲要》各项任务落到实处。

（三）注重制度建设

近年来，中指办制订了一系列管理制度，形成了《中国地方志指导小组办公室、国家方志馆管理制度汇编》，中指办的管理水平不断提高，为落实《文化规划纲要》任务，发挥方志“存史、育人、资政”功能，全面推进地方志事业转型升级提供了制度保障。

四、存在问题

（一）管理体制未理顺

中指办是国务院委托中国社会科学院代管的单位，而中国社会科学院是一个学术研究机构，对下没有行政领导权。这种隶属关系不利于中指组及其办公室更好地发挥对全国地方志系统的统筹规划、组织协调、督促指导的力度。

同时，省、市、县三级地方志机构管理主体不统一，工作机构不健全、不稳定现象比较突出。截至2017年12月31日，全国共有3213个省市县三级地方志工作机构，其中独立机构830个，属政府办公厅（室）673个，与党史办合并917个，与档案局（馆）合并404个，与党史办、档案局（馆）合并310个，其他79个。

目前，中指组及其办公室与省、市、县三级地方志机构是指导和被指导的关系，这种相对松散的管理体制，不利于地方志工作推进和地方志事业健康可持续发展。此外，地方史并未明确纳入地方志机构管理，虽有地方志机构主动作为，但绝大部分地区尚是管理空白。

（二）法治保障不足

2006年5月，国务院出台的《地方志工作条例》主要规范省、市、县三级地方综合性行政区域志和年鉴编修，无法满足新时代地方志内涵深化、事业拓展、转型升级的需要。同时史志工作主体权利与义务不明确，法律责任不清晰，对地方志事业产生了不利影响。地方史、旧志整理等工作缺乏顶层设计和统筹规划，影响了工作的深入推进。

（三）地方政府重视不够

一是各地推进“两全目标”工作不平衡。离2020年“两全目标”完成时限还有两年多的时间，全国省、市、县三级志书出版工作完成率尚未达到50%，而且区域发展不平衡现象十分突出，部分地区推进“两全目标”工作手段单一，未把“两全目标”纳入当地政府的行政督查，效果不明显。二是地方志经费保障不足。当前中指办每年的工作经费只有2000万元左右，主要支撑包括志鉴出版资助、志鉴质量建设等，包括全国信息方志与数字方志在内的其他工程建设捉襟见肘。同时，地方志系统的精准扶贫、精准脱贫，以及援藏援疆需要大量的经费支持。从全国范围看，经费不足是各级地方志工作机构的普遍问题，经费已成为影响地方志事业跨越发展的“短板”。三是志书质量不平衡。有的地区对志书质量重视不够，落实志书质量审核规定走过场，影响志书质量。个别地区为了赶工期、赶进度，对志书审查把关流于形式，导致部分志书出版问题较多，质量不高。

（四）地方志人才队伍素质需进一步提高

截至2017年12月31日，全国31个省、区、市和新疆生产建设兵团地方志系统定编19792人，在编18220人，聘用3663人。其中省、市、县三级专业技术人员较少，仅占8.87%。具有硕士学历及以上人员数量占7.2%，本科学历人员数量占据主导，约为62.37%，专科及以下学历人员约占30.4%。全国地方志系统普遍缺乏较高学历和专业技能的人员，地方志人才队伍的整体水平亟待提升。

五、对策建议

（一）进一步理顺管理体制

党的十九届三中全会通过的《中共中央关于深化党和国家机构改革的决定》，明确了党和国家机构改革的方向。地方志工作机构何去何从，涉及广大地方志工作者的切身利益，影响和决定地方志事业的前途和未来。建议在事业单位分类改革中，把地方志工作机构纳入承担行政职能的事业单位改革范畴，建立健全各级史志行政管理机构，进一步理顺隶属关系，明确职能权限，为地方志事业可持续发展提供机构、编制、人员保障。同时明确将地方史纳入地方志系统管理，明确由各级地方志机构承担地方史管理职能，实现省、市、县三级地方史管理全覆盖。

（二）进一步推进依法治志

依法治志是方志文化永续传承、方志事业科学发展的重要保障。制定《中华人民共和国史志法》是完善法律体系、推进文化立法、实现史志工作有法可依的需要，是维护国家文化安全、建设社会主义文化强国、实现中华民族伟大复兴中国梦的需要，是解决《地方志工作条例》不适应新时代史志事业科学发展的需要，是回应社会各界共同呼声的需要。鉴于《中华人民共和国国志》编纂无法可依、三轮修志亟须规范、史志编修主体亟须规范、乡镇村史志编修亟须管理等因素，加快推进《中华人民共和国史志法》立法，具有很强的紧迫性。从当前各方面条件来看，《中华人民共和国史志法》立法具有很好的政治基础、理论基础和实践基础。因此，建议《中华人民共和国史志法》立法采取人大、政府法制机构、政府职能部门、专家学者参与的多元起草模式，由全国人大常委会制定。同时加大支持力度，推动《地方史工作条例》《地方史编写规范》《全国旧志整理规划》《方志学发展规划》等规范性文件尽快出台，为地方史志事业科学发展提供法治保障。

（三）进一步加大政策支持力度

地方志事业发展离不开政策支持。建议把加强地方史志编修指导写入国务院政府工作报告，将《地方志工作条例》《规划纲要》落实情况纳入国务院督查目录，定期开展行政督查，通报督查结果。协调发展改革、财政、文化、教育等部门对地方志工作机构给予项目、经费、人才等政策支持。建议将名镇志、名村志编纂纳入乡村振兴战略的相关规划和实施方案；由地方志系统牵头，拍摄中国影像志名镇、名村系列；联合相关部门建设镇、村方志馆（镇史馆、村史馆），服务乡村公共文化服务体系建设等。

（四）进一步加强人才队伍建设

人才是推动地方志事业发展的第一资源。建议有关部门加强对方志学学科建设的支持，对方志学人才培养、流动、职称评定等给予政策倾斜。鼓励高校开展方志学学历学位教育，把方志学纳入高等院校国民教育体系。建立健全方志学人才队伍建设体系，推进方志学一级学科建设，最终将方志学纳入国务院学位委员会《学位授予和人才培养学科目录》，打造一支政治觉悟高、综合素质强、业务能力过硬的方志人才队伍，为实现中华民族伟大复兴的中国梦贡献“志”力。

Ⅲ

专题报告

中国名村志文化工程实施报告

刘思鸣[①]

提　要：中国名村志文化工程与中国名镇志文化工程一脉相承，被定位为地方志改革创新工程、地方志基层基础工程和中国村落文化抢救工程。名村志文化工程启动以来，各地申报热情高涨，覆盖包括中国香港在内的31个地区，引起全国地方志系统的广泛关注。中国名村志文化工程编纂委员会在征求意见的基础上，出台一系列规范性文件，明确申报对象和编纂规范，并强化流程管理，同时做好规范组织、经费保障工作。该工程现已取得阶段性成果，并取得了注重顶层设计、创新编纂模式、鼓励多方合作等经验，但也存在质量管理有待加强、工作机制需进一步理顺、社会效益有待提高等问题。同时，就下一步如何继续保持名村志编修热度，积极服务国家乡村振兴战略，将工程不断推向深入提出对策和建议。

关键词：乡村振兴战略　中国名村志文化工程　质量　问题　对策

党的十八大以来，以习近平同志为核心的党中央高度重视农业、农村、农民工作，提出了许多新理念、新思想、新战略，特别是党的十九大报告首次提出乡村振兴战略，指出“要坚持农业农村优先发展，按照产业兴旺、生

① 刘思鸣，中指办方志处副主任科员。

态宜居、乡风文明、治理有效、生活富裕的总要求，建立健全城乡融合发展体制机制和政策体系，加快推进农业农村现代化”，体现了对亿万农民群众的深切关怀，指明了新时代乡村发展的方向，明确了乡村发展的重点，是中央与时俱进作出的重大战略性决策，也是新时期做好“三农”工作的行动指南。

中指办组织实施的中国名村志文化工程用中国独有的文化载体——地方志，来记录乡村的“名”和“特”，记录乡村全面建成小康社会的进程和取得的成就，是地方志围绕以人民为中心、紧接地气开拓创新的重要举措，是传承乡土文化、坚定文化自信、加快建设社会主义文化强国的内在要求，是服务乡村振兴战略、加快全面建成小康社会、推进社会主义现代化建设、实现中华民族伟大复兴的中国梦的应有之义。

一、缘起与意义

中国名村志文化工程始于中国社会科学院副院长、中指组常务副组长李培林倡导，旨在留住乡土记忆、接续传统文脉，将地方志工作的触角延伸至基层，就农村经济社会运行方式展开调查研究，为改革发展提供历史参考和文化动力。2015 年 8 月 25 日国办发布《规划纲要》明确要求“指导有条件的乡镇（街道）、村（社区）做好志书编纂工作，做好中国名镇志文化工程、中国名村志文化工程组织编纂工作。”在该政策的引领下，以中国历史文化名村、经济强村、新农村建设示范（试点）村、其他特色村为入选范围，通过创新组织编纂模式和体例内容，以编纂出版一批质量高、影响大、社会效益好的名村志为目标，逐步探索出一条适应新时代地方志事业创新发展的新道路。这一道路是突破地方志发展瓶颈，是创新、转型、出成效的重要举措。在借鉴中国名镇志及各地乡镇（村）志宝贵编纂经验的基础上，中国名村志丛书编修取得了阶段性成果，产生了良好的社会效益，充分体现出强大的内生动力。

（一）实施中国名村志文化工程是方志人贯彻落实习近平总书记系列重要讲话精神的具体举措

“望得见山、看得见水、记得住乡愁……”习近平总书记用诗意的语言对我国的新农村建设指明了方向，是对农村改革发展任务的凝练概括，也是广大农民群众的迫切要求，这对于转变农村发展方式，保护青山绿水的生态环境、加快城乡一体化发展具有重大意义。开展新农村建设、美丽乡村建设和城镇化建设，一定把绿水青山保留下来，尽可能在原有村庄形态上改善农民生活条件，不盲目拆旧，也不盲目造新，让家乡的一条河、一棵树、一口井，都能永远成为我们的乡愁，这就是传统乡村面向未来的底气。

中国有近60万个村庄，约有5000个古村落，被住房和城乡建设部和国家文物局界定的传统村落就有1561个。随着中国城镇化建设步伐的加快，乡村的版图日益凋敝，传统村落日渐式微，快速的城镇化伴随着村落文化的大量流失，一些村落甚至是历史名村相继消失，村落文化不断消亡。在探索新型城镇化和乡村振兴战略实施过程中，如何留住乡音、乡风、乡思，继承传统文化精华，挖掘历史智慧，成为极其重要的工作。

为此，中指组及其办公室适时启动中国名村志文化工程，深入贯彻落实习近平总书记系列重要讲话精神，保护抢救、传承保存、开发利用宝贵的村落文化，重新唤起人们记忆中古老村落的青山绿水、小河大树、轶事掌故，打造完整记录乡村发展嬗变和现代化农村经济社会运行方式的系列中国名村志丛书，让乡土文化回归并为当代人提供精神家园，让中华民族文化的优秀菁华成为建构农村文明的底色，无疑具有重要现实意义和深远历史意义。

（二）实施中国名村志文化工程是方志人落实党中央乡村振兴战略的鲜活实践

自党的十九大报告首次提出实施乡村振兴战略并将其写入党章以来，乡村振兴成为“三农”工作的关键词。2017年末召开的中央经济工作会议、中央农村工作会议对实施乡村振兴战略作出全面部署，“走中国特色社会主义乡村振兴道路，让农业成为有奔头的产业，让农民成为有吸引力的职业，让农村成为安居乐业的美丽家园。”

乡村要实现振兴首先是要重新认识乡村的价值，它不再是城市的附属品，而是未来“城乡融合发展”的独立结构；乡村的产业不再仅仅是农业，而是一二三产融合的产业体系；乡村居民不再是农民的概念，而只是一个地理意义上的居住概念。这些转变已经悄然发生，历史文化名村、经济强村、新农村建设示范村等在源源不断地为全球解决乡村问题贡献中国智慧和中国方案。

中国名村志文化工程的诞生恰逢其时，它全面翔实记录新型城镇化进程，总结农村改革发展建设经验，促进农村经济社会发展；它客观记载地理环境、历史沿革、姓氏源流、人口、民族、民系、方言、民居、宗祠、风俗习惯、家谱族谱、家规族规、宗教信仰、文物遗址、掌故传说、历史事件、人物等，完整保留乡土文化的原貌；它为推进乡村振兴战略，加快全面实现小康目标提供现实借鉴；它为延伸地方志工作触角，充分发挥志书的存史、资政、教化功能提供借鉴模式；它为社会各界和华人华侨、港澳台同胞寻根问祖、反哺桑梓、泽被乡里提供指引帮助。依托中国名村志文化工程的重要平台与载体，乡村振兴战略下的现代乡村将进一步挖掘不同于以往任何时代的作用及意义，显现其自身独特的内涵。

（三）实施中国名村志文化工程是方志人开拓创新向改革开放40周年献出的厚重“志”礼

一直以来，志书的编修工作主要在省、市、县三级，首轮和第二轮的志书规划任务仅对县以上行政区域修志作出明确规定。相比较全国乡镇的数量，镇志、村志的覆盖率一直不高，在国家层面统一主持编修更是前所未有。中国名村志文化工程填补了村志在国家层面主持、在全国范围内系列编修的空白，是方志人开拓创新，向改革开放40周年献出的厚重“志”礼，意义非凡。中国名村志文化工程从新时代中国特色社会主义的新需求出发，创新体例，立足实际，内容既严谨又通俗，展示了不同地区自然和社会风貌，在坚持志体的基础上运用专题报告、回忆录、人物访谈等多种手法，重点介绍了农村地区转型发展方面的探索、示范、引领意义，不断提高地方志事业围绕中心服务大局的能力，为乡村改革发展贡献了中国智慧，对推动村落文化保护，进一步完善地方志科学编修体系，传播方志人声音具有重要意义。工程的成功实施是地方志全面转型升级进入新时代的重要标志。

新时代方志人凭着一股逢山开路、遇水架桥的闯劲，凭着一股滴水穿石的韧劲，逐步走出一条开拓创新之路。新时代对地方志工作者提出新要求，新道路指引地方志工作者抵达更远的远方。创新是地方志事业发展的不竭动力，是新时期地方志事业转型升级的核心。地方志事业在立足传统的基础上坚持理念创新、理论创新、体制机制创新、制度创新、人才创新、服务创新，推动地方志事业的大发展、大繁荣。全国地方志工作者要以中国名村志文化工程的实施为契机，不断开拓创新，将地方志事业转型升级不断引向深入，以一张蓝图绘到底的决心，做再接再厉、久久为功的改革者，做“方圆天下、志书古今”“有‘志’者事竟成”的新时代方志人。

二、启动与实施

为进一步向全国地方志系统征求意见，为中国名村志文化工程的正式启动做准备，2016 年 10 月 10 日，中指办召开《中国名村志文化工程实施方案（讨论稿）》和篇目研讨会。与会专家、学者对讨论稿和 5 部安徽省地方志办公室提交的村志篇目进行全方位评议，肯定优点和亮点，指出问题和不足，提出完善意见。中指办在研讨会基础上，进一步广泛征求专家意见，为启动工程打下坚实基础。

（一）启动情况

2016 年 10 月 31 日，中国名村志文化工程启动会暨业务培训会在安徽绩溪召开。李培林在讲话中指出，当前正处于全面建成小康社会的决胜阶段、新型城镇化进程的关键时期，以及地方志事业发展转型升级的重要关口，启动中国名村志文化工程，是全国地方志工作配合国家重大发展战略的具体举措，适得其时。针对中国名村志文化工程，他提出三点要求：一是要充分认识实施中国名村志文化工程的重要意义。中国名村志文化工程是客观记录全面建成小康社会进程的重要载体，是在新型城镇化进程中抢救村落文化的重要举措，是深入贯彻落实《规划纲要》的必然要求，是促进地方志事业发展的重要支点，意义重大。二是要充分把握中国名村志文化工程的基本要求。利用中国名村志文化工程宣传名村，推广名村，是地方志改革创新的重要尝试。在工程实施过程中，要注意处理好全面推进和重点发展的关系，处理好名村志编纂继承和创新的关系，处理好选择对象普及性和典型性的关系，处理好质量和效益的关系。三是要充分保障中国名村志文化工程的扎实实施。中国名村志文化工程的实施是长期的工作任务，需要全国地方志系统上下联动，谋好篇，开好局，起好步，有规划、有组织地协调推进。各级地方志工作机构要加强领导、提供保障、加大宣传和加强服务。

中指组秘书长，中指办党组书记、主任冀祥德强调，中国名村志文化工程是深入贯彻《规划纲要》的重大举措；是全国地方志“十大工程”之一，是正在蓬勃开展的中国名镇志文化工程的姊妹工程。各级地方志工作机构要确保工程的全面实施，努力打造成为全国地方志系统的重要品牌，让人民群众共享地方志成果，让地方志成果进入寻常百姓家，让地方志接好地气。

2016年11月17日，中指办下发《关于印发〈中国名村志文化工程实施方案〉的通知》，正式启动中国名村志文化工程，并对指导思想、背景意义、主要任务、编纂要求、申报和审查验收、组织领导、经费保障、实施步骤等作出系列规定。

1. 明确申报对象。中国名村志文化工程以编纂出版精品村志为目标，通过创新组织编纂模式和体例内容，出版一批质量高、影响大、社会效益好的名村志。收入范围包括中国历史文化名村、经济强村、新农村建设示范（试点）村、其他特色村。

2. 出台规范性文件。中国名村志文化工程办公室根据国家有关规定和《地方志书质量规定》，结合工作实际，制定《中国名村志文化工程行文规范》，对于申报志稿的志名、编者名、断限，体例，资料，图照，行文，字数等多方面作出详细规定。

3. 强化流程管理。在评选程序上，坚持公平、公正、公开原则，严格按照自下而上、择优申报的方式进行。在项目实施过程中，中国名村志文化工程办公室不断总结前一阶段工作经验，强化流程管理，规范评审程序，如下图所示。

		村委会申报
		↓
		县级地方志工作机构审核
申报	→	↓
		地市级地方志工作机构审核
		↓
		省级地方志工作机构审核报送
↓		
		名村志丛书编纂委员会办公室接受申报
		↓
		各村提出篇目并经专家库专家审核
审批	→	↓
		丛书编纂委员会办公室审核
		↓
		报送丛书编纂委员会审批通过后入选
↓		
		县级地方志工作机构审查验收
		↓
		地市级地方志工作机构审查验收
村志编纂	→	↓
		省级地方志工作机构审查验收
		↓
		丛书编纂委员会办公室组织专家审核后报送学术委员会批准进入出版
↓		
出版	→	由方志出版社组织精干力量编辑出版

图 1　中国名村志文化工程工作流程图

4. 规范组织领导。在组织领导方面，设立中国名村志文化工程领导小组、学术委员会和办公室等作为组织领导机构。领导小组负责统筹规划中国名村志文化工程的实施工作，研究解决文化工程实施的重大事项等。学术委员会负责对申报名村志的终审稿进行评议审定，研究解决中国名村志丛书编纂工作中的专业和学术问题。办公室设在中指办方志处，负责工程的组织协调、督促指导、审核把关，以及调研、培训、组织出版、宣传等工作。各省（区、市）、新疆生产建设兵团地方志工作机构应根据实际成立中国名村志文化工程工作协作组，负责协调本区域名村志文化工程的组织协调和推进工作。协作组由省级地方志工作机构主要负责人担任组长，并设 1 名联络员，负责日常联络工作。协作组名单报中国名村志文化工程办公室备案。

5. 规划实施步骤。第一阶段（2016 年 10 月至 2017 年 6 月）：全面启动中国名村志文化工程，在每省（区、市）选择一个以上名村作为第一批中国名村志编纂试点，组织召开有关会议和培训，同步启动、同步编纂、同步审批、同步出版，同时公布第一批成果。同时，组织拍摄第一批中国名村纪录片并公开播出。举办首届全国名村论坛。第二阶段（2017 年 7 月至 2019 年 12 月）：形成影响较大、质量较高的名村志、纪录片等成果群，加大宣传力度，扩大名村社会影响，探索开发利用途径，初步形成中国名村志文化工程品牌。每年举办一次全国名村论坛，为城镇化建设、社会主义新农村建设提供历史智慧。第三阶段（2020 年以后）：打造独具特色的中国名村系列文化和宣传产品、学术研究成果，进一步扩大社会影响，创新开发利用的方式和手段，促使方志文化进农村、进社区、进入普通百姓家，社会认知度、市场认可度高，社会效益明显，形成在全国知名的中国名村志文化工程品牌，成为全国方志文化精品。

（二）实施情况

1. 组织申报。2017 年 3 月 8 日，为确保第一批中国名村志丛书按期保质完成，中指办与第一批申报名村志丛书的省级地方志工作机构和承编单位签订责任状。责任状对第一批名村志完成时间、质量标准、责任追究等方面作出详细规定，明确省级地方志工作机构和村志承编单位的目标任务和责任分工，要求加强领导，严格评审，责任前移，确保终审稿质量。凡质量不达标的，将自动退出中国名村志文化工程。同时，还明确中国名村志文化工程丛书编纂经费纳入县级地方志工作机构年度经费预算；各省级和名村所在的地市级地方志工作机构要在年度预算中适当安排经费给予资助；对签订责任状后未完成目标任务的单位，将以适当方式在全国通报。经各省（区、市）地方志工作机构推荐申报、签订责任状，并报中国名村志文化工程领导小组批准，共有53部村志入选第一批名村志，分别是《郑各庄村》《焦庄户村志》《凌庄子村志》《双街村志》《王兰庄村志》《庙宫村志》《乔李村志》《美岱召村志》《獐岛村志》《防川村志》《八岔村志》《新生鄂伦春村志》《中洪村志》《开弦弓村志》《陆巷村志》《三山村志》《杨湾村志》《白沙村志》《韦小庄村志》《果树村志》《堆谷山村志》《黄里村志》《上庄村志》《仁里村志》《宝坪村志》《大京村志》《东龙村志》《陶家夼社区志》《古现东村志》《李家疃村志》《陈砦村志》《李庄村志》《尧治河村志》《青林寺村志》《城畈村志》《马头溪村志》《上岳村志》《石牌村志》《石塘村志》《扬美村志》《黄瓜山村志》《兰英村志》《荷花村志》《迤沙拉村志》《隆里所村志》《魁胆村志》《江东村志》《党家村志》《东岭村志》《梁堡村志》《纳达齐牛录志》《麻扎村志》《莲麻坑村志》。

2017年4月20日，安徽省地方志办公室率先提交5部名村志终审稿，分别是《韦小庄村志》《仁里村志》《黄里村志》《上庄村志》《堆谷山村志》，这是入选中国名村志文化工程第一批志书中最先送审的志稿，实现良好开局。截至2017年12月，共有70余部志书申报中国名村志文化工程。

2. 人员培训。中国名村志文化工程首批编纂业务培训班于2017年3月8日在上海市金山区举行。冀祥德指出，要以堪存堪鉴、堪读堪传为标准编好名村志。一是在坚持探索农村发展规律的基础上突出传播正能量；二是在坚持志体的基础上重点突出“名”和“特”；三是在坚持创新的基础上突出可读可传；四是在坚持接地气的基础上突出讲好百姓故事。来自31个省（区、市）和香港特别行政区地方志工作机构分管名村志的领导，部分名村志主编、总纂、联络员和特邀专家共150人参加培训。中指办在本次培训管理中，采取分专题授课、分组讨论、互动式点评的方式，从志书编纂应注意的问题、地方志编纂的创新、名村志编纂实务、经验探索等几个方面入手，全面实施名村志编纂业务教学，使“学员带着问题来、拎着答案走”，进一步提升培训的针对性和科学性。培训邀请地方志系统多次参与名镇志工程的专家学者，对31个地区提交的共57个篇目逐一修改，并分组点评，与编纂者面对面深入交流，当场提出具体修改方案。培训间隙，各承编单位按照专家提出的意见对村志篇目做了细致修改，专家对篇目又进行二轮完善。经过此次培训，所有申报第一批名村志的篇目都已经完成复审，保证后续编写工作的稳步有效开展。

3. 影像拍摄。按照《中国名村志文化工程实施方案》的实施步骤，中指办联合中央电视台等单位组织拍摄名村志宣传片和纪录片，让方志文化走入寻常百姓家，进一步扩大名村志成果，提高社会认知度。2017年6月5日，《中国影像志·名村志》座谈会在北京召开。冀祥德指出，中指办已启动中国名镇志文化工程、中国名村志文化工程、中国名酒志文化工程等多项“名志”工程，积累了丰富的经验和大量优秀成果。而把志书用现代化的影像技术保存下来并传播出去，开创了志书编纂的崭新历史，是一场志书编纂方式和存在形式的革命性试验。他要求，一是成立团队。要立即搭建团队，尽快开展工作。二是制定方案。尽快制定出影像志拍摄的先期方案，并上报中指组领导批准。三是制定工作计划。尽快制定计划，组织实施推进，明确时间节点，控制拍摄进度，倒排工期，按时完成影像志的拍摄工作。

4. 首批出版。2017年12月29日上午，首届全国名村论坛在北京人民大会堂举行。历经一年多，对覆盖东、中、西部广大地区的首批中国名村志丛书共27部进行发布，分别是《高碑店村志》《凌庄子村志》《双街村志》《王兰庄村志》《庙宫村志》《乔李村志》《獐岛村志》《防川村志》《八岔村志》《中洪村志》《开弦弓村志》《黄里村志》《仁里村志》《大京村志》《陶家夼社区志》《古现东村志》《李家疃村志》《陈砦村志》《青林寺村志》《马头溪村志》《上岳村志》《扬美村志》《兰英村志》《魁胆村志》《东岭村志》《梁堡村志》《麻扎村志》。李培林在开幕式讲话中指出，举办首届全国名村论坛，意义重大，是全国地方志系统深入学习贯彻党的十九大精神的具体举措。习近平总书记在党的十九大报告中明确指出，“推动中华优秀传统文化创造性转化、创新性发展”。中国名村志文化工程正是地方志以国家利益为导向、以经济社会发展为中心、以服务人民为宗旨的开拓创新之举，是传统方志文化的“创造性转化、创新性发展”，是地方志拓展领域、延伸触角、主动走进千家万户、与现实相融相通的积极尝试。当前和今后一个时期全国地方志系统的首要政治任务，就是学习贯彻党的十九大精神，为推动地方志“创造性转化、创新性发展”

提供强大思想武器。一是进入新时代、开启新征程，迎来地方志“创造性转化、创新性发展”新机遇。二是立足新时代、扎根人民，拓展地方志“创造性转化、创新性发展”新领域。新时代地方志工作不能成为“关在书斋”“藏在深山”默默无闻的一项工作，而应该以人民的需求为导向，始终坚持修志为用，全面提升服务水平，推动地方志更加贴近群众，更接地气。

会议播放中国名村志文化工程宣传片，上海市金山区枫泾镇党委书记张斌介绍古镇古村保护开发情况，江苏省《开弦弓村志》编纂单位代表开弦弓村党总支书记沈斌分享村志编纂经验及文化建设成果，湖南省《马头溪村志》编纂单位代表湖南省张家界市永定区委副书记程漫作关于“传承文化自信、建设美丽乡村”的专题发言。会议还向首批中国名村志编纂单位授牌并颁发证书。来自各省（区、市）地方志机构主要负责人，首批出版的27部名村志主编或名村主要领导、名村所在的县（市、区）领导，中国地情报告、中国名村志文化工程联络员及特邀专家学者等240余人与会。

三、经验与借鉴

（一）注重顶层设计

中指组及其办公室一直高度重视中国名村志文化工程，不断加强顶层设计和整体谋划。在多次专家研讨和反复论证的基础上，2016年11月17日，正式发布《中国名村志文化工程实施方案》，作为指导全国名村志工作的纲领性文件，细致规定了主要任务、编纂要求、申报和审查验收、经费保障、实施步骤、丛书凡例、基本篇目、编纂规范等多方面内容，为日后各级地方志机构共同推进名村志工程奠定扎实的基础。

在李培林常务副组长的直接领导下，中国名村志文化工程成立高规格的领导机构。成立中国名村志文化工程专家委员会，由第十届全国政协副主席、中国工程院原院长、主席团名誉主席徐匡迪担任名誉主任，时任中国社会科学院院长、中指组组长王伟光担任主任，中国社会科学院副院长、中指组常务副组长李培林担任常务副主任，成员包括清华大学、中国人民大学、中国城市和小城镇改革发展中心、国务院发展研究中心、中国城市规划设计院、民政部区划地名司、中国社会科学院的领导、专家、学者。成立中国名村志丛书编纂委员，由李培林常务副组长担任主任，由冀祥德担任常务副主任，成员由中指办、各省级地方志工作机构的主要负责人担任。

工程每年召开全国名村论坛，名村志丛书的申报及承编单位的政府领导和地方志领导出席，开展高层次的交流互动活动，编纂单位代表分别发言，交流总结编纂过程中的心得体会，共同研究下一年度名村志编修任务和目标，共同推进名村志工程扩大覆盖面，发挥好服务大局、为世修志的重要作用。

（二）创新编纂模式

从审稿专家反馈和各承编单位修改的情况来看，名村志与传统志书相比变化非常大，屡见创新之处。怎么编名村志、编出什么样的名村志是首要解决的问题，从第一批名村志的编纂情况来看，主要有以下几方面的创新。

1. 体裁运用。名村志的体裁运用十分灵活，在述、记、志、传、图、表、录7种体裁的基础上，适当加以变化。以述为例，名村志除全书的总述外，各类目前均设无题小序，用以概括本类目的总体面貌和特点等；以记为例，缩减篇幅，改大事记为大事纪略，记录对本村发展具有重要影响、重要历史意义的大事，按照时间顺序采用纪事本末体记述；以传为例，一改往常人物传分设“人物传略、人物简介和人物名录”的写法，而是改为“名人与名村”，仅记录历史名人、名人与该村的关系和产生重要影响的历史片段。体例的灵活为突出名村的“名”和“特”释放了空间，编纂者不再拘泥于传统村志的体例要求，避免了志书的庞大臃肿与细琐繁杂，更易于突出志书的价值所在，得到编纂者的广泛认可，在实际操作中得以普遍运用。

2. 篇目设置。名村志的篇目设置重在突出“名”和“特”，在实践操作中逐渐凝练为“基本村情＋名＋特”模式。在参考《中国名村志文化工程实施方案》基本篇目的基础上，结合各地实际，拟定更加精练优美、生动活泼、突出乡村文化气息的标题。以上海的《中洪村志》为例，全书紧紧抓住“中洪村为中国农民画的发源地、金山农民画村、中国十大魅力乡村、上海12个特色村之一”这个重点。在篇目设置上，在“基本村情”之后，首先设置“农民画村”“农民画家”两大类目，全面记述了农民画艺术起源发展过程和农民画家的作品与艺术风格，使读者第一时间获悉中洪村作为中国农民画村这一特色内容，激发阅读的兴趣，进一步了解所关切的内容，一改志书“面面俱到、刻板无趣”的印象。

3. 资料选择。村志记述的是广大农村自然、政治、经济、文化、教育、社会风俗、村庄人物等各方面的历史和现状，是跟老百姓息息相关的，是贴近生活的。村里有什么，志书记什么；篇目设计不求全，而求精。内容记述细而杂，语言要通俗易懂，要注意志书的严肃性。名村志要求版面字数在30万字左右。篇幅的限制要求名村志在资料的选择上不能面面俱到，而应该精选资料，精练文字，增强可读性。在资料选择上，以记载村域范围内的微观资料为主，详市、县、镇志之所略。同时，还要注重选用特色资料、调查资料和口述资料。在篇目设置方面还要求设置村民生活、新农村建设、风土民情等特色类目。总之，就是讲好百姓故事，编出让人民喜闻乐见、耳目一新的新村志。

需要说明的是，尽管名村志有许多创新之处，但是保持志体始终是名村志编纂的基础和前提。名村志的继承性主要体现在要始终坚持志书编纂的基本原则，如存真求实、横排竖写、述而不论、生人不立传、体例体裁运用科学、以现代语体文表述等。工程启动之初，也有部分地方志工作者提出不同看法，认为名村志不像“志”，是“破碎的、割裂的”，与传统志书相比还差得很远。确实，名村志不同于传统志书，不是巨细皆收、广征博采的，而是有选择、有重点地记述，从这个意义上讲，它不是传统志书。但是，名村志始终是在继承的基础上寻求新的发展，它遵循志书编修的原则，客观记述一地自然、政治、经济、文化、教育、社会风俗、村庄人物等各方面的历史和现状，发挥着“存史、育人、资政”的功用，得到了各级地方志工作机构和专家学者的普遍好评，以及市场和社会各界的广泛认可。从客观效果上讲，它是最大限度满足时代要求和社会各界需求的新型志书。

（三）鼓励多方合作

村志编修不在省、市、县三级规划志书范围内，要想形成较大的影响力、取得良好的社会效益难度可谓不小，除了志书本身质量过硬外，还需要多方合作形成合力。为此，积极探索与媒体深度合作发展的共赢模式，力求在“互联网 + 地方志”的理念上谋新突破、见新实效。

2017年5月，中指办与中央电视台、中国社会科学院新闻所、中国社会科学院城市与竞争力研究中心、今日头条、《中国城市报》等多家研究机构、新闻媒体等进行商讨，形成《关于加强中国名镇志、名村志文化工程下一阶段工作的方案》，从基本思路、工作内容、工作模式、时间安排四大方面对下一阶段名村志工作作出规划设想。7月5日，“中国村镇形象指数体系”专家论证会召开。中指办与中国城市与竞争力研究中心、新闻所中国舆情调查实验室、“今日头条”、《中国城市报》等强强联合，创设“中国乡镇村形象指数”排名，以入选中国名镇志、名村志文化工程的乡镇村为样本进行分析排名，占领学术制高点，提升工程学术影响力。

近年来，中指组及其办公室高度重视影像志工作，推出了一系列举措。2017年4月，中指办在周庄启动中国影像志名镇系列拍摄工作。6月5日，召开《中国影像志·名村志》座谈会，中指办与中央电视台合作拍摄中国名村志宣传片及中国影像志名村系列。9月，《中国影像志·福建名镇》暨《八闽历史文化名镇名村影像志》开机仪式在上杭县古田镇举行。9月，中指组出台《关于做好影像志工作的意见》，全面推动影像志工作的发展。10月，中指办还与中央电视台联合拍摄大型记录片《中国影像方志》，现已在央视科教频道播出56集，以直观、形象、立体的方式介绍县域的方方面面，用影像记录当下，以地方表达中国，在社会上反响热烈。下一步，就要把影像方志从县域推向镇、村。

四、问题与对策

一年来，在中指办、各级地方志工作机构和社会力量的团结奋进、倾力协作下，第一批共打造27部名村志，可以说实现了开门红，开创了名村志在全国内统一部署、全面编修的可喜局面，成为地方志事业创新性发展的典范。下一步，如何继续推进中国名村志文化工程走向深入、取得更大的成绩，要着力抓好以下几点。

（一）质量管理是推进中国名村志文化工程深入开展的着力点

中国名村志文化工程在历时近一年的评审中，共有53部签订责任状，其中 45 部志书按时提交终审稿，最终只有 27 部进入出版流程，成功出版率只有 50.9%，质量问题是不容忽视的第一大问题。从专家评审意见、出版编辑情况及业界反映来看，质量问题主要表现在以下几方面：

1. 体例不善。志书的体例结构是志书独特的表达形式，由志书的内容所决定。体例不善则内容不明，随意发挥。虽然名村志在体例结构上有很多发展演进，但是仍旧要遵循体裁、结构、编法、记述上的志体规范，如以纲统目，横排纵写，事以类从，述而不论，秉笔直书等。但是，从专家的审读意见来看，名村志稿中创新有余，规范不足，例如存在着将传说作为资料入正文条目、新闻报道直接入正文条目、口述史体裁使用不当、访谈中对领导政绩进行植入式宣传等弊病。

2. 文不对题。据专家反馈及各地提交的志稿来看，名村志编修中存在着资料收集不到位、篇目设计与正文记述有偏差等问题。篇目结构上乍一看，符合要求、科学合理，但是细读正文，就发现文不对题。例如，“村民生活”大多是一张“皮”，很单薄，没有资料支撑。“村民自治”与所写内容大多不对号，应着重记述的民主选举、民主决策、民主管理、民主监督缺失不少。家庭主要记家庭类别、家庭规模、家庭抚养与赡养。志稿中家庭结构却记得是知识结构、劳动力结构、姓氏结构、民族结构等。大事纪略应准确无误，择大事而摘其要，而不是长篇累牍的人物宣传。

3. 内容不确。地方志是严谨的、科学的资料著述，所载内容必须是真实与准确的，资料征集过程中随时纠错修改补充，不断完善，尤其对政治、宗教、民族、战争、边境等敏感问题需审慎对待，对各种历史传说、民间故事、民众世世代代相传的口头资料、老人回忆等要考订核实，否则必将影响后续工作，影响志书的质量。例如，有些志稿中就为扩大企业、商业宣传效果随意夸大事实，重大历史事件中人名、时间、刊物名等频繁出错，同一数据、人名、地名前后文不一致等。

4. 华而不实。据各地提交的志稿来看，有些志稿纯文字字数高达 40 万字，篇幅很大，却存在“书很厚却不好看”的弊病。名村志必须具有浓厚的文化气息，对历史的挖掘要深，反映社会的变迁。目前大多数志稿，对文化、社会范畴的一些内容，如人口、婚姻家庭、良风美德、村民生活、草根人物，未写或写得很不够，对不该载录的村庄详细规划、行政组织等却大书特书。

大多数志稿中，注重面而忽视典型内容的记述，“以事系人”或“以人系事”欠缺，口语化、土语化现象严重，有些文字表意不清、逻辑混乱，还有文学化语言渲染过多，可读性欠佳。

5. 图片不清。名村志中图文的比例为 1 ∶ 4，图片占有相当的比例，在历史文化名村、特色村落中比例会更大，因为运用图片展现建筑物结构、文物形态、民俗技艺等，并辅以相关文字说明，直观形象，能够起到一图胜千言的效果。但是从编修实践看，图片使用随意性较大，图片重复、图片模糊不清、图片没有出处、图片随意收录等问题普遍存在。

相关对策：一是做好资料整理工作。村志的编修资料收集与整理非常重要，不仅是编修工作科学开展的基础，还是抢救珍贵的历史人文信息、保存即将消失的村落文化和文明的迫切需要。鉴于可利用的档案和文献资料缺乏，村志资料要注意收集各家各户尤其是村里的老人保存的各种资料，不但要搜集成型的文字、实物照片，还将采用口述记录的方式收集老人的口述。二是各级地方志机构要提前介入。中国名村志文化工程是地方志基层基础工程，存在着基础薄、力量弱等困难，各级地方志机构要提前介入、积极筹备、组织动员本地区的名村志编修工作，切实发挥省、市、县三级地方机构的职能作用，及时辅导研究解决村志编修存在的新情况新问题，在资金、人才、理论等多方面提供保障。三是做好与当地人员的沟通工作。实地调研了解情况，注意培养本地专业人才，必要时聘请相关专家指导。四是与其他名镇、名村单位交流学习。特别要珍惜每年一次的中国名镇志、名村志丛书编纂业务培训班的机会，积极报名、认真学习、加强交流、互学互进。

（二）理顺机制是推进中国名村志文化工程深入开展的关键点

顶层设计确立的任务、目标能否顺利实现，机制、体制改革是关键。《中国名村志文化工程实施方案》尽管确立了一套制度，但是在具体实践中还是出现了诸如篇目与正文两张“皮”、编纂工作进度缓慢、多方沟通协调不畅等问题，也存在一些误解，最终导致工程在推进中遇到一些障碍。

1. 初审、复审、终审把关不严。根据《中国名村志文化工程实施方案》的要求，中国名村志编纂完成后，由县级地方志工作机构负责初审，地市级地方志工作机构负责复审，省级地方志工作机构负责终审验收后，上报中国名村志文化工程办公室。但是从现有志稿质量来看，初审、复审、终审恐未能严格把关，流于形式。据了解和掌握的情况来看，存在志稿编纂与终审同时进行，志稿编纂在后、终审意见在前的情况。还有些地区采取政府购买“外包”的形式开展相关工作，但是如何规划、管理和监管好外包项目，确保达到预期目标，是我们必须严肃面对的一个问题，尤其是志书编修这一专业性工作，各编修单位应主动承担起责任，确保质量第一。

2. 未按照专家意见认真修改。上报的终审稿发送给专家进行评审后，专家会在10天内对某部志稿提出具体的修改意见并出具评审结果。但就现实情况来看，存在各地未按照专家意见认真修改的情况，再度提交的修改稿仍旧问题多，达不到出版要求，浪费了大量人力和时间。为此，报送修改稿的同时需附一份详细的修改说明，逐条核对专家评审意见，对未能完全按照意见修改的部分写明理由。同时，修改稿一式两份，报送中指办领导审核的同时也提交出版社一份进行编校质量审查，对于不合格的志稿一律退回。

3. 未按统一时间节点开展工作。考虑到志书审核环节约需1个月，出版环节因为要取得审图号需要预留至少3个月的时间，所以上报终审稿要距离当年名村论坛召开时间至少提前4个月。因此，方志处通常在岁末年初组织专家统一对申报篇目集中进行论证，各地方志机构应提前做好相关准备工作，撰写村情简介并初拟志书篇目（应完善至三级）确保及时参与到篇目论证环节，否则难以跟上统一的项目推进进度，以免造成后续工作被动。

相关对策：一是建立省、市、县三级申报审批机制。申报的村志由所在村委会申报，经县级地方志工作机构推荐、市级地方志工作机构审核、省级地方志工作机构复核后上报中国名村志丛书编纂委员会办公室评议审定。二是建立篇目论证机制。邀请高等院校、科研机构、地方志系统的专家学者对每批集中申报的篇目逐一进行论证，并提出具体修改方案，必要时对篇目进行二轮完善，从而保证了后续编写工作的稳步有效开展。三是建立人员培训机制。每年定期举办编纂业务培训班，邀请编修镇村志经验丰富的专家学者为广大一线编修人员和各省联络员授课，解决编纂过程中遇到的普遍性和突出性问题，帮助广大学员快速提升业务水平。四是建立专家审读机制。建立名村志丛书审读专家库，每部村志由一名专家负责审读，从篇目设置、内容记述、编写规范、文字等方面进行认真把关，并出具具体的评审意见，取得了良好效果。五是建立中国名村志丛书学术委员会评议审定机制。通过专家审读后的送审稿连同申报表一起上报中国名村志丛书学术委员会审定通过后，方可进入出版流程。

（三）社会效益是推进中国名村志文化工程深入开展的落脚点

党的十九大报告指出，“要深化文化体制改革，完善文化管理体制，加快构建把社会效益放在首位、社会效益和经济效益相统一的体制机制。”追求持久和良好的社会效益是中国名村志文化工程的落脚点。对于一部部饱含中国乡土文化和传统文化的村志来说，思想和价值观念是志书的灵魂，名村志必须反映时代精神，反映社会主义核心价值观，反映新时代的中国力量，才能在思想上、文化上取得成功，同时在广大读者中受到欢迎。广大地方志工作要把打造好名村志作为培育和弘扬社会主义核心价值观、传承中华传统文化和乡土文脉的重要平台，坚定不移地用方志人的笔触去记录中国的现代化进程，创作出具有鲜明时代风格的优秀志书。

虽然中国名村志文化工程第一批丛书已经出版，且取得了一定的社会效益和口碑，但显然，这一文化工程的深刻意义和非凡价值尚未完全展现出来，亟待进一步挖掘和释放。

1. 规模有待进一步扩大。中国名村志的入选对象包括中国历史文化名村、经济强村、新农村建设示范（试点）村、其他特色村。目前出版的第一批志书虽然在地域范围上基本达到东、中、西部全覆盖，但是在名村的类型上略显单调，大部分申报地区为其他特色村，即获得国家级、省级荣誉称号的具有某方面特色的村，如文明村、特色旅游名村、农业示范村、生态示范村、最美乡村等。而一些全国知名的历史文化名村、经济强村等还未启动编纂名村志，实乃一大缺憾。同时，参与拍摄名村志纪录片和影像志的数量不多，占出版的丛书比例较低，还未形成规模效应，有待进一步宣传与推动。

2. 深度有待进一步挖掘。通过中国名村志丛书，记录和传承着中华文明和乡土文脉，使得读者能够足不出户就能览遍祖国的大好河山和寻访历史人物，这是我们的幸运。然而，除了中国名村志书本上的文字，在互联网时代，在文化大发展大繁荣的今天，又有多少更加丰富、更有深度的生动鲜活、喜闻乐见的衍生作品和产品呢？各地应紧紧抓住历史机遇，依托中国名村志文化工程作为国家级重大文化工程等多重优势，下大力气打造契合当地经济社会发展的平台，例如文化贸易基地、非遗文化数字创新示范平台、与大型项目及名村志密切相关等特色品牌和拳头产品，构建全方位、多层次、宽领域的经济文化交流新格局，为美丽乡村插上腾飞的翅膀，使中国名村志文化工程在促进当地经济社会发展及在人文交流合作方面取得丰硕的成果。

3. 参与度有待进一步提高。在形式上，现阶段中国名村志文化工程的主要成果就是志书的出版发行，其宣传效果仍旧是传统平面化的，尤其在出版者、读者与作者的多方交互上还有很大的局限。读者的需求、反馈、情感等缺乏即时、有效的收集，读者在出版传播的过程中参与度较低，处于被动的地位，不利于发挥中国名村志文化工程的牵引作用和辐射作用。未来要打造多元立体化的传播交流平台，例如建设数字化图书馆等，开展相关调查统计，并为地方志其他工程的建设与研究提供有益的借鉴与启示。

相关对策：一是广泛开展宣传，积极探索与媒体深度合作发展的共赢模式，力求在“互联网 + 地方志”的理念上谋新突破、见新实效。推进与媒体深度合作发展，最终要提高宣传中国名村志文化工程及中国名村志丛书的阅读率、点赞率和转发率，实现快速传播、移动传播、全媒传播、分众传播、互动传播、权威传播。二是利用名村志平台凝聚社会力量参与，更好地整合配置地方资源，深入挖掘传统文化资源，进行项目化、规模化运作，助力承编单位人员、经费等到位。同时，还要注重用老百姓喜闻乐见的形式讲好身边故事，提高社会力量参与名村志编纂的认同感、责任感，调动他们参与的积极性。三是打造多领域专家队伍，大力增强对基层编修工作的支持，将技术指导贯穿编修工作始终，通过培训等途径，向广大编纂者提供理论学习、篇目辅导、编纂实务三个方向的软实力输送。同时，开展基于名村志成果的相关学术研究，通过学术平台、门户网站等媒体对外公开发布，进一步扩大名村志的牵动作用、辐射功能和示范意义。

乡村振兴离不开文化的引领。中国源远流长的乡土文化是祖先留给我们的传家宝，那么中国名村志文化工程就是地方志人在祖先与后代、过去与未来之间摇的一艘船、架的一座桥。实现乡村振兴需要更多地方志工作者勇当这样的“摆渡者”，同时也需要有重视优秀传统文化传承、肯在文化传承事业上下功夫的志士同仁。文化的传承、精神的滋养、美德的培育是一个润物无声的过程，需要有“功成不必在我、担当舍我其谁”的胸怀，还需要有“修志问道，直笔著史”的精神，更需要有“抓铁有痕、踏石留印”的干劲。广大地方志工作者要转变发展观念、理清发展思路，努力编纂同我们这个文明古国、我们这个全方位变革的时代、我们这个现代化国家相匹配的优秀志书，抒写改革开放和社会主义现代化建设的蓬勃实践,从乡村、从基层中发现伟大、书写质朴、流传美誉，激励全中国人民更有底气地迈向未来。

中国地方志“一体两翼”工程实施报告

刘淑颖　张　鹏　朱　海[①]

提　要：党的十八大以来，党中央、国务院高度重视文化建设，人民对文化的需求不断攀升，地方志回馈社会的资源也逐渐增多，在此背景下中指组及其办公室推出中国地方志“一体两翼”工程。三年多来，在领导的高度重视、部门的共同合作之下，各课题组打开思路，围绕各地的地情概况、志鉴编修状况，以及地方志资源开发利用等方面的工作，共出版5部报告，逐步打造出一支资政写作队伍，填补了地方志发展史上的空白，扩大了地方志的影响力。同时，在发展的过程中也存在地方重视不够、文章水平不高、社会影响不大等问题，接下来要在全国范围内进一步转变思想、提高认识，丰富报告内容，改进宣传方式，不断提升地方志资源开发利用水平。

关键词：地方志　“一体两翼”工程　开发利用

为促进全民共享地方志发展成果，推动地方志事业围绕党和国家根本利益、服务经济社会发展、以人民为中心开拓创新，完成《规划纲要》“做好《中国地情报告》《中国方志发展报告》《中国年鉴发展报告》编纂工作”的具体要求，中指组及其办公室在充分调研的基础上，推出以《中国地情报告》为“一

① 执笔人：刘淑颖，中指办规划处主任科员；张鹏，中指办方志处主任科员；朱海，中指办年鉴处副主任科员。

体”,以《中国方志发展报告》《中国年鉴发展报告》为“两翼”的“一体两翼”工程。工程开展三年多以来，在很多方面获得从无到有的突破，取得了不少成绩，积累了丰富的经验，同时也存在不少亟待解决的问题。现从工程的实施背景、主要内容、成绩、经验以及问题和对策等方面进行报告。

一、实施背景

近年来，在党中央、国务院的正确领导下，全国地方志事业蓬勃发展，形成“志、鉴、库、馆、网、用、刊、会、研、史”十业并举的良好态势，社会知名度和影响力不断提升。为进一步加强地方志资源开发利用，提高全社会读志用志水平，中指办启动并实施全国地方志“一体两翼”工程。

一是党中央、国务院高度重视文化建设。党的十八大以来，以习近平同志为核心的党中央明确提出文化自信，党的十九大以后将文化自信写入党章，明确文化在“五位一体”总体布局和“四个全面”战略布局中的重要位置，将文化建设提升到前所未有的高度。地方志是中国特色社会主义文化事业的重要组成部分，蕴涵着丰富的治理经验和历史智慧，可为治国理政、推动国家治理体系和治理能力现代化提供重要的参考和借鉴。在中国特色社会主义文化快速发展繁荣的背景下，地方志利用自身的资政优势，提出“一体两翼”工程的构想，推动地方志资源开发利用，以更好地围绕中心、服务大局。

二是社会需要更加丰富多样的文化成果。随着经济社会的进一步发展，人民对精神文化的需求不断攀升。目前，地方志有五万余部志书成果，全国地方志网站、数据库的文字量达数百亿，在改革成果全社会共享的大背景下，数量庞大的方志成果如何更好地为大众服务是很现实的问题。“一体两翼”工程将传统方志文化“创造性转化、创新性发展”,是地方志拓展领域、延伸触角、主动走进千家万户、与现实相融相通的积极尝试。一系列具有前瞻性、对策性的研究报告，不仅是人民了解身边、了解当地、了解中国的有效途径，也是守望乡土文化、留住乡愁记忆的重要载体，让全民共享文化发展成果和地方志发展成果。

三是地方志资源开发利用水平不断提高。近年来，全国地方志事业面临全面转型升级新形势，强调修志为用，呼应时代要求，让地方志“用起来”“活起来”“立起来”“强起来”；拓宽用志领域，提升服务大局能力，为党政机关、社会各界和人民群众服务；搭建宣传、推广地方志工作平台，让社会各界了解地方志，推动方志文化进机关、进农村、进社区、进校园、进企业、进军营，提升了地方志工作的社会影响力和社会效益，为“一体两翼”工程的实施孕育了丰厚的土壤。

二、主要内容与实施情况

（一）主要内容

“一体两翼”工程是全国地方志“十大工程”之一，是中指组及其办公室在开发利用地方志资源方面作出的顶层设计，是地方志事业发展的创新之举。该工程每年出版《中国地情报告》《中国方志发展报告》《中国年鉴发展报告》。其中，《中国地情报告》为“一体”，占有支配性地位，发挥主导性作用，走出地方志系统，投身于国家建设之中，有助于扩大地方志影响力；《中国方志发展报告》《中国年鉴发展报告》为“两翼”，旨在梳理地方志和年鉴事业发展脉络，引领发展方向，突出用志导向和方志功能拓展。

该工程坚持马克思主义唯物史观，综合运用史学、政治学、社会学、文献学等学科研究方法，将地方志事业置于跨学科的学术视野之下，系统分析上一年度全国各地的地情概况、志鉴编修状况，以及地方志资源开发利用等方面的工作开展情况，针对全国以及某一区域地方志事业发展状况和热点问题进行年度性的分析与研讨，以专业化的角度、专家学者的视野，开展系统性回顾、理论性分析和前瞻性预测。

（二）实施情况

1. 中国地情报告。该项目最早动议于2014年年底，2015年8月列入《规划纲要》，成为国家层面部署的刚性任务，2016年8月底正式启动。经过一年多的调研和摸索，建立了科学的组织模式、编写模式以及报告模式。先后在全国范围征集地情亮点选题，制定编写要求，设置报告篇目；组建总报告编写组、指数报告测评组、专题报告工作组，明确分工，责任到人，分头推进。召开专项报告编纂业务研讨会及历史文化名镇保护性发展评估体系设计研讨会，广泛征求在实证调研、编写蓝皮书等方面有着丰富经验的专家学者以及乡镇领导的意见建议，确定地情报告的评估主题、范围以及指标体系设计；在全国范围内开展对252个历史文化名镇保护性发展评估工作，先后完成总报告、专项报告及评估指数撰写工作，严格审核后定稿。在多方共同努力之下，首部地情报告——《中国地情报告（2017）》于2017年12月出版。《中国地情报告（2017）》以点带面，突出各地地情亮点，尤其是党的十八大以来各地在经济、社会、文化、生态等方面的发展特色。全书共分3个部分8个版块：第一部分为总报告，共1篇，围绕当前中心工作，聚焦美丽中国建设和美好生活创造，回顾近年来各地美丽中国建设和美好生活追求的实践，分析存在问题，提出对策建议。第二部分是指数报告，共1篇，推出中国历史文化名镇保护性发展指数研究成果。第三部分是专题报告，共6个版块19篇。其中，发展战略类报告4篇、科技创新类报告2篇、城镇建设类报告2篇、文化旅游类报告3篇、民生福祉类报告4篇、生态文明类报告4篇。

2. 中国方志发展报告。中国方志发展报告于2014年启动编纂，目前已编纂出版2015卷和2017卷，其中2017卷分为《中国方志发展报告（2017）》和《中国方志区域发展报告（2017）》。《中国方志发展报告（2015）》由总报告、区域报告、专题报告、回顾与展望、探索与创新、志鉴成果评析和附录7个部分构成，回顾2014年全国地方志的编纂情况，总结成绩，分析问题。该书呈现出6个方面的特点：立足实证，创立了《中国方志发展报告》的基本体例；立足全国，总分结合，多层次、多视角展示方志事业发展状况；立足总情，检视方志成果；立足年度，关注方志事业热点和前沿问题；立足实践，正视问题，提出对策建议与解决路径；立足现状，理论与实践结合，纵述方志发展历程和发展趋势。《中国方志发展报告（2017）》分为总报告、专题报告和附录3个部分。报告反映了2015—2016年来促进全国地方志事业转型升级的有益探索和创新举措，贯彻“一纳入、八到位”、实现“两全目标”的做法和经验，地方志工作在经济、社会、文化发展大局中的地位、作用和成果，本区域、本系统地方志工作的亮点与特点，以及对地方志事业发展的趋势预判和对策建议等。《中国方志区域发展报告（2017）》由各省（区、市）、新疆生产建设兵团报送的区域发展报告按行政区划排序汇编而成。报告重点记述本区域2015—2016年全面贯彻党中央、国务院对地方志工作的新部署、新要求和中指组及其办公室顶层设计的思路、措施，全面展示本区域地方志事业发展的总体情况，全面评估贯彻落实“一纳入、八到位”、推进“两全目标”等核心任务的实施进度，全面展示促进地方志事业发展的创新亮点，突出地域特色。

3. 中国年鉴发展报告。《中国年鉴发展报告》编纂启动会议于2016年4月在北京召开，会上主要讨论报告的编写框架和主体内容。会后，中指办组建《中国年鉴发展报告（2017）》编委会，由年鉴处牵头编写撰稿方案，确定撰稿单位和人员，并组织稿件。形成初稿后，年鉴处组织力量就稿件的撰写主题、框架结构、主要内容等进行初步审读，召开稿件讨论会议；后期邀请专家复审，经过作者反复修改后形成定稿，于2017年11月出版《中国年鉴发展报告（2017）》。该书旨在全面反映2015—2016年年鉴事业的发展形势，在科学实践与调查研究的基础上针对年鉴现状展开分析和预测，并提出具有较强针对性、可行性的对策建议。全书分为总报告、区域报告、专题报告、探索与创新、年鉴成果选介、研究与借鉴、附录7个部分。总报告部分梳理了中国年鉴事业的发展史，总结西方年鉴在中国的传播发展的阶段特点及年鉴中国化的实践与探索；分析2015—2016年中国年鉴事业发展形势与未来任务。区域报告部分选取11个省（区、市），总结区域内年鉴事业发展简史，2015—2016年年鉴事业发展概况，分析年鉴工作中存在的问题并指明下一步的发展方向。专题报告部分选取8类专业年鉴，梳理专业年鉴发展简史、发展现状、取得的成绩与经验、存在的问题与发展方向。探索与创新部分分别介绍区域年鉴、乡镇村年鉴、年鉴简本、地方综合年鉴英文版、年鉴数字化与网络化发展情况。年鉴成果选介部分介绍2016年35家特等年鉴中21家的编纂情况。研究与借鉴部分分别介绍西方年鉴的编纂模式、国外年鉴选介、2016年国内年鉴研究理论研究综述。附录部分收录2016年全国年鉴工作大事记、2016年全国年鉴论文索引、全国省、市、县三级综合年鉴启动编纂与公开出版覆盖率排名表。该书在牢牢把握全国年鉴事业重要发展机遇的基础上，服务经济社会发展，深入探索年鉴事业的发展趋势，深刻阐释年鉴事业的发展轨迹，是一部权威的年度性重要文献。

三、成绩与经验

“一体两翼”工程以每年一部反映各地年度发展亮点的地情报告和两部反映地方志系统主业总体情况的发展报告为载体，强化地方志的资政功能，提高大众读志用志水平，扩大地方志影响力，取得了一定成绩，积累了不少经验。

（一）成绩

1. 逐步打造起一支资政写作队伍。2015年以来，“一体两翼”工程各报告编委会邀请有关专家指导各报告的编纂工作，并由方志界和中国社科院有关研究院所、其他科研单位研究人员组成“一体两翼”工程的报告撰写队伍。经过科学的篇目论证和严格的审查筛选，选出不少有价值的研究性文章。在反复的审读、修改过程中，各报告课题组强化了问题意识，提高了对策能力，逐步建立起一支能打“硬仗”的资政队伍。如《中国地情报告（2017）》共有来自17个省（区、市）的18篇报告，梳理出各地发展问题百余条。在撰写报告的过程中，地方志系统利用自身资源优势真正参与地区发展，提高了围绕中心、服务大局的能力。

2. 填补了地方志发展史上的一项空白。地情报告、方志发展报告、年鉴发展报告是中指组提高地方志资源开发利用水平、促进地方志事业可持续发展的一项创新。各编委会积极组织地方志系统中具有较高理论素养和丰富实践经验的工作者及专家学者，也邀请一些相关行业的专家，就各地经济、社会、文化、生态等方面的发展特色，以及地方志事业发展的重大理论和实践问题进行系统研究，并定期向社会发布成果，开辟出地方志向外输出资源与信息的一条新渠道，为打造全国方志报告类图书品牌奠定坚实基础。

3. 进一步扩大了地方志的影响力。“一体两翼”工程的实施使得地方志系统在修志编鉴主业之外，真正将志鉴成果“用起来”“活起来”，促进地方志“立起来”“强起来”。2016年8月31日，中指办在北京举办《中国方志发展报告（2015）》出版座谈会，来自新华社、人民日报海外版、光明日报、中国青年报、中国新闻社、中国社会科学报、光明网、中国社会科学网8家新闻媒体到会报道。2017年12月21—22日，《中国方志发展报告（2017）》《中国年鉴发展报告（2017）》出版座谈会在广东深圳举行。2017年12月29日，中指办在人民大会堂举行首届中国地情论坛。新华社、光明日报、中国青年报、中国日报、中国新闻社、中国社会科学报、中央人民广播电台、人民网、光明网、中国网、澎湃新闻等新闻媒体对开幕式盛况进行报道，宣传“一体两翼”工程的成果，地方志主动围绕中心、服务大局的积极尝试向前迈出坚实的一步。

（二）经验

1. 领导重视是根本。“一体两翼”工程是贯彻落实党和国家全面推进深化改革等重大战略部署的必然要求，是地方志事业健康发展的必然要求，也是丰富和拓展中国社科院智库群的必然要求。2014年4月19日，第五次全国地方志工作会议召开，李克强总理作出“进一步做好地方志编纂、管理和开发利用工作”的批示；刘延东副总理指出，“要用人们喜闻乐见的方式利用地方志、传播地方志，鼓励和倡导全社会‘读志’‘传志’‘用志’”。中指组领导高度重视地方志资源开发利用，提出走出书斋，开门修志，并提出地方志“一体两翼”工程设想，很快将其写入《规划纲要》，使得“一体两翼”工程的实施从构想变为现实。在各级地方志工作机构的积极支持下，“一体两翼”工程的三个报告组稿成功并顺利出版。

2. 部门联动是关键。为推动“一体两翼”工程高效运转，中指办聘请行业顶尖专家牵头开展工作，成立《中国地情报告》《中国方志发展报告》《中国年鉴发展报告》编委会，并分别在规划处、方志处、年鉴处设编辑部，组织开展具体工作。各级地方志工作机构，尤其是省级地方志工作机构，围绕“一体两翼”工程的实施提供有力保障，积极配合，安排专人负责报告撰写及相关工作。地情、方志、年鉴报告联合发布，联合推广，形成合力，增强了地方志品牌效应，积极落实“一个定位、一个品牌、一个平台、一个模式、一个论坛”的“五位一体”总体设计。

3. 创新思维是重点。中国地方志“一体两翼”工程是中指组及其办公室开发利用地方志资源的创新之举。近年来，中指组及其办公室坚持创新驱动，高屋建瓴，提前谋划，在全国范围内全面推进地方志由一项工作向一项事业转型升级，由“一本书主义”向志、鉴、馆、网、库、用、刊、会、研、史“十业并举”转型。“用”是地方志转型升级的重要内容，在这一领域，中指组及其办公室以国家利益为导向、以服务经济社会发展为中心、以人民为中心开拓创新，陆续推出全国地方志“十大工程”，“一体两翼”工程的提出就是创新的结果。在实施过程中，无论是部门联动的合作模式，还是篇目设计、文章筛选、内容版块，都体现了开拓创新的精神，达到填补地方志发展空白、打造地方志报告类新品牌的效果。

四、问题与对策

中国地方志“一体两翼”工程启动三年多来，虽然取得一些成绩，但是作为一项新生事物，它也存在不少问题。在梳理问题的基础上，调整思路、解决问题，有助于做好下一步的工作。

（一）面临的问题

1. 地方重视不够。虽然党中央、国务院高度重视地方志资源的开发利用工作，中指组领导积极支持“一体两翼”工程，经费、人员等也得到一定程度的保障，但是各地地方志系统对“一体两翼”工程的重视程度还不够。从客观角度看，“两全目标”是国务院下达给各级政府的硬任务、硬指标，时间紧、任务重，部分地区由于基础薄弱、人手不足、经费紧张等原因，进度明显滞后，无暇他顾。“一本书”主义的观念在部分地区依然盛行，不少人认为修好志书就是完成了本职工作，对地方志资源的开发利用不够重视。

2. 文章水平不高。报告的撰写者以长期从事方志、年鉴工作的地方志工作者为主，他们长于编纂，而不善分析问题。受经验的局限，不少文章资料有余，分析不足，缺乏问题意识，解决问题的能力有所欠缺。具体表现为，方志发展报告中许多文章主要是对现有工作进行的总结，理论水平有待提高，实践借鉴意义不大，不太具有普遍指导意义；年鉴发展报告受掌握的资料所限，撰写者经验和水平还有待提高，报告整体水平与质量有待提升；地情报告存在不少政府工作报告式的文章，一味堆砌资料、介绍经验，问题和对策部分则显得薄弱，难以切中弊病，缺乏生命力。

3. 社会影响不大。报告发布后，没有在社会上引起广泛热烈的反响，在方志界内也没有引起预期的效应，离“五位一体”总体设计的初衷还有很大差距。这一方面是由于报告本身内容单薄、质量欠佳，另一方面与宣传模式过于单一有关。

（二）主要对策

1. 在全国范围内转变思想。要继续推动地方志在全国范围内由一项工作向一项事业转型升级，让“十业并举”变成全国地方志系统的共识。要提升“用”在“十业“中的地位，以“用”促“活”，让地方志真正“立起来”“强起来”，以此提高方志人的自信心、自豪感，形成良性循环。要进一步明确地方志资源开发利用的重要性和紧迫性，让“一体两翼”工程成为地方志事业的重要内容，有条件的地方应考虑纳入督查范围，使之成为一项硬性任务。

2. 在报告的内容上下功夫。一是要完善程序。扩大征稿范围，发动更多的人广泛参与“一体两翼”工程，拓宽稿源；在题目申报环节实行准入制，选取优质稿件，增强竞争意识和质量意识；集思广益，在内容设计上更加合理，让更多的政策路径进入到报告中，真正能发挥其应有的作用。二是要丰富内容。要提高对策建议内容的针对性、可行性，力争全面反映当前各地区经济社会发展和地方志事业的发展形势，在科学实践与调查研究的基础上针对现状展开分析和预测。三是要规范方法。如在地情报告的指标评估中，要进一步拓展指标体系，进一步规范数据采集方法，进一步创新工作模式。

3. 改进宣传方式。一是扩大宣传力度。通过召开座谈会、线上线下互动等多种方式，及时发布报告内容，让更多的人关注“一体两翼”工程，引发社会讨论，努力打造地方志报告类品牌效应，扩大社会影响力。二是化整为零，激发撰写者和课题组的宣传活力，让每一篇文章都成为亮点，每一位撰写者、每一个课题组成为自发的媒体，在各个地区、各个机构、各个行业传播地方志的品牌。

中指办将在党的十九大精神指引下，继续深入推进中国地方志“一体两翼”工程，创新地方志资源开发利用途径，克服人员少、任务重的困难，不断取得新的成绩。

全国信息方志与数字方志建设工程实施报告*

安　山①

提　要：2017 年，全国信息方志与数字方志建设工程继续深入推进，“三网一馆两平台”建设取得明显成效。文章结合 2017 年度地方志信息化统计结果，从信息化建设面临新形势、取得新成就、存在的新问题、面临的新趋势等方面，分析中指办以及各地贯彻落实全国信息方志与数字方志建设工程的情况。就进一步做好信息化工作提出如下对策：科学把握地方志信息化发展规律；准确把握地方志信息化工作重点；充分发挥地方志信息化工作者的主观能动性；加强对地方志信息化工作的督查考核等。

关键词：地方志　信息化　网络化　数字化

当前，世界处于大发展大变革大调整时期，世界多极化、经济全球化、社会信息化、文化多样化深入发展。② 信息技术创新日新月异，以数字化、网

*《中国方志发展报告（2017）》主要对中指组及其办公室在推进全国信息方志与数字方志建设工程的情况进行了阐述，此部分主要是阐述全国各级地方志工作机构贯彻落实该工程的情况。

① 安山，中指办方志处主任科员。

② 《习近平新时代中国特色社会主义思想三十讲》，学习出版社 2018 年版，第 3 页。

络化、智能化为特征的信息化浪潮蓬勃兴起。[①] 全国地方志系统顺应信息化发展潮流，深入贯彻落实习近平总书记网络强国战略的一系列部署要求和《全国地方志事业发展规划纲要（2015—2020年）》（以下简称《规划纲要》）要求，大力推进地方志工作信息化、数字化、网络化进程。

一、信息化建设面临新形势

2017年，信息化、网络化浪潮在全球范围内的影响进一步深化。从国家层面看，在习近平总书记关于网络强国重要讲话精神指引下，党中央、国务院对网信事业的重视程度越来越高，出台一系列顶层设计，为深入推进网络强国战略指明了前进方向，为进一步做好网络信息化工作提供了根本遵循。2017年2月，习近平总书记主持召开中央全面深化改革领导小组第三十二次会议，审议通过《关于推进公共信息资源开放的若干意见》。10月18日，在党的十九大报告中多次提到互联网，为全国网络安全和信息化发展指明了方向。12月8日，习近平在主持中共中央政治局第二次集体学习时强调，实施国家大数据战略，加快建设数字中国。此外，2017年6月1日，《中华人民共和国网络安全法》正式施行，互联网法治建设迈上新台阶。12月3—5日，第四届世界互联网大会在浙江乌镇举行，大会主题为"发展数字经济 促进开放共享——携手共建网络空间命运共同体"，大会首次发布《中国互联网发展报告2017》《世界互联网发展报告2017》。从中国社科院层面看，继续深入实施名优建设工程[②]，国家哲学社会科学文献中心上线，中国社会科学网的社会影响力不断增强，海量数据库建设实现新突破，公益性学术信息服务迈上新台阶。中指办非常重视信息化建设。2017年2月印发《全国信息方志与数字方志建设工程实施方案》，标志着全国地方志系统信息化建设进入依法推进地方志信息化建设的新阶段。7月8—9日，在辽宁丹东召开2017年全国地方志系统信息化工作会议暨信息化研究会年度会议。总结了近几年信息化工

① 中共中央办公厅 国务院办公厅印发《国家信息化发展战略纲要》，新华社，http://www.qstheory.cn/2016-09/18/c_1119579550.htm。

② 中国社会科学院名优建设工程2008年启动，包括名报、名刊、名出版、名馆、名网、名库、名志和名学术评价"八名"建设。

作取得的成绩，明确了下一步的工作思路、重点和努力方向。

二、全国地方志系统信息化建设取得新成就

（一）地情网站建设状况

据中指办统计[①]，截至 2017 年 12 月底，全国地方志系统共建成地情网站 912 个，其中，国家级网站 4 个[②]，省级网站 31 个，市级网站 221 个，县级网站 656 个。按网站覆盖率[③]统计，省、市、县三级网站总覆盖率为 28.38%，省级地情网站覆盖率为 90.63%，市级地情网站覆盖率为 62.08%，县级地情网站覆盖率为 23.22%。

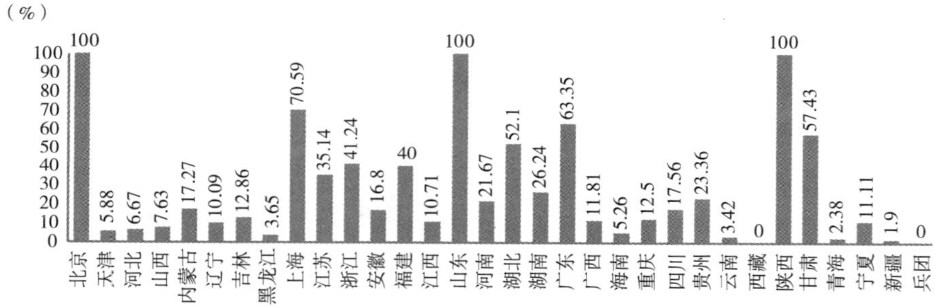

图 1　全国地方志系统省、市、县三级地情网站覆盖情况示意图（按行政区划排序）

1. 国家级地情网站建设情况。（1）中国方志网：2017 年，进一步优化中国方志网的功能定位和栏目设置，及时更新信息，保障信息安全，顺利通过国务院办公厅四个季度的政府门户网站普查。新版网站设走进方志、信息发布、业务指导、互动交流、在线服务 5 个版块，37 个一级栏目。（2）中国地情网：2017 年，经过项目立项、招投标、项目建设、功能测试等环节，顺利完成中国地情网二期项目（升级改造）建设。于 2017 年 12 月 1 日正式上线，设每日要闻、中国之最、地名探源、名山名水、民风民俗、古今名人、美食大观等 13 个一级栏目，实现国家、省、市、县、乡（镇）、村（社区）六级地情

① 本报告数据源自 2017 年全国地方志系统的统计数据。中国方志网 http://www.difangzhi.cn/zgdfz/zxtj/list.shtml。

② 分别是中国国情网、中国地情网、中国方志网、中国方志出版网。

③ 网站覆盖率 = 已建成网站数 / 地方志机构数 ×100%。

网站的互联互通和“一网天下式”的全覆盖，在地方志资源开发利用、地情信息服务共享方面发挥了积极作用。（3）中国国情网：2017 年，完成中国国情网一期项目建设，包括项目立项、项目招标、网站开发、数据迁移、网站测试等工作。于 2018 年 1 月 12 日正式开通。中国国情网以国家层面的视角，依托中国政府网、新华网、人民网、中国社会科学网等国家级综合性网站以及各部委网站、国家数字方志馆等的国情资源，按照经济建设、政治建设、文化建设、社会建设、生态文明建设“五位一体”战略布局收集、展示、研究国情，实现国情信息的汇聚、整合和检索，面向党政机关、社会团体和人民群众提供国情信息的咨询、服务和教育，为编修中华人民共和国国志储备积累国情资料。网站设一级栏目 7 个，二级栏目 32 个，既涵盖中国国情的各个维度，又体现方志文化的独特价值。（4）中国方志出版网：是方志出版社的官方网站，2016 年 7 月完成升级改版和数据迁移。新版网站设新闻资讯、图书介绍、数字出版、读者服务、政策法规等一级栏目 7 个，设最新动态、出版新闻、书讯、书摘、书评等二级栏目 20 个。

2. 省级地情网站建设状况。截至 2017 年 12 月底，32 个省级地方志工作机构共开通地情网站 31 个，其中内蒙古、湖南各 2 个，尚有云南、西藏、新疆生产建设兵团未开通地情网站，覆盖率为 90.63%。

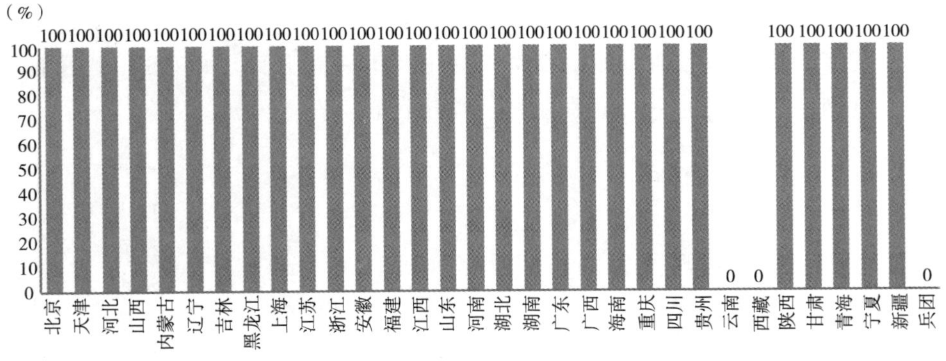

图 2　全国地方志系统省级地情网站覆盖情况示意图（按行政区划排序）

3. 市级地情网站建设状况。截至 2017 年 12 月底，全国 356 个市级地方志工作机构共开通地情网站 221 个，覆盖率为 62.08%。其中实现市级地情网站全覆盖的是山东、陕西、内蒙古、广西 4 个省（区），覆盖率为 80%—99% 的有湖北、安徽、四川 3 个省，覆盖率为 60%—79% 的有湖南、吉林、河南、浙江、广东、福建、贵州、江苏、江西、甘肃 10 个省，覆盖率为 40%—59% 的有辽宁、山西、宁夏 3 个省（区），覆盖率为 39% 以下的有河北、黑龙江、云南 3 个省，另外，海南、西藏、青海、新疆 4 个省（区）和兵团尚未开通市级地情网站。

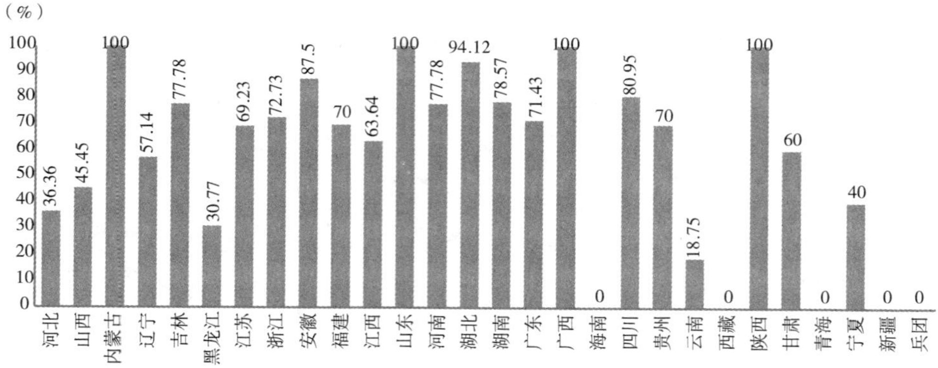

图 3　全国地方志系统市级地情网站覆盖情况示意图（按行政区划排序）

4. 县级地情网站建设状况。截至 2017 年 12 月底，全国 2825 个县级地方志工作机构共开通地情网站 656 个，覆盖率为 23.22%。其中实现县级地情网站全覆盖的是山东、陕西、北京 3 个省（市），覆盖率为 60%—99% 的是上海、广东 2 个省（市），覆盖率为 40%—59% 的是甘肃、湖北 2 个省，覆盖率为 30%—39% 的是浙江、福建 2 个省，覆盖率为 10%—29% 的是江苏、湖南、贵州、河南、重庆 5 个省（市），覆盖率为 10% 以下的是四川、安徽、内蒙古、河北、江西、山西、辽宁、吉林、云南、新疆 10 个省（区）。

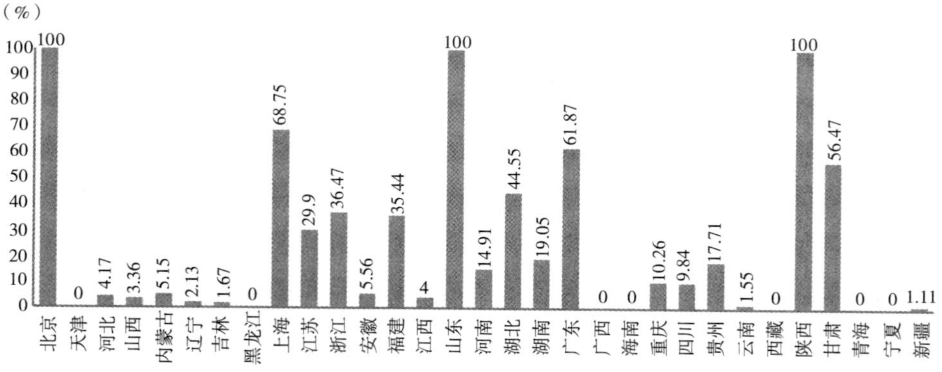

图 4　全国地方志系统县级地情网站覆盖情况示意图（按行政区划排序）

（二）数字方志馆建设状况

截至 2017 年 12 月底，全国地方志系统共建成数字方志馆 226 个[①]，其中省级数字方志馆 22 个，市级数字方志馆 53 个，县级数字方志馆 151 个。其中，山东建成省级数字方志馆 1 个，市级数字方志馆 17 个，县级数字方志馆 137 个，实现了全省数字方志馆的全覆盖，走在了全系统前列。

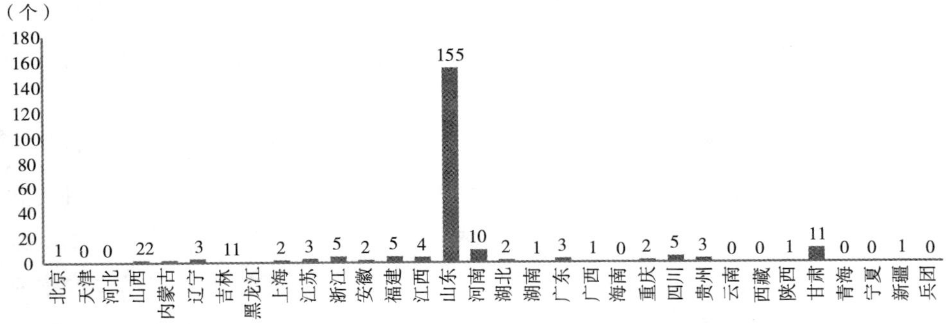

图 5　全国地方志系统数字方志馆建设情况示意图（按行政区划排序）

（三）新媒体平台建设状况

地方志系统新媒体传播平台包括微信公众号、微博、移动终端 APP、今日头条、一点资讯等。截至 2017 年 12 月底，全国地方志系统共建成新媒体平台 382 个，其中国家级新媒体 3 个[②]，省级新媒体 34 个，市级新媒体 119 个，县级新媒体 226 个。

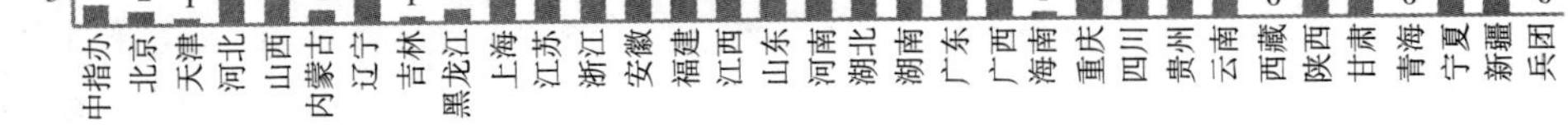

图 6　全国地方志系统新媒体平台建设情况示意图（按行政区划排序）

---

① 国家数字方志馆一期项目已完成论证，正在进行立项报批手续。

② 国家级新媒体包括方志中国微信公众号、方志出版社微信公众号、方志出版社今日头条号。

（四）综合办公平台建设情况

各地积极推进地方志综合办公平台建设，提高了办公效率。内蒙古自治区地方志办公室依托地方志在线编纂系统编纂年鉴，已在线编纂文稿字数超过1000万字。吉林省方志委建成办公自动化（OA）系统，实现了日常考勤管理、公文处理、信息报送、绩效管理、办公事项审批的无纸化办公，并依托吉林年鉴采编网络平台编纂《吉林年鉴》。上海市地方志办公室开发数字化上海市地情资料库系统，为全市60家市志、专志承编单位安装“资料长编”单机版，陆续将志书资料长编导入数字化上海市地情资料库。江苏省地方志办公室开发地方志资源智能检索系统，于2017年8月顺利通过验收评审。浙江省研发《浙江通志》在线编纂信息系统，实现在线资料收集管理、自动化资料长编编辑、志稿编纂、实时进度目标管理及系统管理等功能，有2400余名用户。福建省地方志办公室实施数字方志项目，完成数字方志全文检索系统升级、在线修志编纂系统、年鉴在线编纂系统、编纂目标管理系统、编纂论坛管理系统建设。2016年2月2日，山东省史志办公室开发的山东史志地理信息系统——俯瞰齐鲁上线运行，全省17市137个县（市、区）和历史文化村镇的有关信息于一图之内全面展现。河南省建成史志系统网络办公平台，开通用户200多个，为省、市、县三级史志机构提供了便捷、高效的信息交流传输平台。全国统一的地方志综合办公平台建设正在积极推进。

（五）教育培训情况

全国地方志系统以信息化业务培训为抓手，不断提高信息化从业人员素质。2016年11月，第一期全国地方志信息化业务培训班在云南普洱举办。此期培训班领导重视、内容丰富、覆盖面广、反响很大。是年，四川、广西先后举办信息化业务培训。2017年11月，中指办在广东广州召开全国地方志资源开发利用工作会议暨第二期全国地方志信息化业务培训班。邀请中国科学院文献情报中心钱力、中国互联网协会数据中心基础设施工作组主任马卫东等两名信息化领域专家分别以《基于文献情报大数据的数据智能和创新发展——以中科院文献情报中心文情方略大数据平台为例》《贡献中国数据智慧，释放全球数据价值》为题给学员授课，邀请中国方志网研发公司技术人员进行在线统计系统培训。该次信息化培训班内容丰富、节奏紧凑、针对性强，授课教师专业水平高、讲授精彩，参训学员认真听课、积极交流，基本达到办班的预期目的。是年，山东、安徽先后举行信息化建设业务培训班。

（六）标准化建设情况

2017年，中指办启动方志资源数字化标准建设。在借鉴吸收国家图书馆相关数字资源标准的基础上，起草《方志资源文本数据加工标准（讨论稿）》《方志资源图像数据加工标准（讨论稿）》。6月，征求部分省级地方志工作机构有关信息化专家和中指办相关处室负责人的意见建议。7月，在丹东会议上征求参会代表的意见，在此基础上进行修改完善，准备择机公布。江苏省地方志办公室积极推进省级地方志数字化标准建设。2017年，成立地方志数据资源标准起草小组，开展标准制定的调研、征求意见、技术修改、专家评审等工作。4月，《地方志元数据规范》《地方志数字化处理规范》正式列入江苏省质监局2017年度第一批江苏省地方标准项目计划，成为全国地方志系统第一个数字化地方标准。

（七）信息化机构建设情况

近两年，全系统信息化工作机构设置不断优化和科学，进一步夯实地方志信息化建设的组织保障。2016年，山东省地方史志办公室省情资料处独立并更名为信息工作处。2017年1月，安徽省地方志办公室资料处更名为信息处。

三、地方志信息化建设存在的新问题

2017年是深入推进全国信息方志与数字方志建设工程的重要一年，地方志信息化建设取得了一些成绩，同时也暴露出一些新情况、新问题，主要表现在：一是全系统对信息化前沿技术的敏感度不够，学习不够深入，理解不够透彻，实际应用不多；二是由于种种原因，数字方志馆建设工作进展不大；三是地方志信息化项目管理水平不高；四是方志资源数字化标准制定工作相对滞后等。产生这些问题的原因主要有：一是受传统“一本书主义”的影响，有的地方政府和地方志工作机构对信息化工作重视不够；二是各级地方志工作机构缺乏既熟悉地方志又懂互联网技术的复合型人才；三是受制于地方志经费规模，全系统信息化经费保障能力缺口较大。

四、地方志信息化建设面临的新趋势

在全球信息技术发展的新一轮创新活跃期，云计算、大数据、物联网、人工智能等新一代信息技术迭代加速。[①] 地方志信息化建设呈现出新的发展趋势：一是集约化成为新趋势。2017 年 5 月，国务院办公厅印发《政府网站发展指引》[②]，提出“加强统筹规划和顶层设计，优化技术、资金、人员等要素配置，避免重复建设，以集中共享的资源库为基础、安全可控的云平台为依托，打造协同联动、规范高效的政府网站集群。”集约化成为地情网站的发展趋势。中国社会科学院信息化建设的总体思路也是推进全院“一网一库一平台”[③] 的集约化发展。二是“互联网 +”成为新趋势。在互联网、大数据、云计算等信息科技不断发展的背景下，需要重新审视和思考全国地方志系统对地方志信息化面临的形势与任务、机遇与挑战，需要准确界定“互联网 + 地方志”的内涵与外延、工作模式、保障机制，全国地方志系统亟须树立并践行“互联网 + 地方志”思维，推动地方志事业的创新发展，打造地方志事业转型升级的信息化引擎。三是对信息安全日益重视成为新趋势。《中华人民共和国网络安全法》和《国家网络空间安全战略》陆续发布，网络安全工作实现有法可依，明确了网络空间安全战略方针和主要任务，为防范地方志网络安全风险和信息安全隐患提供根本遵循。地方志海量数字资源的汇聚效应同样存在失泄密风险，如何保障国情地情资源信息安全已成为地方志系统高度关注的课题。

---

① 《〈中国互联网发展报告 2017〉总论》，http://www.cac.gov.cn/1122128829_15135789752541n.pdf

② 《国务院办公厅关于印发政府网站发展指引的通知》，http://www.cac.gov.cn/2017-06/08/c_1121109641.htm

③ 一网是指中国社会科学网，一库是指全国哲学社会科学海量数据库，一平台是指中国哲学社会科学综合集成实验室平台。

五、加强地方志信息化建设的对策建议

（一）科学把握地方志信息化发展规律

一是坚持系统思维。地方志信息化建设需要从顶层设计、信息化基础设施、网站、数据库、新媒体、标准建设、网络安全、版权保护、开发利用、人才队伍建设等方面入手，进行深入研究和统筹谋划，既“弹钢琴”，又抓“牛鼻子”，处理好“一个拳头”和“十个指头”的关系，形成工作合力。二是坚持问题意识和问题导向。要准确把握影响地方志信息化发展的薄弱环节和症结所在。针对需要迫切解决的问题进行集中攻关，下大力气补齐短板，什么问题紧迫就解决什么问题，什么问题棘手要集中研究什么问题。三是坚持数据为王。据不完全统计，仅流传下来的历代方志就有8000多种、10余万卷，约占现存古籍的十分之一。全国首轮、第二轮修志成果超过4万部；由地方志工作机构负责编纂的地方综合年鉴已有2000余种，累计出版有3万余部。如何发掘卷帙浩繁的志书年鉴中蕴含的治国理政的经验教训，信息化、数字化是最便捷的手段，大数据、云计算、人工智能等是最高效的工具。谁掌握了地方志数字资源，谁就掌握了话语权。因此，加强资源建设、注重数据挖掘是地方志信息化发展的趋势。

（二）准确把握地方志信息化工作重点

1.数字方志馆建设是根本。举全系统之力，依托国家数字方志馆建设全国地方志大数据中心，是适应新时代地方志事业发展形势，激发地方志生机与活力，掌握地方志事业主动权、话语权，实现地方志转型升级的必由之路。推进国家数字方志馆建设，要明确国家数字方志馆的目标定位、建设思路、建设步骤、建设机制等。当务之急就是厘清与国家哲学社会科学文献中心的关系，对国家数字方志馆的建设方案进行可行性研究等，需要全系统信息化工作者认真谋划，加快推进。2.项目管理是手段。地方志信息化建设要注重项目流程再造。进一步开拓工作思路，提高工作效率，避免重复建设。进一步规范招投标流程，注重项目管理，健全制度规范，加强内部建设。推进信息标准建设，优化信息化工作流程，提高地方志信息化项目管理水平。3.人才队伍是保障。进一步加大专业人才引进力度，提高人才队伍建设针对性。

可以借鉴中科院文献中心、国家哲学社会科学文献中心等大数据、云平台建设经验，在学习借鉴基础上，注重创新性转化和创造性发展，努力打造一支高素质的人才队伍。4.信息安全是前提。网络信息安全无小事。地方志大数据安全关乎地方志事业的未来。要高度重视网络信息安全，织密网络信息安全保护网，健全制度，落实责任，加强网络信息安全标准化工作，积极稳妥推进地方志信息化工作。

（三）充分发挥地方志信息化工作者的主观能动性

一是增强责任意识。地方志信息化发展是一个系统工程，从某种意义上说，代表和引领地方志事业转型升级和科学发展的方向。全国地方志工作者要切实增强责任意识，明确目标定位和工作标准，形成工作合力。二是发挥后发优势。不可否认，受观念、资金、队伍、体制等因素影响，地方志信息化工作与其他行业、领域相比还有不小的差距。要发扬方志人精神，发挥后发优势，克服低水平重复，努力实现“弯道超车”。三是积极主动作为。地方志系统信息化工作者要敢想敢干、勇于担当，克服等靠要思想，最大限度地发挥创造潜能，追求实实在在的工作成效。

（四）加强对地方志信息化工作的督查考核

一是制定任务清单。各地要结合自身工作实际，制定计划书、时间表、路线图，明确责任人、标准和时限要求，倒排工期，严格落实清单销号制度。二是坚持统筹兼顾、主次分明。在工作中坚持总体推进和重点着力相结合，做好常规性工作的同时，突出重点、把握关键，“好钢用在刀刃上”，避免低水平重复和信息化经费的低效率使用。三是严格考核。中指办将启动地方志信息化工作监督考核办法制定工作，通过通报表扬、开展督察督办等措施，有效推动各项工作任务的落实。

全国方志馆研究与建设工程实施报告

和卫国[①]

提　要：全国方志馆研究与建设工程实施以来，在顶层设计、馆舍建设、充实馆藏资源、开展国情地情展览、数字方志馆建设、编纂研究、业务培训、宣传教育等方面取得了重要成果。同时，建设中还存在对建设方志馆认识不到位、区域发展不平衡比较明显、馆藏资源相对匮乏、地情展示水平有待提升、专业技术人才匮乏、机构队伍不健全、未能与其他文化场馆建立良好的互动关系等制约方志馆长远发展的问题和困难，需要加以深入研究探讨。针对这些问题，提出把馆藏资源建设作为方志馆建设的最基础性工作、把加强理论研究作为提升方志馆建设水平的重要支撑、把地情展览展示做成展览精品、把数字方志馆建设作为提升公共服务能力的重要抓手、高度重视方志馆人才队伍建设等相关对策，并在今后的建设与发展中加以提升和改进。

关键词：方志馆建设　成绩　问题　困难　对策

近年来，在党中央、国务院的高度重视和亲切关怀下，全国各级方志馆围绕中心、服务大局，以完善自身职能、提高业务水平、提升服务能力为导向，不断加强馆藏资源体系建设，充分展示地情特色，积极参与当地公共文化服

① 和卫国，国家方志馆馆藏部副主任。

务体系建设，呈现出建设速度不断加快、自身实力日益提升、社会影响力不断提高的良好发展势头。2017 年以来，全国方志馆建设又取得一批重要成果，积累了丰富经验，值得认真总结、交流。同时，建设中也有一些值得探讨的问题，同样需要认真加以梳理，以便在今后的工作中加以改进，并为其他新建方志馆提供有益的借鉴和参考。

一、建设概览

（一）顶层设计实现新突破

2017 年 6 月 12 日，中指组正式印发《方志馆建设规定（试行）》，对方志馆的定义、功能定位、申报立项、建筑面积、设计布局、信息化建设等作出明确规定，为全国各级方志馆的建设提供了重要依据。此外，为推动本行政区域内的方志馆建设，一些省份出台相关指导意见或管理规范。2017 年 6 月，北京市出台《关于加强北京市方志（地情）馆（室）建设的指导意见》；2017 年，山东省委办公厅、省政府办公厅印发传承发展中华优秀传统文化工作方案，要求 2020 年省、市、县三级方志馆全面建成，将方志馆建设作为各级政府必须完成的“硬任务”安排部署，同年 11 月省政府办公厅印发《全省方志馆建设管理规范》；2018 年 1 月，福建省地方志编纂委员会出台《全省市、县（区）方志馆（书库）建设指导意见（2017—2020）》；四川省提出“全域建馆”的理念，并出台全省建馆指导意见。此外，为规范各地各级方志馆申报国家方志馆分馆行为，推动国家方志馆分馆建设科学有序发展，国家方志馆启动《国家方志馆分馆管理规定》起草工作。在总结国家方志馆黄河分馆申报、管理等方面经验、充分听取相关意见基础上，正在加快推进规定的完善、出台工作，预计 2018 年下半年正式出台。

（二）方志馆阵容不断壮大

截至 2018 年 5 月底，全国共建成（含在建与已立项）597 家，其中国家方志馆 1 家、国家方志馆分馆 1 家，省级方志馆 25 家，市级方志馆 131 家，县级方志馆 439 家。已落成的建筑规模在 2 万平方米以上的有 2 家，1 万平方米以上的有 6 家。上海通志馆、广西方志馆分别加快推进二期工程建设。

山东省17个地级市均建有市级方志馆，建筑面积在1000平方米以上的县级方志馆达100余家。此外，国家方志馆分馆建设工作不断推进，2018年5月29日国家方志馆黄河分馆正式开馆，8月14日知青分馆正式挂牌。河南省郑州市积极申报建设3万余平方米的国家方志馆中原分馆，此外还有特区分馆、冶炼分馆等各类分馆正在申报建设。

（三）馆藏资源日益丰富

各级方志馆通过采购、交换、征集等多种途径，不断丰富馆藏内容。江苏省方志馆不仅收藏本地省、市、县三级的新方志，还收藏全国其他省、市历代方志及地方性文字资料、影像资料、图片资料等。江西省方志馆自开馆以来，每年至少保证100万经费用于采购图书。苏州方志馆收藏国内较完整的旧志典籍，成为国内少有的拥有完整史志典籍的地级市方志馆。常州方志馆在馆藏方面提出"六个收齐"，即收齐常州古今志书，收齐常州相关城市志书，收齐"长三角"城市新编志书，收齐国家历史文化名城和重要经济城市志书，收齐常州地区已经修编完成的新旧家谱，收齐"常州人写的书"和"写常州的书"。深圳市方志馆自2015年方志馆启用以来，每年安排近400万专项购书经费用于采购符合馆藏目标的党史、地情、年鉴等图书资料，并全部编目入库，供市民查阅研究。同时，积极开展捐赠征集工作，发动社会力量向市方志馆捐赠文献文物资料，截至2018年4月，共收到160多家单位和个人捐赠的文献文物约1.8万多件。此外，深圳市方志馆购买专业录音录像和影像编辑设备，安排专门场地设立历史影像编辑保存中心和深圳口述历史中心。历史影像编辑保存中心拥有非线性编辑、媒体资源管理系统、数字音频工作站和拍摄、图片输出、储存设备等，主要任务是收集、保存、整理、制作深圳本土各类历史图片、影像和视频资料。目前，已开始分批整理扫描深圳老照片9万多张，初步建起深圳图片库。四川方志馆实现省内三级综合志书及年鉴收藏率达95%以上，省外省级志书收藏率达75%以上，县级志书收藏率为50%，及时收集重大事件资料和省委、省政府重大决策部署的文献资料，加大对海外资源的收藏，加大对涉及四川地方史资料的收藏。广西通志馆不但藏品丰富，而且采用传统保存手段，购买樟木书柜妥善保存大量古籍，同时还有效解决藏品库房的温湿度问题，达到国内一流的保存条件。

（四）国情地情展示丰富多彩

全国各级方志馆围绕地情特色和时代特点，精心设计展览内容，大胆创新展览方式，展览展示水平不断提升，取得良好的社会反响。继2016年“方志中国”开展后，2017年国家方志馆完成“魅力中国”展览主体工程，2018年1月12日正式开展。展览内容共分为锦绣山河、悠久文明、今日辉煌、走向未来四部分，集中展示中国的国情特色、特点，重点记录今日建设的辉煌成就和中华民族实现伟大复兴中国梦的奋斗历程。2017年4月21日，中国苏州文化创意设计产业交易博览会举办期间，中指办、国家方志馆主办的“方志中国”展成功举办。该展览以拟人手法形象地展示方志的独特作用和文化魅力，受到观众好评。2018年5月，国家方志馆黄河分馆“大河奔流”主题展正式开展，立体展示黄河文化，讲述东营故事。

2017年，北京市方志馆在对地情展升级改造的同时，举办“北京恢复高考40周年专题展”和“北京大运河水利工程遗产展”。北京、天津、河北三地机构联合举办“京津冀运河文化展”。保定市方志馆在党的十九大胜利召开之际，辟建“晋察冀日报展室”“何明清纪念室”，并对馆中多个展室进行升级改造。江苏省方志馆举办有方志成果展、乡镇村志展、记忆江苏·古塔名桥摄影展、“不忘初心、传承历史”重走长征路图片展等。常州方志馆、杭州市方志馆地情展览受到社会各界的关注和好评。杭州市方志馆从2016年6月1日开馆至2018年4月底，共接待游客102606人次，团队343批次，日均游客176人次，其中还接待了来自法国、美国、德国、泰国等国家的参观团队。

2017年，广东省方志馆积极打造省情馆，省情展览布展工作基本完成。2018年4月，省情馆完成部分内容调整更新，进入试运行阶段。广东省情馆采用传统与现代科技手段相结合的展览方法，生动展示广东省情概貌和广东作为岭南文化中心地、海洋文明重要发祥地、民主革命策源地和改革开放先行地的历史文化画卷。2017年5月，广州市地方志新馆举行开馆仪式。该馆地情展示中心面积6603平方米，设有序厅、综合展区、专题展区、互动展区。深圳市方志馆在筹备常设展的同时，充分利用展厅资源，分别于2016年12月、2017年6月举办“新移民 新传奇 新深圳——深圳特区建设者家谱展”和“深港今昔——以深圳河为证”专题展览。

（五）数字方志馆建设步伐加快

为适应信息化、网络化发展的新趋势，各级方志馆积极推动数字方志馆建设，努力实现数字方志馆与实体方志馆建设齐头并进。主要包括网站、微信、手机版网站以及实体馆信息化服务设施建设。2017 年，黑龙江省数字方志馆以空间漫游的方式，将展馆分成省情馆、历史馆、龙志历程馆和文献馆四个部分。同时，在原有全景 VR 体验馆的基础上，对实体展馆重新进行全景拍摄，以“中国龙志”网站为依托，将全景展馆进行网络展示，将黑龙江省方志馆的全景展馆推向社会大众。江苏省方志馆于 2016 年“数字方志馆”建成后，正在打造微信订阅号“走进江苏方志馆”，与中国江苏网签订合作协议，以新媒体的传播语言和风格，宣传方志馆丰富的文化资源，使微信整体风格更加生动。2017 年 12 月正式上线的“杭州数字方志馆”，已建成数字资源、3D 方志馆、读者服务三大板块，其中数字资源包含志书库、年鉴库、地情资料库、古籍库、期刊库、多媒体库六大专题数据库，第一期共收录 275 部志书、年鉴、地情文献、旧志古籍、期刊等。2017 年，湖南省地方志编纂委员会实施数字方志馆（二期）项目，对功能重复的分展馆进行合并重组，统括为四大分馆，即省情馆、文献馆、专题馆、方志人馆，其中专题馆运用全景拍摄技术和虚拟现实技术展示湖南名胜，文献馆已数字化总文献字数 1.09 亿字，上传湖南传统志书 Flash 格式动画 101 册。成都市地方志办建成基于云平台的“数字方志馆”，具备全文数据库、资料采集效能系统等多项核心功能。

（六）编纂研究取得新成果

2017 年 4 月 21 日，中指办、国家方志馆在江苏省苏州市举办首届全国方志馆馆长论坛。该论坛是全国方志馆界召开的第一次馆长论坛，达到了统一思想、提高认识、明确任务的目的。论坛结束后，国家方志馆于年内编辑出版《首届全国方志馆馆长论坛论文集》。国家方志馆还于 2017 年年底正式编辑出版国家方志馆馆刊《中国方志馆研究》（第一辑）。近年来，北京市方志馆利用馆藏资源，先后编辑出版“外国眼中的北京”系列北京文史资料翻译丛刊，已出版《北京》《房山云居寺研究》《白云观访信录》《北京繁昌记》等日文翻译图书四种，《北京的尘土》《吴氏经历——一个北京人的生命周期》

等英文翻译图书四种。此外，方志馆还编著《京郊方言》《志者心声——〈北京志〉修志人物风采》《北京地情概览》等图书。2017 年，文献编研部启动新项目——《探索北京地情》，它是“北京地情展”的衍生作品，是对“北京地情展”内容的再组织。吉林省方志馆充分利用馆藏资源做好开发利用工作，组织、参与及合作编纂出版《吉林抗日图鉴》《伪满洲国殖民统治机构图志》《长白山民俗丛书》等图书 63 部。江苏方志馆开展江苏历代旧志的整理、影印、出版工作，先后影印出版《江苏珍稀方志丛刊》《江苏名胜志三种》《宝应图经》等，选编出版《江苏历代方志地图选》《江苏历代方志名胜图选》，组织编写《江苏艺文志》，组织点校出版的乾隆《江南通志》被列入“十三五”国家重点图书出版规划。截至 2017 年 12 月，上海通志馆主办的《上海滩》杂志当年已出版 11 期，被《新民晚报》《上海老年报》《党史信息报》《报刊文摘》《作家文摘》《文摘报》等各类媒体转载 86 篇。同年 12 月，广东省方志馆完成《广东民国年鉴丛编》印刷出版工作。

（七）业务培训逐步展开

2017 年 9 月，第二次全国方志馆工作会议暨方志馆业务培训班在浙江省丽水市召开。会议提出，方志馆建设要立足增强国家文化软实力，坚持正确发展方向，全力助推社会主义文化强国建设；要立足构建公共文化服务体系，秉持服务至上理念，全面提升公共文化服务水平；要立足展示国情地情，培育家国情怀，切实践行社会主义核心价值观；要立足弘扬中华优秀传统文化，树立方志文化自信，全力打造中国方志文化传播平台；要立足推动地方志事业长远发展，坚持乘势而上，不断夯实地方志事业发展基础。会后，5 位专家就方志馆申报立项、志鉴编目、陈列展览、民国方志馆建设及其启示、方志馆建设形势和任务等进行专题授课。来自全国各省（区、市）、新疆生产建设兵团地方志工作机构的代表 170 余人参加会议和培训。山东、上海等地也开展方志馆相关业务培训。为提高全国方志馆讲解员水平，扩大方志馆的社会影响力，11 月 24 日，中指办、国家方志馆还在广州举办贯彻落实十九大精神“中国梦·方志情”首届全国方志馆讲解员大赛。

（八）宣传教育力度逐步加大

各级方志馆通过多种方式宣传方志文化。北京市方志馆与各级各类学校联系，积极建设爱国主义教育基地和学生社会实践基地，同时进一步提升京华讲坛质量和水平。2016 年 10 月起“一把手走上京华讲坛系列”开讲，至 2017 年 12 月系列讲座 15 期顺利完成，先后邀请各委办局、区县的 15 位“一把手”到京华讲坛开设讲座，涉及文化、文物、农业、气象、科技、旅游、对外交流等方面的内容，初步打造市、区机关领导面向公众的交流沟通平台。黑龙江省方志馆工作重点由传统的与部分机关、企事业单位联络，逐步转变为以“互联网 +”为平台，与省内部分网站进行合作，选取重大节日进行参观直播活动。特别是 2017 年“五四”青年节期间，与凤凰网进行对接，组织省内六所高校师生共同参观方志馆，并参与参观当日互联网、手机客户端、微信客户端“三端合一”的直播活动，在社会上产生积极反响，使黑龙江省方志馆的社会知名度全面提高。上海通志馆积极推进“方志文化进社区”项目，与浦东新区唐镇王港金枫居委会、江宁路街道图书馆以及上海凝聚力工程博物馆联合举办文化下基层、下社区赠书活动。2017 年向海军 91394 部队和上海市老科学技术工作者协会等单位捐赠地情类文献 42 种 146 册。南京市方志馆与南京广播电台合作推出《对话》地方志专访节目；无锡市地方志办公室联合市委宣传部、市级机关工委、市教育局等部门，举办太湖读书月、“书香樱花季”系列活动，将无锡乡土文化、史志图书与全民阅读相结合，让更多观众尤其是在锡外国人、外地人走进方志馆、享受方志馆。杭州市方志馆邀请在杭的方志专家和地情研究专家，开办杭州历史文化讲堂，或者挖掘地方志中的杭州市井往事，或者讲述历史名人鲜为人知的故事，或者重新梳理人们对历史人物的客观评价，或者分享亲身发掘杭州历史文化遗产的宝贵经历，成为方志馆向广大市民弘扬传统杭州历史文化的重要平台。

二、问题与困难

方志馆建设对于各级地方志工作机构来说，是一个全新的系统工程。从目前建设整体情况看，各级方志馆特别是地市级以下的方志馆利用率不高，社会影响力有限，建设水平还有很大的提升空间。

（一）对方志馆建设认识不到位

一方面是对方志馆建设的意义认识不到位。有些地方领导和地方志工作者，并未意识到方志馆建设对于推动当地文化建设，对于更好地弘扬优秀传统文化的重要意义，认为方志馆可有可无，无关紧要，对待方志馆建设不积极、不支持。另一方面是对方志馆的定位和功能认识不充分，认为方志馆仅仅是一个图书馆、资料室或者书库。

（二）区域发展不平衡比较明显

山东、江苏、广东等东部省份建成方志馆数量相对较多且规模较大、质量较高，同一区域内也存在发展不平衡问题，东部地区有的省份有百余家的，也有几家的。

（三）馆藏资源相对匮乏

由于方志馆建设起步较晚，馆藏量大部分偏低，目前藏书达到10万册以上的寥寥无几，其他馆藏实物更是少之又少，服务经济社会发展的基础有待进一步夯实。

（四）地情展示水平有待提升

一些地情展示规模较小，较为平面化，形式相对单一，有些仅仅是一些展板的简单拼接，不具有现代意义上展览的主要特征，造成展览缺乏特色和吸引力，后续生命力不足，在开放之后参观量急剧下降。

（五）机构队伍不健全

方志馆建设中“小马拉大车”问题比较突出。除少数方志馆具有独立法人资格，有相对独立的机构和编制外，大部分是作为同级地方志办公室的一个部门加以管理，还有一些是兼职从事方志馆工作，没有设立专门的机构推动方志馆建设与运营。

（六）专业技术人才匮乏

方志馆建设是地方志事业发展的新的增长点，与以往修志编鉴等基础工作有着根本的区别，需要管理、展览、收藏、保管、学术研究、宣传教育以及消防、设备维修等各方面的专业人才。但是，大部分方志馆专业人才极其匮乏，很多都是边学边做，缺乏专业训练，难以得心应手。

（七）未能与其他文化场馆建立良好的互动关系

一些方志馆在工作和业务方面不注重吸收其他文化场馆的长处，不注重借鉴其他成熟场馆的经验，不能很好地建立合作关系，无法很好地融入当地的文化场馆体系中，往往是自娱自乐，自说自话，自我满足，从而影响自身水平的提升。

三、对策建议

（一）把贯彻落实《方志馆建设规定（试行）》作为今后一个时期全国方志馆建设的重要保证

充分认识《方志馆建设规定（试行）》（以下简称《规定》）出台的重要意义，特别是要学习领会《规定》对方志馆功能定位、功能分区、建设标准等方面的要求，紧密结合本地经济社会发展和地方志工作实际，以贯彻落实《规定》为重要抓手，注意用发展的眼光看待方志馆建设，强化阵地意识、责任意识，努力填补方志馆建设的空白，积极推动构建全国方志馆体系。同时，要主动作为，积极参与、全面融入当地公共文化服务体系建设，努力成为各类文化场馆集群和各种文化活动中不可或缺的一部分。

（二）把馆藏资源建设作为方志馆建设的最基础性工作

资源是一个场馆生命力所在和能否走得更远的关键，也是各类场馆竞争的核心。在方志馆馆藏资源体系中，目前体现核心竞争力的是志书、年鉴、家谱、地方史、年报资料和其他各类地情资料。这是方志馆建设的本义所在。然而，仅仅依赖这些资源还是远远不够的，其利用群体也是非常有限的。应该明确，一个场馆的服务方向决定了馆藏资源建设的方向。为此，方志馆馆藏资源建设应当兼顾增强方志馆的社会知名度、社会影响力和方志馆长远发展等各方面要求，应该适当扩大收藏范围，丰富馆藏资源形式，努力吸引更广泛的读者群，切实提高方志馆的社会影响力。首先，要克服重静态资源、轻动态资源的思想。方志馆作为地情馆，涉及本地自然、政治、经济、社会、文化、历史等方面信息的各类资源均应集中收藏。其中不仅包括志鉴等纸质静态资源，还包括反映地情信息的视频影像等动态资源。要加大地情资料的搜集、征集力度，抛弃守株待兔的思想，真正走出去主动搜集，特别是开展口述资料收集、整理，视频、影像资料的拍摄等，留存动态活资料，使得静态、动态两种资源紧密结合，相得益彰。其次，应加强实物资源的搜集（征集）。随着城镇化的深入推进，各地城镇、农村大量拆迁，能够体现当地民风民俗的实物资源已经越来越少，需要抢救性搜集或征集，尽可能多地保存地情实物资料。而且，这些资料往往受私人藏家青睐，博物馆等大型公藏机构相对不太重视，方志馆应加大搜集、整理力度，以公藏机构的身份积极介入，努力建立方志馆作为地情馆的独特收藏体系。第三，要充分考虑普通读者特别是青少年的利用需要。方志馆不仅展览需要吸引普通受众，馆藏资源建设也应充分考虑普通读者的需要。然而，如果将馆藏资源仅仅限定在志、鉴、谱等学术化的官方资料层面，恐怕很难吸引大量的普通读者，门可罗雀的问题也就很难解决。为此，可以进一步解放思想，注重方志馆传承中华民族优秀历史文化的功能，探索加大适合普通读者，特别是适合青少年的历史文化读物的收藏，有条件的地方专门开辟儿童阅读区等空间，让普通读者、青少年在方志馆中接收历史文化的熏陶，把方志馆打造成普通读者、青少年喜欢接受历史文化教育的文化场所。换句话说，只要人们奔着了解地情或我国历史文化的需要走进方志馆来，那就是方志馆的成功，因为在人们头脑中已经把方志馆和地情、历史文化捆绑在一起。

（三）把地情展览展示做成展览精品

方志馆展陈是方志馆建设的重要组成部分。根据方志馆作为地情馆的基本定位，各级方志馆在展示地情特色方面做出了重要探索，取得了较好的社会效益。但是，举办展览对地方志工作者来说还是一个新鲜事物，其中一些问题还需进一步加以探讨。首先，要注意跳出“修志思维”的束缚。展览从起草大纲到开展深化设计，受修志思维逻辑影响，框架设计往往类似于志书，过于注重横排竖写、面面俱到。因此，要尽量打破思维定式，在照顾主要面的基础上，抓住重点，突出特色，要明确方志馆展览虽然是全面、系统的地情展示，但不等于地情的方方面面、大大小小都要展示，该舍弃的要大胆舍弃。其次，要注意摆脱过分强调展览普及知识功能的偏见。展览的目的之一固然有普及知识的功能，但是展览的主要目的并不是全面普及地情知识，而是通过展览让大家形成对地情或者某一主题的宏观印象和认知。如果过分注重展览的知识性，过分强调知识普及，往往导致展览内容庞杂，文字量巨大，反而降低了展览效果，冲淡了展览主题，结果适得其反。第三，要注意增加展览的互动性和趣味性。展览一定意义上说是一种视觉体验、感觉体验。特别是随着社会的进步，人们对展览内容的可视性、趣味性期望越来越高。尽管不能简单说展览要迎合世俗需要，但是方志馆展览一定要避免单一图片展的模式，注重形式的多样性、灵活性，注重展览的趣味性、互动性。博物馆器物展览的视觉效果依靠的是展品本身的特殊文物价值和观赏效果，方志馆作为新建场馆，藏品往往较少，因此需要形式的创新设计，需要一些趣味性、互动性较强、设计比较震撼的效果去吸引观众，赢得参与，强化参观体验，从而有效提升办展水平。

（四）把加强理论研究作为提升方志馆建设水平的重要支撑

一方面，提高方志馆工作，必须加强方志馆理论研究，不断把方志馆建设、发展中积累的实践经验上升到理论高度。方志馆的性质、定位、功能，以及与其他公共文化场馆的区别，需要从理论上更加清晰、规范地加以界定；方志馆发展中的许多难题，需要从理论上给予明确回答；方志馆建设中许多已经确立的规定、规范，需要从理论上加以深入阐释。方志馆理念与理论研究的提升，对方志学的学科建设和理论研究将会产生积极作用。特别是目前已经建成运行的方志馆在发展方向、发展前景、功能拓展等基本方面，要从总结自身经验和教训出发，大胆进行理论研究和探索，找到一条真正与未来全国地方志事业发展相适应的方志馆建设道路。另一方面，方志馆要加强学科理论和地情研究。要利用方志馆从业人员的专业背景，充分发挥方志馆作为各级地方志工作机构重要智囊的作用，依托馆藏资源，深入开展方志理论研究，有步骤、有重点地开展地情研究，力争推出一批有重要影响的编纂和研究成果，切实解决以往只编不研、只编少研的问题，切实提升地方志在“学术生态链”中的地位和作用。

（五）把数字方志馆建设作为提升公共服务能力的重要抓手

随着信息化建设步伐的加快，建设数字方志馆，实现数字方志馆与实体方志馆协同发展，大幅提升方志馆服务能力，已经是方志馆建设的要义所在，甚至对于目前建设实体方志馆存在一定困难的地方，可以先行建设数字方志馆。数字方志馆是通过互联网平台，将地情信息、志鉴资源、研究成果、地情展示等向社会各界提供查询、利用，特别是要把数字资源库建设作为重中之重，逐步实现地方志数据资源、信息资源、知识资源、专家资源等分散资源融为有机整体，实现地方志资源的全面共享和有机协作，使普通民众和专业研究人员、政府与企事业相关单位、国内与国外的访问者，都能够快捷、高效地加以利用并按需获取信息。这将是地方志资源开发利用和地方志事业未来发展的一个方向。

（六）把开放办馆作为方志馆建设与发展的重要理念

方志馆作为国情馆、地情馆，具有自己的特色，特别是在全面展示国情、地情方面具有自己的定位和优势，但是方志馆的功能与博物馆、展览馆、图书馆、文化馆、档案馆等文化场馆不可避免地存在着交叉和重复。因此，要坚持开放办馆的理念，充分认识方志馆在众多文化场馆建设中的优势和劣势，注重吸收众家之长，特别是其他场馆的办馆理念和成功做法，结合方志馆自身实际，探索出一条独具特色的管理和运转模式，从而在公共文化服务体系建设中占有重要的一席之地。

（七）高度重视方志馆人才队伍建设

方志馆建设，人才是关键。在人才引进中，要尽可能地把博物馆、图书馆、文史哲等相关专业的硕士、博士等新生力量吸收到方志馆队伍中来，把最新的专业知识引入方志馆建设与管理中；同时，要加强已有的人才队伍建设，充分利用中国地方志学会方志馆分会、《中国方志馆研究》刊物、方志馆馆长论坛，以及各级地方志学会、各级方志馆业务培训等平台和媒介，有针对性地开展各类工作和业务培训，切实提高方志馆从业人员的理论水平、工作能力，力争打造出一支素质高、能力强、有担当、讲奉献的方志馆人才队伍，为方志馆的建设与发展提供重要的人才、队伍支撑。

中国地方志学科建设与人才队伍建设工程实施报告

周勇进[①]

提　要：自方志学概念提出后的一百余年来，方志学学科已经发展到一个全新的高度。与此同时，通过一系列有针对性的举措，也培养了一批高素质的专业人才，为地方志编修、方志理论研究提供充足的人才保障。从目前全国地方志工作的情况来看，方志学学科与人才队伍建设工作还存在重视不够、自身研究能力有待提高、理论研究人才青黄不接、学科体系尚不完善、基础理论还不够扎实等问题或不足。但只要经过科学谋划、勇于实践，作为一个蕴含无限生机的新兴学科，一定会有一个巨大的发展空间和光明的前景。

关键词：方志学　人才队伍　问题与不足　发展前景

梁启超在总结清代学者整理旧学之总成绩时，称"方志学之成立，实自实斋始也。"尽管梁启超并没有对方志学的定义、性质作出明确界定，但他也成为中国方志发展史上第一个正式提出"方志学"这一学科概念的人。自方志学提出一百余年来，方志学理论与学科已经发展到了一个全新的高度。在方志编纂实践，尤其是社会主义新方志编纂的基础上，问世的大量专业论著，

---

① 周勇进，中指办科研处副处长。

不断丰富、发展着日益成熟的方志学学科。随着方志学理论研究的持续深入和不断发展，如何构建完善的、世所公认的方志学学科体系，以服务地方志事业的创新发展，一直是方志人前进动力和共同努力的方向。近年来，在总结研究方志学的性质、特点、构成和体系的基础上，方志学界进行了大量有益的探索和实践，以推动方志学学科建设和人才队伍培养工作的发展。

方志学的基本理论是方志学学科建设的基础，一直以来，学界包括方志学界对此都极为重视，各科研机构、高等院校，以及地方志系统内的大量专家学者都进行了卓有成效的研究，出版发表大量的相关研究成果，为方志学学科的发展完善奠定坚实基础。在章学诚诸多关于方志理论阐述的基础上，梁启超提出“方志学”这一学科概念后，民国时期方志学专著陆续出现，如李泰棻的《方志学》、瞿宣颖的《志例丛话》、王葆心的《方志学发微》、黎锦熙的《方志今议》和傅振伦的《中国方志学通论》等。王棻、吴宗慈、余绍宋、寿鹏飞、甘鹏云、朱士嘉等方志名家的论文，也都对方志学理论的发展贡献了卓越见解，对学科体系结构和主要内容开始进行深入的专业探索。20世纪80年代以来，方志学学科体系建设真正进入高速发展时期，30多年来，数十部以“方志学”为名的专著问世。尤其是进入新世纪以后，方志理论研究成果更为丰富，专著论文蔚为可观。据不完全统计，每年公开发表与方志相关的论文就达四五百篇，如果加上地方志系统内部刊物上发表的论文，至少千篇以上。以地方志为主要研究对象的专著，每年也有几十部出版。此外，学术界向来有利用方志进行学术研究的传统，除了公开发表出版的论著，每年还有大量以方志为研究内容的硕士、博士学位论文，近年更是呈现出逐年增长的趋势。这些论著对方志学学科体系所涉及的方方面面进行体系化、科学化的构建，提出不少新观点和新见解，更使这一学科逐步得以成熟完善。

下面重点对2015—2017年的学科建设和人才培养工作，以及这一工作中存在的问题和发展趋向简述如下，以期对今后方志学学科建设和人才队伍培养工作有所裨益。

一、方志学学科建设与人才队伍培养工作

在方志学学科建设与人才队伍培养上，全国地方志系统做了大量的基础

性工作，尤其第五届中指组成立以来，更是从顶层设计的角度，对这一工作不断加大力度，从诸多方面加以推动。《规划纲要》颁布以来，方志学学科建设与人才培养工作更是进入一个全新的发展阶段。

编修地方志是中华民族优秀文化传统，历史悠久，连绵不断。中华人民共和国成立后特别是改革开放以来，在党中央、国务院正确领导下，经过各地区各有关部门不懈努力，地方志工作取得巨大成就，形成以修志编鉴为主业、各项工作协调开展的事业格局，拓展了方志文化的内涵，为提升国家文化软实力发挥了独特作用。正如《规划纲要》中所提，紧密结合修志编鉴实践，积极开展理论研究，取得显著成果，有力地指导了地方志工作开展，推动了方志学、年鉴学学科建设，方志理论研究逐渐深化。到2020年，将全面完成第二轮修志规划任务，实现省、市、县三级综合年鉴全覆盖，加快信息化和方志馆建设，做好第三轮修志工作准备，加强对社会修志的指导和管理，基本形成地方志编修体系、理论研究和学科建设体系、质量保障体系、资源开发利用体系、工作保障体系“五位一体”的地方志事业发展综合体系，努力开创地方志事业发展新局面。在加强地方志理论研究和学科建设方面，将逐步制定方志、年鉴理论和方志学、年鉴学学科建设规划，建立和完善方志、年鉴理论研究学术规范，力争到2020年形成较为成熟的方志学和年鉴学学科体系。充分发挥方志期刊和各级地方志学会的作用，活跃学术研讨，推动理论建设。加强与相关学科交流合作，开展地方志编纂、地方志事业发展等重要理论问题研究，编写方志学、年鉴学通用教材及各分支学科研究论著。总结历代一统志编纂经验，开展编修一统志的可行性研究。在人才队伍建设方面，将更重视人才选拔、培养和使用，加强专兼职结合、结构合理的人才队伍建设，培养和引进一批高端人才，建设一支高素质的地方志编修、研究工作队伍，弘扬修志问道、直笔著史的方志人精神。

（一）完善顶层设计，加强政策引导

2016—2017年，中指组及其办公室专门召开全国地方志科研工作会议，集中推动地方志科研工作，主要内容就是做好地方志科研工作顶层设计，鼓励、引导方志理论研究和方志学学科建设。《关于加强全国地方志科研工作的意见》（以下简称《科研工作意见》）的制定，主要是为贯彻落实《规划纲要》

关于加强方志理论研究、方志学学科建设和人才队伍建设的要求，进一步提升地方志科研工作水平，建立健全地方志科研工作体制机制，完善科研管理，充分发挥科研工作在推动地方志事业繁荣发展中的重要作用，中指组于2016年12月30日印发《科研工作意见》。《科研工作意见》对地方志科研工作内容作了界定，指出印发该意见的重要意义，并根据科研工作的规律提出坚持正确的政治方向和学术导向、为地方志编纂实践服务和创新发展的基本原则。按照《规划纲要》的总体目标要求，《科研工作意见》提出应不断丰富地方志理论研究成果，提升学术研究水平，通过优化学科结构、凝练学科发展方向、突出学科建设重点，为到2020年初步建立包括地方志编修体系、质量保障体系、资源开发利用体系、工作保障体系在内“五位一体”的地方志事业发展综合体系，形成较为成熟的理论研究体系和学科建设体系的目标。

地方志科研工作在整理研究历代方志和总结新编地方志工作实践经验基础上，取得丰硕成果。《科研工作意见》着重强调加强地方志理论研究和学科建设，加强科研人才队伍建设，加强学术交流与合作，加强科研管理工作，以及加强科研成果的宣传和推介工作多项主要工作任务，力求通过《科研工作意见》的印发，推进地方志科研工作开展，完善科研工作布局，探索建立科研管理新机制，推动地方志事业繁荣发展。

作为指导全国地方志科研工作的重要文件，《科研工作意见》的印发必将进一步推动地方志科研工作的全面发展，在地方志事业转型升级过程中发挥其应有的作用。

（二）组织理论研究，推动学术研讨

中国地方志学术年会是全国地方志系统每年召开一次的重要学术会议，是地方志学术研究的一次集中展示。学术年会自2011年创办以来，已连续举办了七届，包括首届的方志文献国际学术研讨、第二届的第二轮市县志编纂及其理论问题、第三届的两岸四地方志文献学术研讨、第四届的中国历代方志整理与研究、第五届的精品志书与第二轮市县志编纂创新和第六届的“一带一路”与地方志创新等主题。2017年5月26日，以地方志转型升级理论与实践探索为主题的第七届中国地方志学术年会在重庆召开。历届学术年会既有对方志文献本身的研讨，也有对新方志编纂理论的总结，而且每届都出

版了论文集，不仅促进了方志界与学术界的交流，也扩大了方志理论研究的影响和传播。这也是其成为中指办、中国地方志学会的重要品牌性学术活动之一的重要原因。

（三）重视人才培养，注重学历学位教育

方志学学科建设仍然是地方志事业发展过程中一个薄弱环节，中指办在方志学学科体系和高层次人才培养上做了大量工作，包括与高等院校、科研机构合作培养硕士、博士研究生，联合培养博士后等。在中国社科院筹办中国社会科学院大学之际，中指办申请在该校设立方志学系，以缓解地方志人才匮乏、人才队伍素质亟待提高的现状，加强地方志专业人才的培养，完善方志学学科教育体系。近年来中指办坚持与中国社科院研究生院联合举办非全日制公共管理硕士（MPA）（地方志方向）专业学位研究生班，并有多位业内专家学者受聘为 MPA 学术导师和社会实践导师。中指办现有博士生导师 3 名，每年都在中国社科院研究生院国史系中国当代史专业下设“中国当代方志史”方向，招收博士研究生，目前已招收博士生 3 名。2015 年，方志出版社经人力资源社会保障部批准，设立博士后科研工作站以来，该博士后科研工作站与中国社会科学院当代中国研究所、近代史研究所及北京大学历史系等博士后流动站联合培养博士后研究人员，开展方志学理论与实践，以及方志学与相关联学科交叉研究。目前该工作站有在站博士后 3 名。

（四）利用社会团体，搭建交流平台

中国地方志学会作为全国性地方志学术团体，一直发挥着重要学术交流平台的作用。继 2016 年成立了信息化、年鉴、方志学、方志馆、史志期刊等分会外，2017 年 7 月在辽宁丹东又成立专家顾问委员会、编辑出版分会等机构，基本实现全覆盖，各个分支机构积极组织活动，为地方志事业转型升级提供学术支持，推动学科体系化建设。

中指组及其办公室、中国地方志学会通过以上各项工作，全面在理论研究、学科建设、人才培养、社团管理等方面力促方志学学科建设、人才培养工作方面上台阶、提水平。目前，中指办还承担国家社科基金抗日战争研究专项工程《中国抗日战争志》的编纂，个人一般项目、青年国家社科基金项

目 4 项。

（五）各地学科建设与人才培养工作

2016—2017 年，全国各地地方志机构科学规划，认真贯彻落实《规划纲要》对理论研究、学科建设及人才培养工作的要求，发挥各自优长，全力推进方志学学科与人才队伍建设工作。

1. 集中骨干力量，开展理论研究。各地对方志理论研究都极为重视，通过开展地方志课题研究，参加学术会议等方式，提升学术研究水平，指导志鉴编纂实践，发表出版大量的理论研究成果。如北京深化课题研究，形成一系列课题管理工作机制。上海市地方志办公室与上海市哲学社会科学规划办公室联合在 2017 年 3 月启动开展地方志专项课题的招投标工作。2017 年，天津市地方志编修办公室拟建立天津史志理论专家库，吸纳天津图书馆、天津博物馆及各区博物馆、地方知名学者积极参与，加大理论研究力度。四川省社会科学联合会坚持把方志纳入 29 个社会学科之一，方志优秀成果纳入两年一届的四川省人民政府哲学社会科学优秀成果评奖工作中，专列方志档案组，并给予一定名额比例，省地方志工作机构主要负责人、专家多次任评奖组组长。

2. 发挥学会作用，推动学科建设。地方志学术性社会团体的主要功能就是组织开展地方志理论研讨和学术交流活动，各地地方志学会在方志理论研究和学术交流活动组织上都下了不少功夫。如自 1986 年成立的广西地方志协会，2017 年 7 月修改章程，更名为广西地方志学会，以强调其应有的学术性。浙江省社科院推出重点学科建设工作，浙江省地方志办公室积极申报，“地方志研究”被确定为专门史的重点学科，研究方向是史志关系研究和方志理论研究，对进一步促进浙江科研工作，培养年轻人意义重大。

3. 创造科研氛围，培养人才队伍。科研氛围不浓的状况在当前地方志系统普遍存在。在这方面吉林省千方百计鼓励地方志工作者从事理论研究，专题研讨《关于加强全国地方志科研工作的意见》，明确吉林省地方志科研工作的任务。通过继续开展“吉林省方志理论研究三百工程”，2017 年吉林省组织 4 次集中学习培训加强骨干队伍建设，并积极组织为中指办举办的第七届中国地方志学术年会等学术会议撰写论文，共提交论文 41 篇，18 篇通过评审被采用。

4. 利用各种途径，创新学习模式。地方志科研工作是重要的基础性工作，各地都通过多种样式推动理论学习、研究。如北京市方志馆推出京华讲坛，每月举办一期，传播北京历史文化。山西省地方志办公室在2017年1月开办“晋志讲堂”，每月组织1—2次专题讲座。聘请山西省内外专家学者定期开讲，推动理论研究。各地还利用数字媒体、新媒体推动科研工作。各地在各自的网站、微信公众号等数字平台都设有理论研究专栏。一些方志工作者还开办个人微博、微信公众号推介方志理论研究文章，交流学习研究心得。内蒙古自治区地方志办公室积极通过网络开展方志理论研究学习活动，利用区情网蒙汉文网、内蒙古区情网手机网、方志内蒙古微信公众平台、蒙汉文多功能数据库等，开展方志理论研究学习活动。广东省志办积极与高等院校合作，发挥省级地方志研究生工作站、方志专家工作室作用，汇聚人才，将其打造成地方志人才培养、志鉴编研、地方志资源开发利用的有效平台。

各地还积极探索人才培养模式，通过与高等院校、科研机构合作，大力开展中短期培训，提升理论水平，培养方志理论研究后备人才。

二、方志学学科与人才队伍建设存在的不足

方志学是一个既古老又年轻的学科。说它古老，是因为它的历史渊源十分久远，可以追溯到春秋战国时代甚至更远。但作为一门相对独立、具有完整基本理论和科学研究方法的现代学科，则是近几十年才逐渐形成和发展起来的。因此，尽管目前方志学学科建设取得很大进展，但直至今天，方志学还未被更多的人认识和了解。从目前全国地方志工作的情况来看，方志学学科与人才队伍建设工作还存在一些问题或不足。

（一）重视不够

各地各部门没有正确认识方志学学科与人才队伍建设工作与志鉴编纂等主业的关系，方志学学科与人才队伍建设工作在一些地区或单位中虽有开展，但还不成体系。造成这个局面的原因很多，主客观方面都有。一方面，各地工作任务都很重，尤其是《规划纲要》提出“两全目标”，让各省完成志鉴编

纂相关任务的压力陡增，各地都在赶进度、赶任务，能否在规定期限内完成规定任务已是一个很大考验。为实现“两全目标”，各地不得不把工作重点放到志鉴编纂业务上。另一方面，因为各地普遍实行参照公务员法管理的体制，无法进行职称评聘，囿于管理体制上的束缚，各地虽然有一些有志于学科与人才培养工作的人才，但相应工作与激励机制脱节，做多做少一个样，做不做一个样，必然影响方志学学科与人才队伍建设工作的积极性。地方志工作面对的困难很多，压力也很大，但大家也忽略了一个道理，方志学学科与人才队伍建设工作并非空中楼阁，做好这一工作可以从根本上推进其他工作，理论与人才问题解决好了，反而能更好地指导并推动志鉴编纂质量的提高和地方志事业发展。

（二）自身研究能力有待提高，理论研究人才青黄不接

从地方志系统而言，研究工作是我们事业发展的短板，对于目前的现状，我们要敢于正视，敢于揭短。“知不足而后勇”，只有正视不足才能有进步，才能有发展。纵观方志发展的历史，“方志”的概念产生虽然很早，但“方志学”的概念却出现的比较晚，至近代梁启超才明确提出，方志理论研究远远落后于方志编修实践，这就造成方志学学科建设从整体上与其他兄弟学科相比差距较大，不仅制约了学科体系的形成与完善，还制约了人才队伍的培养。近年新方志事业形势一片大好，但在方志理论研究、学科建设、人才培养方面明显不足，人才后备力量匮乏，整体学术素养有待进一步提高。每年方志理论研究成果虽然不少，但多数还停留在就事论事、总结实践经验的层面，成果质量不高，理论层次不高，社会反响不大。方志学学科与人才队伍建设工作整体学术水平有待加强。

（三）学科体系尚不完善，基础理论还不够扎实

对于什么是方志学，方志学学科建设的路径、方法等基本问题还有探讨空间，而对这些基本问题、基础理论的研究还是不够深入。一个成熟的现代学科的重要标志之一是必须有自己的概念系统，而目前方志学定义混乱以及方志学学科建设主张多样的现状仍存在。对方志学的定义，涉及方志学的研究对象，以及由对象规定的研究内容、研究方法和在科学中的地位，社会发

展中的作用等。因此，在求同存异的基础上给地方志的性质、内涵一个准确的界定，为方志学的建立奠定科学的基础，是方志学是否有权被认为是一门界限明确的科学，并和其他科学享有同样尊严的关键。目前还没有把方志学研究由现象的描述，推向规律的探寻。方志学的结构体系至今尚未形成一个完善的、没有非议的统一模式。任何学科都有自己确定的科学边界，超过边界，便有被吞噬的危险。方志学已从其他学科尤其是一些综合学科、横断学科引进不少新概念，这种移植是现代科学发展的必然，只是在移植时应从方志学的基本概念和实际情况出发加以改造，防止生搬硬套，简单比附，无限制地扩大它的边缘而忽略了它的基础。目前方志学的学科构建中还明显存在着泛化、移植或者比附其他学科的痕迹：或将方志及方志学概念泛化，内容无所不包；或移植其他学科概念，将各分支学科简单相加等。方志学的学科体系还没有完全建立起来，这显然是学科研究走上正轨较晚和研究队伍不强大等原因造成的。这些困难都是顺利开展方志学学科建设的障碍。

三、方志学学科建设与人才队伍培养的前景与展望

虽然方志理论研究成绩显著，但"方志无学"的传统偏见却长期困扰着方志理论研究和事业发展，方志学学科建设在整个地方志事业发展中仍是比较薄弱的环节。方志学学科是属于历史学还是其他学科，还是已然成为一个独立学科，如果作为一个独立学科，其学科体系应该是一个怎样的架构，包涵怎样的内容，都需要方志界同仁作一个回答。在我国当代教育史上，虽然有个别院校曾在其历史学学科招生中设置方志学本科专业，但没有一个能够坚持连续招生的。地方志内涵丰富，包罗万象，涵盖自然、政治、经济、社会、文化五大类内容。可以说，方志学涉及几乎所有的人文社会科学学科，还包括很多自然科学学科。有学者认为，方志学是集政治学、经济学、历史学、法学、社会学、文学、考古学、民族学、文化学、统计学等多学科知识为一体的综合学科，是一个蕴含无限生机的新兴学科。为此，《规划纲要》要求，加强地方志理论研究和学科建设，制定方志、年鉴理论和方志学、年鉴学学科建设规划，到2020年努力形成较为成熟的方志学和年鉴学学科体系，编写方志学、年鉴学通用教材及各分支学科研究论著。

为实现这一目标，方志界应齐心协力推动基础理论研究，积极完善方志学学科体系，不断加强与高等院校和科研院所，以及海外相关研究机构的合作交流，提升方志理论研究和学科建设水平。目前，方志学在《学位授予和人才培养学科目录》中并不存在，以往个别高校在设置方志学专业或方向时，大多挂靠在相关学科之下。国务院学位委员会、教育部有《学位授予和人才培养学科目录设置与管理办法》，将学科目录分为学科门类、一级学科和二级学科三级。学科门类的设置应保持相对稳定。如需调整（包括增设、更名、撤销）则需按照相应程序调整。一级学科是具有共同理论基础或研究领域相对一致的学科集合。一级学科原则上按学科属性进行设置。一级学科一般应具有一些基本条件，如具有确定的研究对象，形成相对独立、自成体系的理论、知识基础和研究方法；一般应有若干可归属的二级学科；已得到学术界的普遍认同；在构成本学科的领域或方向内，有一定数量的学位授予单位已开展较长时间的科学研究和人才培养工作；社会对该学科人才有较稳定和一定规模的需求。从目前的情况来看，方志学已具备了作为一级学科的一定条件，但也还有一定距离。而二级学科是组成一级学科的基本单元。二级学科设置只要符合以下基本条件：与所属一级学科下的其他二级学科有相近的理论基础，或是所属一级学科研究对象的不同方面；具有相对独立的专业知识体系，已形成若干明确的研究方向；社会对该学科人才有一定规模的需求。显然，方志学完全符合这一条件。授予硕士、博士学位和培养研究生的二级学科，原则上由学位授予单位依据国务院学位委员会、教育部发布的学科目录，在一级学科学位授权权限内自主设置与调整，每 5 年编制一次。教育部有关职能部门在对现有二级学科的招生、学位授予和毕业生就业等情况进行统计分析的基础上，即可将已有一定数量学位授予单位设置的、社会广泛认同的且有较大培养规模的二级学科编制成二级学科目录。同时，学位授予单位根据国家经济和社会发展对人才的需求，结合本单位学科建设目标和人才培养条件，按一级学科学位授权权限，可在二级学科目录内，按照一定程序自主设置与调整本一级学科下的二级学科。但在同一个一级学科下，自主增设二级学科目录外二级学科的数量一般不超过 2 个。授予学士学位和培养本科生的二级学科目录由教育部有关职能部门依据国务院学位委员会、教育部发布的学科目录，每 10 年编制一次。高等学校依据高等学校本科专业设置的有关规定申请增设新专业，由教育部备案或审批后统一向社会公布。因此，想要推动方志学学科成为二级学科，甚至一级学科，就需要与高等院校进行广泛深入的合作，才能最终实现这一目标，这也是今后需要努力的方向。这一目标的实现也并非遥不可及，方志界应该找准与相关机构合作交流的结合点，确定切实可行的合作方式，开展真正富有成效的合作模式，在原有合作经验的基础上，进行学科建设的合作探索。同时，继续加强人才队伍建设，突破常规思维束缚，努力形成一支专兼职结合、结构合理的人才队伍。充分利用学历学位教育、中短期培训等一切手段，培养人才。同时也要广泛团结学界相关专家学者，开拓研究视野，加强学科间的互动交流，建立专兼职结合的人才队伍。《规划纲要》要求，加强人才队伍建设，重视人才选拔、培养和使用，加强专兼职结合、结构合理的人才队伍建设，培养和引进一批高端人才，建设一支高素质的地方志编修、研究工作队伍，弘扬修志问道、直笔著史的方志人精神。

近年来，中指办大力实施中国地方志学科建设与人才队伍建设工程，相信随着事业的发展，方志学学科建设与地方志人才队伍建设都将进入一个全新的发展阶段。

中国方志文化走向世界工程实施报告

刘 丹[①]

提 要：中华文化博大精深，源远流长。方志文化是中华优秀传统文化的重要组成部分，方志文化"走出去"作为中华文化"走出去"的重要组成部分，意义重大。中国方志文化走向世界，对助力世界更加深入了解中华文化的博大精深，提升中华文化软实力，构建中国特色话语体系，加快实现中华民族实现伟大复兴中国梦步伐，有着不可忽视的作用。在国家文化"走出去"战略的引领下，2016年中指办启动实施了中国方志文化走向世界工程，并取得了较大成绩，形成了一定经验。但也存在方志文化"走出去"的形式、途径和内容有待进一步丰富与创新、传播产品和内容有待进一步丰富与深化以及传播渠道和方式有待进一步挖掘与创新等不足。针对这些不足，提出如下建议：进一步丰富和创新方志文化"走出去"的形式、途径和内容；方志文化单纯靠"走出去"还不够，还要"融进去"；方志文化"走出去"，不仅要靠中国媒介的宣传和报道，同时海外大众媒介的有效利用也非常关键等。

关键词：方志文化 走出去 对策建议

中华文化博大精深，源远流长，为人类文明进步作出过巨大贡献。中华

① 刘丹，中指办科研处副调研员。

文化“走出去”战略是我国根据国家发展的整体利益、顺应全球经济和文化发展规律而提出的一项综合性国家战略。在世界多极化、经济全球化、文化多元化以及社会信息化的背景下，实施中华文化“走出去”战略，具有十分重要的现实意义。

2002年11月，党的十六大报告中强调 :“实施‘走出去’战略是对外开放新阶段的重大举措”，正式将文化“走出去”纳入国家战略。2006年9月，《国家“十一五”时期文化发展规划纲要》指出 :“要抓好文化‘走出去’重大工程、项目的实施，充分利用国际国内两个市场、两种资源，主动参与国际合作和竞争，加强对外文化交流，扩大对外文化贸易。”2011年10月18日，党的十七届六中全会通过的《中共中央关于深化文化体制改革，推动社会主义文化大发展大繁荣若干重大问题的决定》明确提出，“要推动中华文化走向世界，实施文化‘走出去’工程，完善支持文化产品和服务‘走出去’政策措施，增强中华文化在世界上的感召力和影响力。”党的十八大以来，以习近平同志为核心的党中央将中华文化“走出去”提升到新的高度，习近平总书记曾多次作出重要论述、提出明确要求。党的十八届三中全会对提高文化开放水平、推动中华文化走向世界作出重要部署。2013年12月30日，习近平在中共中央政治局第十二次集体学习时强调 :“要加强国际传播能力建设，精心构建对外话语体系，发挥好新兴媒体作用，增强对外话语的创造力、感召力、公信力，讲好中国故事，传播好中国声音，阐释好中国特色。”由此可见，中华文化“走出去”战略的发展是一个循序渐进、逐步积累的过程，经过十余年的推动与实施，被赋予越来越丰富的内涵和更多的使命。

方志文化作为中华优秀传统文化的重要组成部分，对中华文化建设有着十分重要的意义。方志文化走向世界，对提高中华文化软实力，构建中国特色话语体系，加快实现中华民族实现伟大复兴中国梦的步伐，起着不可忽视的作用。

2015年12月29日，国务院副总理刘延东在接见全国地方志系统先进模范代表时强调 :“要通过学术交流与合作，推介高质量地方志成果，充分展示地方志的当代价值和恒久魅力，展示中国形象，讲好中国故事，服务中华文化‘走出去’，增强中华文化影响力，让世界更多了解中国的过去，更好理解中国的现在和未来。”2015年8月25日，国务院办公厅印发的《规划纲要》提出，采用多种形式，加强与香港、澳门和台湾地区以及国外的高等院校、科研机构、档案机构与图书馆等单位的学术交流与合作。服务国家文化“走出去”战略，推介一批高质量地方志成果，充分展示地方志的当代价值及永恒魅力，推动方志文化走向世界，增强方志文化影响力。这些都对方志文化“走出去”提出新的更高要求。

一、方志文化走向世界工程实施情况

在国家文化“走出去”战略的引领下，中指办制定了中国方志文化走向世界工程，向世界展示传播作为中华民族优秀传统文化的方志文化，使方志文化在中国传统文化走向世界进程中有更大作为。实施中国方志文化走向世界工程，既是贯彻落实中央有关精神和《规划纲要》要求的重要举措，也是地方志事业转型升级、实现跨越式发展的内在需要，更是加强与海外史志编研机构和藏书机构互利合作的有效途径；既充分体现了中指办在对外学术交流方面的顶层设计，以及对国家战略机遇的及时把握和准确定位，又充分体现出方志文化自信。自2016年工程启动实施以来，中指办组织人员赴中国香港、澳门、台湾地区以及德国、法国、英国等国家进行方志学术交流，取得丰硕成果，还成功举办一届方志文化国际学术研讨会，开发制作一批传播方志文化的系列产品，并且探索出一系列行之有效的传播渠道和形式。截至2017年年底，具体工作如下。

（一）赴中国香港、澳门特别行政区进行学术交流

2016年12月8—15日，应澳门大学澳门研究中心和香港地方志办公室邀请，中指办主任冀祥德率中国地方志学术交流团一行6人，赴中国香港、澳门特别行政区进行学术访问和交流。其间，访问澳门大学、澳门理工学院、香港地方志办公室、香港大学图书馆、中央人民政府驻香港特别行政区联络办公室、香港特别行政区政府新闻处，拜会香港岭南大学校长郑国汉，还顺访澳门博物馆、香港历史博物馆、香港新界邓家祠堂博物馆。通过座谈和交流，交流团不但宣传介绍了当前全国地方志事业发展的情况和内地经济社会发展

取得的巨大成就，特别是改革开放以来的地方志、年鉴编纂情况，方志馆建设、信息化建设和人才队伍建设情况以及地方志资源开发利用状况，而且还了解到香港和澳门两地修志缘起、志鉴编纂与收藏利用、修志模式、修志团队以及特别行政区政府和社会对地方志工作的支持等情况。同时，双方表示今后将建立常态化联系机制，进一步加深内地与港澳地区地方志编修机构的交流，进一步拓展方志领域的合作。

（二）赴德国、法国、英国进行学术交流

2017 年 6 月 19—28 日，应德国哥廷根大学、法国蒙彼利埃商学院和英国牛津大学邀请，中指办副主任刘玉宏一行 6 人，赴德国、法国、英国开展学术交流。在德国期间，拜访德国下萨克森州对华交流顾问迪特·舒伯特及其夫人高欣，先后到下萨克森州州立图书馆、哥廷根大学图书馆、奥古斯特公爵图书馆、德国国家秘密档案馆、德国联邦外事办公室档案馆等机构进行座谈交流。在法国期间，访问位于巴黎的法国国家图书馆，参访蒙彼利埃商学院及其图书馆，并与商学院主管对外交流的负责人和图书馆负责人进行座谈交流。在英国期间，访问莱斯特大学及其图书馆、牛津大学博德利图书馆，并进行座谈交流，还顺访位于伦敦的大英博物馆。在交流中，交流团宣传介绍了中国方志文化的悠久历史和地方志事业的发展现状，了解了德、法、英三国相关机构收藏保存中国旧方志的基本情况和年鉴编纂情况，学习了其图书馆、档案馆、博物馆等公共文化服务机构建设的成功经验和有益做法，查询了国家社科基金抗日战争研究专项工程《中国抗日战争志》项目所需资料。同时，还与相关机构就交换历史文献资料、拓宽学术交流渠道、建立稳定的学术交流机制、开展人才队伍培养等方面的长期合作进行交流。

（三）赴中国台湾地区进行学术交流

2017 年 12 月 17—23 日，应台湾国际资讯整合联盟协会邀请，中指办副主任刘玉宏一行 6 人，赴中国台湾地区进行交流。台湾图书馆学会原秘书长、台湾文物保护协会秘书长彭慰一同交流。其间，先后访问台湾国际资讯整合联盟协会、台北“故宫博物院”图书文献馆、台湾汉学研究中心、台湾图书馆、台湾文献馆、台湾公共资讯图书馆、苗栗图书馆、台湾大学

档案馆、台北图书馆北投分馆等多家机构。通过交流和查看，了解了台湾机构地方文献的收藏、开发利用、数字化以及地方志编纂收藏情况。

（四）在华举办方志文化国际学术会议

2017年9月19—20日，中指办在北京举办以“走向世界的中国方志文化”为主题的方志文化国际学术研讨会，来自中国、美国、德国、日本、越南等国家和地区的150多个代表参会。与会学者围绕中国方志文化及其价值研究、方志文化的传播研究、方志收藏现状及其学术价值研究、方志编纂及其理论研究、境外方志编纂研究、东西方年鉴比较研究、方志开发利用研究、方志信息数字化研究等方面展开讨论，展示和分享了众多研究成果和学术观点。中国社会科学院副院长、中指组常务副组长李培林出席大会开幕式并致辞。美国哈佛大学哈佛燕京图书馆馆长郑炯文作为外宾代表致辞。中指组秘书长，中指办党组书记、主任冀祥德主持开幕式，并作大会主旨演讲。中指办副主任刘玉宏、邱新立出席会议。这是继2011年方志文献国际研讨会之后召开的又一次国际学术会议，对于繁荣发展方志文化，加强海内外学者沟通交流，推进方志资源研究利用等方面均具有重大意义。会议的举办得到海内外学者的一致好评，达到预期目的，还得到新华社、人民日报、人民日报海外版、光明日报、中国青年报、中国社会科学院报等多家主流媒体的关注，并采用中、英、阿拉伯等多语种进行全方位报道。

（五）开发制作系列传播产品

2017年12月3日，首部中英文版《中国名镇志·乌镇志》亮相世界互联网大会，并将其作为特别礼物赠送给与会重要嘉宾，开志书助力国家重大国际会议的先例。除英文版外，中指办还启动《乌镇志》《枫泾镇志》《周庄镇志》包括乌尔都语、俄语、越南语、马来西亚语、泰语、乌克兰语、土耳其语7个语种在内的多个小语种图书出版。

二、中国方志文化走向世界工程实施以来的主要收获

（一）通过与相关机构的座谈交流，取得学习经验与方法借鉴

1. 历史文献保护管理意识强。境外图书收藏机构在历史文献的保护与管理方面，有较完善的制度，运用现代手段管理历史文献，政府和社会各界非常重视对历史文献的保护。如中世纪到第二次世界大战结束的德国战乱频仍，但每次战乱发生时，中央及各邦国政府都要考虑重要档案资料和重要书籍的保护，极力避免其遭受战火的损毁。再则，许多知名人士注重向图书馆等文化机构捐赠图书资料，如哥廷根大学图书馆开馆初期的 12000 多种图书，主要来自于个人捐赠，奥古斯特公爵图书馆的创始是以奥古斯特公爵捐赠的 2500 多种图书为基础，牛津大学博德利图书馆收藏的许多珍贵文献资料也来自于个人捐赠。

2. 图书资料数字化意识强。境外图书收藏机构在图书资料的开发利用方面，普遍重视数字化和网络化建设。图书资料数字化，不仅可以实现网络互补，充实馆藏资源，降低馆内购书和运作的成本，还能方便读者快速检索，提供更加快捷方便的服务。如德国、法国、英国各大高校图书馆和公共图书馆都在大力推动图书资料的数字化，努力实现图书的无纸化阅读。奥古斯特公爵图书馆将许多古典文献制成电子版，读者可以通过互联网直接阅读；德国国家秘密档案馆将馆藏资料制成电子版目录索引，放在互联网上供读者查询；蒙彼利埃商学院图书馆完全实现数字化，学生可以通过互联网查询、阅读自己所需要的书籍；莱斯特大学网络数字资源十分发达，不仅拥有研究人员和学生用来搜寻书籍与期刊，预定已经被他人借阅的书籍及办理还书事宜的图书馆在线目录，还提供网上虚拟教学服务，每个主题区域都配备指定的图书管理员提供服务。又如中国台湾地区的地方文献数字化建设，有起步早、处理精细、稳步推进的特点。台湾汉学研究中心所在图书馆于 1966 年引进微缩技术，陆续将馆藏善本、普通本线装书、墓志拓片、报纸、早期期刊、博硕士论文提要、民国时期旧籍等拍摄成微缩卷片，并对外交换、采购。台湾图书馆除了图书馆既有的史料保存功能外，近年来也在积极推动馆藏活化、史料数字化与台湾学研究资源整合等多项业务，结合网络科技的力量，以崭新、多元、即时的形式，提供更专业的图书馆服务。台北“故宫博物院”图书文

献馆从梳理清宫旧藏到接受各界捐贮、寄存，至今古籍典藏总量已超过 20 万册。对图书文献的利用，除依循传统方式，公开出版书籍目录，向公众提供阅览、提供原书以外，近十年来更持续拍摄、整理，建档，并建资料库，将图书转成影像，为公众提供更快速、方便的阅读方式。

3. 读者服务意识强。境外图书收藏机构在读者服务方面，处处体现以读者为中心的服务宗旨。如德国、法国、英国各高校图书馆、公共图书馆的读者服务意识很强，建筑设计格局、服务设施配置和图书借阅完全服从于读者学习和研究的需要。哥廷根大学图书馆、莱斯特大学图书馆和牛津大学博德利图书馆设有学生学习空间、学习小组工作室、研究专用学习区，并设有供读者休息的服务区和咖啡厅；下萨克森州州立图书馆、德国国家秘密档案馆、法国国家图书馆为读者设有专门的小型研究室，研究者可以预约使用，所需图书资料图书馆可集中提供。又如台湾公共资讯图书馆、台北图书馆北投分馆的建筑设计、阅览室布置，都非常人性化，在服务上细致入微，让不同读者都能舒适地寻找到适合自己的资料。台北故宫博物院在网站设立有 Open Data（资料开放平台）专区，过去仅提供文字性和数据性的数据集，自 2017 年起更新下载专区的“文物图像下载”（约 70000 张）及“精选图像下载”（约 2722 笔），所有图像民众无需申请，不限用途，不用付费，可直接下载使用，并欢迎各界多加利用。

4. 学术活动安排规范意识强。如中指办赴欧洲的学术交流中，感受到受访机构的学术活动安排有许多可取之处。其一，预约访问的机构中，接待人员精炼，专业素质高。奥古斯特公爵图书馆、德国国家秘密档案馆、德国联邦外事办公室档案馆、莱斯特大学图书馆、哥廷根大学图书馆、蒙彼利埃商学院、莱斯特大学、牛津大学博德利图书馆学术活动接待人员并不多，但都具有较高的专业水平，基本能满足访问者的要求。其二，接待工作具有预见性。在访问人员到来前，受访机构和接待人员根据访问需要，把相关图书资料梳理准备好，并详细解答有关问题。其三，访问时间准时、守时。无论参观考察还是座谈交流，严格按照预定时间进行。

5. 吸纳社会力量参与图书馆发展意识强。境外图书收藏机构注重社会力量参与的理念宣传和引导，创建更多的工作平台，吸引社会力量广泛参与。如在台湾地区，基本上每个图书馆网页上都有招聘志工的启事。所招志工，经培训，分派上岗，可有效节约人力，提高服务水准。“台湾文献馆”编制人员仅40人，而志工却有150余人。

（二）举办方志文化国际学术研讨会给大家以启示和收获

召开的方志国际学术会议所收论文选题新颖，见解丰富，既展现出方志理论研究的科学性，又体现出方志文化在实践中的成果，可视作近年来中国方志文化发展的一个缩影，而且集中反映出我国方志文化走向世界的国际化趋势。有些论文立足实际工作，在宏观与微观相结合的研究基础上，展现研究者独特的地方视角，实现地方志工作与方志文化建设的有机互动；有些论文公布并整理研究一批馆藏志鉴资料，为相关研究奠定基础；有些论文对方志学问题的分析已超出单一学科方法论的限制，使用跨学科综合研究的方法，因而能够推陈出新，拓宽方志学研究的视野，并将方志学研究推向深入；有些论文帮助大陆学者了解到境外的修志情况，如日本、越南等国家受中国文化影响，延续了修志的传统，且修志理念和方法有异曲同工之处。又如，此次会议有来自中国、美国、德国、日本、越南等国家和地区的专家学者共150余人。与会人员不仅有高校、研究机构的专家，也有地方志机构工作者；不仅有历史学、方志学、图书馆学等方面的资深学者，也有不少致力于这些方面研究的后起之秀，并提出一些建设性的观点。学者队伍的多元化、国际化，表明方志文化日渐扩大的国际影响力，展示了方志文化研究的广阔前景和独特魅力。

三、中国方志文化走向世界工程实施过程中值得注意的问题

自工程实施以来，中国方志文化“走出去”取得了良好开端，但也存在一些值得注意的情况，需要在今后的工作中采取积极举措加以完善和改进，主要表现在以下几个方面。

（一）方志文化“走出去”的形式、途径和内容有待进一步丰富与创新

21世纪初，为更好了解海外收藏中国方志情况，国家、省市区的地方志工作机构开始建立国际交流，组织专业修志人员赴海外交流学习，不断探索“走出去”路径方面，取得了一定成效。随着国家文化“走出去”战略的实施，方志文化“走出去”步伐逐渐加快，但也显露出一些问题，如交流形式尚较单一。目前主要以拜访海外高等院校、藏书机构及科研机构，了解志书和年鉴收藏利用情况为主，这种形式已不适应当前的文化“走出去”形势的需求，应不断丰富和创新“走出去”的形式、途径和内容。

（二）方志文化“走出去”的传播产品和内容有待进一步丰富与深化

在推动方志文化“走出去”过程中，志书是方志文化“走出去”的名片，目前围绕方志文化走向世界工程开发了一些产品，如与中央电视台联合策划制作了大型纪录片《中国影像方志》；翻译出版了多语种的中国名镇志丛书，各地出版英文版年鉴等。尽管在开发传播产品方面的初步尝试取得一定经验及收获，但对方志文化传播资源的挖掘开发还不够深入，传播产品不够丰富多样。如何针对不同传播对象打造出深刻反映方志文化精神和价值观的传播产品是今后需要思考的问题。

（三）方志文化“走出去”的传播渠道和方式有待进一步挖掘与创新

传播渠道和方式是否合适，直接影响着传播效果。目前，在推进方志文化海外传播过程中，已形成一些有效的传播方式，但相对于方志文化走向世界工程的战略目标和要求而言，尚需要进一步挖掘和创新。

（四）方志文化如何更好地“走出去”，有待进一步思考与探索

近年来，中国方志界与境外高等院校、藏书机构、科研机构交流日益频繁，为推动方志文化走向世界起到积极作用，同时也提出新的挑战。当前，中国

地方志事业正处于转型升级的关键时期，如何更好地发挥方志文化在国家“走出去”战略和“一带一路”倡议中的积极作用，如何使方志文化在构建人类命运共同体背景下讲好中国故事、传播中国智慧、展示中国魅力等方面贡献力量，亟须深入思考与探索。

四、加速推进中国方志文化“走出去”的对策和建议

为贯彻落实十九大报告关于文化建设的精神，适应国家文化“走出去”战略建设的新形势、新需要，更好地推动方志文化“走出去”，助推全国地方志事业转型升级，提出以下对策。

（一）进一步丰富和创新方志文化“走出去”的形式、途径和内容

在今后方志文化走向世界工程的实施中，要有开放化的视野，立足国际，加强方志文化对外交流力度，不断丰富和创新与海外相关机构的交流合作方式，从多渠道、多形式、多层次构建方志文化对外交流和传播新格局，讲好方志视角下的中国故事。根据近几次出访交流的所见、所闻、所得，结合全国地方志工作实际，可以考虑通过以下方式来进一步丰富方志文化“走出去”的途径与内容，比如在海外举办中国方志文化系列讲座和方志成果巡回展；有计划地引进海外馆藏中国旧志和其他历史文献；逐步推进与海外藏书机构之间的馆际交流；与海外高校合作培养地方志系统人才队伍；与孔子学院合作共同推广中国方志文化等。相信随着“走出去”内容的不断丰富，对于推动中国方志文化以更加开放的姿态走向世界，将会产生积极的影响。

（二）方志文化单纯靠“走出去”还不够，还要“融进去”

可通过与海外高等院校合作建立海外方志研究中心，促进海外方志文献资源最优化配置，并依托海外方志研究中心，开展方志文化传播活动；不断挖掘开发方志文化传播资源，进一步打造出深刻反映方志文化精神和价值观的传播产品；创新方志产品，以更好地满足方志文化多元化的国际需求，在国际文化舞台扮演更重要的角色，发挥更大的作用。

（三）方志文化“走出去”，不仅要靠中国媒介的宣传和报道，同时海外大众媒介的有效利用也非常关键

只有充分利用海外媒介对中国方志文化产品和成果进行集中关注和持续报道，才能影响他国受众对中国方志文化的认知和接受行为。海外大众传播媒介是要充分利用的平台，同时要将多元传播方式进行有机组合，尤其是在当今网络社会，互联网提供了文化沟通和宣传的最佳平台，利用好网络平台应成为方志文化“走出去”的重要策略。总之，多种传播方式的有机结合一定能使方志文化走向世界工程更顺利地实施。

（四）对方志文化如何更好地“走出去”，应在具体工作上做实做深

一是要有计划地做好调研工作，对“走出去”国家和地区相关藏书机构、史志编研机构和高等院校对中国地方志和年鉴等文献的收藏利用情况进行调研，摸清情况，做到心里有底地“走出去”交流。二是与海外相关机构建立常态化交流互访机制，通过互访与交流，增进相互了解，密切相互关系，促进各项合作。三是要形成合力“走出去”，将全国各地的地方志资源的优势整合起来，化为整体优势“走出去”，这样将会获得更大效果。同时，还要充分利用海外藏书机构在中国方志文献资料等方面的收藏资源优势，加强扩展方志研究的广度和深度。

地方志在当今世界文化多样性的背景下，积极充当联系历史与现实的信使作用，也发挥了联系中国与世界的桥梁作用。通过文化交流，增进相互的了解与信任，为世界各国发展提供历史经验和智慧。方志文化走向世界，可以使世界更加深入了解中华文化的博大精深，对于提高中华文化软实力，构建中国特色话语体系，加快中华民族伟大复兴中国梦的步伐，有着积极的推动的作用。

习近平总书记在党的十九大报告中指出，加强中外人文交流，以我为主、兼收并蓄。推进国际传播能力建设，讲好中国故事，展现真实、立体、全面的中国，提高国家文化软实力。推动中国文化“走出去”，与世界优秀文化交流互鉴，与世界各国人民加深互相了解。作为中华优秀传统文化的重要组成

部分，方志文化越来越受到世界重视。我们要把方志文化“走出去”放在服务于国家文化“走出去”发展的战略高度，充分认识到新时代背景下“走出去”的重要意义，增强开放意识、机遇意识、责任意识和长远意识，更新理念、创新路径，以更加积极的姿态、更加有力的举措，推动方志文化以更大的气魄“走出去”，在推动文明互鉴、促进文化共享、构建人类命运共同体等方面贡献“志”力。

全国旧志整理工作情况报告

刘 黎[①]

提 要：深入开展旧志整理是地方志编纂体系的重要组成部分，是《地方志工作条例》《规划纲要》赋予地方志工作的法定职责，也是保存我国珍贵的历史文化遗产，弘扬优秀传统文化的客观需求。几年来，全国旧志整理工作取得较大成就：大型汇编成果纷纷出版面世，市、县两级旧志整理有声有色，地方旧志资料汇编成果丰富，形式多样，旧志数字化建设如火如荼，学术研究日益加强，旧志整理积极发挥资治作用，服务地方中心工作。几年来，全国旧志整理工作采取省级地方志工作机构牵头组织、设计谋划，市、县地方志工作机构因地制宜、分头实施的总思路，工作开展卓有成效，积累不少宝贵经验。但全国旧志整理工作依然有很多共性难题需要破解，需要在整理实践中加强顶层设计，建立旧志整理工作体系，加强人才建设，拓宽旧志收集渠道，丰富旧志整理的出版形式，树立互联网思维，强化旧志整理的资政功能等方面不断探索。

关键词：旧志整理　成绩　经验　问题　建议

地方志是中华民族特有的文化基因，编史修志是传承文明、服务当代、

① 刘黎，国家方志馆馆藏部主任科员。

垂鉴后世的重要文化事业，在赓续传统、传承中华优秀传统文化方面发挥着重要作用，一直以来受到党中央、国务院的高度重视。旧志整理是地方志工作的重要组成部分，也是地方志工作机构的法定工作职责。《地方志工作条例》第五条明确规定："搜集、保存地方志文献和资料，组织整理旧志，推动方志理论研究。"2015 年 8 月，国务院办公厅印发的《规划纲要》把深入开展旧志整理作为地方志编纂体系的重要组成部分，凸显了对传承和弘扬地方优秀传统文化的重视。《地方志工作条例》《规划纲要》相继颁布，对旧志整理工作赋予更加明确的法定地位，提出更加具体的目标任务。

做好旧志整理工作是责任使然、使命所在，也是大势所趋、势在必行。旧志不仅是我国珍贵的历史文化遗产，也是弘扬优秀传统文化，加强爱国爱乡教育的重要文化资源。当前不少古籍或散落民间或束之高阁，方志中的不少珍本、善本、孤本、稿本混散于古籍中无人问津，还有一些珍贵的志书面临消失殆尽的危险。系统整理全国旧志，势在必行，刻不容缓。在这种形势下，为深入挖掘和阐发我国优秀的方志文化资源，各级志办积极作为、迎难而上，积极开展旧志资源的整理和保护工作。

一、全国旧志整理取得较大成就

近年来，各地立足实际，探索新模式，寻求新路径，深入挖掘优秀传统文化，以多种形式加以保存、开发、利用，稳步推进旧志整理工作，通过成立旧志整理工作机构和学术机构，制订整理出版规划、点校通则和审稿细则，保证整理质量；建立完善旧志整理办法制度、开展旧志普查工作，编制旧志目录，理清、摸透家底；联系高校科研机构开展深度合作等方式，拓展整理工作的广度和深度，加大旧志整理力度。据统计，截至 2017 年 12 月 31 日，全国旧志整理累计达到 3200 多种。

（一）大型汇编成果纷纷出版面世

《上海府县旧志丛书》《广东历代方志集成》《江苏历代方志全书》《四川历代方志集成》《闽台历代方志集成》《山东省历代方志集成》《河南历代方志集成》《贵州历代方志集成》《陕西历代旧志文库》《宁夏旧方志丛书》《新疆

丛书》等大型汇编成果纷纷出版，扩大了地方志的社会影响。其中2015年正式启动的《江苏历代方志全书》预计出版总规模为500册，不仅是江苏有史以来古代地方文献规模最大的文化工程，同时也是全国最大的旧方志出版项目，是江苏省委、省政府加快推进“社科强省”建设的重点项目，被列入“江苏文脉整理与研究工程”。

（二）市、县两级旧志整理有声有色

以2017年为例，各地工作推进卓有成效。河北省石家庄市共完成16部旧志整理工作。吉林省方志馆整理《井陉县志》《乐亭县志》《宝坻县志》《鸡泽县志》《安广县乡土志》5套。安徽省95部旧志整理规划稳步推进。福建云霄县方志委组织成立专业编审小组，搜集并整理出版旧志4部，旧志出版印制工作全部完成。河南省开封市《开封历代方志集成》《开封历史文献丛书》重点项目整理编纂进展良好，明嘉靖二十五年（1546）版《杞县志》《万历开封府志校注》《东京梦华录补注》、清嘉庆《洧川县志》、清光绪《洧川乡土志》出版。长沙市志办整理出版明嘉靖《长沙府志》点校版。陕西省志办整理出版明清旧志8部。四川省各级地方志工作机构整理、点校清朝旧志成果丰硕。

（三）地方旧志资料汇编成果丰富

成都市志办、四川大学历史地理研究所联合编纂的《蜀藏》，共800册，2亿字。分经学、文学、史学、子学、文集、山水、名胜、旅游、丛书等23编，包括《巴蜀珍稀名胜古迹文献汇刊》《巴蜀珍稀舆地文献汇刊》《巴蜀珍稀山水文献汇刊》《巴蜀珍稀旅游文献汇刊》《巴蜀珍稀方志文献汇刊》等，汇集从汉代到民国时期的文献资料。浙江省海宁市档案局（史志办）整理的《海宁历代碑记》点校本收录碑记378篇，其中录唐代18篇、宋代51篇、元代21篇、明代144篇、清代139篇、近代5篇。江苏省志办选编的《江苏历代方志名胜图选》从江苏历代旧志中选辑名胜图300余幅，以江苏省现行行政区划划分单元编排，涵盖现行江苏13个设区市。广东省志办根据广东省立中山图书馆和中山大学图书馆所藏民国年间广东地区编辑出版的年鉴41种，编纂出版《广东民国年鉴丛编》第一辑，包括《广东年鉴》（1941年）、《广东商业年鉴》（1931年）、《商事年鉴》（1934年）、《广东经济年鉴》（1940年）、

《广东经济年鉴续编》(1941年)、《广东省民政统计年鉴》(1945年)6种年鉴，15册，9636页。湖南省衡阳市志办通过挖掘衡阳现存5部《衡州府志》及境内各县30余部旧志中关于清官能吏的历史记载，启动编写《衡阳古代清官能吏选记》。

(四)旧志整理形式多样

各地在旧志整理中，影印、点校、翻译、数字化等众体兼备。影印照排是旧志整理常用的形式，通过对原志书进行完整影印，为使用者快速了解和使用志书提供方便。陕西省志办启动陕西历代旧志文库工程，陕西历代旧志文库以影印为主，力求其全，整理旧志520余部。宣统《山东通志》12函装、211卷、11000余筒子页，600余万字，是山东历史上规模最大、内容最详实、体例最完备的一部通志。该书保持原著的独立性和完整性，保持原著的文本风貌、篇章结构和顺序，在此基础上进行影印出版。贵州省地方志编委会主编的《贵州历代方志集成》采用影印方式出版。浙江市县旧志整理多采用影印方式，临安市还启动旧志影印工程。洛阳市史志办通过搜集整理影印出版的珍贵历史文献28部(44种)、36函、223册、1000余万字。广西古籍丛书编辑委员会、广西壮族自治区志办整理的清嘉庆《广西通志》影印出版。对旧志进行标点断句阅读方便，更适于现代人的阅读习惯。北京志办整理出版的《(光绪)顺天府志》《析津志辑佚》《帝京景物略》等旧志均是采用这种方式。点校勘误是在点校断句的基础上增加对志书的校订与勘误，并对志书中的观点进行评判。湖南省湘西州志办先后对《古丈坪厅志》《永绥厅志》《凤凰厅志》等旧志进行校勘。文白对照全译是以文白对照形式把全本文言旧志翻译成现代白话文的整理方式，这种方式既保持了旧志内容的完整，又给古文基础薄弱的读者阅读和利用旧志提供了便利。江西省东乡县志办整理的明嘉靖《东乡县志》(点校注释本)、赣州市章贡区志办整理的1946年《赣县新志稿》变竖排为横排，标点断句、注释生涩难懂的字词和典故。宁夏回族自治区银川市志办整理编纂的《乾隆银川小志》(文白对照本)在旧志校注的基础上推陈出新，将原稿中的繁体字化为简体字、文言文翻译为白话文。海南省昌江县志办整理的清康熙《昌化县志》(点校译注修订版)以明正德《琼台志》以及清光绪《昌化县志》等海南各地方志校对补正。全书分篇(段)进行标点和译注，每篇（段）后，先注释后翻译（简单的内容则省略不译），诗歌则作简析，在志书的普及性可读性上下功夫。部分志书综合采用上述整理方式，如陕西省佛坪县志办校注整理的《佛坪厅志》以清光绪九年（1883年）《佛坪厅志》为底本，同时参考清光绪《佛坪乡土志》、1929年《佛坪县志》进行校注，标点断句、注释勘误、补充史料，旧校注本、新校注与影印本前后对应。

（五）开展旧志数字化和建立旧志数据库

旧志数字化主要是将旧志资料整理制作成光盘；在搜集旧志底本的时候，通过扫描等形式将旧志资料转换成图像数据；在影印、出版过程中，将旧志资料整理成电子文档。全国很多省市在旧志整理过程中，注重数字化和数据库建设。四川先后制定《全省旧志抢救保护整理出版规范》《旧志数字化处理及数据库建设规范》等规范，组织有关单位专家学者有计划、分步骤、有重点、分期分批次地开展缩微影印、版本著录、鉴定、定级、数字化处理等工作，建立全省旧志目录及全文数据库。广东省在开展搜集、整理、出版《广东历代方志集成》工程中，将集成收录的433种旧志制作成图像版的电子数据。潮州市志办整理出版的《古瀛志乘丛编》三集，均用光盘储存扫描排版后的黑白图像数据。高州市地方志办把民国时期的江茂森《茂名县志稿》重新翻译、注释，作为《高州县志》光盘版的一部分内容。中山市地方志办将香山县自明嘉靖年间至民国初年编纂的7种共90卷约120万字的香山县旧志，经繁体字简体化和电子数字化处理后，作为电子光盘《中山百科》的一部分公开发行。在旧志数据库建设方面，广东省建立“广东省情数据库”分库“旧志数据库”，内容包括旧志书目、通志、府（州、厅）志、县志，通过“广东省情网”提供给社会各界人士查阅使用。目前已发布旧志工具书2种、通志4种、府州志3种、县志点注本2种。

（六）旧志整理的学术研究日益加强

对旧志资料进行较全面、系统的挖掘、整理、研究，对全面地展现当地历史文化面貌，提高文化研究学术品位，发挥地方志为经济社会发展服务能够起到积极作用。上海市志办组织整理的《上海年鉴（1854）》，并对该书展开相关研究，将8篇研究文章汇集成书。组织实施历代方志研究课题，从2012年起，广东省志办以历代方志为基础，以课题招标形式，组织实施历代方志研究课题，开展广东历史上的自然灾害、乡村基层权力组织建设与基层社会管理、乡都图里建置沿革、民间信仰4个专题研究，分别由华南农业大学、广东省社科院、暨南大学、中山大学课题组承担相关研究任务。2014年课题顺利结项，2015年出版《历代方志研究丛书》。2016年，启动第二批历代方志研究，向社会公开发布古驿道对岭南文化的贡献、广东瘟疫史料辑录、广东八排瑶史料辑录、世界客都梅州文化地标研究4个课题。

（七）旧志整理积极发挥资治作用，服务地方中心工作

旧志资源的开发利用，不仅要通过研究不同历史阶段的志书版本，吸收优良品种的编纂传统和方法，为编修新方志提供方法和借鉴，而且要更好地开发古代旧志资源，使其为发展本地经济、弘扬优秀传统文化、发掘旅游资源等服务，还要充分发掘旧志中人文典故、传统美德等方面的记载，服务社会主义核心价值观构建，让整理成果转化为真正的物质财富和精神财富。各地注重旧志整理成果的开发利用，采取了多种形式，取得一定成效，获得良好社会效益。一方面突出旧志资源开发利用以党和国家利益为导向，以围绕经济社会发展为重点。广东省志办搜集和整理广东历代方志中有关南海史料，编辑《广东历代方志南海史料辑录》,以丰富的史料、清晰的线索、连贯的记载，有力地证明中国最早发现、命名和开发利用南海诸岛及相关海域，最早并持续、和平、有效地对南海诸岛及相关海域行使主权和管辖，确立在南海的领土主权和相关权益；全面梳理历代志书中有关建置区划图文，编辑出版《广东行政区划图志》，为开展社会科学研究提供重要资料，为当代行政区域的科学管理和深化改革提供必要的基础资料。四川省志办2016年整理出版的《西康通志稿》，此书共计110万余字，为总结边疆开发经验，加快该省藏族、彝族地区建设，增强民族团结、促进国家统一提供历史借鉴。另一方面创新旧志资源开发利用手段。旧志整理中不仅沿用传统开发利用方法，对所搜集到的旧志信息进行整理、重组、深加工等，将原始资料信息转化成不同形式的二次文献，如目录、索引、提要、摘编、类编等。使旧志资料可以为领导决策提供依据，为现实提供借鉴，从而实现其真正的社会价值；同时充分利用现代

化技术手段，建立旧志资源信息数据库，使旧志资源能够实现联机检索网络化，方便大众快速准确被检索利用，实现资源共享。

二、总结经验，明确目标，推动旧志整理可持续发展

近几年来，全国旧志整理工作采取省级地方志工作机构牵头组织、设计谋划，市、县地方志工作机构因地制宜、分头实施的总思路，工作开展卓有成效，也积累了宝贵经验。概括地讲有以下几个方面。

（一）加强对旧志整理的组织领导

部分省份把旧志整理工作列入当地地方志事业发展规划，加强旧志整理工作的制度保障。2016年，《河北省地方志事业发展规划（2016—2020年）》（以下简称《规划》），以河北省人民政府办公厅文件正式印发。《规划》明确提出，开展旧志普查整理工作，各级地方志工作机构要加强对地情文献资料的研究，重视地方志资源的普查摸底。以市为单位开展旧志影印出版工作，有条件的县（市、区）与高等学校、科研院所、公共图书馆、档案馆合作进行旧志点校对、编纂旧志提要等工作。山东省史志办制定实施全省旧志整理“十三五”规划。吉林省地方志编纂委员会2017年专项资金已达到45万元，为旧志整理顺利开展提供了有力经费保障。《吉林省地方志事业发展规划（2011—2015）》《吉林省地方志事业发展规划（2016—2020年）》都对旧志整理工作提出明确任务。北京市成立以退休市领导为主任，市地方志办、市新闻出版局主要领导为副主任，相关区县政府领导，市地方志办、市新闻出版局有关处室和相关出版机构负责人为委员的《北京旧志汇刊丛书》编委会，办公室设在市地方志办，强化旧志工作的组织协调。吉林省方志委成立旧志整理领导小组，组长由委党组书记、副主任担任，副组长由委分管副主任担任，主管部门结合实际制定《旧志整理方案》。

（二）合力协作、典型示范，打造旧志整理工作新模式

许多省市高度重视专家学者在旧志整理中的作用，成立由高等院校、科研机构专家学者以及有关地方志专家组成的旧志整理机构，通过发挥专家学

者的作用保障旧志整理的质量和水平。例如北京市成立旧志整理专家委员会。2016年黑龙江省志办与国家图书馆出版社签订战略合作协议，开启地方志行业与国家一级专业机构深入合作的先河，双方落实旧志底本搜集协议，通过国家图书馆的专业平台，在国内图书馆逐一排查旧志底本名录，推动黑龙江省地方文献整理工作。河北省一方面依托河北省地方志专家库，组织专家力量为各地旧志整理工作进行智力支持。同时，积极寻求合力，搭建合作平台，破除局限于方志系统内部的旧模式，实现旧志整理工作模式新突破。2017年8月23日，保定市方志办在与新莲池书院合作的新模式下，整理出版了《畿辅通志》《雄安新区旧志集成》《保定旧志集成》，这不仅是保定市方志办旧志整理工作的新成果，也是方志系统和外界力量（新莲池书院）精诚合作的成果。2016年8月，福建省地方志编委会以创新政府购买社会服务方式，与海峡出版发行集团·海峡书局和福建九仙文化传媒有限公司合作，联合整理出版明弘治《八闽通志》（宣纸线装影印本）。浙江省德清县史志办与浙江大学古籍研究所合作启动清康熙十二年（1673年）《德清县志》和嘉庆十三年（1808年）《德清县续志》两部旧志的点校工程。成都市志办、四川大学历史地理研究所联合编纂的《蜀藏》该书全套800册，分经学、文学、史学、子学、文集、山水、名胜、旅游、丛书等23编，汇集从汉代到民国时期的文献资料。

（三）统筹协调、整合资源，加强历代旧志典籍摸底、征集

北京市志办编辑出版《北京方志提要》，对97种北京旧志进行了版本考校、内容概括等工作，并形成《北京旧志评校文丛》等阶段性成果，保证旧志整理的严肃和准确。河北省地方志办公室以1989版《河北历代地方志总目》为蓝本，组织编辑《河北旧志联合目录》，并列入省方志办重点工作事项，在全国范围内开展资料实物征集。吉林省对旧志进行广泛普查，先后在全省地方志机构、全省市州属图书馆以及省内高校图书馆、全国主要高校图书馆展开旧志普查，要求查清旧志的成书时间、修纂者、版本类别、卷数、字数、页数等要素，基本上弄清吉林旧志在各处的收藏情况，编辑《吉林旧志目录》。

（四）实现有序推进与重点攻关的有效结合

各级地方志机构根据旧志的实际现状，基本上确定先易后难、有序推进，

全面铺开、重点攻关的旧志整理工作原则。例如北京市志办在旧志整理中先从较为容易、篇幅较小的志书做起，《(嘉靖)通州志略》《(康熙)弘慈广济寺新志》《(乾隆)潭柘山岫云寺志》《(民国)密云县志》等旧志总体字数不多，且志书类别较全，北京市志办不仅就标点的方式方法进行研究，还就校勘的注释如何运用进行研究，为整个旧志整理工作奠定较为坚实的理论和方法基础。在此基础上，将永乐、万历、康熙三部《顺天府志》作为重点攻关的旧志，从点校底本的选取、点校整理的形式以及方法、外聘专家审稿、出版形式等多方面入手，保证出版质量。

(五)树立精品意识，形成各具特色的旧志整理出版形式

已经点校出版的北京旧志，全部采用繁体字竖排加框，加上新式标点和校勘，以线装书形式出版，不仅具备以往旧志整理的基本要素，而且在出版中还体现历史典籍中的形式，例如线装加函套、书内繁体竖排，特别是对于旧志校勘的内容在页内套红标示等。宣纸印刷保证了所有出版旧志的保存年限至少在300年以上。吉林省整理的旧志按传统线装形式印制，配备函套。为了尽可能地使整理书籍长久保存下去，在印刷用材装帧方面标准较高，选用质量好的手工宣纸，书籍和函套封面用材统一采用真丝冰梅，体现古朴典雅特质。

三、全国旧志整理工作存在问题和建议

全国旧志整理工作，虽然取得阶段性成果，总结了不少经验，但依然有很多共性难题需要破解，需要在实践中不断探索，努力加以解决。

一是旧志整理专业人才匮乏。旧志整理工作是一项专业性强、综合要求高的工作，涉及目录学、版本学、校勘学等多个学科，旧志整理人员须具备语言、文字、音韵、训诂等多方面的专业知识。目前全国地方志系统能够承担旧志整理工作的专业人员较少，并且全国各级地方志机构进行专业培训，定期开展工作经验交流及旧志整理工作研讨等有计划、多层次、多渠道人才培养机制尚未建立。

二是旧志整理形式单一。旧志整理存在标点、注释、校勘、影印、扫描

等多种形式，难度相应不同，标点、注释尤为专业，在业界不乏旧志整理出版引发的学术争议。囿于文字校勘、辩伪辑佚、音韵训诂、方言俗语专业人才问题，为此各地影印旧志做法较多，整理形式单一。

三是旧志搜集整理的渠道较窄。目前各级地方志工作机构搜集旧志，主要有依靠有关图书目录去图书馆查找、私人或团体捐赠为主，限于经费等条件限制，对本地志书在其它地区的收藏情况难以全面掌握，难免存在遗漏。

四是整理质量缺少制度保障。旧志从实施整理到审核出版的各个阶段缺少一套完整质量审核体系，出版业界审核程序及验收机制缺失，这些问题使整理出版的旧志质量难以保证，可能发生讹上加讹、误上加误的学术问题。

五是旧志的开发利用功能未充分发挥。整理旧志的最终目的在于开发利用。目前全国大部分省市县各级地方志机构开展的旧志整理工作，还停留在对旧志进行抢救性保护层面。旧志整理出版因人力资金、宣传报道等方面所限，发行渠道过窄，大多数情况是方志系统内部流转再造，或者是束之高阁、无人问津。由于“旧志再造”不被社会认知认可，而忽视旧志开发作用，造成出版成果数量少、资源利用率低。

深入分析面临的实际困难，积极探索旧志整理体制机制建设，搭建整理平台、研究平台、收藏平台、出版平台和队伍建设平台，推动全国旧志整理工作迈上新的台阶。

一是加强对旧志整理的顶层设计。切实加强全国和各地旧志整理工作的组织领导，为旧志整理工作提供政策、资金和人力支持。适时启动国家旧志整理出版工程，绘制全国旧志整理的宏伟蓝图，组织调动力量，深入挖掘传统文化资源，打造一批旧志典籍文化成果。

二是科学建立旧志整理工作体系。开展整理、研究、收藏、出版和队伍五大平台建设，建立整理、研究、收藏、出版环节既相对独立、分工明确，又串联统一、密切协作的旧志整理工作体系，实施年度整理、研究和出版计划，努力推进旧志整理的体制机制建设，并建立完善旧志整理质量保障机制，重点抓好旧志整理编纂质量，在整理成果的审查、验收、出版方面，联合出版部门实施抓好“最后一道关”。

三是立足“专兼职”，实施“旧志整理人才计划”。充分利用当地智力资源，加强与高等院校、科研机构合作，组织高等院校、科研机构的旧志研究和整理力量参与旧志整理，聘请高等院校、科研院所专家对旧志工作进行授课培训。搭建合作交流平台，借鉴国内外经验，探索合作新模式，合力推进旧志整理工程。

四是拓宽旧志收集渠道。建立国内外知名图书馆、旧志收藏企业机构联络协商机制，拓宽旧志收集渠道，丰富增加旧志善本、孤本、手抄稿本，了解掌握本地志书在其它地区的收藏情况，为旧志整理打下良好基础。

五是丰富旧志整理的出版形式。在现有繁体竖排、线装出版的基础上，探索简体横排、简装简版的出版形式，围绕不同主题探索出版相关专题的旧志整理材料汇编。

六是树立互联网思维，充分利用互联网信息技术，建立旧志大数据库。实现旧志资源共集共享，扩大旧志搜集整理范围，实现可供不同主题检索的云计算功能，使旧志更多地惠及普通市民。

七是强化旧志整理的资政功能。加强对旧志的研究，围绕建制沿革、城市治理、环境保护、改善民生、文化建设等方面从旧志中编辑资料，传承发展民族文化，挖掘和梳理历史智慧，为现实工作服务，为地方决策提供历史借鉴。

旧志整理是一项系统工程，需要认真研究和稳妥推进，需要认真贯彻《规划纲要》关于旧志整理的各项要求和任务，完善机制，突出重点，开拓创新，稳中求进，切实把旧志整理工作做实做好，推动旧志整理工作创造性转化、创新性发展。

Ⅳ

探索与创新

发挥地方志资源优势，积极服务全国文化中心建设的探索与实践

北京市地方志办公室[①]

提　要：北京市正在建设全国文化中心，地方志事业发展和全国文化中心建设之间关系密切。北京市地方志编纂委员会办公室牢牢抓住建设全国文化中心的重大机遇，紧密围绕“一核一城三带两区”建设，找准地方志服务全国文化中心建设的定位、途径和方式，充分发挥地方志优势，全方位参与全国文化中心建设，围绕“一核”，全面记录历史现状；围绕“一城三带”，深入挖掘文化内涵；围绕“两区”建设，做好公共文化服务，做出一系列有益的探索与实践。

关键词：地方志　全国文化中心建设　公共文化服务

党的十八大以来，中央明确了北京作为全国文化中心的城市战略定位。按照中央部署，北京市正在建设全国文化中心，市委、市政府围绕全国文化中心建设推出一系列务实举措，2017 年 8 月成立推进全国文化中心建设领导小组，明确建设全国文化中心要重点抓好“一核一城三带两区”，即以培育和弘扬社会主义核心价值观为引领，以历史文化名城保护为根基，以大运河文

---

① 执笔人：张宁，北京市地方志办公室研究室副主任。

化带、长城文化带、西山—永定河文化带为抓手，推动公共文化服务体系示范区和文化创意产业发展引领区建设。

地方志作为记录历史、弘扬文化、传承文明、服务社会的重要载体，在文化建设中具有独特作用。编纂地方志是文化建设的基础性工程，地方志工作是文化工作的重要内容，地方志事业也是文化事业的重要组成部分。地方志事业发展和全国文化中心建设之间关系密切，一方面，建设全国文化中心，对地方志来说是重大机遇和发展契机；另一方面，地方志在全国文化中心建设中发挥着独特的、不可或缺的作用。2017 年 4 月 24 日，北京市委书记蔡奇在致全市地方志工作会议上的贺信中指出，做好首都地方志工作，推动地方志事业健康发展，对于服务首都核心功能，加快全国文化中心建设，发挥国家文化软实力作用，具有重要的意义。北京市地方志编纂委员会办公室（以下简称“市地方志办”）作为全国文化中心建设领导小组成员单位，已承担多个专项组的工作任务，地方志的一些重点工作已经列入全国文化中心建设重点任务清单。不少区县的地方志办也参与了本区文化中心建设领导小组的工作。全市地方志工作者牢牢抓住建设全国文化中心的重大机遇，紧密围绕“一核一城三带两区”建设，找准地方志服务全国文化中心建设的定位、途径和方式，充分发挥地方志优势，全方位参与全国文化中心建设，适时拓展新的增长点，做出一系列有益的探索与实践。

一、围绕“一核”，全面记录历史现状

建设全国文化中心，首先要坚持以社会主义核心价值观为引领，这是由北京的文化中心城市定位决定的，是由发挥文化中心作用的使命和责任决定的，也是由建设先进文化引领高地的目标决定的。社会主义核心价值观以马克思主义为指导思想，以共产主义远大理想为最高追求，以中国特色社会主义共同理想为实现目标，体现了以爱国主义为核心的民族精神和以改革创新为核心的时代精神，是社会主义核心价值体系的内核，是对社会主义核心价值观的高度凝练和集中表达，代表的是国家、民族的理想信念和精气神。培育和弘扬社会主义核心价值观，必须立足中华传统文化。方志学家章学诚说：“史志之书，有裨风教者，原因传述忠孝节义，凛凛冽冽，有声有色，使百世

而下，怯者永生，贪者廉立。”不论是古代志书，还是社会主义新方志，不仅蕴含着尊士、崇德、向善、忠义、孝亲等传统价值，还旗帜鲜明地弘扬爱国、敬业、诚信、友善等社会主义核心价值，反映了中华民族宝贵的精神品格和崇高的价值追求。如市地方志办通过组织编纂《北京抗日战争志》，大力弘扬伟大的抗战精神和以爱国主义为核心的民族精神；通过编纂《改革开放40周年大事记》，大力弘扬以改革创新为核心的时代精神等。

（一）规划志书完成年度任务，“两全目标”取得新进展

当前正在编纂的第二轮规划志书，通过全面、立体、多层次记录中国特色社会主义事业，将成为培育和弘扬社会主义核心价值观的肥沃土壤。国务院办公厅《规划纲要》明确提出“到2020年，完成第二轮地方志书规划任务，省、市、县三级地方志书全部出版”和“一年一鉴，公开出版，实现省、市、县三级综合年鉴全覆盖”的“两全目标”要求，为实现“两全目标”，市地方志办加强综合研究、统筹规划、整体推进，加大组织、指导、协调、督促和检查工作力度，大力推动第二轮修志工作。

一是纳入一体规划，列入全国文化中心建设任务。将“全面完成第二轮修志规划任务”写入《北京市国民经济和社会发展第十三个五年规划纲要》；市委办公厅、市政府办公厅联合印发《北京市地方志事业发展规划纲要（2016—2020年）》（以下简称《北京规划》），明确提出“到2020年，全面完成第二轮修志规划任务，实现市、区两级综合年鉴全覆盖”的总体目标；将“两全目标”列入市委全国文化中心建设、传承发展中华优秀传统文化、大运河文化带建设等相关工作任务分工，通过市政府举办的新闻发布会、文博会等媒介宣传“两全目标”，提高各委办局、各区以及社会各界对“两全目标”的认识和重视。

二是强化领导责任，充实编委会组织机构。建立一把手负责制，将四套班子有关领导以及各委办局、各区的一把手纳入编委会组成人员，明确主要领导责任；建立各委办局、各区地方志工作机构责任人一览表，以确保主管领导到位、责任处室到位、主编到位；分解年度工作任务，市政府通过每年年初全市地方志工作会议，部署年度各项工作任务，主管市长出席并讲话，各委办局、各区主管地方志工作的领导参加会议，确保年度各项任务落实到位。

三是深入调查研究，做实工作保障。习近平总书记指出："要在全党大兴调查研究之风，放下架子、扑下身子，接地气、通下情，'身入'更要'心至'，开展深入细致的调查研究。"[①] 市地方志办自2016年起就建立了主要领导深入志书编修单位调研并参与审稿会的工作机制，尤其是进度较缓慢的委办局和区，进一步加大组织协调和督促检查力度，落实和完善三审制度（初审、复审、终审），大大提高各委办局和各区领导对志书编修工作的重视程度，同时对于推动志书编修进度和质量起到积极推动作用。针对基层多年反映的审稿费、聘任费缺乏依据和统一标准的问题，与市财政局、市人力社保局、市老干部局等部门共同开展调研，制定并印发地方志编修中审稿费、聘用退休干部及聘用费等相关标准，为落实经费到位、人员到位提供政策保障。依据《地方志工作条例》及北京市实施办法，与北京市政府审改办研究确定市地方志办行政权力清单6类8项和公共服务事项11项，为依法行政提供保障。

四是完善修志规范，加强业务指导。规范工作流程，制定《第二轮〈北京志〉初审程序实施细则》《第二轮〈北京志〉复审程序实施细则》《第二轮〈北京志〉出版管理办法》等文件，从搜集资料、制定篇目、审查验收、志书出版等方面，规范关键节点的运行程序，为开展二轮修志提供制度保障；明确编纂标准，针对志书编修过程中普遍遇到的共性问题，出台《关于第二轮北京志书编纂若干问题的意见》，并对凡例、大事记、索引、后记的撰写，注释、图照、表格、在志书中的使用，以及涉港澳台内容记述等制定统一的规范，并汇编成册，印发给全市地方志系统，受到广泛欢迎，供不应求，需要再次加印。加强培训、指导和交流，利用工作会、培训会、调研等方式对指导性文件进行解读、培训，有针对性地加强业务指导，提升修志质量。

五是纳入一体督查，推动工作任务落实。将《北京规划》任务分工方案纳入市委市政府督查范畴，联合市委督查室、市政府督查室印发督查方案；将第二轮修志工作任务、"一纳入、八到位"、各区制定《北京规划》的实施方案列为重点督查任务，从领导、机构、经费、规划等各个方面，确保第二轮全部志书2018年进入终审、2019年进入出版。每季度向市领导以及所有编委会成员单位（包括《北京志》承编单位和各区人民政府）主要负责同志

① 廉思：《增强新时代调查研究的本领》，《学习时报》2018年2月28日第2版。

报告和通报第二轮规划志书编纂进度情况，引起了各区及部门主要领导的重视。联合市委督查室、市政府督查室，每半年对没有完成既定目标任务的单位进行重点督查，确保督查取得实效。

通过以上有力举措，北京市第二轮规划任务年度任务顺利完成。截至2017年底，第二轮《北京志》68部分志共提交初审稿54部，进入终审环节20部；18部区县志全部通过初审，提交复审稿16部。《海关志》《国家税务志》《园林绿化志》《电信志》《气象志》《建设志》《档案志》《交通志》《水务志》《审计志》《检验检疫志》《新闻出版志》《东城区志》《通州区志》等14部志书通过终审，进入出版程序。按照“两全目标”任务要求，目前，市、区两级地方综合年鉴全覆盖、一年一鉴、公开出版的任务提前3年完成，走在全国前列。在此基础上，市地方志办制定打造精品年鉴实施方案，并确定《北京海淀年鉴》《中关村年鉴》《北京工业大学年鉴》为首批打造对象。

（二）规划外拓展延伸，志鉴编修打开新局面

在编纂规划志书的同时，拓展延伸志鉴编修工作。当前，北京市志书编修已由市、区两级发展到乡镇、街道以及企事业单位、跨区部门等，不少基层单位把编修地方志纳入文化建设的计划，编纂村志、乡镇志、行业志、部门志、专业年鉴等蓬勃兴起。同时，社会修志、民间修志热情高涨。市地方志办积极适应新形势，结合全国文化中心建设，对基层修志和社会修志加以鼓励、引导、促进、规范，不断开创志鉴编修新局面。

一是基层修志步伐加快。市地方志办主动承担《北京市落实〈关于实施中华优秀传统文化发展工程的意见〉实施方案》《关于加强传统村落保护发展的指导意见》中涉及地方志的市级重点任务，与市农委联合印发《北京市特色乡镇村志编纂工作实施方案》，11个涉农区启动特色乡镇村志编纂工作，实现21个国家级中国传统村落和市级第一批44个传统村落修志全面启动，以点带面，基层修志、社会修志的覆盖面和质量稳步提升。朝阳、昌平、顺义、通州、怀柔等区通过加强业务指导和培训、出台编纂规范等方式，加大对基层修志、社会修志的帮扶力度。朝阳区的《高碑店村志》作为全国首批“中国名村志丛书”公开出版。房山区佛子庄乡形成了村村修志的良好局面。

二是部门（行业）年鉴种类增多。目前，已有46家市级部门开展部门（行

业）年鉴编纂工作，40家高校开展校级年鉴编纂工作，《北京发展改革年鉴》等部门年鉴实现公开出版。市教委积极开展网络年鉴编纂工作，创新性推出北京教育年鉴在线资源平台，实现在线编纂、全文检索有机融合，增加音频、视频等多媒体表现形式，创刊《北京教育年鉴简本》，进一步拓展了年鉴的形式和价值。

三是地方史编修探索推进。市、区两级地方志工作机构加强调查研究，举办地方史编修培训，探索建立具有首都特色的地方史编修模式。东城、丰台、昌平、大兴、密云等区编写简史、史话等，其他区也在整理史料，筹备编修。各涉农区积极组织编纂拆迁村、山区搬迁入平原村落的专题史，形成《阎村史话》《琉璃河古镇史话》《云居寺史话》《周口店遗址史话》等地方史料。大兴区系统整理100多个拆迁村的历史资料。

四是积极探索社会化修志模式。发挥市场机制作用，调动社会力量，通过公开招标、购买服务等方式，组织推动地名志、抗日战争志、特色乡镇村志等一批重点项目，积极探索志鉴编纂社会化、项目化运作模式。

二、围绕“一城三带”，深入挖掘文化内涵

习近平总书记2014年视察北京时强调，北京是世界著名古都，丰富的历史文化遗产是一张“金名片”，传承保护好这份宝贵的历史文化遗产是首都的职责。加强对历史文化名城和大运河文化带、长城文化带、西山永定河文化带的保护，是擦亮北京历史文化名城“金名片”的重要举措。这要求我们，一方面要加强对“一城三带”有形文化遗存的保护利用，应保尽保；另一方面要加强对有形文化遗存文化内涵的挖掘，能挖尽挖，两者有机结合，才能做到见物见人，实现历史文化的永续利用。地方志对于“一城三带”的保护利用不同于文物部门，不是对有形文化遗存本身的保护，而是将这些文化遗存记录下来，不仅记录文化遗存本身，还要挖掘文化遗存中的历史事件及其蕴含的历史文化。2017年，市地方志办创新思路和方法，主动对接政策决策部门需求，加强对北京历史文化资源单位的调研，深入挖掘“一城三带”文化内涵，积极提供地情服务，围绕中心、服务大局取得新成效。

（一）认真履行推进全国文化中心领导小组成员单位职责

根据《北京加强全国文化中心建设重点任务清单》和《大运河文化带保护传承利用重点项目清单》，全国文化中心领导小组分为7个组，即老城保护组、大运河文化带建设组、长城文化带建设组、西山文化带建设组、文化内涵发掘组、文化建设组和产业发展组。市地方志办在7个小组中主要承担内涵挖掘、文化建设、“三个文化带”建设等多个小组的任务，坚持部门联动，集中力量推进一批重点文化项目，深入挖掘古都文化、红色文化、京味文化、创新文化内涵。

一是扎实开展《北京市地名志》编纂工作，完成《中华人民共和国标准地名词典》年度任务。按计划积极推进《北京市地名志》《北京市标准地名词典》组织编纂工作，成立编委会，建立以区地方志办、区规划分局、区民政局为主要力量的工作机构。制定编纂工作方案和编纂细则，确定西城、朝阳两个区作为编纂试点区。目前，已经完成二普成果数据接收、一轮地名志电子化项目等基础性工作；两个试点区基本完成词条收集工作，正在开展词条释文样条撰写工作。

二是启动《北京抗日战争志》编纂工作。2017年4—6月，先后走访市委党史研究室、市档案局、市社科院、中国人民抗日战争纪念馆等单位开展调研，并在此基础上制定编纂工作方案。为做好《北京市地名志》《北京抗日战争志》等重点志书的组织编纂工作，专门成立由分管副市长任主任、相关委办局主要负责人任副主任的编委会，保证了组织编纂工作顺利进行。

三是深入挖掘“三个文化带”的历史文化内涵。联合制作播出“志说北京——三个文化带”系列专题片。围绕北京市“十三五”规划提出的“三个文化带”建设，发挥地方志资源在公共文化服务中的作用，市地方志办与北京电视台合作拍摄播出《志说北京》专题片，分为运河、西山、长城3个文化系列，专题片拍摄完成并在北京电视台播出后，引起社会良好反响。在第十二届北京市国际文化创意产业博览会上设立“京津冀运河文化展”展区，由市地方志办联合天津市地方志办公室、河北省地方志办公室共同筹备。展览共设7个部分，还设置运河沿岸的3个非物质文化遗产项目——北京面塑、天津杨柳青木版年画、河北大名草编的现场展示。北京大运河水利工程遗产展于10月30日至12月22日在北京市方志馆一层第二展厅开展，以图文结合的形式介绍部分北京大运河水利工程遗产及沿线非物质文化遗产。与中国商业史学会沟通协调，研究启动《北京运河史料丛书》编写项目。

此外，编纂出版《北京冬奥会志》，作为中国优秀传统文化与现代奥林匹克运动有机结合的文化载体，留下北京冬奥会文化遗产。承担市委组织部全市干部培训教材《北京历史文化读本》的组织编纂工作，组织市社科院历史所专家组成编写组，聘请相关北京文史专家作为顾问组，确定编纂大纲，撰写形成初稿。

（二）推动京津冀地方志协同发展

京津冀三地签订地方志事业协同发展框架协议，建立联席会议制度。联合津冀两地编纂《京津冀概况》图书，三地地方志部门联合召开编纂研讨会，对组织机构、框架结构、编审办法、编纂进度等进行探讨，基本确定编纂工作方案。加强志鉴编纂交流与合作，共同举办京津冀运河文化展，产生良好反响，再次获得组委会颁发的“最佳展示奖”。参与城市副中心行政办公区及配套生活区地名规划编制工作；指导市搬迁单位做好搬迁工作中地方志资料的收集、整理和保存工作，服务行政副中心建设。

（三）进一步发挥地方志资政功能

围绕总规编制、副中心地名规划、“三个文化带”建设等市委市政府重点工作，全年编报12期《地情参阅》，市领导多次做出批示。市委书记蔡奇对2017年第3期《首都城市性质及功能的调整与变化》作出批示：“这样的史料整理对总规编制有帮助。”副市长王宁对2017年第4期《专家建议：永定河流域的自然生态和历史文化建设对京津冀协同发展等具有战略意义》作出批示：“请相关部门主要领导阅研。”国务院2017年9月批复的《北京城市总体规划（2016—2035年）》吸收专家的这一建议，把永定河保护纳入“三个文化带”建设，即“西山—永定河文化带”。大兴区地方志办开展新机场管控拆迁建设口述访谈，成立“改革开放40年大兴的城镇化”课题调研组，服务区域改革发展大局；平谷区地方志办开展平谷民间文化场所调研工作。市纪委市监委、市高法、市公安局、市教委、市统计局通过编纂大事记、年度工作图册等方式，为领导决策提供资料支撑和地情信息服务。

三、围绕“两区”建设，做好公共文化服务

全国文化中心建设中的“两区”，指的是公共文化服务体系示范区和文化创意产业发展引领区。2017年北京市出台的《关于加快推进公共文化服务体系示范区建设的意见》提出，加强公共文化服务体系示范区建设，是履行首都职责，贯彻落实首都城市战略定位，推进全国文化中心建设，建设国际一流的和谐宜居之都的重要任务。并提出，到2020年，率先建成均衡发展、供给丰富、服务高效、保障有力的现代公共文化服务体系。随着公共文化服务体系建设逐渐走向深入，建立地方志公共文化服务体系是大势所趋。中指组原组长王伟光指出，要实现地方志事业的转型升级，关键是要实现方志文化公共服务的转型升级。新时期地方志事业发展，要“纳入本地的公共文化服务体系当中，提高服务意识，加强顶层设计，转变工作作风，创新服务方式，拓宽服务领域，把服务作为推进地方志事业发展的本能动力。”① 北京市副市长、北京市地方志编纂委员会常务副主任王宁提出：“地方志要按照公共文化服务体系示范区建设要求，积极承担公共文化服务职能，为人民群众提供更好的精神文化产品。”② 中央和市委市政府的讲话精神，为地方志公共文化服务指明了方向，提供了路径。在此基础上，市地方志办积极承担公共文化服务职能，整合资源、搭建平台，加强地方志公共文化服务能力建设，努力为人民群众提供丰富多彩的精神文化食粮。

（一）不断加强地方志文化基础设施建设

以方志馆、地情网、地情库建设为抓手，加强地方志文化基础设施建设。出台《关于加强北京市方志（地情）馆（室）建设的指导意见》，统筹推进全市方志馆建设。以方志馆、地情网、地情库建设为抓手，加强地方志基础设施建设，打造公共文化服务的有效载体。北京市方志馆成为市级中小学生社

① 王伟光：《助推实现中华民族伟大复兴中国梦——在“南海主权与地方志论坛”上的讲话》，《中国地方志》2017年第2期。

② 王宁：《在2018年北京市地方志工作会上的讲话》，《北京地方志》2018年第1期。

会大课堂资源单位、北京市科普教育基地和全市第一家老干部活动基地，月接待各类参观者比上年增长57%。加强北京市方志馆公共文化基础设施建设。对方志馆常设展览——北京地情展进行改造升级，在展览内容上补充新资料、新数据；在展览形式上，增加与观众的交流和互动，使地情展更能满足人民群众的文化需求。举办“北京恢复高考40周年专题展”等多种题材的专题展览。房山区率先建成首个区级方志馆。全国首个方志书院——西山方志书院规划筹建工作稳步推进。由“京网”和16个区的区情网组成的北京市地情网站群已经基本建成，探索建立市、区、乡（镇）、村四级地情网络体系，大兴区长子营镇建成全市首家镇级地情网。通过加强地方志文化基础设施建设，打造公共文化服务的有效载体。

（二）不断丰富公共文化产品和服务

探索以文化创意产业助力公共文化服务创新模式。参与第十二届中国北京文化创意产业博览会，搭建地方志资源共享、公共文化服务平台，其中“志说北京”展区被评为“最佳展示奖”。通过“两会”期间在人代会驻地和政协会场设立方志文化服务角等方式，提供地方志书和综合年鉴展示讲解、查阅赠阅等服务。开通“方志北京”微信号、北京方志馆公众号和订阅号。积极探索推动方志文化走出去，向全球华人华侨创业大会赠送《北京年鉴简本》，参加“品读北京·精品图书英国巡展暨文化交流活动”。《北京年鉴》首次推出英文版，继续翻译出版《北京繁昌记》等“外国人眼中的北京”系列丛书，向国外读者和海外华侨华人展示特色志书和综合年鉴，讲好北京故事，传播方志文化。怀柔区地方志办在两轮修志的基础上推出《怀柔简志》，海淀、石景山、房山等区推出区域地情丛书，市文物局、密云区等积极开展旧志整理工作，通过多种方式，向海内外公众展示首都风范、古都风韵、时代风貌。举办15期“一把手走上京华讲坛”系列讲座，来自文化、文物、农业、气象、科技、旅游、对外交流等领域一把手带头读志、用志，讲述行业历史变迁和发展规律，展示出古老北京、开放北京、创新北京的独特魅力，受到群众欢迎。开展特色方志文化巡展活动，持续推动方志文化“六进”工作，完成与密云区河西村的文化共建项目，开展与大兴区长子营镇的文化共建项目。充分利用传统媒体和新媒体平台，通过拍摄专题片、开展特色主题活动、设置专栏等方式，宣传北京的悠久历史和传统文化，扩大方志文化影响力。

（三）初步建立公共文化服务管理职能

改革不适应地方志事业发展的体制机制，从“编地方志”转向“管地方志”，使地方志成果更多地惠及人民群众。按照市政府审改办工作部署，进一步明确市级地方志工作机构行政权力6类8项、公共服务事项7项，市、区地方志工作机构的公共服务事项实现上下联动，大部分区级地方志工作机构的行政权力获得认可。研究确定地方志38项政府购买服务指导性目录。通过梳理权力清单、公共服务事项和政府购买服务指导性目录，地方志工作机构的行政属性及职能更加清晰明确。公共文化服务职能的发挥，离不开依法治志保障。市地方志办认真贯彻落实国务院《地方志工作条例》及《北京市实施〈地方志工作条例〉办法》各项规定，规范行政许可工作程序，制定行政许可工作规定、工作流程图以及各项审批文件，加强与北京市编办、北京市法制办、北京市政府办公厅等部门的沟通，加大依法治志工作的系统谋划、整体推进力度，严格规范行政审批，按照“放管服”要求，全面规范“以行政区域名称冠名的地方志组织编纂许可”各项流程，简化工作环节，方便群众办事，2015年以来依法完成行政许可审批37项。同时结合《地方志工作条例》修订工作，启动《北京市地方志工作条例（草案）》立法工作，努力实现地方志法律位阶从政府规章提升为地方性法规，为地方志公共文化服务提供法律依据和保障。

我们看到，一方面，地方志在全国文化中心建设中大有可为、有新作为。另一方面，相较于其他文化部门，地方志公共文化服务还处于起步和摸索阶段。下一步，可在以下几个方面进一步研究和拓展：一是深入研究人民群众的精神文化需求，推进地方志领域供给侧结构性改革，从供给侧视角重新审视地方志文化产品供给主体、供给结构、供需对接等深层次问题，在地方志公共文化产品的内容、形式、节奏、空间上下功夫，努力在思想上寻求新突破，在理论上实现新发展，在工作上形成新举措，在成效上取得新进展，为人民群众提供具有鲜明地方志特色、人民群众喜闻乐见的地方志文化产品。二是加强统筹协作，形成工作合力。要进一步加强统筹协调，打破部门界限、行业界限、地域界限，突破条块分割的壁垒，加强部门之间的横向协作，加强市区之间的纵向联动，把各方面的力量和资源整合起来，形成共同推动全国文化中心建设的工作合力。三是正确处理政府、社会、市场的关系。履行政府有关职能，加强规划、政策、法治、监管、服务职能，进一步健全地方志工作机构主导、社会各界有序参与地方志工作的途径和方式，积极吸纳社会力量，稳健利用市场机制，发挥好社会和市场的作用。四是进一步加强队伍建设，利用好首都智力密集、人才荟萃的优势，团结一批熟悉北京自然、政治、经济、文化、社会等各方面情况的行业专家，联络一批高端历史文化专家学者，为全国文化中心建设建言献策，提高公共文化服务专业化水平。

北京市地方志办将以习近平新时代中国特色主义思想为指引，深入学习宣传贯彻党的十九大精神，进一步提高政治站位、强化首都职责、坚定文化自信、增强文化自觉，坚持稳中求进工作总基调，坚持新发展理念，围绕中心、服务大局，结合《总体规划》的实施，以服务全国文化中心建设为工作重点，以落实《北京规划》为具体抓手，积极承担公共文化服务职能，注重体制、机制、制度建设，为全国文化中心建设作出方志人的应有贡献，并以此为契机，加快地方志从一项工作向一项事业转型升级。

河北省第二轮志书编纂保质增速的探索与实践

魏铁军 [1]

提　要：河北省为实现2020年完成第二轮志书编纂工作的目标，建立依法治志的工作机制为第二轮志书的编修提供强有力的法律支撑与保障，开展摸底调研理清全省第二轮三级志书编纂现状，利用督促检查、完善机制、开展志书编纂提速活动等加快志书编纂进度；运用业务培训、业务指导、结对帮扶、交流合作、理论研究、严把志稿评审关等措施确保志书质量。2017年河北省第二轮志书编修进一步保质增速，但阻碍第二轮志书编纂进度及影响质量的客观因素依然存在，完成“两全目标”形势依然严峻。2018年是河北省完成“两全目标”的攻坚年，全省方志工作人员应进一步提高认识，勇于担当、迎难而上，积极创新工作方式方法，采取过硬措施确保省志编纂全面提质增速，开展“拔钉子”行动，确保完成市、县两级志书编纂收尾工作。

关键词：第二轮志书编纂　两全目标　保质增速　依法治志

2017年是河北省完成“两全目标”的关键之年，全省地方志系统紧紧围绕《规划纲要》和《河北省地方志事业发展规划（2016—2020年）》（以下简

① 魏铁军，河北省地方志办公室市县指导室副主任科员。

称《河北规划》）要求，聚焦“两全目标”，攻坚克难，工作成效显著，多次获得中指办和省政府办公厅领导的好评和肯定性批示。

一、2017年河北省第二轮志书编纂基本情况

（一）聚焦目标，千方百计促进度

1.坚持依法治志。一是组织人员参加执法资格考试。截至2017年底，共有18人取得“执法证”，1人取得“执法监督证”。二是摸底调研。根据《地方志工作条例》《河北省地方志工作规定》以及《规划纲要》《河北规划》要求对省志各承编单位，市、县两级地方志工作机构就机构设置、人员编制、经费、办公场所、办公设备等进行摸底调研，并将相关情况反馈至有关领导。要求落实不到位、影响志书编纂的单位及时整改。三是督促检查。经省政府领导同意，省政府督查室将《河北规划》目标列为督办考核事项，并明确以5%的考核督查权重，督促志鉴编修规划落实。4月下旬，配合省政府督查室，赴邯郸、邢台、衡水、沧州等23个市、县（市、区）督查有关工作。5月，省政府督查室向15个省志承编单位和18个县（市、区）下发督查函。8月29日，省政府督查室组织召开集中督办会议，对5个省志承编单位进行现场督办。

2.完善工作机制。一是充分发挥省志总纂组作用。建立总纂会议制度，研究解决省志推动指导实践中遇到的问题，2017年召开4次省志总纂工作会议及12次内部调度会，研判形势，解决问题。二是建立通报后进制度。3月，省政府办公厅印发《关于河北省志编纂进展情况的通报》，对未按《河北规划》要求完成年度编纂任务的9个省志承编单位进行通报，责令限期追赶进度。三是完善考核制度。在广泛征求意见的基础上出台《河北省地方志工作考核细则》，并对各市实行单项目标考核，分项表扬，推动工作落实。沧州市印发《关于按时完成地方志规划任务的督办通知》；邯郸市开展了地方志工作量化考核指标日常考评；保定市成立地方志指导委员会并建立例会制度；廊坊市出台《廊坊市地方志事业“十三五”发展规划》，制定《地方志工作考核办法》，建立考核评比机制，联合市政府督查室开展督查并通报有关情况。

3.开展增速活动。一是科学部署。全年召开3次全省地方志机构主任会，传达全国地方志机构主任工作会议精神及全国三级志书编修情况，安排部署

工作。办公室主要领导带队赴各市督导调研，摸清情况，理清思路，督促各地分管领导解决人员、资金、场所等困难，推进方志工作。二是定期调查摸底。《河北省志》各责任编辑定期电询、走访志书承编单位，详细了解志书编纂工作的进展情况、存在问题和下一步工作计划，省志总编室定期进行梳理汇总，做到底数清、情况明，并定期将相关内容反馈至有关领导。鉴于有些单位报送的情况与实际情况不符甚至相差很大，1月，在总纂组领导的带领下，省志总编室对省志72部分志的编纂工作进行“三见面”摸底调研（与主管领导见面、与编写人员见面、与志稿见面）。之后总编室将调研情况进行汇总，按照编纂进度进行排队，发现按照现有进度，大部分单位无法按《河北规划》要求完成上半年工作任务，形势非常严峻，必须采取非常措施才能扭转被动局面。6—9月，省志总编室利用3个月时间，在各副总纂的带领下再次开展了“三见面”调研，重新梳理《河北省志》各分志的进展情况、存在的问题、下一步的安排等，总纂组专题进行研究，明确工作任务。三是挂图作战，动态管理。省志总编室通过“三见面”摸底调研工作，制作《河北省志》进展表和进度图，图表上墙，动态掌握；省地方志办公室市县指导室针对全省市、县两级志书，制作《河北省市县志编纂进展图》督促后进。四是召开三级志书编纂调度会。针对部分修志落后市、县（市、区）和省志承编单位工作屡推不动的问题，省方志办向省政府办公厅提出建议，建立省政府修志工作调度会制度，切实解决这些后进单位在志书编纂中的实际问题。五是强化行政推动力。省方志办通过与各市主管领导有效沟通，解决市县两级志书编纂人员短缺、经费不足、工作进展缓慢的问题。

（二）开拓思路，多措并举抓质量

1. 开展业务培训。2017年3次召开省志编纂业务培训会，累计培训380余人次。举办3期“冀志讲堂”，省方志办全体人员和部分市县业务人员聆听讲座。秦皇岛市、邯郸市、保定市利用周例会、评稿会、工作会、培训班等各种形式加强业务人员学习。

2. 加强市县指导。通过评审会、培训会、志稿抽查等多种形式加强对市、县方志业务的检查指导，解决一批业务问题，有效提高了相关业务质量。

3. 组织对结帮扶。组织市县业务尖子对省志进展较慢的单位进行业务帮扶，弥补其编纂人员变动较大，方志业务不熟悉的缺陷。例如，向省发改委推荐张家口市宣化区史志局原局长韩铁担任《发展规划志》主笔，向省审计厅推荐清河县地方志办公室主任李靖负责《审计志》复审稿的修改，工作局面出现根本性扭转；基层志办的韩铁、李靖、李春社、李卯槐、马福香、李藏柱等同志均参与到省志撰写和修改工作中，发挥了积极作用。

4. 严格质量管控。切实贯彻落实《河北省地方志书编纂质量标准》。省志方面：一是审查验收，严格标准。把《〈河北省志〉评审办法》落到实处，严格执行省志三审制度。2017 年《河北省志》进一步严把志稿审查关，质量不达标的不予评审，年内共 5 部志稿因质量问题退回修改，推迟评审。二是关口前移，提质增速。《河北省志》各责任副总纂和责任编辑提前介入分志编纂工作，从志稿撰写初期开始，全程提供业务指导，打牢志书质量基础。三是完善规范，提供依据。修订《〈河北省志〉工作文献选编》，为参编人员提供更全面、更及时的编纂依据。研究制定《〈河北省志〉编纂有关问题的处理意见》，对志书编纂工作中出现的各类问题作出明确规定。市、县志方面：相较于大多数兄弟省（市、区）的“三审”不同，河北省第二轮市、县（市、区）志评审工作共分四审。增加付印出版前的省级终审，由省地方志办公室组织各方面专家组成省地方志书终审委员会分部类对市、县（市、区）志进行审查。通过四次评审，对志稿质量问题从源头抓起，层层提高志书质量。

5. 加强交流合作。一是承办全国会议。2017 年 2 月 27 日至 3 月 2 日，河北省方志办承办全国第二轮省级志书（政法）编纂业务研讨会和全国《方志馆建设规定（试行）》研讨会。2017 年 1 月 10—11 日，廊坊市地方志办公室成功承办全国地方志事业顶层设计暨中指办制度建设研讨会。二是成功举办冀皖方志论坛。9 月，第三届冀皖方志理论研讨会暨河北省地方志援疆援藏工作对接会在邢台市内丘县举行，邀请新疆、新疆建设兵团、宁夏、北京方志界同仁前来观摩指导，中指组秘书长、中指办主任冀祥德出席会议并讲话，会议期间共进行 2 场主题交流发言，各地专家学者广泛深入交流。邢台市方志办精心组织，通力协作，成功承办此次会议，受到广泛赞誉。三是热情接待省外同仁。7 月中旬，香港地方志办公室副主任刘蜀永到河北交流工作，其间到保定市开展学习交流活动。此外，先后有华中科技大学师生、哈尔滨市地方志办公室领导、宁夏灵武市档案局领导到保定学习交流。四是深化学习调研。4月10—12日，省方志办副主任王蕾带队赴广东省考察学习。通过座谈交流、实地参观等形式，考察组了解了广东和佛山的先进做法与经验。5月初，省方志办全体同志赴井陉县天长镇就方志资源开发利用和镇、村志编修工作进行调研。7月初，省志副总纂孙宝存带队赴安徽、广东两省调研，学习先进省份省志编纂经验。10月，省方志办秘书室主任王慧卿带队赴福建省就省志编纂和方志馆建设工作进行学习调研。五是京津冀协同发展。在2017年9月12日举行的"文化创意产业重点项目——省市文化合作项目"签约仪式上，京津冀三地地方志办公室主任共同签署《京津冀地方志事业协同发展框架协议》。

6. 出版理论丛书。2017年，省地方志办公室组织编辑出版《张凤雨地方志理论文集》《缴世忠地方志理论文集》《新编河北省地方志理论文集（二）》《冀皖方志论坛》《冀皖方志论坛（第二辑）》，截至2017年底共出版10部地方志理论文集。《河北地方志》期刊全面改版，全年共出版6期，逐渐成为地方志工作者必读刊物。省内出版界审读专家认为，期刊内容丰富，学术性强，具有史料性和可读性，是修志事业的重要组成部分。共印发《方志工作简讯》38期。这些理论丛书和期刊为河北省三级志书的编纂提供大量的理论支持。

（三）攻坚克难，志书编纂上台阶

1. 省级志书编纂破题增速。2017年，《河北省志》编纂工作进入密集评审阶段，完成《测绘志》《武术志》《人民团体志》等12部志书初审工作，《医药志》《安全生产监督管理志》《民主党派·工商联志》《医疗卫生志》《社会科学志》等12部志书复审工作，《国土资源志》《林业志》《广播电视志》等5部志书终审工作。《外事·侨务志》《开发园区志》等前期进展较慢的志书，经督促指导，编纂工作均已步入正轨。截至年底，《河北省志》72部分志中，仅8部正在撰写初稿，其余64部已见稿，进入初审以上程序的48部，复审以上的27部，终审以上的12部。交付印刷5部，其中已出版4部，编纂工作进展速度明显提升。

2. 市县志书编纂接近收官。第二轮市、县（市、区）志书编纂工作进入收尾阶段，2017年完成《邢台市桥西区志》《博野县志》《望都县志》《雄县志》《唐山市丰南区志》《衡水市桃城区志》等6部志稿的省级评审工作。组织专家完成《盐山县志》《承德市鹰手营子矿区志》《张家口市桥东区志》《邢台市桥西区志》《唐县志》《馆陶县志》《望都县志》《容城县志》《邯山区志》《大名县志》《饶阳县志》《保定市新市区志》等12部县（市、区）志的终审验收工作。

截至年底，《河北规划》要求的155部市、县（市、区）志书中，已进入省级评审以上程序的（包含已出版及完成终审者）有134部，已进入“四审”环节的有15部，仅6部正在总纂或撰写初稿，整体进度继续保持全国前列。

二、河北省第二轮志书编纂中的问题

（一）省志编纂完成“两全目标”形势依然严峻

《河北省志》总体来看进度缓慢，有了通报、督查，编纂进度迟缓的问题得到缓解，需要引起重视的是在通报督查的督促下，有些承编单位只求进度，忽视质量的问题。资料核实的功夫不到位，硬伤多，修改的任务大。由于省直人员变化频繁，导致志稿比较粗糙、质量达不到送审要求的问题比较普遍。总纂组领导一直要求要提前介入，审查各单位的书稿，但省志总编室人员缺乏，新来的年轻同志对修志工作还缺乏经验。2018年省志要完成初审24部、复审45部、终审55部，在人力、时间、财力方面都面临严峻挑战，完成“两全目标”形势严峻。

（二）市、县两级志书编纂进度不平衡依然突出

通过全省方志系统修志人员的努力，市、县志编修工作取得很大成绩，但也存在着差距和不足，依然有少数市、县进展缓慢。发展不平衡问题依然突出，邯郸市、秦皇岛市、廊坊市“两全目标”已完成，但还有部分市县任务依然艰巨。

市级志书中，秦皇岛、张家口、邯郸已完成编纂出版任务。《唐山市志》进入三审程序，《石家庄市志》刚完成初稿编纂，《保定市志》还有小部分资料未收集完成正准备撰写初稿，《邢台市志》还处于资料收集阶段。县（区）级志书中，石家庄市还有4部未出版，张家口市还有2部未出版，承德市1部未出版，唐山市1部未出版，邢台市1部未出版，沧州市2部未出版，衡水市3部未出版，保定市9部未出版，其中进度较慢未进入评审程序的有石

家庄的《灵寿县志》、张家口的《尚义县志》《蔚县志》、沧州的《泊头市志》、衡水的《固城县志》、保定的《安国市志》。

（三）阻碍第二轮修志保质增速的因素没有根本改变

方志机构规格较低的问题依然存在，工作开展受限；省直、市县业务人员数量严重不足，专业水平有待提高，直接影响志书编纂质量和进度；各级方志机构工作经费难以适应事业发展需要；有些省志承编单位领导重视程度不够，个别市县工作推动不力；理论研究滞后于修志实践，在指导工作实践方面还需提高。

三、2018年三级志书编纂决胜“两全目标”要有新作为

到2020年实现“两全目标”是全国地方志工作的硬任务，为确保这一目标如期实现，中指办将2018年定位为攻坚年、质量年，省方志办提出2018年“两全目标”基本完成。从目前实际情况来看，2018年我们面临的形势依然严峻，任务最繁重，困难和挑战也最多。全省方志系统工作人员必须进一步提高认识，勇于担当、迎难而上，积极创新工作方式方法，采取过硬措施，在全面推进“两全目标”工作中展现新的作为。

（一）出精品树标杆，省志编纂全面提质增速

1. 加快志书编纂工作进度。省志加快编纂进度方面要继续开展“三见面”工作，有的放矢促进度，对推动存在困难的要借助政府办公厅的力量进行督查和调度，通过强化督促指导，加快志书编纂工作进度，努力按照《河北规划》进度要求评审、出版志书，保质保量推进《河北省志》编纂工作。

2. 提升志书编纂质量水平。一要增强精品意识，省志总编室要积极利用中指办组织的中国志书精品工程。同时加强对精品志书的宣传和编纂经验的推广，通过培养树立一批志书标杆，实现以点带面，全面提升志书编纂质量。二要适时组织对口培训工作，针对各分志面临的问题进行分类指导，帮助解决面临的重点问题和突出问题，对有关分志主编和承编单位的编写人员进行

培训，提升编纂队伍水平，保证志书编写进度与质量。三要进一步探索创新提高志书质量的手段与方法，加快形成推动志书高质量发展的质量体系。在严格坚持已有评审程序的基础上，积极提前介入，靠前指导。加强全省方志系统专家资源的整合，通过志稿抽查、质量验收等方式，充分发挥专家库在质量保障方面的积极作用。

3. 开展对口学习调研活动。组织有关人员赴先进省（市）开展学习、调研活动，借鉴外省（市）宝贵经验，进一步指导好第二轮《河北省志》编纂工作。

4. 充分利用社会力量推进志书编纂工作。在志书编写、评审和编校环节，广泛借助社会力量参与志书编纂工作，弥补人员不足的劣势以及经验、技术方面的短板，不断提升志书编纂质量和进度。

（二）克难关“拔钉子”，市、县两级志书编纂收尾

为了使《河北省地方志事业发展规划（2016—2020年）》（以下简称《河北规划》）落到实处，推进第二轮市、县（区）志的收尾工作，保障第二轮市、县（区）志的志书质量，全面调研各设区市对《河北规划》的落实情况，对个别“老大难”市、县（市区），由省政府办公厅督查室进行督查，约谈当地主要领导签下“军令状”。为巩固督查效果，由省方志办领导带队有针对性地到保定、邢台、张家口、承德、衡水、沧州等市进行“回头看”，看问题解决的力度，看问题解决的方法，看问题解决的进展。督促当地分管领导解决人员、资金、场所等实际困难。未完成“两全目标”的市级方志办在抓好市本级志书编纂进度的同时要对照《河北规划》要求加强对县级志书编纂进度的动态管理，并按季度上报志书出版统计情况。同时针对进度不理想、存在困难较大的几部市县志，还要深入调研摸透情况，了解制约工作开展的“瓶颈”和实际需求，拿出有针对性的工作建议和解决方案。在底数清、情况明的基础上，积极向政府做好汇报，争取政府支持，以“两全目标”落实情况为重点，采取政府发文、考核奖惩、执法检查等方式推动工作落到实处。推动仍有困难的，省方志办协助开展行政督察、调度通报，充分借助行政力量推动工作开展，为加快实现“两全目标”打下坚实基础。

山西省攻坚决战志鉴“两全目标”的探索与创新

山西省地方志办公室 [①]

提　要：2017 年是全国地方志事业发展完成志鉴“两全目标”的关键之年，也是山西省地方志工作攻坚决战志鉴“两全目标”任务的起步之年。一年来，山西省地方志工作结合实际，认真贯彻落实全国地方志事业发展关键之年的关键之策，以问题为导向，以目标为引领，创新实践，探索形成了以积极争取省委省政府和省领导加强对地方志工作的领导、积极争取省政府支持召开全省地方志志鉴“两全目标”工作推进会、积极争取省政府通报督查督办和省人大执法调研推进工作、积极强化省志办对市县地方志工作和省直单位修志工作的指导、积极营造强化攻坚决战志鉴“两全目标”的舆论氛围“五个积极”为主要内容的攻坚决战志鉴“两全目标”的方法举措，取得了首战告捷的显著成效。实践中形成的强化组织领导和统筹指挥、增强地方志系统的活力和能动性、把握志鉴编纂规律和创新方式方法三方面经验启示，对继续推进和如期实现志鉴“两全目标”、做好新时代的地方志工作，具有重要意义。

关键词：山西　地方志　“两全目标”　实践探索

---

① 执笔人：冯林平，山西省地方志办公室专志处处长；刘瑞花，山西省地方志办公室专志处主任科员。

2017年，是全国地方志事业发展完成“两全目标”的关键之年。这一年，山西省地方志工作认真贯彻落实全国地方志事业发展关键之年的关键之策，结合实际，以问题为导向，以目标为引领，多方施策，汇聚各方力量，积极创新实践，起步全力攻坚推进志鉴“两全目标”任务，既迈出了坚实步伐，也取得了显著成效，在实践创新上作出了许多有益的探索。

一、背景与动因

编修地方志是中华民族的优良传统。山西是华夏文明的重要发祥地之一，修志传统源远流长。新中国成立后特别是改革开放后，山西是全国较早开展社会主义新方志编修（首轮修志）的省份。到21世纪初，山西在基本完成首轮修志任务之时，根据部署，于2003年在全国率先启动第二轮修志工作，规划部署编修省志1部、市（地区）志11部、县(市、区)志119部，共计131部。2006年，第二轮山西省志编修作出具体规划，规划编修78部分志，并启动编修工作。同年，国务院颁布《地方志工作条例》，将编纂省、市、县三级地方志书纳入法制化的轨道，并将编纂省、市、县三级地方综合年鉴纳入地方志工作范畴。2011年，山西省志编修规划作出调整，规划新增编修省志分志15部，总计规划编修分志达到93部。在后来的工作实践中，山西省志编修规划又作出部分调整，最终规划的省志分志为88部。

2015年8月，国务院办公厅印发《规划纲要》，提出“到2020年，完成第二轮地方志书规划任务，省、市、县三级地方志书全部出版”和“一年一鉴，公开出版，实现省市县三级综合年鉴全覆盖”的“两全目标”任务。2016年1月，山西省政府办公厅印发的《山西省地方志事业发展规划纲要（2015—2020年）》，贯彻落实《规划纲要》，对到2020年全省完成“两全目标”任务作出规划部署。

到2016年末，山西规划的省、市、县三级地方志书编修任务完成进展情况如下

省级地方志书规划的88部分志编修任务，已出版分志36部，分别是《军事志》《交通志》《人民代表大会志》《人物志》《人事志》《财政志》《发展改革志》《审计志》《外事侨务志》《古建筑志》《物价志》《电力工业志》《劳动

和社会保障志》《社会科学志》《煤炭志》《民主党派和工商联志》《供销合作社志》《民政志》《纺织工业志》《农业机械化志》《医药志》《科学技术志》《气象志》《化学工业志》《体育志》《大事记》《邮政志》《铁路志》《林业志》《机械电子工业志》《政区沿革志》《地税志》《检察志》《地震志》《证券志》《商务志》，总字数达4000多万字。除个别志外，已出版的省志分志绝大多数字数在百万字以上。已完成分志送审稿18部，分别是《中共山西省委志》《工会志》《共青团志》《开发区志》《烟草志》《统计志》《统计调查志》《电信志》《轻工业志》《国有资产监管志》《民用航空志》《出版志》《教育志》《人口和计划生育志》《农村信用社志》《粮食志》《城乡建设志》《妇女联合会志》，每部志稿都在百万字以上。其他34部分志编纂大都在进行，其中有21部进展缓慢。

市级地方志书规划的太原、大同、朔州、忻州、吕梁、晋中、阳泉、长治、晋城、临汾、运城11部志书编修任务，已出版3部，分别是《晋中市志》《晋城市志》《临汾市志》，字数规模在300万—600万之间。已完成送审稿5部，分别是《太原市志》《忻州市志》《阳泉市志》《长治市志》《运城市志》，每部志稿字数规模在400万—700万之间。其他3部市志编纂进度缓慢。

县级地方志书规划的119部编修任务，已出版县（市、区）志51部，分别是太原市《小店区志》、大同市《城区志》《南郊区志》《新荣区志》《天镇县志》《广灵县志》《左云县志》、朔州市《朔城区志》《应县志》、忻州市《宁武县志》《河曲县志》《原平市志》《繁峙县志》、吕梁市《孝义市志》《交城县志》《文水县志》、晋中市《太谷县志》《平遥县志》《榆社县志》《左权县志》《和顺县志》、阳泉市《矿区志》《郊区志》《盂县志》、长治市《黎城县志》、晋城市《城区志》《沁水县志》《高平市志》《陵川县志》《泽州县志》《阳城县志》、临汾市《尧都区志》《侯马市志》《霍州市志》《曲沃县志》《隰县志》《洪洞县志》《襄汾县志》《乡宁县志》《浮山县志》《翼城县志》《蒲县志》、运城市《河津市志》《新绛县志》《绛县志》《稷山县志》《闻喜县志》《临猗县志》《夏县志》《垣曲县志》《平陆县志》。完成县（市、区）志送审稿31部，分别是太原市《娄烦县志》《晋源区志》、大同市《大同县志》、朔州市《平鲁区志》《右玉县志》《怀仁县志》、忻州市《忻府区志》《定襄县志》《代县志》《神池县志》《岢岚县志》《偏关县志》、晋中市《昔阳县志》《寿阳县志》《祁县志》《灵石县志》《介休市志》、阳泉市《平定县志》、长治市《城区志》《郊区志》《长治县志》《屯留县志》《沁源县志》、临汾市《古县志》《安泽县志》《大宁县志》《永和县志》、运城市《芮城县志》《永济市志》《万荣县志》《盐湖区志》。已出版和完成送审稿的县（市、区）志每部都在百万字以上，有的还达到200万—300万字左右。其他37部县(市、区)志编纂都在进行，其中有18部进展缓慢。

山西规划的省市县三级地方志书编修，已出版的占规划任务的40.9%、27.2%、42.8%，已出版和完成送审稿的占规划任务的61.4%、72.7%、58%。

到2016年末，山西省市县三级地方综合年鉴编纂综合覆盖进展情况是：省级综合年鉴《山西年鉴》从1985年创办以来持续编纂公开出版；11个市的市级综合年鉴，有太原、大同、朔州、吕梁、晋中、阳泉、长治、晋城、临汾、运城10个市实现"一年一鉴、公开出版"的要求，还有忻州1个市未实现；119个县（市、区）的县级综合年鉴，有43个县（市、区）实现"一年一鉴、公开出版"的要求，有57个县（市、区）完成年鉴编纂但未出版，有19个县（区）尚未开展年鉴编纂工作。

山西省、市、县三级地方综合年鉴编纂，省级年鉴编纂达标覆盖率为100%，市级年鉴编纂达标覆盖率达90.9%，县级编纂达标覆盖率36.1%，县级年鉴编纂工作覆盖率达84%。

总体来看，山西第二轮省、市、县三级地方志书编修和省、市、县三级综合年鉴编纂全覆盖，尽管各方面做了大量工作，也取得不小成效，但是与全国先进地区相比，与国家的要求相比，还有很大差距。到2020年，山西要如期完成省、市、县三级地方志书编纂和省、市、县三级综合年鉴编纂全覆盖的"两全目标"，攻克剩下的难啃的硬骨头，特别是如期实现完成体量庞大的省级志书编纂，任务还相当艰巨。

面对国家要求和全国各省（市、区）都在加快推进完成志鉴"两全目标"任务的形势，作为代表省委、省政府主管全省地方志工作的山西省地方志办公室，压力很大。

在这种形势下，山西省政府对地方志工作的领导和山西省地方志办公室主要领导出现了新的变化。2016年上半年，省政府调整领导分工，地方志工作由秘书长分管改为副省长分管，提升了领导层级，加强了对地方志工作的领导。下半年，在山西省地方志办公室主要领导到龄的新老交替之际，省委于8月提前选派曾在省、市、县多岗位工作、年富力强的张志仁担任省地方志办公室党组书记，加强了领导班子建设。2017年2月，山西省地方志办公室主要领导完成新老交替，张志仁任主任。张志仁到省地方志办公室工作后，通过多方面调研，深入摸清了省市县地方志部门机构、人员队伍的情况，深入摸清了省市县党委、政府及有关部门落实地方志“一纳入、八到位”工作机制的情况，深刻认识到全省省市县地方志工作的整体状况，与国家和省委、省政府的要求相比有很大差距，强调全省如期实现志鉴“两全目标”，形势不容乐观，必须增强紧迫感、责任感、使命感，聚焦“两全目标”，全力攻坚决战。

2017年，山西省地方志工作攻坚决战志鉴“两全目标”的实践，就是基于上述背景和动因而起步和展开推进的。

二、主要做法

2017年，山西省地方志工作攻坚决战志鉴“两全目标”的实践，高点起步，推进稳步、扎实，形成了以“五个积极”为主要内容的方法举措。

（一）积极争取省委、省政府和省领导加强对地方志工作的领导

2016年下半年开始，山西省地方志办公室党组和领导以多种方式和途径向省委、省人大、省政府、省政协领导报告地方志工作，积极争取省领导重视和支持地方志工作，积极争取省委、省政府加强对地方志工作的领导。经过不断争取，省委、省政府从多方面加强了对地方志工作的领导。2017年1月，省长楼阳生在省第十二届人大会第七次会议上作的《政府工作报告》，首次将地方志工作写入其中，提出“做好修志编鉴工作，发挥资政育人作用”的要求。2月23日，省政府办公厅印发《关于进一步加强地方志工作的实施意见》，从准确把握地方志工作总体要求、多措并举推进“两全目标”任务落实、立足长远拓宽地方志工作路径等方面提出要求，作出部署。3月28日，省政府办公厅印发《关于调整山西省地方志编纂委员会的通知》：省委书记、省人大常委会主任骆惠宁任编委会顾问，省委副书记、省长楼阳生任编委会主任，副主任由省政协主席薛延忠，省委常委、宣传部部长王清宪，副省长

王赋，省政府秘书长王纯，省地方志办公室主任张志仁和省财政厅厅长武涛担任。委员由省委省政府的相关部门领导、11个市市长以及承修《山西省志》的省直厅局单位领导组成。委员会办公室设在省地方志办公室。全年，省政府分管领导多次听取省地方志办公室工作汇报，多次对地方志工作作出批示，并挤时间到省地方志办公室进行专题工作调研。

（二）积极争取省政府支持召开全省地方志志鉴“两全目标”工作推进会

在省委、省政府精简压缩部门会议的情况下，通过多方面努力，争取省政府支持，以省政府名义于2017年5月4日召开全省地方志志鉴“两全目标”推进会。完成志鉴“两全目标”任务需要奋起直追的5个市、修志进展缓慢的18个县（市、区）、尚未开展综合年鉴编纂工作的19个县（区）政府分管领导、省志分志编修需要加快进度的21个省直承修单位分管领导，以及全省地方志工作机构负责人，150多人参会。副省长王赋出席会议并讲话，省政府副秘书长张文栋主持会议。会议通报全省志鉴“两全目标”进展情况，对推进全省志鉴“两全目标”任务进行动员部署。会上，志鉴“两全目标”工作滞后的太原、大同、朔州、吕梁、长治5个市和省志分志编修工作滞后的21个省直承修单位与省政府签订完成“两全目标”责任书，向省政府作出承诺。

（三）积极争取省政府通报督查督办和省人大执法调研推进工作

3月10日，省政府办公厅印发《关于全省修志编鉴工作“两全目标”完成情况的通报》，对5个完成志鉴“两全目标”任务滞后的市、18个修志进度缓慢的县（市、区）、19个未开展综合年鉴编纂工作的县（区）、21个省志分志编修进展缓慢的省直单位，进行通报。4月7日，省政府督查室印发《关于对全省志鉴“两全目标”完成情况开展专项督查的通知》，于4月10日至5月底，在对各市、县政府和省直有关厅局“两全目标”完成情况进行全面督查的同时，重点对工作滞后的市、县（市、区）和省直单位进行专项督查。8月下旬，省政府将志鉴“两全目标”任务进展缓慢的太原、大同和吕梁3市所属18个县（市、区）政府并吕梁市政府，以及承修省志分志任务进展缓慢的省旅游发展委、省司法厅、省国土资源厅、省环保厅、省水利厅、省农业厅、省宗教事务局（省民族事务委员会）、山西银监局8个省直单位，纳入“13710”督办系统（“13710”是山西省政府推出的一项工作制度，“1”即当天要研究部署；“3”即3天内要向省政府反馈办理情况；“7”即一般性问题原则上7天内要落实解决；“1”即重大问题包括一些复杂问题要在一个月内落实解决，确实解决不了的，要拿出解决的时间节点和方案；“0”即所有事项都要跟踪到底、销号清零）督办，要求事项承办单位的“一把手”和具体操作人员每周报告工作进展情况、年末销号清零，重点督办推进“两全目标”任务。在积极争取省政府通报督查督办志鉴“两全目标”任务的同时，省志办还积极争取到省人大常委会的支持。6月下旬，省人大常委会派出教科文卫委执法调研组，对朔州市、山阴县和大同市、浑源县、灵丘县两市三县贯彻国务院《地方志工作条例》《山西省地方志工作条例》和志鉴“两全目标”进展情况进行执法调研。

（四）积极强化省志办对市县地方志工作和省直单位修志工作的指导

在指导市县地方志工作方面，通过组织开展检查督导、志鉴评审、总结推广先进典型、下乡扶贫等，并结合贯彻省委、省政府部署的“万名干部大调研”活动，省志办领导和机关处级干部分头分片，调研走遍全省11个市，调研走遍全省119个县（市、区）的大多数，其中省志办领导还调研走遍志鉴“两全目标”任务滞后的全部县（市、区）。在省志办的带动下，各市志办也加强对所辖县（市、区）地方志工作特别是推进志鉴“两全目标”任务的检查督导，形成上下工作步调一致的良好局面。在指导省直单位修志工作方面省志办以加强对省志各分志承修单位的指导服务为着眼点，整合调整力量，创新指导和服务方式，打破省志编修原来集中由2个处指导服务的模式，将指导服务省直单位承修省志各分志编修的工作分解到机关各个业务处，实行各业务处全员动员参与省志编修的新模式和新机制，激发各个业务处的活力，有效提高了指导服务能力，并实现了指导服务工作的全覆盖。其中，省志办专志处在指导服务省直单位承修省志分志方面，充分发挥科研优势，创造了“深入省志分志承修单位，并与承修单位人员一道研究攻坚撰稿，将撰稿与编审并联起来同步推进，全程跟踪服务，一次性成稿一次性定稿的志书编纂新模式”，破解了多个省直单位编修省志分志起不了步、进展不下去的瓶颈，攻克了多年来制约整个省志编纂进程的多个老大难问题。与此同时，省志办领导还以上门赠送志书、参加省委省政府会议见面交谈、电话联系沟通等形式，积极与承修省志各分志的有关省直单位主要领导、分管领导协商推进修志工作，增强领导的修志意识与对修志工作的重视和支持。为防止在推进完成志鉴“两全目标”任务的工作中出现为赶进度而忽视质量的倾向，省志办明确要求机关各业务处、市县地方志部门要在确保质量的前提下加快工作进度，并研究健全志鉴编纂出版的内部质量控制体系，严格执行志鉴稿件不经评审、校对、质检、审查验收不批准出版的制度。

（五）积极营造强化攻坚决战志鉴“两全目标”任务的舆论氛围

2017 年 1 月 1 日，山西省地方志办公室创办的“方志山西”微信公号。一年来，“方志山西”微信公号坚持每天推出反映中指组、中指办和山西地方志工作动态、地方历史文化等方面的资讯，特别是积极推送反映省委、省政府和市县党委、政府及省直单位、省市县地方志部门推进志鉴“两全目标”任务的工作动态，在全省各级各部门特别是地方志系统形成攻坚决战志鉴“两全目标”任务的强大舆论氛围。为了引导和促进市县地方志部门聚焦志鉴“两全目标”任务，省志办改进了对市县地方志部门年度工作的考评，实施了以推进落实志鉴“两全目标”任务为导向的考评办法，并在全省地方志系统广泛宣传贯彻，形成积极的政策导向和舆论导向。在省志办领导、机关处级干部调研指导市县地方志工作和指导服务省直单位承修省志各分志的各项活动中，针对推进和落实志鉴“两全目标”任务存在的相互推诿扯皮而不作为和效率低下的问题，向相关方面宣讲完成志鉴“两全目标”任务是必须履行的法定职责、刚性任务，宣讲省、市、县三级党委、政府、地方志部门和党委、政府各相关部门（单位）在志鉴编修工作中应负的职责和任务，促进相关方面提升对地方志工作、履职推进志鉴“两全目标”任务的思想认识和行动自觉。此外，在全省还大力宣传推广晋城、运城 2 市率先完成“两全任务”的经验和做法，为其他市县树立了榜样。

三、工作成效

2017年，山西省地方志工作起步攻坚决战志鉴“两全目标”任务的工作，在各级各有关方面的协作和努力下取得显著成效。

2017年，山西规划的省市县三级地方志书编修，取得突破性的重大进展。

省级地方志书省志编修，2017年新出版分志6部，分别是《开发区志》《统计志》《烟草志》《民用航空志》《工会志》《人口志》，约700多万字；新完成分志送审稿11部，分别是《政治协商会议志》《中小企业（民营经济）志》《国家税务志》《民俗志》《司法行政志》《报业志》《监察志》《审判志》《医疗卫生志》《文物志》《文化艺术志》；2016年曾受省政府通报编纂进度缓慢的21部分志全部加快推进。至年末，规划的93部省志分志编修，累计出版达到42部，出版率达到47.7%，较2016提高6.8个百分点；编纂完成分志送审稿存量累计达到23部，除上述新完成的11部外，其余12部分别是《中共山西省委志》《共青团志》《统计调查志》《电信志》《轻工业志》《国有资产监管志》《出版志》《教育志》《农村信用社志》《粮食志》《城乡建设志》《妇女联合会志》；其他23部分志编纂都在加快推进。已完成的各分志送审稿大都在百万字以上，正在编纂的各分志也都按百万字规模进行。山西省级志书编修，到2017年末，已出版和完成送审稿的占规划任务的73.9%，较2016年提高12.5个百分点。

市级地方志书编修，2017年新出版市志2部，分别是《太原市志》《阳泉市志》，字数规模分别达到400多万和600多万；新编纂完成市志1部，即《运城市志》，总字数达600多万，进入出版程序；新完成市志送审稿1部，即《吕梁市志》，约600万字。大同、朔州、忻州3部市志编纂都在加快推进。至年末，规划的11部市级志书编修，累计出版5部，出版率达到45%，较2016年提高了18个百分点；编纂完成送审稿存量累计达到2部，除上述新完成的《吕梁市志》外，还有《长治市志》《忻州市志》。到2017年末，已出版、即将出版和完成送审稿的市志占规划任务的81.8%，较2016年提高9.1个百分点。

县级地方志书编修，2017年新出版县（市、区）志11部，分别是太原市《晋源区志》、朔州市《平鲁区志》《怀仁县志》《右玉县志》、忻州市《偏关县志》、晋中市《寿阳县志》《昔阳县志》《灵石县志》、临汾市《大宁县志》、运城市《永济市志》《芮城县志》;新完成县（区）志送审稿10部，分别是太原市《阳曲县志》、大同市《阳高县志》、忻州市《静乐县志》《保德县志》、吕梁市《离石区志》《柳林县志》《临县志》、阳泉市《城区志》、长治市《沁县志》《襄垣县志》。2016年曾受省政府通报编纂进度缓慢的18部县（市、区）志全部加快推进。至年末，规划的119部县（市、区）志，累计出版62部，出版率达到52.1%，较2016年提高了9.3个百分点。编纂完成县（市、区）志送审稿存量累计达到30部,除上述新完成的10部外,其余20部分别是太原市《娄烦县志》、大同市《大同县志》、忻州市《忻府区志》《定襄县志》《代县志》《神池县志》《岢岚县志》、晋中市《祁县志》《介休市志》、阳泉市《平定县志》、长治市《城区志》《郊区志》《长治县志》《屯留县志》《沁源县志》、临汾市《古县志》《安泽县志》《永和县志》、运城市《万荣县志》《盐湖区志》。已完成的县（市、区）志送审稿大都在百万字以上，有的还达到200万—300万字左右。其他27部县（市、区）志编纂都在加快推进。到2017年末，已出版、即将出版和完成送审稿的县（市、区）志占规划任务的77.3%，较2016年提高19.3个百分点。

2017年，山西省市县三级综合年鉴编纂达标覆盖面和开展年鉴编纂工作覆盖面迅猛扩大，编纂水平显著提升。

省级年鉴《山西年鉴》编纂，2017年大力实施“全国年鉴工作、中国年鉴精品工程”试点，提质发展，编纂出版的《山西年鉴（2016）》获评“中国精品年鉴”称号，成为全国唯一获此殊荣的省级综合年鉴，创新《山西年鉴》品牌。

市级年鉴编纂，2017年成功出版《忻州年鉴（2016）》。至此，全省太原、大同、朔州、忻州、吕梁、晋中、阳泉、长治、晋城、临汾、运城11个市的市级综合年鉴全部实现“一年一鉴、公开出版”的要求，达标覆盖率达到100%。

县级年鉴编纂,2017年有73个县（市、区）年鉴编纂年实现“一年一鉴、公开出版”的要求，达标覆盖率达61.3%，较2016年提高27个百分点；19个县（市、区）完成年鉴编纂但未出版；26个县（市、区）年鉴编纂工作正在加快开展。其中，2016年曾受省政府通报未开展编鉴工作19个县(市、区)，全部启动了年鉴编纂工作。至年末，全省119个县（市、区），因复杂原因仅有3个县（区）未启动年鉴编纂工作。县级年鉴编纂工作覆盖面达到97.5%，较2016年提高13.5个百分点。

2017年，山西省地方志工作起步攻坚决战志鉴“两全目标”任务的努力，首战告捷，为如期全面完成任务奠定坚实基础。

四、几点启示

2017年，山西省地方志工作起步攻坚决战志鉴“两全目标”任务的实践，措施有力，显著成效，对继续推进和如期实现志鉴“两全目标”，做好新时代的地方志工作有以下几点启示。

（一）强化组织领导和统筹指挥，是推进志鉴编纂工作的关键之举

编纂出版省市县三级地方志书，是一项记述区域历史、传承区域文明和谱写中国特色社会主义文化区域篇章的战略性基础工程。编纂出版省、市、县三级综合年鉴，是一项及时跟进记述中国特色社会主义区域实践和保存历史、积累文化的战略性的基础工程。同时，志鉴编纂还是一项涵盖区域自然、政治、经济、文化和社会等各领域、涉及面十分宽广的系统工程。作为战略性的基础工程，志鉴编纂十分重要。作为一项系统工程，志鉴编纂需要组织协调和各相关部门通力合作。正因为重要，也正因为需要组织协调和各相关部门通力合作，国家和山西均将志鉴编纂工作纳入法治化轨道和作出规划部署，要求各级党委、政府和有关部门履职尽责、落实任务。但是，由于志鉴编纂工作不像经济发展、社会建设等其他工作那样显性和紧迫，使得各级党委、政府和有关部门对志鉴编纂工作的重视和任务落实，往往被其他工作挤压而落空，也往往被忽视而提不上议事日程。志鉴编纂工作重要而不易引起重视或不被重视，这是多年来山西志鉴“两全目标”的一些任务久拖不决和落实不了的根源所在。为此，山西省地方志办公室党组在决策谋划起步攻坚决战志鉴“两全目标”任务之时，就把工

作立足点放在依靠省委、省政府的组织领导和统筹指挥上来，通过积极向省委、省政府及省人大报告工作、提出建议，以省委、省政府及省人大统管全省的组织力量来督促和推动市县党委、政府和省直有关部门来落实志鉴“两全目标”任务。同时，在省志办领导和机关处级干部在调研督导和指导市县志鉴工作和省直部门承修省志工作中，也改变了过去不主动见领导的做法，而是积极会见、拜见领导，通过向领导讲清落实志鉴“两全目标”任务是法定职责、刚性要求，让领导明了志鉴编纂工作的重要性、紧迫性，自觉把志鉴编纂工作提上市县党委、政府和省直部门党组的重要议事日程加以落实。在省委、省政府及省人大的相关举措和省志办的具体行动的推动下，一些市县党委、政府和地方志部门以及省直有关部门都一改过去多年来对志鉴编纂工作久拖不决的局面，形成了层层传导责任和压力、各方发力落实任务的新气象。实践表明，强化组织领导和统筹指挥，是推进志鉴编纂工作的关键之举，也是做好地方志工作的关键之举。

（二）增强地方志系统的活力和能动性，是推进志鉴编纂工作的有力抓手

省市县地方志工作是一个上级指导下级、上下联动的系统，但是由于这这一系统长期以来上下联系松散而不够紧密，工作中还存在上不知下、下不知上、上下各自为政的现象，市县基层缺乏活力、能动性差尤为明显。这是多年来山西一些市县（市、区），特别是县（市、区）志鉴编纂工作停滞不前、难以落实的重要因素。为此，省志办领导在调研、开会等不同场合，反复强调省、市、县地方志工作、地方志机构是一个上下层级系统，要改变过去那种不成系统的种种不良现象，破除惯性思维和惯性做法，打通“肠梗阻”，加强上下沟通、上下协调，增强上下联动的活力，激发系统能动性，形成全系统在工作上“同频共振”一盘棋格局。实际工作中，一方面省志办领导以调研会见、电话沟通等方式，积极与市县党委、政府领导协商，帮助地方志部门解决工作上的难题，一方面省志办主动将省级志鉴成果赠送市县地方志部门，帮助建立方志馆，实现志鉴成果共享，再一方面省志办建立“方志山西”公众微信平台，以考核的方式要求市县地方志部门及时报送工作动态、集中展示市县（市、区）自然地理和人文历史及经济社会面貌的稿件，并予以发布，

扩大和提升市县地方志工作的影响力。通过以上率下的带动，全省地方志系统工作的系统性得到有效增强，工作的活力和能动性也进一步增强，形成后进对标先进、你追我赶决战市县志鉴“两全目标”任务和推进地方志事业发展的新局面。与此同时，对于指导服务省直部门承修省志分志的工作，省志办党组也深挖内部潜力，调整相关业务处工作方向，主攻指导服务省直部门承修省志分志，并动员离退休老同志发挥余热指导服务省直部门承修省志分志，动员机关行政人员参与省志各分志的编校，激发全体干部决战省志编纂目标任务的活力和能动性。实践表明，增强地方志系统的活力和能动性，是推进志鉴编纂工作的有力抓手，也是做好地方志工作的有力抓手。

（三）把握志鉴编纂规律和创新方式方法，是推进志鉴编纂工作的有效途径

省、市、县三级地方志书和省、市、县三级综合年鉴编纂，撰稿和编审是其两大环节工作，二者缺一不可。但是，长期以来，包括地方志部门的同志在内，许多人讲志鉴编纂总是言编审而不及撰稿。实际上，志鉴编纂，工作基础和重点均在撰稿，只有志稿、鉴稿撰写好了，才能编审出好的志鉴。志稿撰写是一项通过广泛和穷尽搜集资料、调查研究、史料分析等来认知过往历史和现状实际，并以一定的逻辑构架和文体形式记载历史发展与现状的工作，是一种从无到有的创造性的研究性工作。志稿是主观见之于客观的历史与现状、客观的历史与现状见之于主观的创作性成果。深刻分析多年来山西地方志工作在推进落实志鉴“两全目标”任务方面存在的问题，透过现象看本质，不难发现，无论是省志中的一些分志，还是一些市县（市、区）志和年鉴，凡是停滞不前、推进不了的，都是因为志鉴稿撰写的难题解决不了。为此，省志办领导在调研督导市县工作时，明确要求市县党委、政府对志鉴编纂工作的重视要落实到聚集相关研究力量搞好志稿、鉴稿撰写的工作上来，同时着眼于事业的长远发展，要求为地方志部门选配好干部。在指导服务推进省直部门承修省志分志工作方面，省志办党组和领导针对相关省志分志撰稿难的实际，调配研究量强的业务处开展指导服务，与省志部门承修一道攻坚克难。这些业务处的同志们不负众望，在指导服务工作中以自己研究搞清楚志书应记载内容之历史与现状的主题主线为突破口，并与志书承修部门的

同志一道下功夫研究，以精准化设计志稿篇目、精准化命题撰稿的方式方法，破解了志稿撰写的难题，有效推进了志书编纂进程。实践表明，把握志鉴编纂规律和创新方式方法，是推进志鉴编纂工作的有效途径，也是提升地方志工作水平的有效途径。

辽宁省方志文化发展的探索与创新

由林鹏[①]

提　要：辽宁省地方志着重打造辽宁方志文化，从重构辽宁方志文化的基本理念，到突出辽宁方志文化中的官修地位，再到打造辽宁方志文化的人才发展平台，以及强化辽宁方志文化服务现实的功能，发挥辽宁方志文化中的方志精神，使辽宁方志文化在全省形成广泛的影响力，为经济建设、文化建设提供方志支撑与文化溯源。

关键词：辽宁　方志文化　人才　官修　服务

一、重新构架辽宁方志文化的基本理念

编纂地方志是我国特有的优秀文化传统，至今已延续两千多年。其作为承上启下、继往开来、服务当代、有益后世的文化基础事业，已成为社会主义先进文化建设中的一项系统工作。2017年，辽宁省地方志系统明确提出辽宁方志文化要有政治定位、历史定位、社会定位和文化定位。明确把习近平新时代中国特色社会主义思想列为辽宁方志文化建设的指导思想，体现了时

① 由林鹏，辽宁省地方志办公室主任科员。

代精神，突出了官修的政治导向与“依法治志”的法治理念。在对方志文化的功能论证中首次将方志原有的三大功能发展为“明道、资治、存史、辅教”四大功能，“明道”即“揭示特定地域自然与社会发展变化的基本规律，以明行事之‘道’”，这是地方志最基本、最首要的功能；将原“资政”功能改为表述更准确的“资治”功能，由资“政”发展到资“治”；将原“教化”功能准确定位为“辅教”功能，用词更为贴切。提出方志文化要有记述特定地域中事物“求新、求变、求发展”的全过程，方志文化应展现的是特定地域的“新事物、新成果、新局面”。这些基本的方志理念在辽宁省地方志系统内已经达成共识，从而形成辽宁独有的方志文化体系。目前，辽宁省人民政府地方志办公室已将方志的“明道、资治、存史、辅教”“求新、求变、求发展”“新事物、新成果、新局面”等理念写入到新修订的《辽宁省志（1986—2005）编纂规范》，并成文下发全省地方志工作机构与承编单位修志人员。

二、突出辽宁方志文化中的官修地位

辽宁方志文化有着悠久的官修传统。民国时期，奉天（辽宁）省即开展全省范围的修志工作。1928 年 11 月 22 日，负责编纂全省地方志的奉天通志馆正式成立，通志馆总裁为张学良（兼），副总裁为翟文选（奉天省长）、臧式毅（东三省兵工厂督办）。由省议会议长白永贞担任馆长，副馆长为袁金铠。中华人民共和国成立后，特别是中共十一届三中全会后，中共辽宁省委、省政府及省委宣传部、省政府办公厅发出一系列文件，要求各市县党委、政府及省直各部门组建修志机构和队伍，编修社会主义新方志。从 2007 年 9 月开始，辽宁省全面启动第二轮修志工作。为不断推进地方志事业向纵深发展，辽宁省人民政府办公厅转发辽宁省地方志办公室制定的《辽宁省志第二轮修志工作实施方案》，至此，辽宁的地方志工作形成了省委领导、省政府主持，地方志工作机构组织的修志模式。

2017 年，省地方志办公室继续贯彻落实《地方志工作条例》和《规划纲要》，积极争取省政府领导支持与依法治志，增强辽宁方志文化自信。2017 年 10 月 17 日，辽宁省副省长崔枫林到省志办进行工作调研，并就省志办文化建设提出要求，全办要形成一个好的风气，努力营造风清气正、和谐温暖的工作环境。领导班子要精诚团结、密切配合，形成合力，增强辽宁方志文化自信，更好地促进全省方志事业蓬勃发展。同时，省地方志办公室积极推进地方志立法工作，分别将《辽宁省地方志工作规定（草案）》《辽宁省地方志工作条例》向省法制办、省人大申请立项。《辽宁省地方志工作规定》《辽宁省地方志工作条例》中，明确指出地方志工作由各级党委领导、各级政府主持，地方志工作组织实施，为官修志书提供了法律背书。同时，辽宁地方志立法，将为辽宁方志文化的传播与发展奠定法律保障。

官修的政治导向，首先强调的是政治正确。方志作为一种文化现象而存在，记述地方文化现象和文化个性，保存的是地域文化的根脉，是地域文化发展的基础。方志文化更是肩负着"为民立命"，为"民族文化续脉的历史担当"，因此必须把政治性摆在首位。2017 年，省地方志办公室组织六次辽宁省志终审会，在评审六部辽宁省志各分志中，首要审查的是政治观点是否正确。有的志稿中多处存在涉及主权、边境冲突等敏感问题，应慎重处理。入志应有"红线"，记述也应"适度"。要认真贯彻党的涉外政策，正确处理好相关入志内容。入志内容的选择上必须考虑与国家的外交政策一致。志书中不得危害国家统一、主权和领土完整的内容记述。地名称谓上，要采用中方的称谓，不能以他国的称谓进行记述。有的志稿将台湾、香港、澳门列入国家行列的记述中，这显然是错误的。党的十九大召开后，辽宁省地方志系统在志书凡例中，及时将习近平新时代中国特色社会主义思想作为指导思想，这便体现了其政治性与时代性，这也为辽宁方志文化增添了新的政治思想内涵。

三、重视辽宁方志文化发展中的人才因素

辽宁方志方化发展中最重要的人文层面的因素便是人才因素。如何调动方志人才的积极性，如何提升方志人才的专业能力，这是省地方志办公室一直努力实现辽宁方志文化大发展的关键问题。

（一）通过晋升职级，增强辽宁方志文化自信

党的十九大报告指出："人才是实现民族振兴、赢得国际竞争主动的战略资源。"省地方志办公室将人才队伍视为辽宁方志事业发展的重要基础和根本

保证，积极创造条件选拔德才兼备人员进入领导岗位。根据《中华人民共和国公务员法》和《党政领导干部选拔任用工作条例》相关规定，省地方志办公室分党组对部分处级职位进行公开选拔包括正处级领导职位1个（秘书处处长职位），副处级领导职位2个（信息处副处长职位、秘书处副处长职位）。通过处级干部选拔极大地调动全办人员的工作积极性，一批年轻的优秀人才晋升到领导岗位，这为辽宁地方志发展储备了优秀的干部力量。

（二）通过理论研究，提升方志文化的理论自信

人才队伍素质是地方志事业发展的决定性因素，打造一支理论素质高的地方志队伍，是地方志事业长远发展的基石。省地方志办公室重视全省方志理论研究工作。办内同志积极深入研究方志学的基本理论，摒弃浮躁，潜心研究，广泛阅读方志理论书籍，相互交流学习体会，以“求新、求变、求发展”的态度，深入探讨新方志定位、新方志编纂原则、新方志质量标准、新方志特征及作用、新方志文体文风、新方志编纂程序等。从源头抓好扎实的理论基础，夯实方志理论研究的基本功，进而树立起方志文化自信，拓宽方志理论研究视域，打造精品方志理论研究成果。2017年，办内同志参加中指办主办的“南海主权与地方志论坛”“继承中华传统、弘扬方志文化论坛”“地方志转型升级理论与实践探索暨第七届地方志学术年会”“走向世界的中国方志文化国际学术研讨会”等理论研究活动，并在全国会议上作大会主旨发言。随着对方志理论研究的加深，理论研究对志鉴编撰的具体实践的指导作用日益明显，在辽宁省志的评审过程，不但是对志稿的通审起到事半功倍的作用，而且在志稿审读中遇到的具体问题，能够将其归纳总结，并将其理论化。

（三）通过实战历练，培养方志业内专家

辽宁省地方志办公室重视志书的出版质量，无论是省志终审，还是市志复审，凡是经由省地方志办公室审查的志书，都要高标准地保证志书的质量，把好质量关，这是志书的立命之本，也是地方志工作人员的职责所在。规范省志审查程序，依据《辽宁省地方志书审查验收办法》规定，省志在报送终审前，必须通过本部门组织的评审，经本部门编纂委员会的审定后，以部门名义正式行文报送辽宁省人民政府地方志办公室，并附评审会议纪要及修改

情况说明。送审稿要符合齐、清、定的要求。终审通过，修改完善后，要认真审核核对，经部门主要负责人签字后，报省地方志办公室履行出版程序。对于省志审查，要以《辽宁省志编纂规定》为基本的质量标准。拓宽辽宁省地方志专家库人员覆盖面，将长期负责《辽宁省志》各分志的责任编辑吸收到专家库中，不但充实的专家库的力量，同时完善年龄结构层次梯队化，保证专家库永续发展。为保证省志出版的高质量，在《辽宁省志》各分志终审会召开之前，在办内均预先召开该部分志的预审会，全办业务人员参会交流审读意见，专家库人员根据会议意见整理终审会发言意见，做到审查全面、细致、无差错。在《公路水运志》《地震志》《军事志》《外事侨务志》《财政志》终审会上，作为评审专家的责任编辑，其表现均受到省政府各厅局领导和其他专家的一致认可。各市级地方志机构将省地方志办公室这种内部预审模式视为业务培训的一种新方式、新手段，纷纷派员列席听会学习。

四、强化辽宁方志文化服务现实的功能

中国社会科学院副院长、中指组常务副组长李培林指出，地方志在建设社会主义文化强国，坚定文化自信，提升国家文化软实力，实现中华民族伟大复兴中国梦过程中的地位更加重要、作用更加突显。[①] 社会主义时期编修的方志，是社会主义国情的重要载体，全面系统准确地记述社会主义时期，特别是改革开放时期各方面的历史状况，不仅是方志事业自身发展的需要，也是时代赋予方志事业的历史使命。唯有立足发展先进方志文化，才能编纂出更多无愧于历史、无愧于时代、无愧于人民的精品佳志。2017 年，省地方志办公室以方志文化聚合力，共同以辽宁方志文化对接服务社会、服务现实。

（一）点面结合，宣传辽宁方志文化

一是以名村志为点，突出辽宁特色，传播辽宁方志文化。年内，推荐丹东东港市北井子镇獐岛村的《獐岛村志》入选“中国名村志文化工程”，作为第一批中国名村志丛书的《獐岛村志》，省地方志办公室以精品佳志的标准严

① 《推动中国方志文化走向世界》，《中国社会科学报》，2017 年 9 月 22 日第 3 版。

把质量关，质量不过关，审查就不过关。

二是以抗战志为面，书写辽宁画卷，弘扬辽宁方志文化。省地方志办公室按照中指组的统一部署，在全省地方志系统启动编修《辽宁抗日战争志》工程，组织制定实施方案，编写总体志书目录。全员参与，制定工作责任制，按各自分工收集资料。全省动员，与全省各市地方志机构以及省委党史研究室等省直部门合作，广泛征集辽宁省东北抗日联军历史资料。

（二）全省协作，编修辽宁方志文化工程

2017 年 1 月，中办、国办印发的《关于实施中华优秀传统文化传承发展工程的意见》中提出，要“做好地方史志编纂工作，巩固中华文明探源成果，正确反映中华民族文明史，推出一批研究成果”。结合全省地方志工作实际，省地方志办公室制定《辽宁省地方志系统实施中华优秀传统文化传承发展工程的方案》。在征求各市地方志（史志）办公室主任基础上，部署启动《辽宁改革开放四十年志》《辽宁方志志》《辽宁图志》《辽宁古塔志》及《辽宁方志文鉴》5 部专题志（鉴）编纂工作。力争 2018 年完成《辽宁改革开放四十年志》编辑出版，其他 4 部专题志按照具体规定时间完成。《辽宁改革开放四十年志》等 5 部专题志的编纂工作，既是历史赋予方志工作者的责任，也是方志反映省情、地情的需要。方志在总结和思考的过程中可以体现自身独特的价值。这种总结和思考，也正是推动新时代改革开放和各项事业发展的需要。因此，编纂《辽宁改革开放四十年志》等 5 部专题志，不仅具有历史意义、政治意义，更具有传播辽宁方志文化的重要使命。

（三）筹建方志馆，面向社会开展辽宁方志文化服务

方志馆的建设是方志文化基础设施的重要组成部分，是拓展方志工作，开发、利用方志资源的重要举措。方志馆是集方志编修、收藏、研究、展示、开发利用于一体的文化基础设施，方志馆为政府决策提供依据、开展志书的研究与交流、举办志书展览和专题讲座、展示地方人文历史和自然风貌等方面发挥了重大作用，取得了较好的社会和经济效益。1928—1935 年奉天省曾建有奉天通志馆。建设辽宁方志馆，不仅可以填补辽宁省文化基础设施的一项空白，而且能通过资料收集和举办展览等，充分体现辽宁地域文化特色。

2017年，辽宁方志馆的筹建工作，是基于辽宁省图书馆提供的场地（展、阅、藏）为前提，设计场馆所需面积1000平方米，其中：专用馆藏区200平方米、阅览区及成果展区400平方米、专题展览区（省图书馆一楼的共享空间）400平方米。初步规划专用馆藏区存放志书、年鉴、地情书、旧志等各类书籍大约在2万册；专题展览区利用省图书馆一楼的共享空间以展陈辽宁全省省情、各市地区域地方文化为内容；阅览区及成果展区以地方志各类地方志、年鉴书籍阅览和辽宁省地方志工作成果展览为主。建议由省图书馆按照图书管理模式进行设计与规划，统一装修风格，请专业部门进行设计。所需经费由省地方志办公室负责向省政府、财政厅申请立项。工程完工后，请省图书馆向省地方志办公室移交馆所钥匙，由省地方志办公室充实馆藏。辽宁方志馆将利用这些地方文献和资料为社会提供服务，成为辽宁延续本土文化“根脉”，成为辽宁方志文化传播的重要基地，也是辽宁省地方文献服务社会的重要场所。

五、发挥辽宁方志文化中的方志精神

方志文化中的方志精神，就狭义而言，就是指在从事地方志工作中所应具有的“修志问道，直笔著史”的精神内涵；从广义上讲，就是指方志文化中的人文精神，方志文化是以民族精神为核心的，民族精神一直是方志的政治灵魂。方志是传承民族精神的文化载体。新方志编纂的目的，就是为了弘扬爱国主义、集体主义、社会主义思想，激发民族自信心、自尊心和自豪感，进一步凝聚民族精神；方志记述社会伦理道德，民间习俗，社会风情，可以弘扬传统美德，引领社会主义新风尚，培养社会主义核心价值观。第二轮修志所反映的时代是我国改革开放日益深化的时代，改革、创新、发展是第二轮志书时代精神的核心。方志真实准确、全面系统地记录这个时代的历史，通过完整的史料记述，向社会昭示社会主义的核心价值，向世人标明，在我们社会主义社会里，是与非、善与恶、美与丑的区分标准，彰显社会主义社会坚持什么，反对什么，倡导什么，抵制什么。让更多的人，在阅读方志的过程中获得知识，启迪思想，陶冶情操，自觉培养有理想、有道德、有文化、有纪律的社会主义社会的公民。2017年，省志办组织召开李成斌同志从事方志工作30年座谈会，大力弘扬“修志问道，执笔著史”的方志精神。李成斌同志是辽宁铁岭市地方志办公室主任，一位默默无闻的方志工匠，从事方志工作长达32年，一直在地方志工作岗位上默默耕耘，守土尽责，淡泊名利，对地方志事业尽心尽力，成果卓著，并获得多项荣誉。辽宁方志文化中的方志精神就包括种兢兢业业、默默耕耘、甘于奉献、无怨无悔的方志精神，也包括那种求真务实、锲而不舍、科学严谨、一丝不苟的方志精神。

六、辽宁方志文化发展中存在的主要问题及对策

一是缺少大型方志文化活动。辽宁方志文化仅局限于地方志系统内部，个别市级地方志工作机构参加社科联的活动，没有统一的大型方志文化活动的策划与组织，其影响力较弱。缺少与外省方志文化活动的互动与交流，比如像民国时期辽宁省政府收集全省县志赠送上海小学这种方志文化交流活动。针对大型方志文化活动少的现象，辽宁地方志系统应着手打造辽宁方志文化活动日。5月18日是国际博物馆日，方志界一直力争将这一日期定为方志日，但其影响力还是远远不够的。在全国没有统一的方志日，辽宁方志系统可以打造辽宁方志文化主题活动日，比如3月5日，辽宁方志文化社区活动日；7月1日，辽宁方志文化机关活动日；8月1日，辽宁方志文化军营活动日；9月10日，辽宁方志文化校园活动日等。每年全省在每个活动日都有一个明确的主题，区别于历年活动主题，特色鲜明地弘扬与传播辽宁方志文化。

二是辽宁方志文化建设仍停留在理论层面，以志书、年鉴、地情书出版成果为主。在制度层面，辽宁方志文化建设相对滞后，特别是地方志法律体系保障更是较全国落后。没有法律为方志事业保驾护航，辽宁方志事业的发展受行政权力的制约，特别是存在某些职能行政部门认为方志事业是有可有可无的，对方志事业不重视，对方志文化不了解，对方志工作不理睬。辽宁方志文化建设还处于起步阶段，还需要各方面的大力支持，特别是各级政府重视方志文化的程度，直接决定方志文化的影响力。中指组及办公室应加强对辽宁方志事业的督导，着力强化辽宁方志文化在省、市、县各级政府的行政影响力。

三是辽宁方志文化仍然停留在理论宣传阶段，没有形成方志文化产业，特别是辽宁方志馆建设相对滞后，这就造成辽宁方志文化与人民群众缺少交

集，方志文化被束之高阁，缺少群众基础。方志馆是传播辽宁方志文化的重要前沿阵地，方志陈列展览是宣传辽宁方志文化的重要手段。因此，辽宁方志文化的发展，并不一定要局限于建个方志馆就“万事大吉”了，更重要的是提高方志陈列展览的手段。方志陈列展览是方志馆不可或缺的重要组成部分，但同时方志陈列展览也不局限于方志馆中，图书馆、博物馆、档案馆、科技馆、规划馆，都可以有方志陈列展览。辽宁方志馆建设举步维艰，但这并不影响方志陈列展览的举办。辽宁方志陈列展览可以与图书馆合作，让广大群众可以借阅地方志书籍，了解辽宁方志文化；可以与博物馆合作，让广大群众可以参观方志实物展，了解方志成书的过程；可以与档案馆合作，让广大群众看到方志资料是如何从浩如烟海的档案中，去伪存真，去粗取精；可以与科技馆合作，让广大群众通过科技手段去感受方志文化的魅力；可以与规划馆合作，让广大群众通过方志视角感受城市文化的变迁等。因此，辽宁方志文化传播，可以实现方志馆在建，方志陈列展览先行的方案，为辽宁方志文化打下广泛的群众基础。

辽宁方志文化，是辽宁地方志工作者在长期实践中积累的经验、总结的感悟、沉淀的感情，有着明显的辽宁特征。对辽宁方志文化理念的诠释，辽宁方志工作者有着自己的理解，并在辽宁区域内已达成共识，从而形成辽宁方志文化，这也为全国方志文化提供了辽宁因素，从而丰富与扩充了方志文化的内涵与外延。总之，辽宁方志文化发展任重而道远，随着政府机构改革和公益性事业单位改革，辽宁方志文化发展的进程也随之发生变化，但是辽宁方志文化服务社会、服务现实、服务大众这一基本功能不会发生变化。

拓宽读志用志渠道 让地方志“活起来”

——吉林省地方志编纂委员会实施“青少年‘知家乡爱家乡’系列方志读物”编纂工程探索与实践

孟亚男[①]

提　要:2015年,吉林省地方志编纂委员会启动实施“吉林省青少年‘知家乡爱家乡’系列方志读物”编纂工程。工程规划编纂完成9部作品,即全省所辖9个市(州)各开发一部以青少年为对象,以上口的“三字经”、童谣或其他青少年喜闻乐见的编纂形式为载体,以宣传当地历史文化为主旨的“青少年‘知家乡爱家乡’方志读物”,到2020年底,9个市(州)全面完成编纂任务并正式出版,形成覆盖全省9个市(州)的青少年地域历史文化系列丛书。实施该编纂工程的初衷和目的是对优秀传统文化进行创造性转化和创新性发展,充分发挥和释放地方志在新时代的教化功效。三年来,取得预期成效。在大力传承优秀传统文化,弘扬社会主义核心价值观的同时,提升了地方志资源开发利用水平,推进了方志文化进校园,进一步激活读志用志渠道,逐步使地方志“用”起来,“活”起来,“立”起来,“强”起来。

关键词:知家乡　爱家乡　方志读物　传承弘扬　优秀文化

① 孟亚男,吉林省地方志编委会副主任。

2015年，吉林省地方志编纂委员会启动实施“吉林省青少年‘知家乡爱家乡’系列方志读物”编纂工程。三年来，取得了预期效果，赢得了业内外人士和社会各界的高度赞誉。中指办对此项工程给予充分肯定。到目前为止，第一部《知家乡 爱延边三字经》已编纂出版，白城市、通化市、松原市已完成初稿。2017年8月，这一工程被纳入中共吉林省委、吉林省人民政府《关于开展“健康生活·悦动吉林”活动工作方案》中，成为吉林人民对美好生活追求的一道精神大餐。

一、初衷和目的

为贯彻落实《全国地方志事业发展规划纲要（2015—2020年）》目标任务，传承和弘扬中华优秀传统文化，充分发挥地方志存史、资政、教化的功效，2015年，吉林省地方志编纂委员会结合年度省地方志资源立项开发工作，启动“吉林省青少年‘知家乡爱家乡’系列方志读物”编纂工程。意在通过深入挖掘地方志资源，将地域历史文化以深入浅出、通俗易懂的形式推送给广大青少年。

工程规划编纂完成9部作品，即全省所辖9个市（州）各开发一部以青少年为对象，以上口的“三字经”、童谣或者其他青少年喜闻乐见的编纂形式为载体，以宣传当地历史文化为主旨的“青少年‘知家乡爱家乡’方志读物”，到2020年底，9个市（州）地方志工作机构要全面完成编纂任务，并正式出版，形成覆盖全省9个市（州）的青少年地域历史文化读物系列丛书。

实施“青少年‘知家乡爱家乡’系列方志读物”编纂工程，是吉林省地方志系统以习近平新时代中国特色社会主义思想为指导，深入贯彻落实党的十九大精神，推动地方志工作转型升级、进入新时代的重要举措，此举旨在深入挖掘蕴含在地方历史文化中的思想观念、人文精神、道德规范，对优秀传统文化进行创造性转化和创新性发展，充分发挥和释放地方志在新时代教化育人的功效。

1.激活传统文化资源，弘扬社会主义核心价值观。文化是根，是一个国家和民族精神的延续，而优秀的传统文化是中国人民价值观和精神世界的本源和沃土，是一笔巨大的精神财富。培树社会主义核心价值观必须传承发展和大力弘扬优秀传统文化。换言之，重视传统文化的继承和发展是培树社会主义核心价值观的根基。青少年知家乡爱家乡系列方志读物的核心是知家乡，知祖国，目的是爱家乡、爱祖国。通过实施这项工程，为广大青少年更加全面、深入地了解家乡，升华家国情感打开一扇大门，让青少年在了解家乡的过程中，增强中华文化自豪感和民族自豪感，生发对家乡和祖国的依恋和热爱之情，进而引导广大青少年传承发扬中华优秀传统文化，弘扬社会主义核心价值观，树立正确的世界观、人生观、价值观，固民族文化精神之本，振中华伟大复兴之气。

2. 激活地方志教化功能，推进方志文化进校园。新时代对如何发挥地方志资源在公共文化服务中的重要作用提出新的更高的要求，如何更有效更广泛地宣传地方志成果，推动方志文化进机关、进农村、进社区、进校园、进企业、进军营是当代地方志工作者的必解之题。编纂“青少年‘知家乡爱家乡’方志读物”，就是要将方志文化与中小学教育紧密结合起来，为青少年学生教育提供优秀的补充教材资源，将历史性、知识性、趣味性和厚重的地方志文化有机地融为一体，恰如其分地推进校园，用“优秀中国传统文化”滋养广大青少年，让优秀地域历史文化基因在青少年血脉中流淌，为青少年构筑中国精神、中国价值、中国力量打下坚实基础。

3. 激活读志用志渠道，提升资源开发利用水平。“青少年‘知家乡爱家乡’方志读物”是对地方志资源的再加工和深加工，不仅能进一步拓宽地方志服务社会的渠道、创新服务手段；而且还能进一步增强服务功能、更有效地贴近经济社会发展和人民群众需要；同时更能提高服务公共文化效能、为推动社会主义文化强国建设贡献方志智慧。方志文化及其成果也会因此得到广泛地宣传和传播，社会知晓率将随着服务社会价值的提升而提高，推动实现地方志“用起来”“活起来”“立起来”“强起来”。

二、文本和规范

编纂“青少年‘知家乡爱家乡’方志读物”，由省方志委牵头，全省九市（州）方志工作机构共同参与，是全省地方志系统统一的行动，为便于操作实施，少走弯路，省方志委统一标准，明确提出文本规范，确定编纂系列方志读物的业务要点。

1. 在编纂内容方面。总的要求是坚持以马克思列宁主义、毛泽东思想、邓小平理论、“三个代表”重要思想、科学发展观、习近平新时代中国特色社会主义思想指导编纂，认真贯彻落实党的十九大精神，深入挖掘地方志资源，注重阐发优秀传统文化中正确的思想观念、人文精神和道德规范，引导广大青少年树立正确的历史观、民族观、国家观、文化观，培育民族精神和时代精神，弘扬社会主义核心价值观。

具体包括六方面内容：一是反映和体现地方历史。系列方志读物的受众是广大青少年，青少年了解家乡，首先要知道家乡的历史。因此，要把地方历史脉络以高度概括的语言，凝练到系列方志读物中，清晰地勾勒出地方历史脉络，突出关键的历史节点。二是反映和体现地域文化。文化和环境紧密相连，一方水土养一方人。九个市（州）的每部作品，都要充分地体现本地的特色文化。三是反映和体现红色文化。要用正确的思想观念指导青少年认识家乡，把红色文化中的红色基因通过方志读物熔铸到青少年的文化血脉中，让红色基因在青少年的文化血脉中激情奔涌。四是反映和体现民俗风习。要把民俗风习和地域文化有机地融合在一起，使抽象、理念化的地域文化以标本、实物、歌舞等具象的民俗风习表现出来，以更加契合青少年的欣赏水平和接受能力。五是反映和体现独特风光和重要物产。家乡独特风光和重要物产是每个人的自豪和骄傲，特别是人无我有的自然景观、人文景观和当地的土特产，是“儿时的记忆”，家的感觉和味道，是根脉的依归。六是反映和体现志士先贤。有重点地选择记录本地在历史上有重大影响的人物，包括思想家、政治家、军事家、科学家、民族英雄等。

在内容选取上，还要正确处理共性和个性的关系。各地有各地的具体情况，以上六方面不一定齐头并进、等量而书，要从各个地方的历史文化渊源、变迁发展和现实状况出发，该详则详、当略则略。还要特别注意处理好涉及民族、宗教、边境等方面的敏感问题。

2. 在行文体例方面。包括四要素：一是正文。无论是《三字经》《千字文》，还是童谣、儿歌，统一称谓正文。正文是这一系列方志读物主体和核心，文字高度精练且内涵丰富，适应青少年特点，正文不宜过长，以 1000 字为好。如当地历史较长、内容特别丰富，可适当增加，最多不超过 1200 字。

二是释文。是对正文进行拓展、说明的文字，是为了帮助青少年理解正文而设置的。要用最浅显、最直接、最鲜活的语言把正文中青少年难以理解的内容，以适合青少年知识水平、理解能力、阅读习惯的文字表述形式解释清楚。三是插图。采用卡通漫画、照片、影视图片等形式强化读物的生动性和亲和力,提升青少年的阅读兴趣。四是拼音。除按《中文书刊名称汉语拼音拼写法》GB3259-1992规定，在封面，或扉页，或封底，或版权页上加注汉语拼音书名外，正文也要加注汉语拼音，方便青少年阅读。

3. 在时间断限方面。为呈现完整的历史文化变迁过程，时间断限规定为从古至今。“古”就是从有人类活动开始，“今”就是到党的十九大召开。以党的十九大精神统领编纂，坚持“略古详今”的原则。

三、措施和保障

1. 接续启动。2015年12月，第一部“吉林省青少年‘知家乡爱家乡’系列方志读物”——《知家乡 爱延边 三字经》被批准为吉林省地方志资源开发立项项目。该项目由延边州地方志编纂委员会桂剑峰承担。2016年，省方志委聘请吉林大学、东北师范大学历史学专家教授对项目进行编纂指导。2016年底,《知家乡爱延边三字经》交延边大学出版社审核，2017年4月底正式出版发行。2016年12月，又一部“吉林省青少年‘知家乡爱家乡’系列方志读物”——《知家乡 爱白城 三字经》完成初稿并立项，计划在2018年底前正式出版发行。第三部吉林市《知家乡 爱吉林 三字经》、第四部《知家乡 爱通化 千字文》、第五部松原市《知家乡 爱松原 三字经》也已完成初稿，并列入2017年度吉林省方志委资源利用开发项目，均计划在2018年底前出版。

2. 经验引领。《知家乡 爱延边 三字经》出版发行后，省方志委及时召开“吉林省青少年‘知家乡、爱家乡’系列方志读物”研讨会议。会上,《知家乡 爱延边 三字经》的作者——延边自治州地方志办公室桂剑峰介绍创作过程和经验、体会，与会同志深受启发，从中感悟编纂思路、方式、方法，并从不同角度畅谈对这项工程的认识、想法和建议，为省方志委更有效地推进实施编纂工程、迅速启动其他地级市的编纂工作奠定坚实的思想基础。

3. 聚优人才。为保证系列方志读物的质量，强化系列方志读物的权威性，确保所出成果立得住、经得起社会各界的检验，在创作、研讨、审查的过程中，九个市（州）积极吸纳本地权威的历史、文化、民俗专家参与。撰写期间，多次组织召开由各方面专家参加的研讨会，对正文进行多轮、深入、细致地研讨论证；有条件的地方还直接聘请本地历史文化民俗专家担纲撰写正文。与此同时，各地在启动这项工作时，主动向当地党委宣传部进行汇报，争取他们的指导，确保正确的政治导向。还积极联合当地教育部门，进行内容核实（准）。

4. 发行宣传。2017 年 5 月，第一部吉林省青少年“知家乡爱家乡”系列方志读物——《知家乡 爱延边 三字经》编纂完成，并由延边大学出版社出版发行。2017 年 10 月 27 日，吉林省方志委会同延边州人民政府、延边州教育局在延吉市举办发行仪式。来自全省各市（州）地方志工作机构的主要负责人及吉林省青少年“知家乡爱家乡”系列方志读物主创人员，延边州中、小学校师生代表，以及新闻媒体记者等 60 余人参加发行式。发行式现场，伴随着展现延边地情、人文风光的背景视频，身着五彩亮丽朝鲜族民族服装延吉市延河小学的 5 名小学生，声情并茂地朗诵《知家乡 爱延边 三字经》，引起参会的社会各界人员的强烈共鸣。部分中、小学校教师和学生代表接受赠书，同时希望能编纂出更多这样的方志读物，以膳广大青少年和历史文化爱好者。

5. 资金支持。省方志委在省财政每年拨付的地方志资源立项开发专项资金中拿出一块，专门用于扶持系列方志读物。特别是在近两年财政普遍压缩经费、专项资金减少的情况下，坚持优先保证系列方志读物所需要的资金。2017 年，在省方志委的积极努力下，该项目被纳入“健康生活·悦动吉林”活动方案中，省财政拨付 25 万元专项资金，专门用于扶持这项工程；九个市（州）按照吉林省委、吉林省政府印发的《关于开展“健康生活·悦动吉林”活动工作方案》通知要求，积极争取将本地开展“健康生活·悦动吉林”活动经费纳入年度财政预算；省方志委还鼓励和倡导各地充分利用社会资源，通过冠名赞助、共同举办发现仪式等方式，多渠道筹集活动经费，推进活动更好更有效地开展。

四、体会和启示

党的十八大以来，习近平总书记多次强调，要重视修史修志工作，挖掘历史文化资源，让史料活起来，从历史当中获取智慧。李克强总理多次对地方志工作作出批示，提出“修志问道，以启未来”的要求，并勉励地方志工作者要“直笔著信史，彰善引风气”“为当代提供资政辅治之参考，为后世留下堪存堪鉴之记述”。第五届中指组成立以来，中指组及其领导要求全国地方志系统要在读志用志上下功夫，要想办法把地方志“用起来”，让地方志“活起来”“立起来”“强起来”。吉林省方志委组织实施“吉林省青少年‘知家乡爱家乡’系列方志读物”编纂工程，就是贯彻落实习近平总书记和李克强总理指示、批示精神、落实中指组及其办公室要求的具体体现，其有意义和价值远不限于工程本身带来的直接效果，更在于推进和实施这一工程的过程中，给地方志工作带来的思路启迪，给地方志工作者带来的提振方志文化自信的力量。

1. 为发挥地方志资源在公共文化服务中的作用拓展新路。历代地方志工作者青灯古卷、孜孜矻矻，编纂出卷帙浩繁的方志典籍，不仅极大地丰富了中华民族历史文化宝库，而且给后人留下了座取之不尽、用之不竭的精神文化富矿。如何充分挖掘地方志资源，服务当下经济文化建设，是地方志工作者义不容辞的责任。吉林省方志委通过打造“知家乡爱家乡”系列方志读物，在开发地方志资源，服务精神文化建设方面进行非常有意义的探索，可以说是一种很有价值的地方志资源开发形式。此项工程充分展现地方志的服务功能和社会影响力，回答了怎么样把地方志“用起来”的问题，正如中指组秘书长，中指办党组书记、主任冀祥德在做客人民网访谈时所说的“让人们用一种更简便、更现代化的方式来读志用志，是我们目前正在做的一项工作。包括吉林省延边自治州用《三字经》的方式告诉大家地方志中的爱国、爱家的史料，现在中指办正在推广这样的典型经验”。

2. 为打造方志文化品牌提供思路。目前，“知家乡 爱家乡”系列方志读物已经在省内外有了一定的知名度，吉林省方志委将顺势而谋，力争把这一工程打造成地方志资源立项开发的品牌项目。从规范标准、组织编纂，到发行宣传、资金保障等各个方面，进行全方位、立体化地总结归纳，不断完善，直至成为方志文化进校园的领军品牌。当下是地方志事业发展的黄金时期，地方志工作者理应而且有条件大有作为。由此深度思考，笔者建议和期待全国地方志系统围绕方志文化“六走进”，再分别打造出进机关、进农村、进社区、进企业、进军营的领军品牌的开发项目，使更多的人参与到读志用志中来，在充分发掘资政教化育人强大功能的同时，提升方志文化的吸引力和号召力，增强方志文化的生机和活力。

3. 为增强方志文化自信提振力量。长期以来，地方志系统一方面拥有和占据着承载中华优秀传统文化、革命文化和社会主义先进文化的海量浩瀚文献资料；另一方面守着“人无我有”的独特资源优势，从业人员的方志文化自信却不足，“弱势部门”“行业边缘化”的思潮笼罩着业内很多人的内心。产生这种状况的根本原因在于转化能力薄弱，丰厚的地方志资源没有得到有效地挖掘和充分地利用。如果能够多开发出像青少年“知家乡爱家乡”系列方志读物这样的项目，既被政府决策采纳，作为吉林省公共文化服务的一项重要举措，又能迅速提升方志文化在全社会的知晓度、公信力和价值认同，方志人的自信就会油然而生、方志文化自信就会从内心滋生和迸发，形成推动方志事业科学繁荣发展的强大力量。“有为才有位”，有位才有自信，在这一因果链条中，担当作为是基础和本源。只要方志人坚守初心，担纲起对传统文化进行创造性转化和创新性发展的使命，地方志独特的文化魅力和影响力将在推进社会主义文化强国建设中大显身手，地方志文化将大放异彩。

地方志社会需求“微信调查”研究报告

上海市地方志办公室课题组 [①]

提　要：2017 年，上海市地方志办公室利用微信方式对 7710 人进行地方志社会需求调查。调查结果表明，社会对地方志总体需求较大，达到 92%；但不同职业、年龄和学历群体对地方志需求差异较大，主要呈现出需求目的多元化、需求种类差别化、需求内容偏好化、需求形式当代化、需求方式碎片化、需求渠道普及化的特点。下一步，地方志工作需要在编纂高质量地方志书、加强地方志普及化开发、注重地方志碎片化应用、继续开展地方志“六进”活动等方面加大力度，进一步满足社会需求，发挥存史、育人、资政作用。

关键词：地方志　社会需求　调查研究　微信

近年来，随着中国特色社会主义市场经济的深入发展，细分群体需求，采取差异化供给逐步成为企事业单位和政府部门的努力方向。社会需求调查方式被广泛应用于教育 [②] 、卫生 [③] 等公共服务领域和不同群体对象 [④] ，普遍采

① 上海市地方志办公室课题组成员：唐长国（执笔）、陈畅、沈喜平、阙鑫艳。执笔人：唐长国，上海市地方志办公室研究室（信息处）主任（处长）。

② 巫丹、曾亚：《需求分析理论指导下的高职公共英语课程设置》，《职业技术教育》2013 年第 34 卷第 20 期，第 5 页。

③ 赵韶韵等：《我国卫生事业管理专业人才的社会需求分析》，《中国社会医学杂志》2012 年 12 月第 29 卷第 6 期，第 400 页。

④ 樊禹彤、黄俊辉：《城市居民对社区服务需求的调查分析》，《南方论坛》2013 年第 6 期，第 46 页。

取问卷调查、访谈等形式[①]进行，采取网络、微信等新媒体调查方式较少，地方志需求调查方面论文几乎未见。2016 年上海市地方志办公室曾在全国首次开展网络和微信地方志满意度调查[②]，调查结果对地方志工作起到积极的指导作用。

为深入贯彻《规划纲要》《上海市地方志事业发展规划纲要（2016—2020 年）》，进一步了解社会公众对地方志的需求，加强地方志工作的科学性和针对性，2017 年 8 月，上海市地方志办公室利用微信开展地方志需求调查，旨在通过深度需求调查，更加具体了解和梳理社会不同群体对地方志的需求及其特点，为地方志更好的发挥“存史、育人、资政”作用提供参考。

一、调查概况

1. 地方志需求调查题目。本次调查题目共 10 道，其中 3 道为参与调查者的年龄、职业、学历等基本信息，7 道为对地方志需求的目的、程度、内容、体裁等内容，具体如下：（1）您对地方志有需求吗？（2）您需求地方志的目的是什么？（3）您需求哪一种地方志？（4）您需求地方志的内容是什么？（5）您需求什么样体裁的地方志？（6）您需求什么样表现形式的地方志？（7）您需求什么样方式的地方志普及宣传？

2. 有效样本。本次调查共获得有效样本调查问卷 7710 个，其中上海地区有效样本调查问卷 1308 个，上海以外地区有效样本调查问卷 6402 个，体现出微信调查的跨地域性。

3. 有效样本结构分析。从年龄看分布，参与本次调查以中青年为主，其中 18 岁以下占 5%，18—45 岁占 83%，46—59 岁占 10%，60 岁以上占 2%，老年人参加较少，可能与老年人使用微信较少有关（见图 1）。从职业分布看，以党政机关、事业单位人员居多，达到 47%，企业和学校人员比较接近，分别为 25% 和 20%（见图 2）。从学历分布看为中间大两头小，本专科学历占比较大，达到 65%，研究生学历和高中以下学历分别为 22% 和 13%（见图 3）。

---

① 曾名全：《广东珠三角人才市场需求调查分析报告》，《人力资源管理》2011 年第 3 期，第 46 页。

② 洪民荣、唐长国：《地方志社会认知度调查研究》，《中国地方志》，2016 年第 11 期，第 21 页。

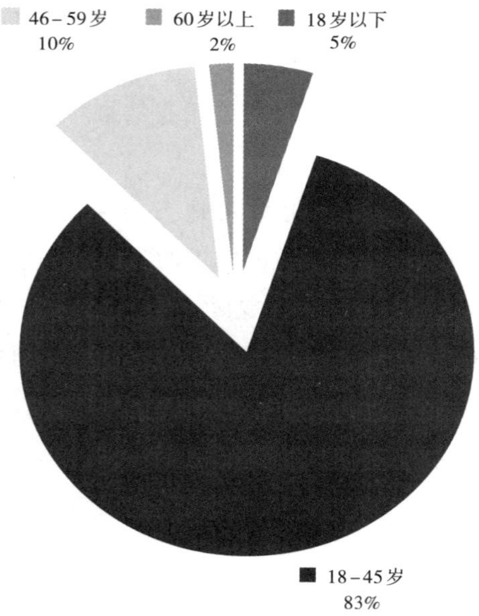

图 1　地方志需求用户调查年龄分布图

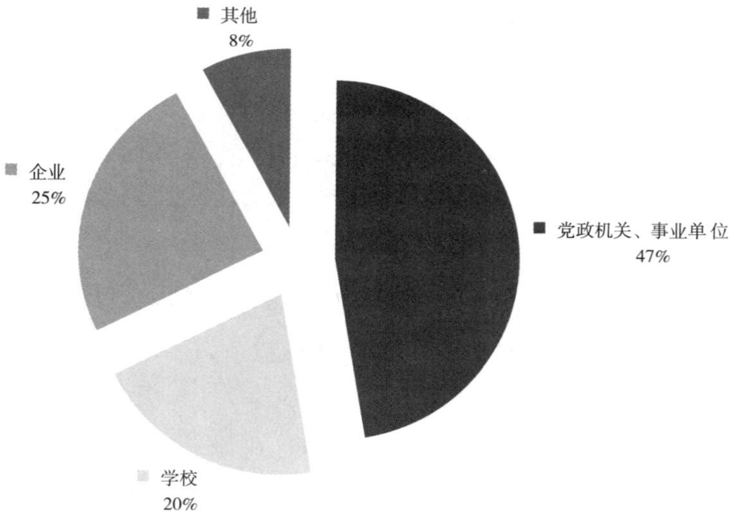

图 2　地方志需求用户调查职业分布图

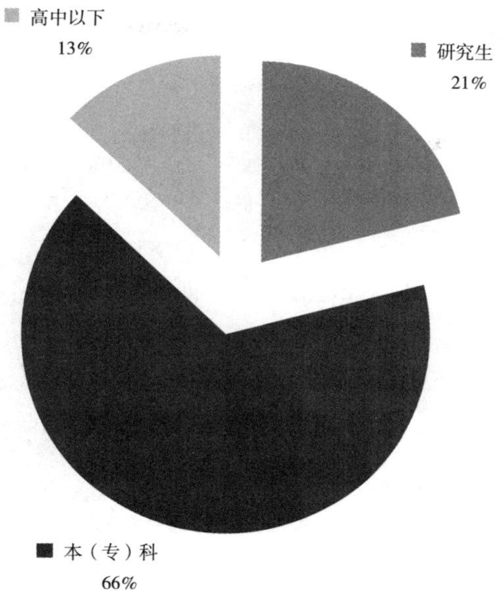

图 3　地方志需求用户调查学历分布图

二、调查主要结果

1. 需求程度差异化。总体上社会对地方志需求度很高，其中选择对地方志需求较多的占比达到63%，需求一般的占29%，两项之和达到92%（见图4）。不同职业、年龄和学历对地方志需求度差异较大。党政机关和事业单位人员的地方志需求度高，选择需求较多比例达到74%，需求一般比例为22%，两项之和为96%（见图5）。中青年对地方志需求度高，选择需求较多比例为66%，需求一般比例为28%，两项之和为94%（见图6）。学历越高，对地方志需求度越高，研究生选择需求较多比例74%，需求一般比例22%，两项之和95%（见图7）。

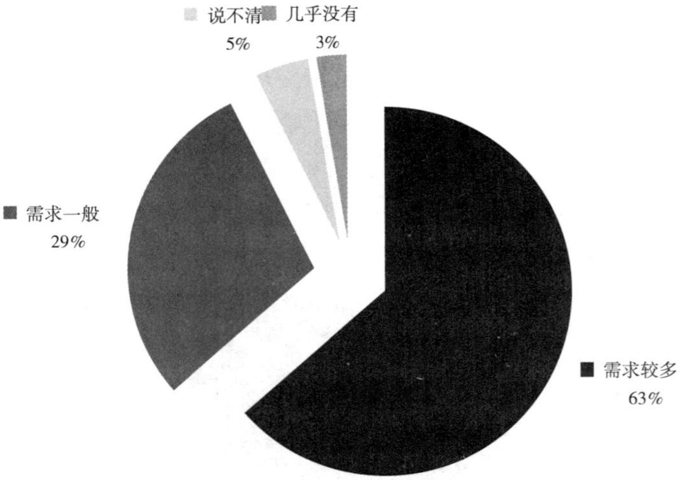

图 4　地方志总体需求度分布图

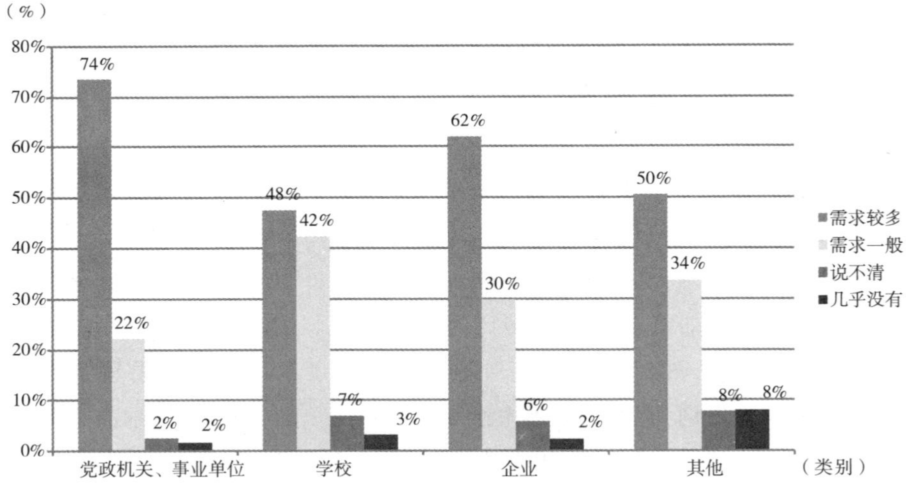

图 5　不同职业的地方志需求度分布图

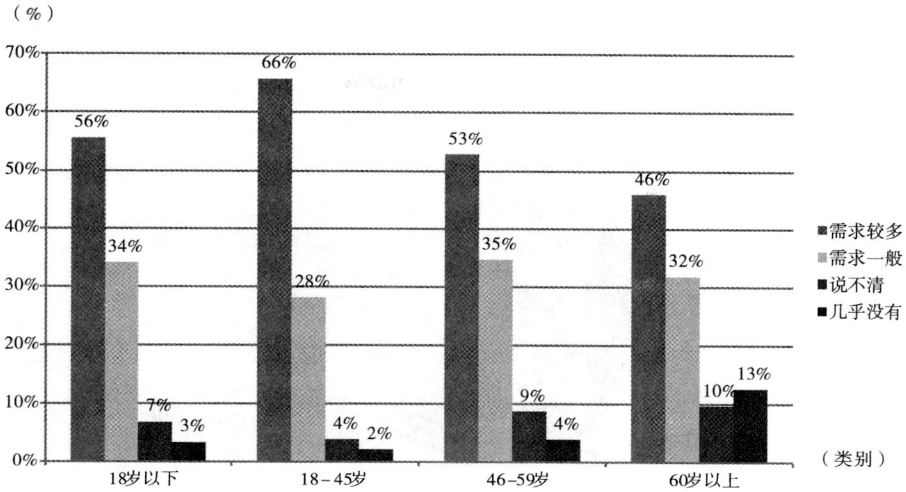

图 6　不同年龄的地方志需求度分布图

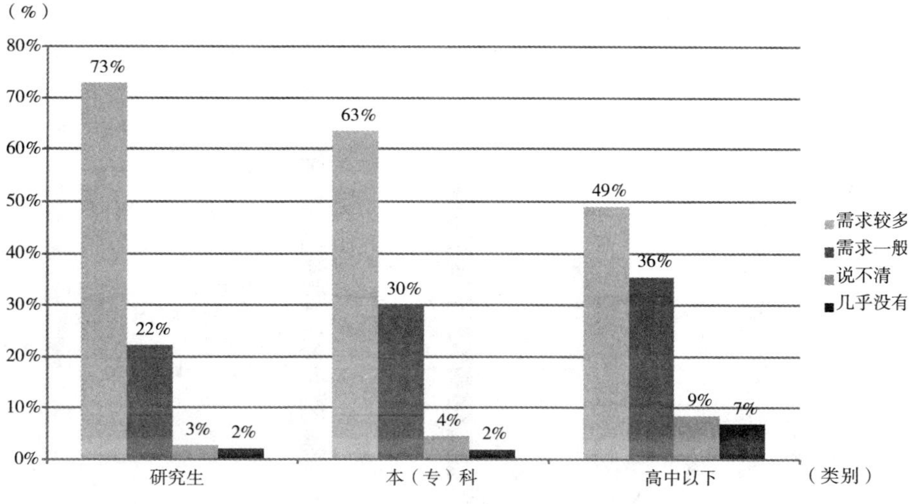

图 7　不同学历的地方志需求度分布图

2. 需求目的多元化。社会对地方志需求目的呈现多样化，了解历史知识，增长历史智慧和接受优秀传统历史文化教育三个目的选择差别不大，选择三个目的都有的高达 63%（见图 8）。学校需求地方志目的主要是增长历史智慧，选择该比例最高，达到 28%（见图 9）。青少年需求地方志目的主要是增加历史知识，比例为 35%（见图 10）。研究生需求地方志目的主要是了解历史知

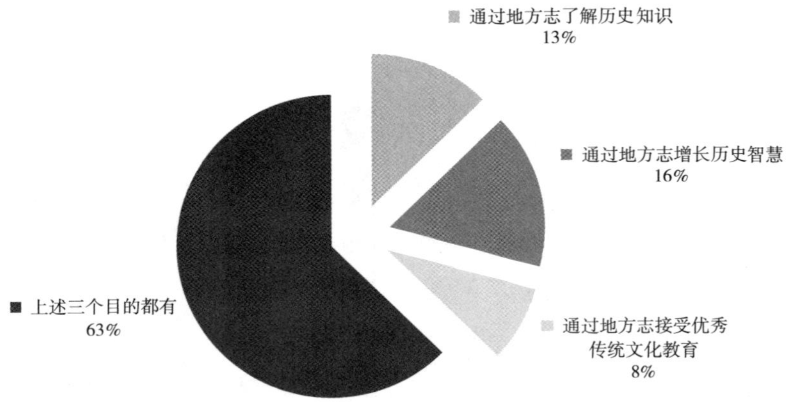

图 8　地方志需求目的分布图

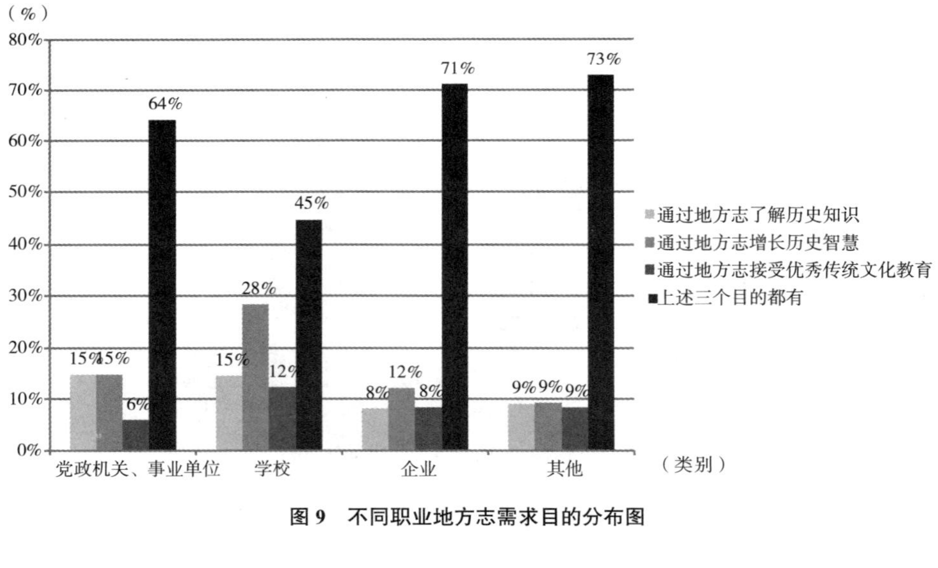

图 9　不同职业地方志需求目的分布图

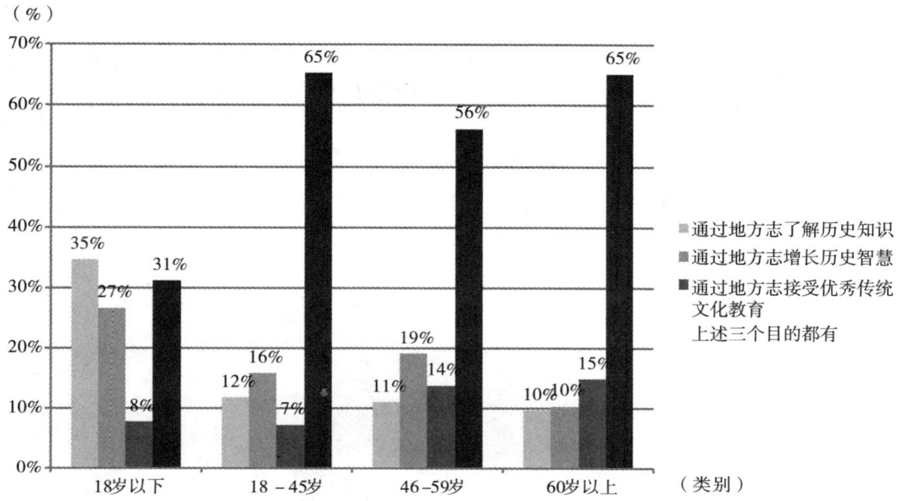

图 10　不同年龄地方志需求目的分布图

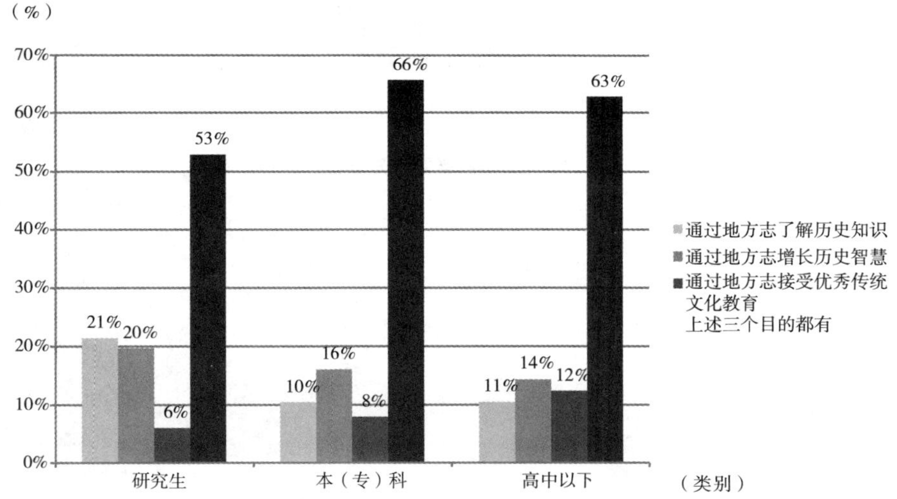

图 11　不同学历地方志需求目的分布图

3. 需求种类差别化。地方志种类的需求顺序为地方综合年鉴、地方志书和地方史，而不是通常认为的地方志书、地方综合年鉴、地方史，这可能和地方综合年鉴资料的及时性及与人们日常工作生活联系的紧密性有关。地方综合年鉴成为最需要的地方志种类，比例为34%；地方史需求最低，只有7%；

选择地方志书、地方综合年鉴、地方史都需要的达到42%，这与对地方志整体需求度较高相吻合（见图12）。不同职业、年龄、学历对地方志种类的需求呈现差别化。学校最需要地方综合年鉴，选择比例为42%（见图13）；青少年最需要地方志书，选择比例为38%（见图14%），老年人对志鉴史都需要，比例为54%，可能和老年人对地方志的兴趣性有关。

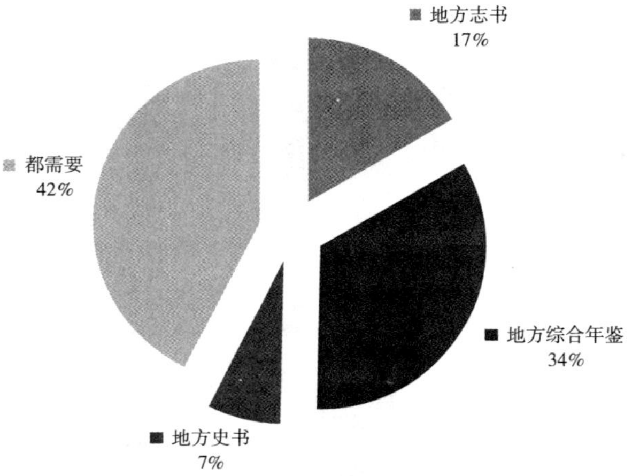

图12　地方志种类需求分布图

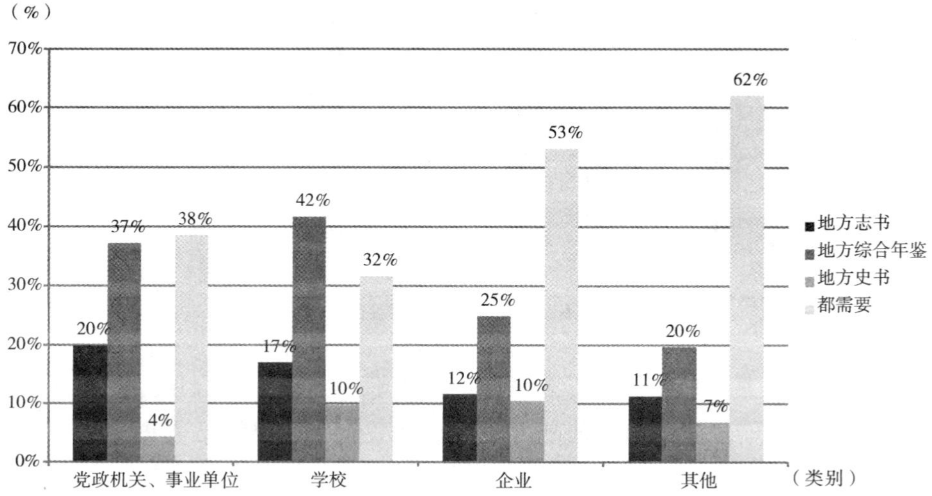

图13　不同职业地方志种类需求分布图

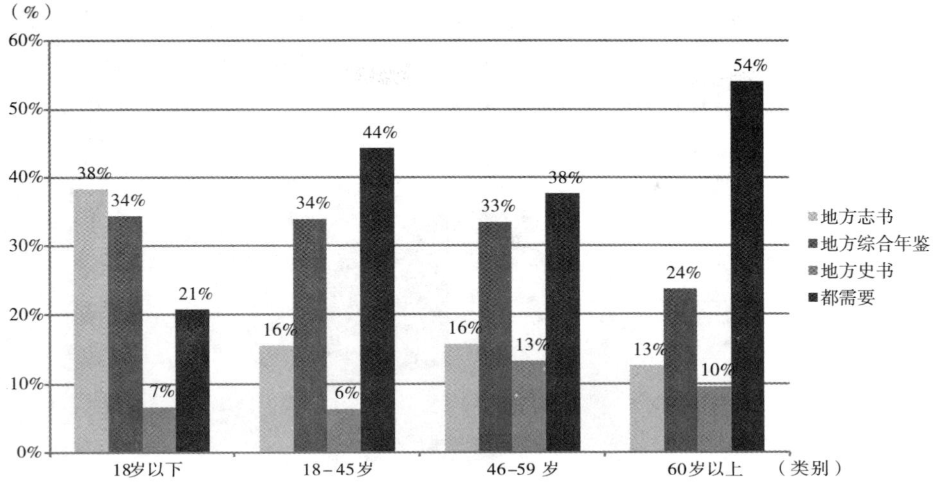

图 14　不同年龄地方志种类需求分布图

研究生对地方志书的需求较高，比例达到29%，远超过本专科生和高中生，这可能和研究生对志书内容的专业性和深入性要求有关；随着学历的降低，对地方史书的需求和志鉴史都需要的比例升高，这可能和低学历人群对地方志书、地方史的普及性、通识性要求有关（见图 15）。

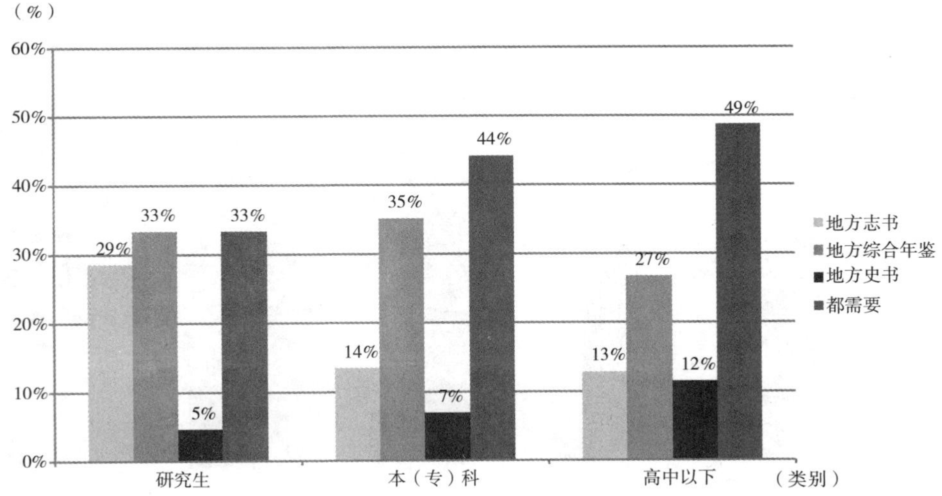

图 15　不同学历地方志种类需求分布图

4. 需求内容偏好化。社会对地方志内容的需求呈现偏好化。偏好历史人物事件等内容，比例达到 36%；对山水道路建筑和民风民俗民生的内容需求接近，分别为 29% 和 28%；对政治军事经济的内容需求比例较低，只有 7%（见图 16）。

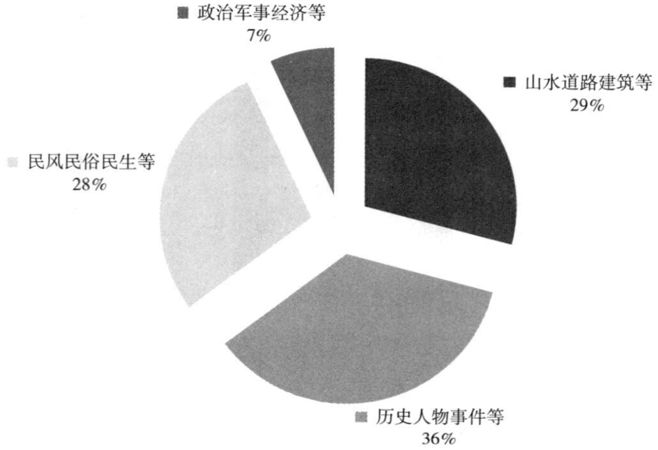

图 16　地方志需求内容分布图

不同职业对地方志内容需求存在偏好。学校偏好历史人物事件，需求比例达到 45%；企业偏好民风民俗民生，需求比例为 41%；党政机关、事业单位偏好山水道路建筑，需求比例为 36%（见图 17）。

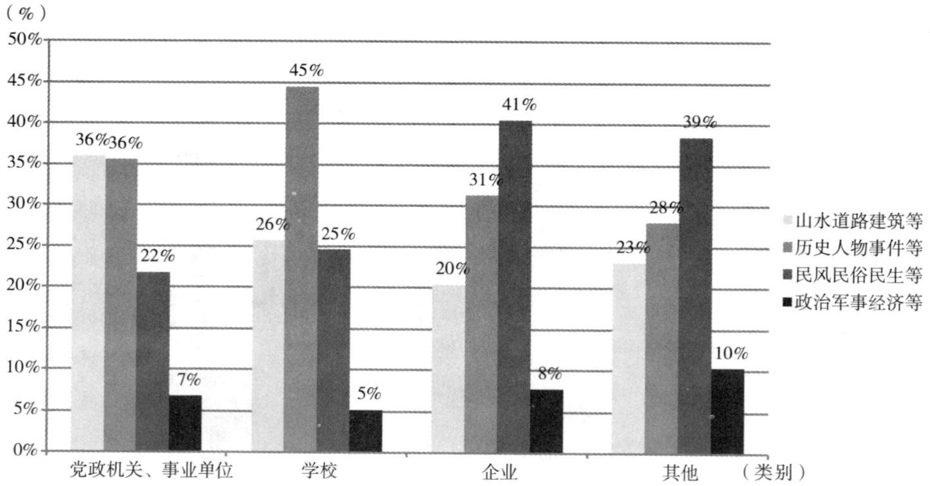

图 17　不同职业地方志需求内容分布图

不同年龄对地方志内容需求偏好不同。青少年偏好山水道路建筑，需求比例高达53%；随着年龄的增长，对山水道路建筑等“自然性”内容需求呈现下降趋势，对政治军事经济等“社会性”内容的需求呈现上升趋势（见图18）。

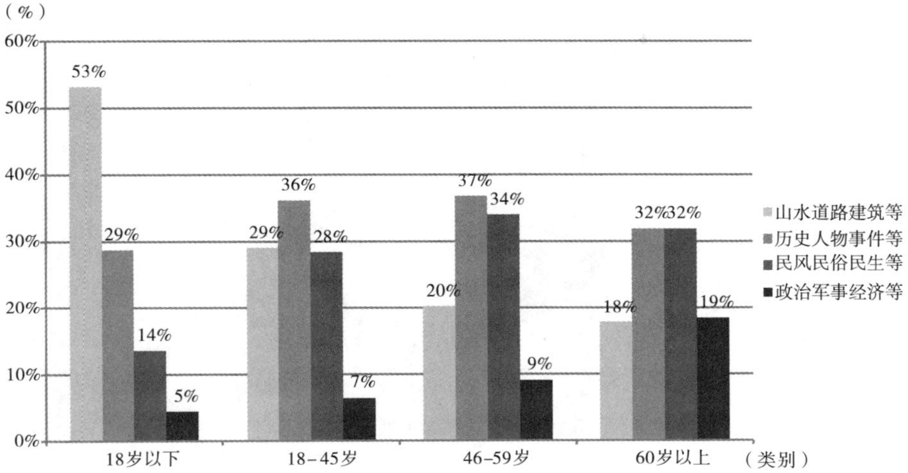

图18 不同年龄地方志需求内容分布图

不同学历对地方志需求内容偏好不一。研究生偏好山水道路建筑，需求比例42%；随着学历的降低，对民风民俗民生内容地方志需求比例增大（见图19）。

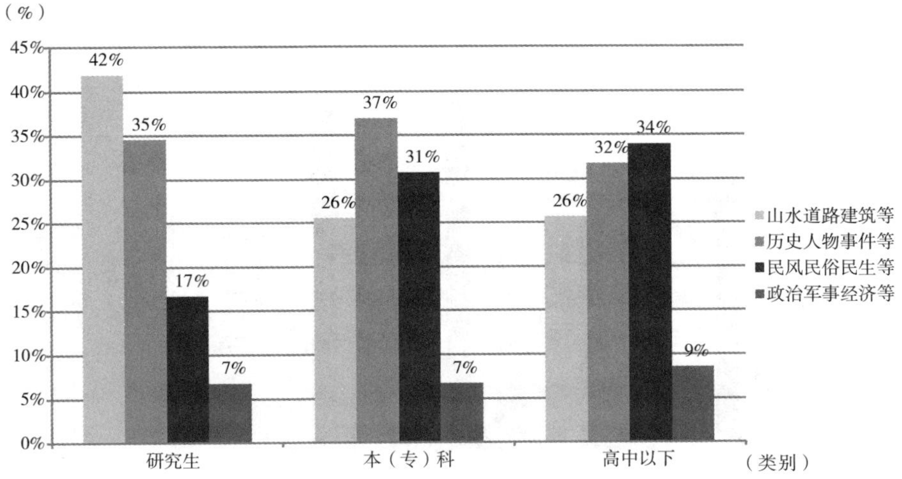

图19 不同学历地方志需求内容分布图

5. 需求形式当代化。对地方志需求的形式选择中倾向于当代化。对现代方志和简化方志的需求远高于旧志旧鉴，但都需要的比例更高，达到 50%（见图 20）。

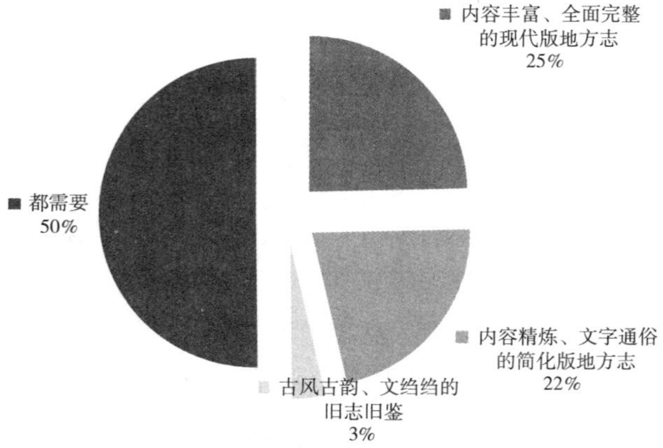

图 20　地方志需求形式分布图

不同职业、年龄、学历对现代方志和简化方志的选择上有所差别。党政机关、事业单位对现代方志相对需求较高，为 27%，这可能和党政机关、事业单位的工作性质有关，需要更加关注当代；学校对现代方志和简化版方志需求都最高，分别达到 28% 和 30%，这可能与学校希望对学生开展历史的学习和通识教育有关（见图 21）。

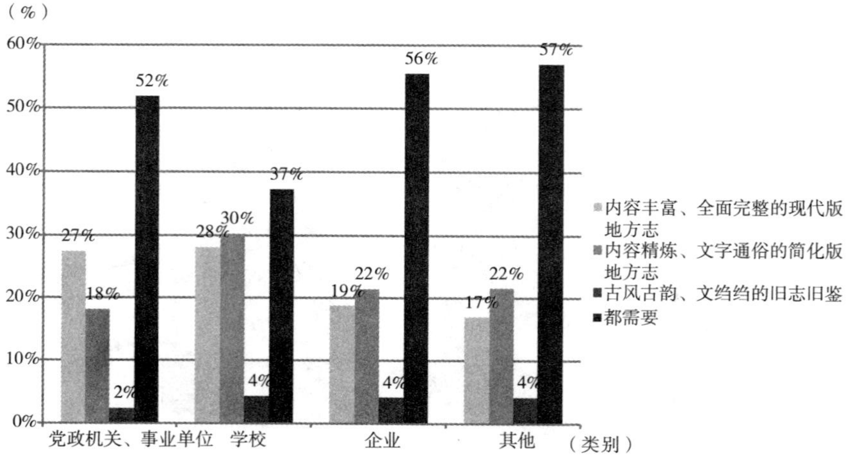

图 21　不同职业地方志需求形式分布图

中国方志发展报告（2018）

青少年需求现代方志的比例高达 50%，这与学校对现代方志的需求吻合；中老年人需求简化方志的比例较高，分别达到 30% 和 28%，可能和中老年人对地方志的通识性和兴趣性有关（见图 22）。

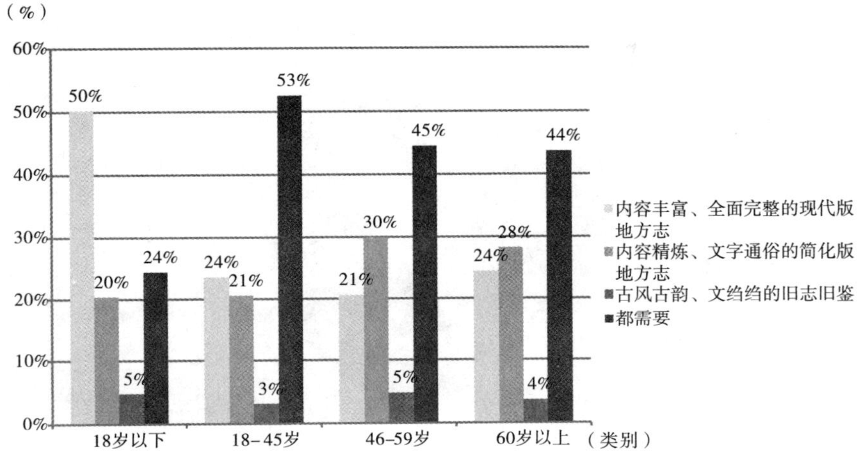

图 22　不同年龄地方志需求形式分布图

研究生需求现代志书，比例高达 35%，可能和研究生的研究性有关；随着学历的降低，对简化版志书的需求比例上升，可能和低学历的通识性需求有关（见图 23）。

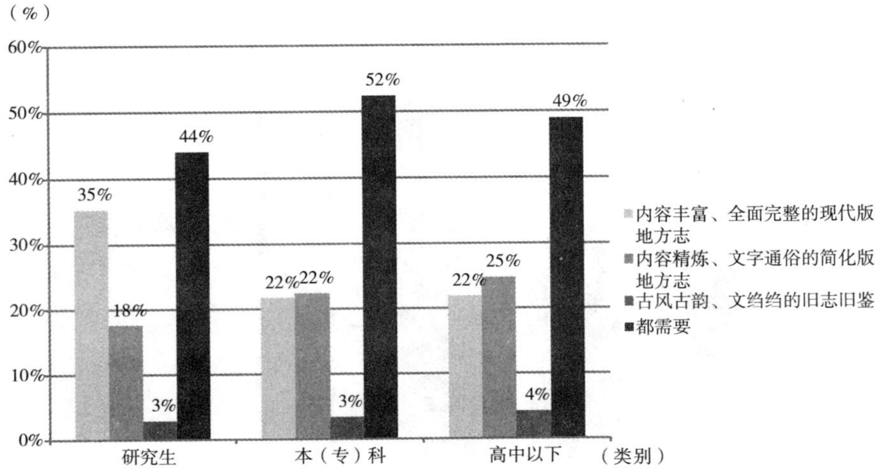

图 23　不同学历地方志需求形式分布图

6. 需求方式碎片化。地方志的需求方式呈现碎片化。网络、微信、微博等碎片化地方志知识的需求比例较高，达到 27%，超过纸质或电子出版物（见图 24）。

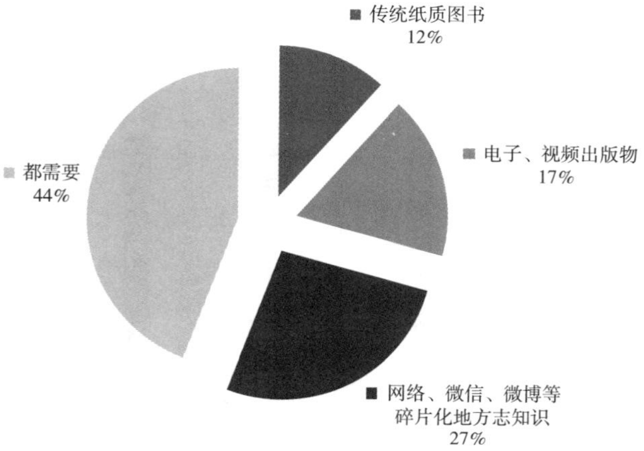

图 24　地方志需求方式分布图

党政机关、事业单位和企业单位对碎片化地方志知识需求较高，分别为 28% 和 27%；但学校对电子、视频出版物的相对较高，达到 31%，这可能和学校对学生的教育方式有关（见图 25）。

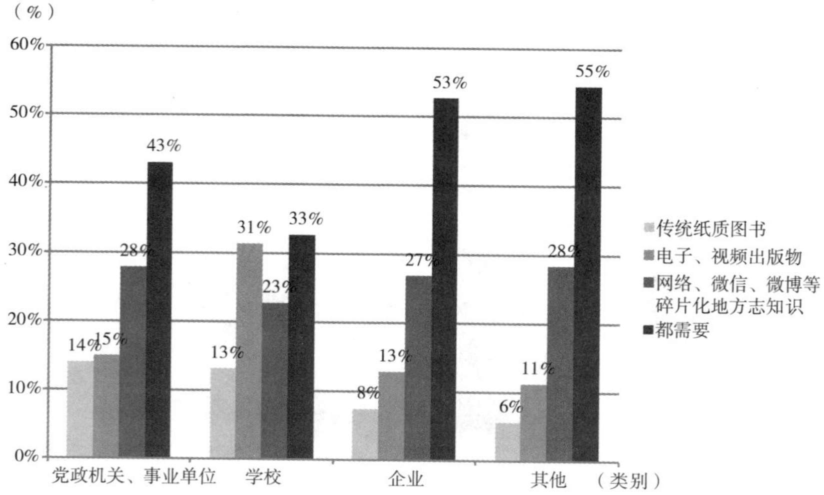

图 25　不同职业地方志需求方式分布图

成年人对碎片化地方志知识的需求都较高；但青少年具有特殊性，需求传统纸质图书和电子出版物的比例较高，分别为36%和30%，这可能和青少年的学习方式和学习系统性有关（见图26）。

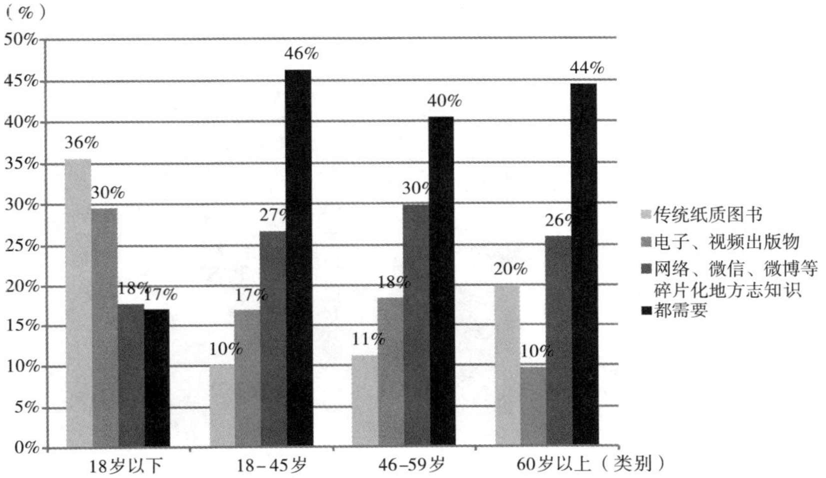

图26　不同年龄地方志需求方式分布图

研究生以下学历需求碎片化地方志知识，但研究生却需求传统纸质图书，这可能和研究生对地方志知识要求的专业度和精准度有关（见图27）。

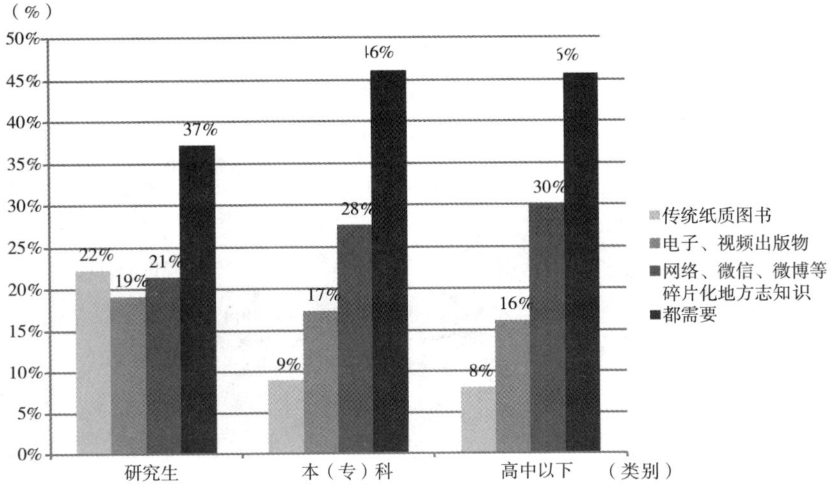

图27　不同学历地方志需求方式分布图

7.需求渠道普及化。对地方志需求渠道以“六进”形式比例最高，达到48%，呈现普及化特点；新媒体宣传和普及读本占比接近，分别为21%和19%；令人遗憾的是传统媒体最低，只有12%（见图28）。

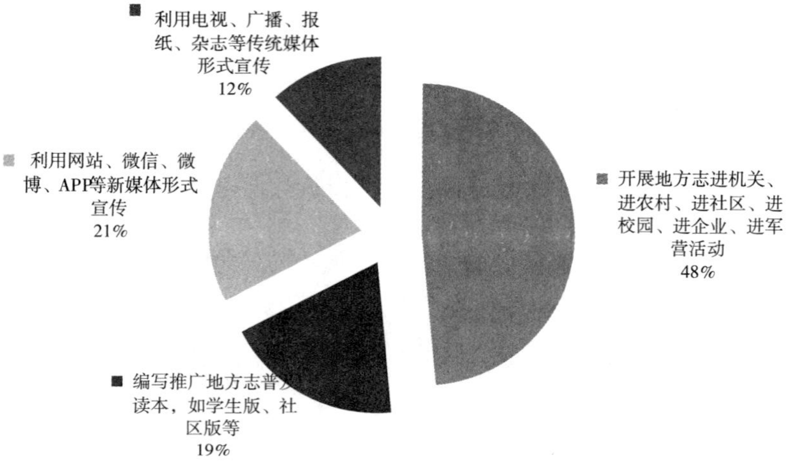

图28　地方志需求渠道分布图

不同职业都需求普及化渠道，对地方志“六进”活动选择都最高，在其他渠道的选择上有所不同；学校选择普及读本需求相对其他群体最高，达到25%；企业倾向于新媒体宣传，选择比例最高，达到30%（见图29）。

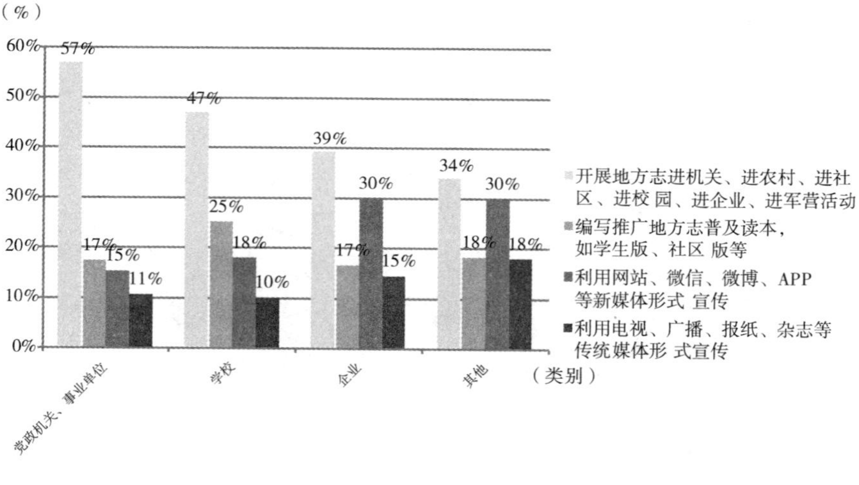

图29　不同职业地方志需求渠道分布图

随着年龄的增大，选择地方志“六进”活动的比例下降，选择普及读本和利用传统媒体形式宣传的比例升高（见图 30）。

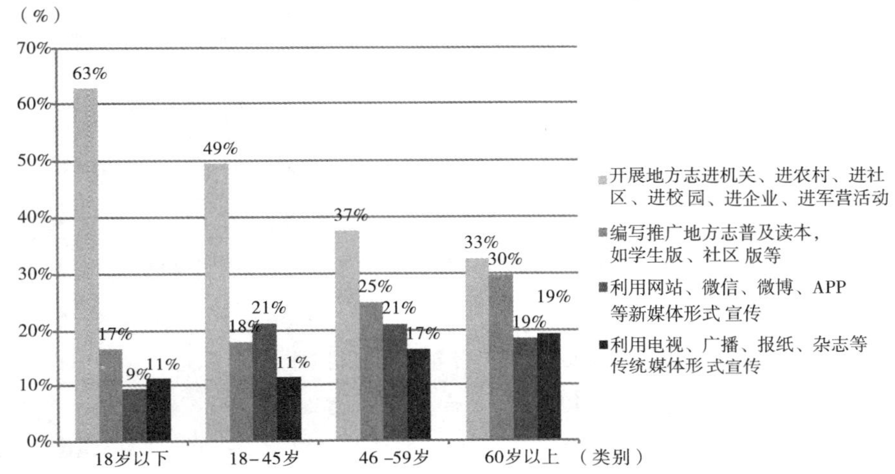

图 30　不同年龄地方志需求渠道分布图

随着学历的升高，选择传统媒体宣传的比例下降，选择“六进”活动的比例升高（见图 31）。

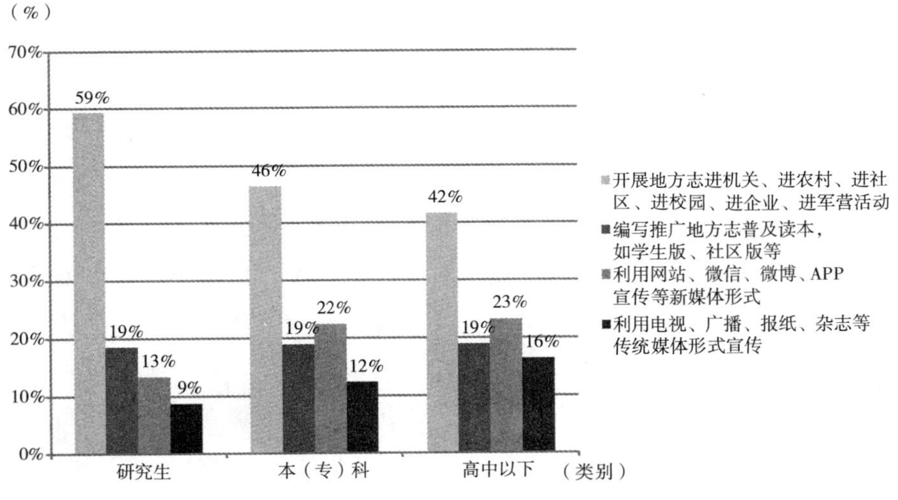

图 31　不同学历地方志需求渠道分布图

三、地方志需求度调查基本结论和启示

通过对全部7710份有效调查样本的分析可以发现，对地方志的需求度呈现以下特点。

1. 需求程度差异化。社会对地方志总体需求较大，需求较多和需求一般的总和达到92%，但不同职业、年龄和学历群体对地方志需求差异较大。

2. 需求目的多元化。通过地方志了解历史知识，增长历史智慧和接受优秀传统历史文化教育三个目的的选择差别不大，选择三个目的都有的高达63%。

3. 需求种类差别化。需求地方综合年鉴超过需求志书和地方史，对志书、年鉴、地方史都需要的达到42%。

4. 需求内容偏好化。地方志需求内容偏好历史人物事件，达到36%。

5. 需求形式当代化。需求现代方志和简化方志远高于需求旧志旧鉴。

6. 需求方式碎片化。需求网络、微信、微博等碎片化地方志知识的比例达到27%。

7. 需求渠道普及化。希望地方志宣传方式仍然以进机关、农村、社区、校园、企业、军营的渠道为主，比例达到48%。

上述地方志需求微信调查结果，对地方志工作有以下启示。

1. 细分需求。社会不同群体虽然对地方志需求总体较大，但差异化明显。对地方志知识按需求来分，可以分为专业性需求、工作性需求、通识性需求和兴趣性需求。专业性需求主要是高学历群体和从事地方志工作的专业群体，出于研究需要或专业性工作的需要，对地方志需求专业性要求较高。工作性需求主要是党政机关、事业单位工作人群，在本职工作岗位上需要借助地方志查阅有关资料。通识性需求主要集中在企业、学校群体、青少年群体，需要对地方志有全面性、概括性了解。兴趣性需求主要集中在老年群体，依据个人兴趣在地方志中了解有关知识内容。本次的需求度调查是初步的和相对宏观的需求调查，具体的需求还需要进一步细化和分类，只有把需求具体化、细微化，才能够有的放矢，采取针对性的措施和办法去满足这些需求。

2. 精准供给。目前地方志工作以修志编鉴著史为主要任务，在对社会服务方面主要做“我有什么，我可以提供什么服务”的单向输出工作；对社会需要什么，相应生产什么、提供什么的供需对接双向互动方面还有很大提升空间；需要根据社会的需求去生产相应的地方志产品和提供相应的服务，做到精准供给，避免不必要的浪费。例如青少年喜欢纸质的现代志书和“地方志进校园”的宣传形式，学校群体需要简化版方志和电子、视频出版物形式的方志等。

3. 关注当下。高速发展的社会需要地方志去记载当下的历史，当下的记载与人们的生活、工作紧密相连，同时代的经历、经验和智慧值得不同群体去感悟、学习和借鉴，地方志的编纂、开发、利用应该更加关注当下。例如党政机关、事业单位和高学历群体对当代纸质地方志需求较多，他们从自身工作、研究等角度需要相对专业的地方志知识，希望从地方志中获取全面、系统、准确、客观的资料，从而促进工作和研究。

4. 服务大众。地方志除满足专业研究人员需求和政府机构、事业单位等直接使用者需求外，还需要满足青少年群体的教育需求、企业人员通识需求和老年群体的兴趣需求等。例如，企业群体希望通过新媒体形式了解地方志，对民风民俗民生内容感兴趣；老年人对地方综合年鉴和民风民俗民生感兴趣，主要通过电视、广播、报纸、杂志等传统媒体了解地方志；低学历群体需要简化版方志，主要希望了解民风民俗民生等内容。

四、地方志工作满足社会需求的针对性举措

社会不同群体对地方志的需求各异，需要针对不同群体的需求，采取不同的工作措施去开展地方志的宣传、服务等工作。

1. 坚持高质量编纂，保证权威专业。高质量编纂的当代地方志书，是保存历史的重要载体，也是让研究者、使用者可以放心利用的权威性、客观性、准确性的资料；持之以恒地坚持编纂高质量的当代志书、地方综合年鉴、地方史是地方志工作的立身之本、存在之基。

2. 加强普及化开发，力争通俗易懂。在地方志开发利用形式上，要积极做好简化版方志工作，加强地方志通识教育，方便学校和低学历群体的利用。在地方志记载内容上加大对山水道路建筑和历史人物事件、民风民俗民生的

记载力度，以山水道路建筑的“硬”记载留住城市变迁的记忆，以历史人物事件和民风民俗民生的“软”记载留住城市文化传承的记忆，让地方志在传承中华优秀传统文化方面发挥重要作用。

3. 注重碎片化应用，适应手机阅读。地方志工作要适应互联网时代的发展趋势，适应手机端碎片化阅读的习惯，改变地方志高高在上、枯燥乏味的刻板形象，加强数字化志书、微视频方志等普及力度，积极推进网络、微信、微博等碎片化地方志知识的加工利用，让地方志可看可用、可亲可近，积极利用网络、微信、微博等新媒体形式做好企业等群体的地方志宣传及服务工作。

4. 继续“六进”宣传，扩大地方志影响。在地方志宣传形式上继续大力开展“六进”活动，与不同群体直接开展面对面的互动沟通交流，进一步提高地方志的知晓度和了解需求、提供服务，让地方志工作接地气、有温度。

五、存在的问题和不足

本次微信地方志需求调查具有一定的局限性：

一是被调查者必须使用微信，导致不使用手机微信的人群不能参加。

二是微信答题每道题选项只有 4 个，对需求的细分带来一定的影响。

三是受制于微信答题方式，没有设计开放性题目，对被调查者的主观性了解不够充分。

上述问题有待以后的调查工作继续深入研究。

解放思想，主动作为，打造新时代江苏特色志书

李　文　刘　猛[①]

提　要：2016 年以来，江苏省地方志办公室创新思路、精心选题，积极服务政治经济发展大局，主动贴近民众社会生活，深度挖掘开发旧志资源，组织编纂《江苏援藏援疆建设志》《江苏名酒志》《中国淮扬菜志》等一批特色志书，提升了江苏方志文化影响力。在编纂过程中，江苏省地方志办公室解放思想、主动作为，积极争取各级领导支持，科学调研，多方联动，精准施策，特“志”特办，取得阶段性成果，探索了特色志书的组织编纂经验以及解决相关困难问题的对策，就新时代下地方志工作如何创新发展进行有益尝试。

关键词：江苏　主动作为　特色志书

近两年来，江苏省地方志办公室在省委、省政府坚强领导下，认真学习贯彻党的十九大精神，深入落实《国家“十三五”时期文化发展改革规划纲要》和《关于实施中华优秀传统文化传承发展工程的意见》，研究中国特色社会主义进入新时代地方志事业发展的新形势、新内涵、新要求，解放思想，锐意进取，着力推动地方志工作的探索性发展、创新性发展、引领性发展。特别

---

① 李文，江苏省地方志办公室省志处主任科员；刘猛，江苏省地方志办公室省志处主任科员。

是围绕“特”字做文章，组织开展编纂一批区域特色鲜明、人文气息浓厚的特色志书，主要为《江苏援藏援疆建设志》(以下简称《援建志》)《“6·23”特大龙卷风冰雹盐城抢险救灾暨灾后重建志》(以下简称《风灾志》)《江苏名酒志》《中国淮扬菜志》《中国东海水晶志》《江苏名镇名村志》《江苏好家训》《江苏名胜志三种》《江苏历代方志图选》等。这些志书的编纂为地方志工作探索了新的发展路径，开辟了新的广阔天地，积累了新的工作经验。这些志书的编纂得到了省委、省政府领导的充分肯定，社会各界的大力支持和广泛关注，增强了江苏方志文化的影响力，提升了江苏地方志工作的整体地位。

一、基本情况

江苏省地方志办公室立足修志编鉴这“一大主业”的基础上，坚持“四个转变”的工作思路，由被动承接向主动对接转变，由“边缘”工作向贴近中心大局转变，由传统修志编鉴向现代多元开发转变，由相对单一的文化服务向经济社会综合服务转变。打破地方志工作易守常规套路、习惯按部就班的思维模式，跳出习惯于自我封闭、满足于完成任务的原有窠臼，精心选题，主动作为，打造了一批有内涵有特色有影响的特色志书。

（一）围绕中心工作，服务政治经济发展大局

党的十八大以来，习近平总书记就曾多次在不同的场合强调家风，他要求各级领导干部特别是高级干部“做家风建设的表率，把修身、齐家落到实处”，更指出“领导干部的家风，不是个人小事、家庭私事，而是领导干部作风的重要表现。”为全面落实习近平总书记系列重要讲话精神，培育和践行社会主义核心价值观，配合“两学一做”学习教育活动，2016年，江苏省地方志办公室组织编纂《江苏好家训》，把江苏各地历代名家、文化名流、名商巨贾、名门望族等具有较大影响的好家训、好家风编纂成书。该书的编纂得到了省委领导和中央“两学一做”学习教育办公室的肯定和推广，中央电视台专门到江苏省地方志办公室进行采访和宣传。2017年出版发行后，不仅教育广大党员干部修身律己、垂范家人，更引领了崇德向善、奋发向上的时代风尚，产生很好的社会影响。

江苏有26个中国历史文化名镇和11个中国历史文化名村，特别是苏南临太湖流域，古镇村数量众多、独具特色。江苏民营经济发达，小城镇建设蓬勃发展，国家级经济强镇强村、全国重点镇不胜枚举。为弘扬社会主义核心价值观和优秀传统文化，服务乡村振兴战略和江苏特色小镇建设，积极配合中指组中国名镇志文化工程、中国名村志文化工程，2016年12月26日，省政府办公厅转发省志办《江苏名镇名村志编纂工作方案》，全面启动江苏名镇名村志文化工程。这一工程的启动，为探索江苏新型城镇化和社会主义新农村建设提供了历史智慧和现实借鉴，为传播方志文化、让广大人民群众共享地方志成果搭建了新的平台，成为推进改革创新、提升方志文化影响力的重要路径。

2016年6月23日，江苏省盐城市阜宁、射阳部分地区遭受龙卷风冰雹特别重大灾害，造成重大人员伤亡和财产损失，社会影响巨大，为江苏自然灾害史上罕见。在党中央、国务院亲切关怀和省委、省政府坚强领导下，江苏各级党委政府紧急行动、科学组织，社会各界齐心协力、积极参与，建立了上下贯通、广泛动员、相互协同的工作机制，积累了应对突发事件、抗击特大自然灾害和恢复重建的宝贵经验。为全面、客观、系统地记述江苏人民共同抗击这场特别重大灾害、做好过渡安置和灾后重建的全过程，体现中国共产党牢记宗旨、关切人民福祉的执政理念和社会各界的无私大爱，2017年初，江苏省地方志办公室及时向省政府建议，编修《"6·23"特大龙卷风冰雹盐城抢险救灾暨灾后重建志》，得到高度重视。2017年5月17日，省政府办公厅转发省志办制定的编纂工作方案，并于灾害发生一周年之际的6月20日在盐城市召开编纂工作启动会议，全面启动编纂工作。这部志书的编纂是江苏地方志系统关注社会事件、主动作为的重要体现，也是江苏省新时期编纂的第一部灾异志，具有重要的历史与现实意义。

"一带一路"倡议提出以来，作为"一带一路"建设交汇点的江苏省，一直积极抢抓重大机遇，贯彻落实中央对口援藏援疆的相关部署。江苏省援藏援疆工作由来已久，1994年开展援藏工作，1997年开展援疆工作，对口援建西藏拉萨市和新疆伊犁州、克孜勒苏柯尔克孜自治州。20多年来，全省投入援藏援疆建设资金近130亿元，实施援建项目2000多个，先后派出9批援藏援疆干部，全方位、多层次、宽领域开展对口援建，有力推动西藏和新疆经济社会各项事业的快速发展。为全面、系统记述江苏援藏援疆工作重要历史，展示江苏对口支援成果，积极响应“一带一路”倡议，促进民族团结融合，同时落实中指组召开的全国地方志系统援藏援疆工作座谈会精神，2017 年 8 月，江苏省地方志办公室主动向省委、省政府建议编纂《援建志》，得到省委、省政府领导的高度赞同和支持，并及时启动相关工作。这是江苏地方志积极贴近、中心大局的重要举措。

（二）贴近民众生活，打造名优产业发展名片

江苏有悠久的酿酒历史，酿酒业品类基本齐全，酒类产品品牌众多，是全国白酒五大重点产区之一，地产名优白酒尤其是“三沟一河”（双沟、高沟、汤沟、洋河）蜚声海内外。随着经济社会的发展，江苏酒业也发生着历史性的巨变，有很多事情迫切需要记载下来，特别是酿造工艺、质量管理、技术研发、市场营销、企业文化、改革发展等历史资料，有些还是非物质文化遗产项目，极易散失，弥足珍贵。江苏省地方志办公室准确把握时代脉搏，多方筹划，2016 年 11 月，联合省酒业协会共同启动《江苏名酒志》的编纂工作。《江苏名酒志》规划编纂 5—10 本分志，首批推出《双沟酒志》《高沟酒志》《汤沟酒志》《洋河酒志》4 本。编纂《江苏名酒志》是地方志工作主动服务经济社会发展的一次有益尝试，对于巩固提升江苏酒业在全国地位，扩大江苏名酒的影响力，推进酒业转型升级具有重要意义。

江苏省连云港市的东海县水晶资源丰富，是“世界水晶之都”，也是世界最大的水晶集散地和辐射中心。为抢救和保存水晶历史资料，反映东海水晶创业发展历程，弘扬水晶文化，向世界展示东海、宣传东海和提升东海的国际形象，2016 年 12 月，江苏省地方志办公室联合连云港市志办、东海县人民政府共同启动《中国东海水晶志》的编纂工作。该书的编纂将为社会各界了解研究东海水晶和水晶文化提供资料文献和历史借鉴，成为向世界展示东海、宣传东海、提升东海形象的亮丽名片。

淮扬菜是中国四大菜系之一，形成于江苏淮安、扬州、镇江一带，是江苏优秀特色饮食文化的代表，有“开国第一宴”的美誉。淮扬菜不仅滋养了江苏人民，在当代更成为调结构、促转型的一大活力产业、富民产业。特别是淮安市，自 2002 年举办淮扬菜美食文化节以来，已将此打造成当地美食推

介、经贸招商、文体活动、旅游观光、健康城市建设的重要文化品牌。江苏省地方志办公室以高度的文化自觉和历史担当，主动谋划、牵头组织省餐饮行业协会、淮安市、扬州市政府有关部门承编《中国淮扬菜志》，并于2018年1月全面启动编纂工作。编纂《中国淮扬菜志》是首次以“官书”的形式，全面、系统记述淮扬菜的历史与现状，推动淮扬菜产业蓬勃发展，推动淮扬美食文化在中国特色社会主义新时代得到更好的传承和发展。

（三）深度挖掘开发，激发文化遗产再现活力

江苏是著名的“方志之乡”，是全国最早编修地方志的地区之一，流传至今的旧志有七八百种，约占全国现存旧志的1/10。为更好地保存与弘扬江苏方志文化，江苏省地方志办公室自2008年开始对全江苏省现存历代旧地方志收藏情况进行普查、搜集、整理，选编影印大型丛书《江苏历代方志全书》，并成为“江苏文脉整理与研究”工程的组成部分。

在整理《江苏历代方志全书》的过程中，发现颇为可观的各类图目，其中手绘地图名胜图尤甚，有四境疆域图、山川水利图、乡镇坊厢图、城池署衙图、学宫书院图、风景名胜图等。江苏省地方志办公室通过反复比对，精心挑选，选辑三百六十余页四境疆域图，影印出版《江苏历代方志地图选》（一函五册），选辑名胜图三百余幅，影印出版《江苏历代方志名胜图选》（一函四册）。这些地图与名胜图形象记录了江苏历代人民赖以生存的自然资源与生态环境，展现了历史上江苏各地优美的自然风光，尺幅之上，神游故乡，让人们留住乡愁，激发爱国爱家乡的热情，对增强价值引导力、文化凝聚力具有重要的意义。同时，江苏省地方志办公室还精选《平山堂图志》《邵文庄公慧山记》《金陵古今图考》三种旧志，选编出版《江苏名胜志三种》特色线装古籍。利用已有的文献资料进行两次开发，深度挖掘，把尘封的历史文化呈现在世人面前，让深藏在故纸堆里的文化遗产在新时期“活起来”。

二、经验做法

江苏省地方志办公室在组织特色志编纂工作中，谋创新，求突破，善作为，解放思想，科学调研，统筹协调，积极联合多方力量，高效保质推进工作开展。

（一）主动作为，争取支持

各级领导的重视、关心和支持是做好地方志工作的前提。江苏省地方志办公室结合国家战略、江苏经济社会发展目标，应时而动，积极宣传，适时向省委、省政府提出编纂特色专业志的建议，均收到及时反馈，并得到大力支持。

一是争取主要领导的关心重视。《援建志》《中国淮扬菜志》酝酿之初，省志办主任漆冠山分别致信江苏省委书记李强、淮安市委书记及扬州市委书记，汇报或商请志书编修的目的意义。积极向省政府行文，提出编纂《江苏名镇名村志》《风灾志》《援建志》等志书的建议或请示，得到相关领导的重视与肯定。特别是《援建志》，2017 年 8 月 18 日，江苏省委书记李强当日即对《关于编纂江苏援藏援疆建设志的建议》做出“赞同编纂《建设志》”的批示，并于 8 月 26 日再次批示，对编纂的总体思路及方案给予充分肯定。省长吴政隆、分管地方志的常务副省长樊金龙等省政府领导非常赞同和重视编纂《中国淮扬菜志》，就该志的编纂签署意见，给予肯定与支持。张敬华、蓝绍敏两位副省长先后听取关于《风灾志》的情况汇报，要求认真做好该志编纂工作。

二是建立高规格的编纂委员会。《江苏名镇名村志》《风灾志》《援建志》的编纂工作方案均由省政府办公厅印发，并建立高规格的编纂班子。《援建志》编委会主任由省长吴政隆担任，黄莉新、樊金龙、王江等省领导担任编委会副主任，省委办公厅、省政府办公厅、省委组织部、省发展改革委等省级相关部门，对口支援的设区市以及江苏援藏、援伊、援克州前方支部和省志办主要领导担任编委会委员。《江苏名镇名村志》《风灾志》的编委会主任由省政府办公厅主任谢润盛担任，《江苏名酒志》等其他几部特色志均由省志办主任漆冠山担任编委会主任或主编。

三是召开高规格的编纂启动会。2017 年 9 月 28 日，常务副省长黄莉新在全省扶贫协作和对口支援工作推进会上，就对做好援藏援疆建设志编纂工作进行部署，并提出明确要求。11 月 8 日，省政府办公厅又专门召开《江苏援藏援疆建设志》工作会议，分管副省长王江讲话，省政府办公厅主任谢润盛主持，对口支援前方指挥部总指挥、各设区市分管副市长、省级机关各厅局分管领导及各市方志办主任 120 余人参加会议。针对一本志书，召开如此规模的会议，在江苏尚属首次。2017 年 6 月 20 日，省政府在盐城市召开《风灾志》编纂启动会议，省政府办公厅主任谢润盛出席会议并讲话。

（二）科学调研，多方联动

江苏省地方志办公室在组织编纂特色志书时，注重前期调研与论证，善于调动相关部门、行业协会、企业的积极性，各部志书既保持了较快的推进速度，也保持了较高的编纂质量。

一是充分开展前期调研。每部特色志启动之前，省志办领导都组织相关处室人员进行调研。如编纂《中国淮扬菜志》，省志办专门召开党组会对其可行性形成一致意见，再召开由省志办、省餐饮行业协会、淮安市志办、扬州市志办参加的《中国淮扬菜志编纂工作方案》研讨会。随后又在南京和扬州分别召开座谈会，邀请省商务厅、淮安市志办、扬州市志办、省餐饮行业协会、各市餐饮烹饪协会、美食专家等领导与专家到会，就《中国淮扬菜志》的编纂进行论证。《江苏名酒志》《中国东海水晶志》等志书编纂之前，也分别与相关企业、市县地方志办公室等共同商讨，进行充分的前期调研。

二是前方后方协同作战。《江苏援藏援疆志》内容丰富，涉及方方面面，从前方指挥到后方保障，从受援地到支援地，从组织协调部门到具体负责部门，编纂工作涉及西藏、新疆、江苏的 30 多个市（州）、县（区），省级机关 20 多个厅局。120 余人参加省政府召开的编纂工作会议领受任务，实际参与资料收集和供稿的人员更是不计其数。拉萨市、伊犁州、克州三个前方指挥部与后方的省发改委、省志办密切联系，江苏相关市、县（市）与对口援助县主动对接，不惧路途遥远，环境艰苦，以打一场硬仗的决心和毅力，共同做好人员培训、资料收集、志稿编写等工作。

三是依托行业专业力量。多部特色志书都属于行业志的范畴，具有很强的专业特色，省志办紧密依托相关行业协会、学会以及社科院力量，汇集多方智慧，选好总编总纂，打造精品佳志。《江苏好家训》聘请省社会科学院资深专家担任主要选编人员；《江苏名酒志》联合省酒类行业协会，组织洋河、双沟、今世缘、汤沟等省内知名酒企进行编纂；《中国淮扬菜志》借力省餐饮以及淮安市、扬州市餐饮行业协会，并由省餐饮协会副秘书长承担主要撰写工作；《中国东海水晶志》则在编委会下设立 30 多人的专家咨询委员会，由中国珠宝玉石首饰行业协会副会长、水晶分会会长担任主任，江苏工艺美术行业协会、江苏省水晶文化研究会、东海县相关行业协会及企业的领导专家，多位中国工艺美术大师、玉雕大师、水晶研究专家为委员，共同为该志的编纂出谋划策。

四是省、市、县级上下联动。《江苏名酒志》的编纂除了省志办的组织协调，淮安市、宿迁市地方志办公室以及酒企所在县的地方志办公室都给予大力支持。他们不仅协助联络人员、召开会议，更参与到志稿的评审及日常指导中，以专业的知识、严谨的态度，保障志稿编纂的顺利进行。《中国东海水晶志》编纂工作主要依靠东海县，但在吸纳专家、资金保障等方面，省志办及连云港市志办都给予很多指导与帮助。《江苏名镇名村志》的编纂更是贯通省、市、县以及镇村多级，镇、村承担编写任务，县志办、市志办分别进行复审和终审，江苏名镇名村志编审业务指导组负责验收，自下而上进行申报和评审，多层次、多环节保障志稿编纂质量。

（三）“特志”特办，高效推进

特色志书的编纂，时间紧、任务重，按照方案规定，《援建志》《风灾志》《江苏名酒志》《中国淮扬菜志》《中国东海水晶志》等志书从启动到完成的时间都不超过3年。省政府及相关市县政府、全省地方志系统采取多种措施，大力推进，编修工作取得阶段性成果。

一是及时精准进行任务分解。《风灾志》启动会议召开后第9天，省志办即在南京召开任务分解会议，向省各有关部门和单位印发《关于报送〈“6·23”特大龙卷风冰雹盐城抢险救灾暨灾后重建志〉稿件的通知》，对文字稿需要反映的内容及需要提供的文件、通知、电传、图片等相关原始资料提出细化要求。《援建志》编纂工作启动后，3个前方指挥部分别召开专题会议，成立以总指挥为第一负责人的编纂工作机构；盐城、泰州、常州、连云港、苏州、南通、徐州、扬州、南京等市政府分别召开编纂工作会议，成立工作机构，制定工作方案，部署人员分工；省委办公厅专门成立编纂工作小组，由分管副主任担任组长，并制定任务时间表，商务厅等有关省级机关部门召开编纂工作会议，安排专人负责收集资料。承担《江苏名酒志》编写任务的酒企，分别成立各自的编委会和编写班子，落实责任人，迅速开展工作。《双沟酒志》还将资料搜集人员的职责、编辑人员的职责、编纂总体计划和月度计划印刷装裱，公布上墙，自我加压。

二是高频高效开展工作对接。《援建志》启动以来，分别于2017年11月、12月和2018年的1月在拉萨、南京、克州举行编纂工作对接暨业务培训会，于2018年4月举办一次针对西藏、新疆地方志系统的培训班。2018年5月底和6月初又分别在淮安、江阴召开分片的工作情况交流会。连云港、徐州、苏州等市也分别组织相关人员赴前方进行实地对接。《中国淮扬菜志》进行3次篇目研讨座谈会、一次工作推进会，工作进展扎实。省志办领导关心特色志书的编修，多次奔赴相关地区就《风灾志》《江苏名酒志》《江苏援藏援疆志》工作进行调研，及时协调解决编纂工作中遇到的困难和问题。

三是列入政府年度考核目标。2018年，《援建志》《江苏名酒志》《中国东海水晶志》《风灾志》《淮扬菜志》5部特色专业志的编纂工作，均被列入省政府“十大主要任务百项重点工作”考核目标，每季度督查一次，以确保高质按时完成。

这些举措为特色志书的编纂工作上紧了发条，极大推动了工作的开展，目前《中国东海水晶志》已完成编写工作，《江苏名酒志》已进入终审阶段，其余各志也在有序推动，忙而不乱，快而有质。

三、问题对策

江苏启动编纂的这几部特色志书，多为首创，少有先例可循，遇到的困难与问题，远超预期。

1. 资料搜集难度大。一些江苏酒企虽然编印过厂志厂史，但多数没有进行过如此全面系统的资料收集和整理。江苏省餐饮协会虽然有编纂《江苏省志（1978—2008）· 旅游餐饮志》的经验，但《旅游餐饮志》下限之后到2017年间近10年的资料不足，资料收集工作任务较重。资料收集难度最大的是《援建志》，由于时间跨度长，早期援助的许多项目都已湮灭，少数参与者也已故去；有的援建地几经变化调整，目前不属于江苏的援建范围，需要与外省援建部门交涉和对接。早期援建缺乏统一的规划和前方指挥部的组织，资料保管不善，后期虽有援建指挥部，但各批次工作模式不尽相同，资料查找困难，收集难度较大。

2. 修志经费难保障。特色志书的编纂多是地方志系统的“自选动作”，在目前财政预算紧缩、零增长的条件下，许多经费落实不到位，工作开展上受到不同程度的制约。

3. 修志人员不专业。参与特色志书编修的，更多的是非地方志系统人员，虽然经过短期培训，掌握了一定的专业知识，但对于撰写志书来说仍显不足。部分编写人员对志稿的写作原则、内容取舍把握不准，有的直接提供各年的工作总结交差，志稿体例不合规范、内容单薄、史实错漏等情况大量存在。有的人员特别是援藏、援疆指挥部的人员，自身本职工作较重，精力上难以兼顾资料收集、整理等志书编修任务。

面对这些问题和困难，江苏省地方志办公室及相关承编单位解放思想，改革创新，勇于探索，积极应对。

（一）广征博采，及时收集入志资料

资料是志书的基础，应在篇目框架指导下，有计划、有目的地制定收集资料提纲，坚持广征博采、有闻必录、巨细皆收的原则，做到资料收集广、全、深、多。不仅要以会议、文件等形式通过部门、单位等渠道征集资料，还应充分依靠档案馆、图书馆及社会力量。泰州市高港区史志档案办公室不仅与区发改委联合印发《关于做好〈江苏援藏援疆建设志〉（高港部分）资料征集工作的通知》，还向区内曾经参加援藏援疆建设的人员发放《关于征集援藏援建建设回忆材料及档案资料的函》，征集亲历者的第一手资料。资料征集要广泛更要及时快速。“6·23”特大灾害发生后不到一个月的2016年7月18日，盐城市委办、市政府办就联合印发《关于全面征集整理“6·23”龙卷风冰雹特别重大灾害有关资料的通知》，向全市特别是阜宁、射阳受灾地区公开征集资料，并要求于10月31日前完成灾情和抗灾救援资料的报送，2017年3月31日前完成灾后重建资料的报送。这些及时征集到的资料，为《风灾志》的编纂打下良好基础。

（二）科学规划，多方力争经费立项

为了保障编纂工作的顺利开展，我们积极争取，《援建志》的编纂、出版

等各项费用列入省政府专项；《风灾志》编纂出版工作经费由盐城市列入财政年度预算，专款专用;《中国东海水晶志》编纂经费列入东海县政府年度预算。同时，认真规划，系统管理，制定严格的经费使用计划，厉行勤俭节约，确保有限的经费发挥出最大的作用。

（三）多管齐下，提升人员专业水平

一是选好主编。特色志书的主要执笔人，有的是具有丰富从业经验的专家，有的是地方志系统的行家里手，有的是阅历丰富、文采斐然的新闻行业的主编，他们不仅熟悉该特色志所反映事物的发展变迁及志书体例等编修业务，还具备较高的文字水平、组稿能力，丰富的社会阅历和崇高的敬业精神。

二是调配人员。在选好主编的同时，还要配备强有力的编辑队伍，选择精通业务、踏实肯干、文笔较好的同志参与修志工作，协助主编做好资料整理、查阅、审核、文字梳理等工作。为解决《援建志》编纂工作中遇到的资料和人手问题，我们还在实践中创新工作方式，通过与受援地的方志系统签订互助战略协议、选派地方志专业人员进行柔性援疆等方式，帮助收集资料，增强编纂力量。

三是注重培训。划区域、分层次、有重点地举办修志业务培训班，定期召开业务讨论会、工作推进会，使编纂人员的修志业务能力得到较快的提升。高频次、不间断地进行上门指导，及时地予以协调与帮助，推进了工作进度，提振了精气神。

“十业十佳”
——浙江省地方志事业转型升级的探索与实践

段 愿[①]

提　要：经改革开放近40年的发展，全国地方志事业已不再是传统的“一本书主义”概念，而是扩展为志、鉴、库、馆、网、用、会、刊、研、地方史等十大领域。2017年，浙江省地方志系统以党的十九大关于“推动中华优秀传统文化创造性转化、创新性发展”为引领，以评选全省地方志系统“十业十佳”为标杆，对推进地方志事业转型升级、科学发展进行新的探索。

关键词：十业十佳　地方志事业　转型升级

近年来，在中指组及其办公室的领导下，浙江省地方志系统按国务院《地方志工作条例》和《规划纲要》等法规及文件要求，围绕志、鉴、库、馆、网、用、会、刊、研、史等十个方面创新发展，取得新成绩。2017年12月，浙江省地方志办公室面向各市县（市、区）地方志系统开展“十业十佳”推荐评选工作。这项工作一经启动便得到全省地方志系统的积极响应，同时也得到中指办领导和全国各地同行的肯定和关注。此次活动是浙江在全国地方志系统的首创，对总结经验，宣传展示各项地方志工作成就，推动全省地方志

---

① 段愿，浙江省地方志办公室助理研究员。

事业转型升级，都具有十分重要的意义。

一、开展“十业十佳”推荐评选活动的背景意义

（一）深入贯彻落实党的十九大精神的具体实践

2017年，党的十九大胜利召开，中国特色社会主义进入新时代，中国文化事业的发展也迎来了新的发展机遇期。党的十九大报告明确指出，要“增强改革系统性、整体性、协同性，压茬拓展改革广度和深度”；要“不断认识规律，不断推进理论创新、实践创新、制度创新、文化创新以及其他各方面创新。”同时，习近平总书记强调，要“勇于变革、勇于创新，永不僵化、永不停滞”，“推动中华优秀传统文化创造性转化、创新性发展。”

进入新时期，全国地方志工作和事业面临转型升级的关键机遇期，党的十九大精神无疑是对包括地方志工作在内的全国文化事业发展提出更新更高的要求。为此，浙江省地方志办公室于2017年开展一系列有益的探索，其中开展“十业十佳”推荐评选活动便是深入落实党的十九大精神、推动全省地方志事业“创造性转化、创新性发展”的重要实践。

（二）系统检验全省地方志工作的窗口平台

开展“十业十佳”推荐评选活动也是系统检验全省各级地方志机构近年来在“十业”方面所做工作的重要平台。其中主要包括两个方面。

一是检验全省各地的工作（此次活动暂不包含省级机关部门，其实在“十业”的某些方面，省直部门也有先进典型）。举办“十业十佳”推评活动对进一步了解全省地方志事业发展的最新状况，总结市县地方志工作转型升级的最新经验，起到了积极作用。同时，该活动也为全系统下一步的转型升级树立标杆，探索出一系列特色鲜明、行之有效的发展路径。

二是检验浙江省地方志办公室各处室及各市地方志办工作。目前，浙江省地方志办公室下设4个处（室），各处（室）除承担办内工作职责外，还分别承担各地“十业”方面的指导工作。同样，各市地方志办也承担对所属县（市、区）地方志事业的指导工作。因此，通过开展这项活动，也有助于省级地方志工作机构了解各地及各市开展相关工作的进展情况，对进一步加强工

作的指导和采取针对性举措有积极意义。

（三）推动全省地方志事业进一步转型升级的重要举措

近年来，为推进事业发展，浙江曾先后开展“全省方志工作示范县”、评价指标体系研究等活动。经改革开放近40年的发展，全国地方志工作和事业已不再是传统的“一本书主义”概念，而是已扩展为志、鉴、库、馆、网、用、会、刊、研、史十大领域。那么，什么是“转”的内涵、“升”的标志？如何“转”、往哪儿“升”？这些都是推进地方志事业转型期所面临的重要问题。为此，浙江省地方志办公室依托中国（浙江）地方志学术研究中心，对全国地方志系统转型升级评价指标体系作了专题研究（相关成果详见《中国方志发展报告（2017）》及《中国地方志》2017年第4期）。浙江省地方志办公室意在通过打造“十业十佳”典型，为全省确立标兵，引领事业前行。这是响应中指组要求的一次探索尝试，比“全省方志工作示范县”更全面，也是对评价指标体系的又一次实践和检验。

二、“十业十佳”推荐评选活动实施过程及结果

此次活动的参评对象为各市、县（市、区）地方志机构，考量时间段为2001年1月至2017年10月，推选标准为在志、鉴、库、馆、网、用、会、刊、研、史“十业”方面工作成绩突出、成果丰硕者（详见附表）。

全省“十业”共评10个先进典型，每一业对应一家单位，即全省101家市县地方志机构不分级别平等参与。每市（含所辖区、县、市）可就“十业”各推荐一个项目（即每市最多可推荐10个项目，有的项目如无合适对象也可空缺，但同一家单位最多只能申报一个项目）。各县（市、区）地方志机构推荐上报如何取舍由各市确定。对于有的地区党史、地方志等机构“二合一”等实际情况和十业中“网”“刊”“研”等工作的交叉融合现状，浙江省地方志办公室在方案设计环节就作了充分考虑，在相关评价标准中给予一定灵活度，并要求各地在申报时既要按文件要求掌握标准，也可适度兼顾相关方面工作。

此次推荐评选活动注重坚持标准，在活动开展之初，浙江省地方志办公

室就要求各地既要积极争先，同时也提倡发扬风格，力求通过评荐工作，能真正调动全系统创新发展的积极性，从而为全系统树立标杆，引领全省地方志事业的转型升级和科学发展。

至推荐截止之日，共有47家单位经过逐级推荐，分别作为“十业”参评对象。其中“用”和“志”两业为报名单位最多，也是竞争相对较激烈的项目，分别有11家和8家单位参评（浙江省共辖11个市，意味着各市均推荐了一家单位参评“用”业，同时只有两个市没有推荐单位参评“志”业）。在各推荐对象汇总后，浙江省地方志办公室邀请各市地方志机构负责人参加推评会，由各地按“十业”顺序分别介绍各地上报的推荐情况，并与浙江省地方志办公室相关专家共同审核评定。评定结果确定后，我们按程序进行公示，最终产生“十业十佳”单位，这10家单位分别为：“志”业——衢州市地方志办公室（《衢州市志（1985—2005）》）；“鉴”业——温州市人民政府地方志办公室（《温州年鉴》）；“库”业——绍兴市柯桥区史志办公室（绍兴市柯桥区综合地情数据库）；“网”业——金华市地方志办公室（金华地方志网络信息平台）；“馆”业——湖州市人民政府地方志办公室（湖州方志馆）；“刊”业——宁波市鄞州区人民政府地方志办公室（《鄞州史志》）；“会”业——建德市地方志编纂委员会办公室（建德市家谱文化研究会）；“研”业——嘉善县史志办公室；“用”业——松阳县史志办公室；“史”业——杭州市富阳区地方志编纂委员会办公室。

三、“十业十佳”经验借鉴

此次入选全省、市、县地方志系统“十业十佳”的10家单位在各“业”领域所取得的成绩是显著的，也得到全省地方志系统的广泛认可。

衢州市在确保全市两级第二轮修志进度的同时，注重编纂的探索和创新，抓好志书编纂质量。目前，全市两级第二轮地方志书编纂任务已全部完成。在《衢州市志（1985—2005）》编纂过程中，编辑部树立精品意识、创新意识，突出时代特色，在志书内容上扩大记述的广度和深度，注重典型事和人物的记载，将大事记中除大事年表外，另设大事纪要，对典型史实和典型人物作较为详细的记载；注重城市要素记载，将城乡建设单独成篇，反映现代城市的发展历程；

注重社会资料入志；灵活运用体裁，增加专记的分量；发挥注释的作用。此外，衢州市不断推进志书编修工作向纵深发展，积极推动市县部门专业志书和乡镇村志的编纂工作。《白沙村志》已申报中国名村志文化工程。

《温州年鉴》编辑部始终坚持规范、特色、创新的编纂理念，全面、系统、客观记载温州市经济社会发展情况，在不断提升内容质量的同时，率先启用数字化年鉴编纂系统，打造多部精品年鉴。2016年，编辑部以全国年鉴工作试点单位为契机，在编纂方式、内容创新、成果体现等方面进行有益的探索和实践，成效显著，《温州年鉴（2016）》入选首批“中国精品年鉴”名单，并被评为第四届全国地方志优秀成果特等年鉴。目前，全市两级综合年鉴“全覆盖”目标已全面完成。

湖州方志馆在筹建阶段就受到市领导的高度重视，前期规划和研究工作基础扎实，定位科学，展陈丰富。布展内容既包含建制沿革、自然地理，又抓住文化主题，突出人文特色，全面、系统地展示湖州的悠久历史、深厚的文化底蕴和社会主义建设成就。方志馆地处项王公园市民休闲集聚区，表现方法生动直观又有趣味性，利于吸引参观人群。同时，该馆也是一个集地情展示、志书收藏、史料研究、咨询服务、交流培训于一体的公共文化场馆，除固定展示外，还经常举办临时性展览和各种交流研讨活动，参与文明城市创建活动，开设微信公众平台，以馆为基地，扩展地方志的宣传教育功能。

杭州市富阳区对地方史编修工作尤为重视，区史志办先后编纂完成《富阳发展图记》《富阳历史名人与台湾》《抗日战争在富阳》等地方历史书籍，启动《富阳志》等旧志文献的保护整理，编纂《富阳历代宗谱选编》丛书，以全新的视角审视富阳的历史，充分展示富阳的山川风物和历史人文，记载富阳独特的地域历史，让现代人了解过往，记住乡愁，得到传统文化的滋养，对浙江文化建设发挥重要作用。

除志、鉴、馆、史“四驾马车”并驾齐驱外，绍兴市柯桥区史志办虽为一个县级单位，却从全国视角打造出门类丰富、贯通古今，容纳全国四级志书的“柯桥区史志地情库”；金华地方志网络信息平台以自主研发的“金华总览”应用程序为支撑，切实做好资政服务，多次获得市政府分管领导的批示和表扬；创刊于1985年的《鄞州史志》期刊是全省创刊较早的方志期刊之一，具有很强的史料性、可读性和指导性，编辑部在注重办刊质量的同时，也在着力培养年轻化、专业化的作者队伍，为基层史志工不菲的成绩家谱文化研究会牢牢把握地方志事业蓬勃发展的有利机遇，广泛凝聚各方面力量推进家谱文化研究，打造以家谱文化促家风传承的平台，探索以学术研究促文化传播的途径，取得丰硕成果，形成品牌效应；嘉善县史志办在方志研究工作方面既有明确的职责分工，又有具体负责的部门，还有充足的经费保障，县史志办根据地方志工作特点，将历史文化挖掘研究工作作为地方志工作重点，并纳入全县文化建设的规划纲要，同时注意与高等院校及其他科研究机构合作，优势互补，开展研究，取得不错的成绩；以华东地区数量最多、保存最完整的国家级传统村落为依托，松阳县史志办主动作为，直接参与并指导古村落文化典故、人文风俗等内容的挖掘，为乡村振兴战略作出巨大贡献，等等。

从“十业十佳”的典型事迹能够看出，此次入选的这10家单位所做的工作是扎实的，成绩是突出的，是真正意义上的“十佳”。同时，这也说明此次推评活动达到预期目的，各单位的经验和做法将对推动事业转型发展起到积极作用，值得全系统共同学习和借鉴。

四、“十业十佳”推荐评选活动中存在的若干问题

由于此次“十业十佳”推荐评选活动是浙江在全国地方志系统的首次尝试，没有先例可循，所以在活动开展过程中也遇到一些问题，在今后的工作中有待进一步提升。一是“十业”准确度问题。例如“用”与“史”，两者在一定程度上存在包含和被包含关系。从各地最终推荐情况来看，均采用择优申报的方法，即选取成绩更为突出的方面进行。二是有关项目推评难度问题。例如“志”与“鉴”，浙江省地方志办公室在设计推评方案时尽量做到兼顾整体工作情况又突出志鉴成果质量，以避免因规则设计的疏漏而出现不必要的矛盾。

下一步，浙江省地方志办公室还计划将“十业十佳”典型材料汇编成册，并适时举行表彰活动，鼓励全省地方志系统以“十业十佳”为标杆，坚持探索，不断推进全省地方志工作和事业实现“创造性转化、创新性发展”。

全省市县方志系统“十业十佳”推荐评选方案表

附表

项目	内容及形式、范围要求等	备注（评荐要求、附加内容等）
志	包括工作开展情况和第二轮志书成果（各约占50%）两部分： 1. 本级第二轮志书已公开出版，出版后无争议或负面影响。 2. 设区市方志机构直接申报的，除完成本级第二轮志书编修任务外，将把本行政区域内各县（市、区）第二轮修志任务完成率作为重要参考依据。 3. 县级地方志机构申报者，除完成本级第二轮志书编修任务外，将把行业志、部门志、乡镇（街道）村志等编修工作情况作为重要参考依据。 4. 申报单位所在地党委、政府以及全社会重视支持程度，以及出台文件、召开会议等相应举措；本级地方志机构所做的其他有关工作	1. 出版后在中指组评奖获奖情况（附文件复印件）。 2. 请提交用于参评并已出版的市志或县（市、区）志5部，由省方志办邀请有关专家以适当方式进行评审后确定，结果计入总分。 3. 联系处室：市县处
鉴	包括工作开展情况和年鉴成果（各约占50%）两部分： 1. 本级综合年鉴须一年一鉴、公开出版。出版后无争议或负面影响。 2. 设区市方志机构直接申报的，除本级综合年鉴外，还将把本行政区域内各县（市、区）综合年鉴编纂出版任务完成率作为重要参考依据。 3. 县级地方志机构申报者，除完成本级综合年鉴编纂出版任务外，还将适度参考行业、部门及乡镇（街道）年鉴等编修工作情况	1. 出版后在中指组评奖中获奖情况（附文件复印件）。 2. 请提交用于参评并已出版的综合年鉴5部。 3. 联系处室：综合处
库	“库”主要指各地依托有关网站等平台载体所建立的综合地情数据库，包括工作开展情况和数据库成果两部分： 1. 工作开展情况：数据库研发、内容搜集和转载、数据维护等。 2. 数据库成果：包括收录文献的种类、数量、库存量、使用功能，以及数字方志馆建设等。 3. 此项目与“网”不可重复申报	1. 凡符合条件者均可申报，但不包括其数据库正在规划、建设或隶属于其他单位及部门者。 2. 联系处室：综合处
网	“网”主要指各设区市所建立的史志工作专业性网站（网页），包括工作开展情况和网站（网页）成果两部分： 1. 工作开展情况：信息更新频率、网站（网页）互动性、日常维护等。 2. 网站（网页）成果：包括页面设计、栏目设置、访问量等。 3. 此项目与“库”不可重复申报	1. 凡符合条件者均可申报，但不包括正在规划、建设者。 2. 此项目只面向设区市方志机构。 3. 联系处室：综合处
馆	“馆”主要指各地已建成并正式开放的方志馆，包括工作开展情况和方志馆实体运行两部分： 1. 工作开展情况分：申报单位所在地重视支持程度及相应举措；场馆面积、结构、设施等条件达到或超过中指办《方志馆建设规定》的相关要求。 2. 方志馆运行与管理：布展设计、馆藏文献与实物数量种类、功能开发、访客量等	1. 凡符合条件者均可申报，但不包括正在规划、建设者。 2. 注明系单独设置还是与其他场馆合并设置。 3. 联系处室：综合处

续表

项目	内容及形式、范围要求等	备注（评荐要求、附加内容等）
刊	“刊”主要指各级史志机构主办的史志期刊（含内部出版；由方志、党史、档案等部门共同主办的期刊）。 1. 创刊时间、印行周期。 2. 栏目设置与内容质量。 3. 编校质量。 4. 学术价值与社会影响（发行量与发行范围、转载、上网、获奖等情况）	1. 请提交用于参评的期刊（选择一期）一式5本。 2. 请同时提供历年目录或重要文章目录，及关于栏目、内容、影响等方面的文字介绍一份。 3. 联系处室：研究室
会	“会”主要指各地已成立的地方史志学会（协会、研究会等）。 1. 工作开展情况：成立时间、会员人数、经费管理、年检及日常工作运行情况等。 2. 学会活动：各种研讨会等会议（时间、人数等）。 3. 学会成果：论文集、调研报告等	1. 此项目与“研”不可重复申报。 2. 请提交用于参评并注有“学会论文集”等字样的成果若干册（数量不限）。 3. 请提供民政部门登记备案及组织机构代码相关证明材料。 4. 联系处室：研究室
研	“研”主要指各地开展方志理论研究和学科建设有关情况。 1. 本行政区域内从事方志理论研究和学科建设的人数（包括代表性人才职称、所获荣誉、代表性成果等）、组织开展理论研讨情况等。 2. 出版成果数量、形式（出版、发表处等）；成果影响力（转载、获奖情况等）。 3. 承办重要学术活动、对外学术交流等情况	1. 此项目与“会”不可重复申报。 2. 请提交用于参评的相关成果若干册（数量不限）。 3. 联系处室：研究室
用	“用”主要指各地开展地方志资源开发利用有关情况。 1. 为党委政府提供决策咨询服务、参与党委政府部署的重要工作（文化礼堂建设等）、为社会提供咨询服务（如参加社科科普周活动）等情况。 2. 志鉴开发利用成果：旧志整理、地情书编写出版、新媒体平台建设（包括微信公众号、手机报、微博等）等其他利用方式等。 3. 社会各界参与支持地方志工作情况	联系处室：市县处、综合处
史	“史”主要指各级地方志机构近年来按《规划纲要》要求，开展的各种形式和类型的地方史编研工作情况。 1. 工作开展情况：组织地方史讲座、开展调研等。 2. 编研成果：各级地方志机构主持、主编或重点参与的地方史及其他相关成果等	1. 直接以“党史研究室”等机构冠名的成果不能申报。 2. 请提交用于参评的相关成果若干册（数量不限）。 3. 联系处室：研究室

注：本表所设项目系各市、县（市、区）地方志机构自2001年1月至2017年10月在志、鉴、库、网、馆、刊、会、研、用、史“十业”方面所开展的工作及取得的成绩

福建省让地方志“活起来”、“立起来”的探索与创新

福建省地方志编委会[①]

提　要：新时代的地方志工作面临着新机遇、新期待、新要求，福建省方志委拓宽思路，大胆探索，创新举措，加强理论引领，进一步树立方志文化自信；着力改革创新，全面展现地方志丰硕成果；主动服务中心，突出服务乡村振兴战略、“海丝”核心区建设和对台、对侨工作大局；实施开门修志，不断提升方志队伍素质。努力推动地方志与时俱进，贴近大众，贴近发展，贴近需求，探索形成的“福建经验”为新时代地方志事业转型升级提供有益借鉴。

关键词：新时代　福建　地方志　创新

党的十九大报告指出，“没有高度的文化自信，没有文化的繁荣兴盛，就没有中华民族伟大复兴”，要求“坚持创造性转化、创新性发展，不断铸就中华文化新辉煌”，这些重要论述对新时代的地方志工作提出新期待、新要求。近年来，福建省地方志编纂委员会（以下简称福建省方志委）以习近平新时

① 执笔人：张维义，福建省地方志编委会秘书处处长；郑舒，福建省地方志编委会秘书处副主任科员。

代中国特色社会主义思想为指导，深入贯彻落实党的十九大精神，在福建省委、省政府的坚强领导和中指组及办公室的精心指导下，认真学习贯彻《关于实施中华优秀传统文化传承发展工程的意见》《规划纲要》，创新观念，拓宽思路，大胆探索，加强理论引领，聚焦“两全目标”，主动服务中心、服务社会、服务人民，突出服务乡村振兴战略、“海丝”核心区建设和对台、对侨工作大局，着力提升方志队伍素质，不断推动地方志与时俱进，贴近大众，贴近发展，贴近需求，为新时代地方志事业由“一本书”向“一项事业”转型升级提供有益借鉴。2018 年 5 月，中国社会科学院副院长、中指组常务副组长李培林对福建省地方志工作成效给予充分肯定，并作出重要批示：“福建省方志委以习近平新时代中国特色社会主义思想为指导，坚持改革创新，主动服务大局，探索形成让地方志‘活起来’，让方志人‘活起来’的‘福建经验’，实现地方志工作转型升级，在全国产生较大反响，值得全国地方志系统学习借鉴。”

一、工作开展情况

（一）强化理论引领，进一步树立方志文化自信

2015 年，国务院印发《规划纲要》，“加强修史修志”被写入国家“十三五”规划，地方志事业迎来千载难逢的发展机遇，进入全面转型升级的重要阶段。2017 年，中办、国办印发的《关于实施中华优秀传统文化传承发展工程的意见》提出，要“做好地方史志编纂工作，巩固中华文明探源成果，正确反映中华民族文明史，推出一批研究成果”，又一次从国家层面明确了地方志在增强国家文化软实力、实现中华民族伟大复兴中国梦中的重要作用。

福建省方志委在全国地方志系统率先组织学习习近平同志 1989 年任宁德地委书记期间在全区地方志工作会议上作的《深刻认识修志意义，认真做好修志工作》的重要讲话精神，组织人员深入厦门、宁德、福州等地，实地走访基层史志工作者，收集整理保存相关图文资料，完成《编史修志是一项千秋事业——习近平总书记在闽工作期间的史志情怀》文章。抓好《规划纲要》《关于实施中华优秀传统文化传承发展工程的意见》贯彻落实，强化理论引领，增强方志文化自信，充分调动了机关干部职工的工作积极性，机关形成了想干事、能干事、干成事和心往一处想、劲往一处使的良好风气。积极推进“两

全目标”的落实，实施“一志一策，因志施策”的工作方法，采取行政通报推动、加强业务力量、强化培训指导、专家参与修志等多种措施，精准施策、责任到人，持续推动第二轮修志和年鉴工作提质提速。方志文化自信的树立与强化，为做好做活地方志工作，让地方志“活起来”、“立起来”夯实了基础。

（二）着力改革创新，多载体全面展示方志成果

围绕服务中心大局、满足人民群众需要，不断提高地方志资源开发利用水平，是地方志事业永远在路上的课题。福建省方志委贯彻落实习近平总书记关于“让书写在古籍里的文字都活起来”的重要指示精神，认真分析新时代地方志工作面临的新形势和人民群众对美好生活的新期盼，创新丰富地方志表现形式。

一是在全国率先成功举办“与历史同行”喜迎十九大“方志之夜”文艺晚会，首开用文艺形式表现地方志的先河，让方志典籍里的文字“活”起来。晚会由福建省方志委与福建省歌舞剧院合作，所选节目贯穿地方志元素，以朗诵、歌唱、舞蹈等艺术表现手法，充分展示地方志与红色文化、坊巷文化、闽台文化、海丝文化、茶文化等福建特色文化之间的渊源关系，使观众感受方志的文化内涵，触摸方志的文化根脉。首场晚会在省内规模最大的福建大剧院举行，中国社科院副院长、中指组常务副组长李培林，中指组秘书长、中指办党组书记、主任冀祥德专程到闽指导，省领导叶双瑜、彭锦清、李红，以及省直机关干部、高校学生和史志爱好者等1300多人现场观看，约21.3万人通过网络在线观看。晚会引起新华网、人民网等数十家媒体广泛关注刊播。其中，人民网以《福建一场文艺晚会让地方志“活”了起来》为题进行报道，《海峡都市报》《中国方志报》分别推出宣传专版。省方志委还专门定制晚会精美画册和光盘，深受社会各界的欢迎和喜爱。

二是在全国率先启动全省名镇名村影像志拍摄工作，首开用影像方志形式集中展示一省国家级名镇名村“群体相”的先河，让地方志“立起来”。2018年1月，福建省方志委与福建广播影视集团联合在福州举行《中国影像志·福建名镇名村影像志》签约仪式并正式开机，《光明日报》以《用影像让地方志“活起来”》为题进行报道。《中国影像志·福建名镇名村影像志》首期6集的拍摄工作将于2018年完成，其中第一季“上杭古田篇”分别于5月

31日、6月2日在福建电视台综合频道（一套）、东南卫视首播、重播，其余5集将于10月前后集中播出。

三是在全国率先启动“摄影家眼中的方志”项目，福建省方志委与中国新闻社福建分社合作，在全国率先邀请知名摄影家深入名镇名村，从摄影家角度诠释、反映地方志，将在影像志播出同时推出同名摄影展和画册。通过影像、文字、图片三种载体，再现历史场景，全方位、立体式地展现方志文化，推动地方志走进千家万户。

（三）主动围绕中心，突出特色服务工作大局

创新出活力，特色出生命力。福建省方志委贯彻落实习近平总书记关于“把弘扬优秀传统文化和发展现实文化有机统一起来”的重要指示精神，始终将围绕中心、服务大局作为地方志工作的出发点和立足点，立足资源、厚植优势，超前谋划、因势而为，在特色上做文章，在创新上下工夫，以有为促有位。

一是为乡村振兴战略服务。认真贯彻中央农村工作会议精神和福建省委省政府印发的《关于实施乡村振兴战略的实施意见》，除了启动名镇名村影像志和“摄影家眼中的方志”项目，还在全国率先召开地方志服务乡村振兴战略现场会，选择一至两个镇村作为振兴乡村文化的试点，激活乡村文化生态，主动服务乡村振兴战略，助力走乡村文化兴盛之路。

二是为国家精准扶贫、精准脱贫工作服务。习近平同志在福建工作期间亲自参与组织推动闽宁扶贫协作，其开创的“闽宁模式”成为东西部扶贫协作的成功典范。福建省方志委与宁夏回族自治区方志机构联合编纂《闽宁扶贫协作志》，全面客观地记录闽宁扶贫协作20年的成果。2018年5月3日，双方在福建省方志委召开该志评审会，编纂工作取得实质性进展。在中指办指导下，福建省启动编纂扶贫第一村《赤溪村志》和《下党乡志》，为2020年全面实现脱贫提供历史智慧。

三是为闽台深度融合发展服务。认真贯彻落实习近平总书记关于“我们将持续推进两岸各领域交流合作，深化两岸经济社会融合发展，增进同胞亲情和福祉，拉近同胞心灵距离，增强对命运共同体的认知”的重要指示精神，在全国率先与民营企业合作，共建闽台方志万祥馆，并以此为平台，在全国率先推动方志文献入台，6月下旬赴台湾地区开展“弘扬中华传统文化，促

进闽台方志交流”系列活动，将在台湾地区的世界宗教博物馆、台北“故宫博物院”、新北市图书馆、佛光山大乘寺庙、辅仁大学等设立首批闽台方志文献中心；组织闽台著名专家学者撰稿，与台湾妈祖联谊会合编《妈祖文化志》。该志年内有望出版发行，并将在莆田湄洲和台湾地区举行首发式，并赠送台湾各大妈祖宫庙；在全国率先启动《闽台历代方志集成》大型文献整理项目，首批“福建省志辑”“台湾志书辑”即将出版发行。

四是为建设“海丝”核心区服务。紧紧围绕福建建设21世纪海上丝绸之路核心区这一工作大局，福建省方志委与海峡两岸茶叶交流协会、省农业科学院等联合编纂《福建茶志》；整理出版明代苏浚撰《安南志》、清代陈世元辑《金薯传习录》，列入《福建“海丝”历史文献》系列。

五是为传承弘扬优秀传统文化服务。持续推进《福建寿山石志》《闽学志》《福建姓氏志》《福建漆艺志》等编纂出版工作，并计划通过举办展览、论坛、新志首发式等配套推广，提升宣传层次，扩大社会影响。其中，《福建寿山石志》邀请众多专家参与编纂，编纂《福建寿山石志》期间举办征集作品展、参办“故宫寿山石回故乡展”等活动，在省内引起轰动，该志将于2018年出版发行，并将在北京举办寿山石精品展。

六是为“再上新台阶，建设新福建”服务。与省民政厅、省发改委、省住建厅、省文化厅、省旅发委等部门联合开展“福建省地名文化遗产千年古镇（古村落）”认定工作，推动经济建设和文化旅游产业发展，保护和挖掘地名文化遗产，弘扬中华优秀传统文化，助力文化强省建设；充分挖掘福建侨务大省的资源优势，启动编纂《闽商志》，宣介弘扬闽商精神，为凝聚海内外八闽儿女共识、服务“再上新台阶、建设新福建”添砖加瓦。

（四）实施开门修志，打造地方志专兼职队伍

福建省方志委积极引导社会力量参与修志、传志、读志、用志，坚持“开门修志”“众手成志”，逐步建立专兼职相结合、社会各方积极参与的地方志队伍，有效缓解人手紧缺的问题。

一是加强自身建设，重视提拔大胆重用年轻同志，在开展项目、活动中发现人才、使用人才，努力转变方志队伍固有观念，提升综合素质，提振精气神。

二是加强专家修志，在全国率先成立跨行业、跨领域、层次高、专业性强的传承发展中华优秀传统文化（福建方志文化）专家委员会，其中首次吸收台湾地区、香港地区方志专家加入，充分调动和发挥专家委员会专家在组织协调推动、编审志鉴参与专项工作等方面的独特作用，有效推进各项工作的开展。

三是拓宽合作领域，积极开展"方志文化进校园"系列活动，与宁德师范学院合作，设立全国、全省首个方志培训基地以及高校方志文献中心和方志与地情文献人才培养专修班，打造地方志收藏、陈列、展示的重要窗口平台，创新实现方志机构与高校数字资源共享，开设福建方志与地情文献课程，培养地方志编撰和事业发展所需的专门人才；在宁德市高级中学举办首场与历史同行——"方志之夜"进校园文艺演出，为在校师生呈现一场融政治性、艺术性、观赏性于一体的经典晚会，进一步丰富和拓展地方志"六进"活动的内涵。

二、存在的问题

（一）创新搞活步伐需要进一步加快

近两年来，福建省方志委在让地方志"活起来"、"立起来"方面进行了探索与创新，取得一定成效，得到中指组领导的充分肯定，但目前创新内容的广度与深度还有待拓展，步伐还要加快，社会影响力还需要进一步提升。地方志不仅要"活起来"、"立起来"，还要"强起来"，才能增强吸引力、感召力，让更多的人了解方志，走进方志，喜爱方志。

（二）队伍建设需要进一步"活起来"

方志工作要"活起来"，首先方志队伍得"活起来"。当前，福建省方志队伍在思想观念、工作方法等方面还比较陈旧，转型升级的驱动力还不够强，需要我们着重解决思想认识上的"总开关"问题。要在抓紧抓好"两全目标"任务的同时，创造性开展工作，增强综合素质，建好方志队伍，努力盘活、合理配置工作力量，推动地方志事业转型升级、加快发展。

（三）带动作用还不够明显

福建省在搞“活”方志方面树立了标杆，但对市县（区）的辐射和带动作用还不够。各地还存在不平衡、不充分的问题，一些市县（区）的方志资源开发利用渠道较单一，公共服务职能未充分发挥，福建省地方志系统服务中心大局，让方志“活起来”、“立起来”还需要“众人拾柴火焰高”，工作视野与创新思路还需进一步拓宽。

三、对策与建议

推动地方志事业创造性转化、创新性发展，进一步让地方志“活起来”、“立起来”，归根结底要把握好“一进一出”，修用并举。“进”就是收集整理完整、翔实、准确的资料，立足实际、突出特色，为后世留下堪存堪鉴的精品佳志；“出”就是通过新形式、新渠道不断拓展地方志的服务功能，用活用好方志资源使其成为方便获得、易于采信的文化财富。

（一）完善机制，夯实基础，推动落实依法治志

福建省方志委将积极推动《福建省地方志工作条例》的立法工作，持续开展地方志法规宣传月活动，争取与省政府办公厅督查室或有关部门联合，就各地贯彻落实《地方志工作条例》、福建省实施办法和《福建省地方志事业发展规划纲要（2016—2020年）》情况开展调研督查，积极推动各地落实“一纳入、八到位”。健全完善地方志制度规范和配套文件，探索健全和完善目标考核责任制、年度绩效考评制等，为地方志工作全面推进“活起来”、“立起来”，提出保驾护航的法治基础。

（二）发挥优势，挖掘特色，用好用活方志资源

推动地方志工作理念创新、理论创新、内容创新，主动服务当地经济社会发展，讲好福建方志故事，传播福建方志声音，努力打造“福建经验”升级版。

一是大力推动地方志“走出去”。赴韩国、日本收集福州漆器、漆艺方面资料，适时启动编纂《福建漆艺志》；在马来西亚设立首个海外福建方志文献

中心，推动方志文化进华人社区、华人社团。

二是持续推进闽台方志文化交流。在台湾地区宗教博物馆、辅仁大学等建成首批福建方志文献中心，探索建立两岸专家学者双向互动沟通交流工作机制；出版《闽台历代方志集成》“福建省志辑”“台湾志书辑”，举办首发式和专家研讨会等配套活动。

三是持续推进特色志编纂。《福建茶志》将于2019年出版，推进《福建省情手册》（暂名）编纂工作；启动编纂《福建抗日战争志》和福建名街、名山、名水志等，不断挖掘具有时代特色、民族特色、地方特色、民俗风情特色和社会活动特色的重大内容题材，写足、写实、写活、写好。

四是探索地方志服务乡村振兴“福建模式”。持续抓好《中国影像志·福建名镇名村影像志》和“摄影家眼中的方志”项目；精心编好乡镇志、村志，培育新乡贤文化，延续乡村历史文脉；挖掘、整理、展示非物质文化遗产的文化内涵，传承保护好非物质文化遗产；推动乡规民约、祖训家训与宗祠文化相结合，使祠堂成为新时期乡村文明建设的重要基地；挖掘民俗活动的方志记载和文化内涵，举办富有文化气息的民俗活动，传承好民俗文化的精神内核；将地方志与乡村旅游结合起来，提升乡村旅游的历史文化内涵，打造乡村文化旅游产业链；建立乡村“方志书屋”等地方志服务阵地，与农村书屋、农村文化中心等文化阵地整合起来，使之成为乡村的方志文化展示窗口。

（三）科学规划，夯实平台，提升社会服务水平

大力推进“互联网＋地方志”。在完成福建省方志委官网整改提升的同时，探索建立“福建方志云”“福建方志记忆”数据库、“福建方志一点通”等新型服务平台，大力推进全省三级地方志网站联网，加强方志网站、数据库建设，努力为社会提供更丰富的数字方志文化成果。持续办好“方志福建”微信公众号，提高推送内容的可读性、趣味性。积极推进方志馆（库）建设。高点谋划、突出特色、积极推进省方志馆项目建设，打造具有书籍收藏、文物展览、全景演示、文化讲坛等综合功能的现代化场馆，力争2018年底、2019年初竣工并对外开放；指导各地按照《全省市、县（区）方志馆（书库）建设指导意见（2017—2020）》，因地制宜推进方志馆（书库）建设，超前谋划，建出特色。持续开展全省志鉴等地情书统一调集配送工作，不断充实全省地方志数据库。

（四）开门修志，专兼结合，着力建强方志队伍

大力实施“开门修志”“众手成志”，统筹协调处理“点”“线”“面”的关系，建立既相对独立又相互依存的开放性、整合型工作队伍和力量，是地方志事业的重要基础和根本保障。

一是注重“点”的建设。“点”即地方志人才队伍，在不断加强方志工作者培训教育的同时，进一步完善培养、教育和激励机制，注重激发干部活力和创造力，提振精气神，建立一支作风好、素质强的地方志常备力量。

二是注重“线”的建设。“线”即地方志战线，加强对各志书承编部门的督促指导，建立专兼职地方志工作队伍，通过举办业务培训、成果展览、经验交流等多种形式，提高地方志战线的战斗力、凝聚力。

三是注重“面”的建设。在更广泛的意义上推进方志力量建设，充分发挥传承发展中华优秀传统文化（福建方志文化）专家委员会在修志、读志、传志、用志中的作用；加强与高校的深度合作、优势互补，争取与闽江学院合编《福建漆艺志》，与泉州工艺美术学院合编《福建陶瓷志》等；鼓励和吸纳更多的文化机构、新闻单位及社会各界的方志爱好者、研究者以各种方式和渠道参与地方志工作，扶持引导社会力量参与地方志资源开发利用，努力形成全社会都来关心支持、参与推动地方志工作的生动局面。

山东省推进史志事业转型升级创新发展的探索与实践

刘爱军　李　坤[①]

提　要：山东省史志系统认真贯彻落实《规划纲要》，围绕走在前列的目标定位，提高政治站位和文化站位，重点从改革创新、完善机制、转变作风等方面不断实现新的突破，统筹推进史志法规规章、发展规划、第二轮修志、综合年鉴编纂、方志馆建设和信息化建设全覆盖“六全”目标任务，全面推进史志事业转型升级、创新发展，保持高位运行的良好态势，取得令人瞩目的丰硕成果，创造出“围绕一个目标、提高两个站位、突破三个重点、落实‘六全’任务，促进山东史志事业实现创新发展、持续发展、领先发展”的经验。

关键词：山东经验　转型升级　创新发展

党的十九大开启了全面建成小康社会、建设社会主义现代化强国的新征程，中国特色社会主义进入新时代，全国地方志事业也走进新时代，迎来了新的历史起点和新的历史方位，需要不断创新发展和全面转型升级。近年来，山东省史志系统以习近平新时代中国特色社会主义思想为指导，全面贯彻执行《规划纲要》，在山东省委、省政府的正确领导下，在中指组及其办公室的

① 刘爱军，中国孔子基金会秘书处党组书记、秘书长；李坤，山东省方志馆馆长。

精心指导下，围绕走在前列的目标定位，提高政治站位和文化站位，重点在改革创新、完善机制、转变作风等方面不断实现新的突破，统筹推进史志法规规章、发展规划、第二轮修志、综合年鉴编纂、方志馆建设和信息化建设全覆盖“六全”目标任务，全面推动史志事业转型升级、创新发展，创造出“围绕一个目标、提高两个站位、突破三个重点、落实‘六全’任务，促进山东史志事业实现创新发展、持续发展、领先发展”的先进经验，取得了令人瞩目的丰硕成果，反映出地方志工作在新时代的新气象和新作为。2017 年底，中指办在济南召开第二次全国地方志工作经验交流会，重点推介“山东经验”。2018 年初，又印发通知，在全国地方志系统宣传推介“山东经验”。

一、始终以走在前列为目标定位，是山东史志事业乘势而上、高位运行的先决条件

党的十八大以来，以习近平同志为核心的党中央对山东发展寄予厚望。2013 年 11 月 24—28 日，习近平总书记在山东考察期间，要求山东“在全面建成小康社会进程中走在前列”，对山东工作提出明确的目标定位，为山东各项工作开展指明了方向。党的十八大以来，习近平总书记、李克强总理等党和国家领导人高度重视史志工作，多次作出指示、批示。新一届中指组及其办公室成立以来，全面贯彻落实党中央、国务院各项重大决策部署，改革创新，谋划长远，真抓实干，全国史志事业呈现出蓬勃发展的大好势头，迎来了新的春天。山东省委、省政府也十分关心支持史志工作，山东省第十一次党代会报告明确提出“牢牢把握走在前列的目标定位，加快推进由大到强战略性转变，奋力开创经济文化强省建设新局面”，明确要求“推进地方史志等事业创新发展”。

山东史志系统始终牢记习近平总书记嘱托，围绕走在前列的目标定位，紧紧抓住难得的历史机遇，第一时间及时贯彻落实党中央、国务院和省委省政府及中指组的各项决策部署。在贯彻落实党中央国务院决策部署方面走在前列，2014 年中央作出隆重纪念抗战胜利 70 周年的决策部署，山东省地方史志办公室第一时间组织编纂山东纪念抗战胜利 70 周年丛书，并在 2015 年 9 月 3 日抗战胜利纪念日前夕出版，成为全国第一个推出纪念抗战胜利成果

的史志机构。2015 年 8 月 25 日，国务院办公厅印发《规划纲要》，10 月 20 日，山东省政府办公厅在全国率先印发《山东省地方史志事业发展规划纲要（2016—2020 年）》。在贯彻落实省委省政府决策部署方面走在前列，2015 年 1 月 27 日，时任省长郭树清在政府工作报告中对“挖掘和利用好丰富的齐鲁文化资源”作出明确部署，山东省地方史志办公室立即组织调研论证，推动落实齐鲁历史名人动漫等有关项目。2017 年 8 月 23 日省委制定出台《关于大力弘扬沂蒙精神的意见》，山东省地方史志办公室立即组织学习，着手开展《沂蒙精神志》《沂蒙精神概述》《沂蒙红嫂志》编纂。在贯彻落实中指组决策部署方面走在前列，中指组领导提出地方志援疆援藏要求后，山东省地方史志办公室迅速落实，从 2015 年起，率先连续三年邀请西藏、新疆等省（区）地方志同仁 145 人来山东参加修志业务培训班，中指组常务副组长李培林指出，“山东邀请西部五省（区）共同学习交流，在全国带了个好头。”中指组无论是安排部署抗战研究还是推动开展乡镇村志编修等各项工作，山东都是第一时间积极响应、推出成果、做出成绩、树立标杆，起到了领头羊的带头作用。

山东省史志系统始终保持这种敢为人先的精神，坚定不移地以走在时代前列、走在全国前列为目标定位，真抓实干，奋力拼搏，取得丰硕成果，创造出多项全国第一：在全国率先出台省级史志事业发展规划纲要，并实现省、市、县三级史志事业发展规划全覆盖；第一个提出“三全”目标任务（到 2018 年全面完成第二轮修志任务，省、市、县三级综合年鉴全部达到“一年一鉴、公开出版”，到 2020 年省市县三级方志馆全部建成）；第一个实现省、市、县三级史志工作法规体系全覆盖；第一个实现上半年出版省级综合年鉴；第一个实现省市县三级地情网站全覆盖和第二轮改版升级；第一个由省政府办公厅印发方志馆建设管理规范；第一个在抗战胜利 70 周年前夕推出抗战研究成果，第一个为中国艺术节编修志书——《第十届中国艺术节志》等，保持了高位运行良好态势。

二、提升政治站位和文化站位，是山东史志事业赢得重视、彰显价值的立足点

（一）提升政治站位，认真学习贯彻习近平新时代中国特色社会主义思想，主动对接省委省政府重要工作，确保史志工作始终围绕中心、服务大局

历代修志都是官职、官责，是政府行为。进入新的历史时期，“为党立言、为国存史、为民修志”成为对史志工作鲜明的政治要求。党的十八大以来，中国共产党党经过艰辛探索，创立习近平新时代中国特色社会主义思想，其基本方略之一就是“坚持社会主义核心价值体系”。山东省史志系统始终以习近平总书记系列重要讲话精神和治国理政新理念新思想新战略为统领，特别是深入学习贯彻习近平总书记关于社会主义文化建设重要论述，将“旗帜鲜明讲政治”贯穿到每一项工作的每一个环节，牢固树立“四个意识”，使山东的史志工作坚持正确的政治方向，在弘扬社会主义核心价值观、提升文化自信、巩固壮大主流思想文化建设、反映历史发展主流、杜绝历史虚无主义等方面发挥了重要作用。

山东省地方史志办公室积极发挥史志存史、育人、资政作用，将史志工作放在经济文化强省建设大局中考量，将史志事业与省委、省政府中心工作紧密结合，找好工作的切入点和着力点，不断推出有重要影响的史志成果，赢得省领导的信任和支持，以有为谋有位。4 年多时间，山东省委书记刘家义、省长龚正等省领导先后对史志工作作出 121 次批示，特别是时任省长郭树清，作出 23 次批示，在方方面面关心、支持史志工作。各级政府普遍提高了认识，加强了领导，有关部门也在机构改革、人力、财力等方面加大支持力度，省史志办机关暂不参与事业单位分类改革，增设了信息工作处，增加了一个副巡视员、一个调研员、一个副处长岗位，省方志馆定为公益一类。在财政部门逐年全面压减经费的情况下，山东省地方史志办公室的专项经费逐年增长，基本做到只要有项目经费就有保障，确保各项工作顺利开展。

（二）提升文化站位，树立方志文化自信，弘扬优秀齐鲁文化，推动史志工作真正成为文化强省建设重要组成部分

党的十九大报告要求“推动中华优秀传统文化创造性转化、创新性发展”“发展社会主义先进文化，不忘本来、吸收外来、面向未来，更好构筑中国精神、中国价值、中国力量。”地方志绵延千载，是中华优秀传统文化的重要组成部分和传承载体。近年来，山东省史志系统敢于打破传统的工作理念，以“大史志”“大文化”的站位，主动融入经济文化强省建设大格局。省委制定出台《关于大力弘扬沂蒙精神的意见》，省委办公厅、省政府办公厅印发《山东省传承发展中华优秀传统文化工作方案》《关于省扶贫工作重点村加快建设美丽乡村的意见》《山东省关于网络内容建设工程的实施意见》，省委宣传部等40个部门出台《山东省文化领域供给侧结构性改革实施方案》，都将省史志办列为责任单位，将史志工作列为重要内容。在这种文化站位下，山东省史志系统牢固树立方志文化自信，大力弘扬方志文化和齐鲁文化，不断彰显地方志的文化魅力和社会价值，产生积极的社会影响。一是加强宣传阵地建设。对省、市、县三级地情网站进行第二轮改版升级，率先开通“山东史志”微信，对《山东史志》期刊改版升级，并充分发挥地情网站、微信平台、方志期刊等作用，发出时代强音。精心策划宣传活动，在“山东史志”微信举办两届“山东史志”年度人物评选活动，2016年8.5万人关注微信并投票，2017年40余万人投票，很好地展示了史志人风采。2016年通过各级媒体面向社会公开征集省方志馆馆标，不但征集到水平较高的设计方案，而且起到很好的宣传效果。二是加强与主流媒体合作。为《第十届中国艺术节志》、山东纪念抗战胜利70周年丛书举行新闻发布会，人民网、新华网、《大众日报》、山东电视台等30多家新闻媒体报道。协调山东省委机关报大众日报多次报道山东史志工作，刊载副省长王随莲《发展地方史志事业 弘扬优秀传统文化》署名文章，以及省史志办公室主任刘爱军同志贯彻落实史志事业发展规划纲要、开展旧志整理工作、《山东省历史地图集》等专访或署名文章，树立“山东史志”的社会形象。三是拓宽交流合作平台。与山东省委党校签订交流合作协议，在省委党校图书馆专门开辟史志成果专区，供学员参考借阅。与中国孔子基金会合作，共同传承齐鲁优秀文化。赴台湾考察，增进鲁台历史文化交

流。赴英国、德国、挪威、瑞典等国考察交流，探讨历史文化研究与合作事宜。积极落实赴德考察成果，协调有关单位推动山东大学、山东师范大学同时成立两个莱布尼茨研究中心，成为中德文化交流新平台。2017 年 5 月 24 日，德国下萨克森州州长斯特凡·威尔出席了山东师范大学中德莱布尼茨研究中心成立仪式。聘请国际莱布尼茨学会秘书长李文潮、德国下萨克森州政府对华合作顾问迪特·舒伯特等国际友人为山东省地方史志办公室对外交流顾问，进一步拓宽了合作交流渠道。四是擦亮史志文化品牌。组织开展各类文化活动。2013 年聘请著名学者、书法家、教育家欧阳中石先生担任省方志馆名誉馆长，请他为山东省方志馆题写馆名、《山东史志》题写刊名，邀请他举办“齐鲁文化大讲堂”“欧阳中石书中华美德古训展”等文化活动，在省方志馆为“史志大讲堂”举办“中华文化与逻辑”“中华文化与书法”讲座，扩大了史志工作的社会影响，营造出良好的社会氛围。

三、改进作风，创新机制，是山东史志事业攻坚克难、担当有为的不竭动力

（一）以改革创新精神引领发展

山东省地方史志办公室始终将创新作为事业发展的不竭动力，围绕中心、服务大局，推动史志事业在新的时代焕发生机，开拓出事业发展新境界。

1. 编纂资政专题志书。一是在 2013 年出版发行《汶川特大地震山东省救助援建志》，成为弘扬抗震救灾精神、增强民族凝聚力的生动教材。二是 2014 年编纂出版《第十届中国艺术节志》，这是 1987 年中国艺术节举办以来首次修志，为全面记述大型艺术活动提供范本。三是 2016 年启动《山东省对口支援新疆志》《山东省对口支援西藏志》编纂工作，继承和弘扬援疆援藏精神、加强民族团结，在全国地方志系统走在前列。

2. 持续开展抗战研究。2015 年为纪念抗战胜利 70 周年，主动提出并组织编纂山东纪念抗战胜利 70 周年丛书，包括《山东抗战将士记忆》《山东抗战将士传略》《山东抗日根据地图志》《山东抗战战事史料汇编》《山东抗战纪念设施和遗址名录》5 部书，200 万字、3000 余幅图片。2016 年又编纂山东抗战研究丛书，包括《亲历沂蒙抗战》《沂蒙抗战大事记》《沂蒙抗战歌曲选》《沂

蒙抗战将士记忆》4部书，113万字、800多幅图片，填补了抗战研究多项空白。2017年启动《山东抗日根据地志》《山东解放区志》《沂蒙精神志》《沂蒙精神概述》《沂蒙红嫂志》编纂，计划2019年出版，向中华人民共和国成立70周年献礼。

3. 传承弘扬齐鲁文化。一是出版《山东省历史地图集》，包括《政区》《自然》《经济》《文化》《社会》《军事》《村镇》《古地图》8个分册，全面展现山东五千年自然与人文地理变迁，被列入山东省文化强省建设标志性工程。二是出版《山东简史》《山东地方治理历史经验参考》《山东省情概览》。《山东简史》10万余字，梳理山东历史发展脉络。《山东地方治理历史经验参考》4万字，总结明清等时期地方官员治理经验。《山东省情概览》从2015年起连续出版，突出资料性、知识性和可读性，受到各级干部和社会各界广泛欢迎。三是2016年在山东纪念抗战胜利70周年丛书基础上，制作完成18集纪念抗战胜利电视专题片，2017年又制作6集《山东抗战将士记忆》口述史专题片。四是开展齐鲁历史名人动漫项目，完成《辛弃疾》《李清照》《曾子》《姜太公》，《孟子》《孔子》等顺利推进，用现代传媒手段展示齐鲁历史名人，弘扬优秀传统文化。五是编纂出版10卷本《齐鲁历史名人传略》丛书，收录500位齐鲁历史名人。六是稳步推进旧志整理。2014年整理出版宣统版《山东通志》，2015年整理出版31种府州志，原版影印，宣纸印刷。2016年制定全省旧志整理“十三五”规划，计划5年内完成对449种旧志的整理工作，出版《山东省历代方志集成》。当年出版省卷和济南卷42种旧志。2017年出版青岛、淄博、枣庄、东营、烟台卷98种旧志，很好地保护传承了齐鲁历史文化典籍。七是推动乡镇村志编修蓬勃开展，争取将乡镇村志编修工作纳入全省实施的“乡村记忆工程”。2016年8月，在全国率先由省政府办公厅转发《关于做好乡镇村志编修工作的意见》。2017年3月，山东省地方史志办公室印发《齐鲁名镇名村志文化工程实施方案》，提出用三年时间编修100部“齐鲁名镇名村志”，每部资助印刷资金2万元，有力促进乡镇村志编纂，传承乡村文脉，留存乡村记忆。

（二）以健全完善机制保障发展

山东省地方史志办公室坚持科学把握史志事业发展规律，大胆探索实践，形成了推动工作开展的良好机制。一是督查落实机制。从2013年开始，每年提请省政府对史志工作进行政务督查，分管副省长王随莲带队到基层督查史志工作，解决了大量工作中存在的困难和问题。省政府将史志工作列入《政府工作报告》任务分解落实专项督查重要内容。狠抓修志、年鉴和方志馆建设“三全”目标任务落实，连续到进度相对较慢的市召开“三全”目标推进会，要求市政府和所属县（市、区）政府分管负责人、史志办主任等参加会议，引起市县两级党委、政府的高度重视，有力地推动史志工作各项任务落实。二是人才培养机制。山东省从2011年起实施人才培训五年规划，每年举办涵盖修志、编鉴、方志馆、信息化等方面的综合性业务培训班，2014年起每年专门举办乡镇村志编修培训班，邀请中指组办公室领导以及全国知名专家授课，省财政每年拨付60万经费予以支持。2016年启动实施新一轮培训五年规划。已培训业务骨干2000余人，形成多层次、全方位的人才培养机制，收到很好效果。三是典型带动机制。注重及时发现和总结先进经验，近年来，先后总结推广临朐、济南、河口、博山、天桥、青岛等先进经验，涵盖整体工作和第二轮修志、年鉴编纂、资源开发利用等专项工作，起到良好的示范带动作用。“临朐经验”得到中指组原组长王伟光的高度重视，要求学习推广。临朐县史志办原主任刘建国被评为全国地方志系统先进个人，全国第一个地方志方面的国情调研基地也设在临朐。四是制度保障机制。全面修订完善规章制度，出台32项机关管理制度和28项业务管理规范，汇编成册，人手一册，以完善的工作体系流程推动整体作风的转变和能力素养的重塑，不断提升队伍建设的规范化、标准化水平。五是激励引导机制。山东省地方史志办公室每年组织“山东省优秀史志成果奖”评选，以省政府办公厅名义表彰；每两年组织一次优秀年鉴评审；每4年以省政府办公厅、人力资源社会保障厅、公务员局名义开展一次史志工作表彰活动，充分调动起史志工作者积极性，凝聚起干事创业的强大力量。

（三）以加强作风建设助推发展

作风建设对地方志事业发展至关重要。山东省地方史志办公室始终把加强作风建设作为基础性工作来抓，扎实开展“三严三实”“两学一做”学习教育，铸牢“四个意识”，旗帜鲜明地讲政治，锤炼敢于担当、敢打必胜的史志干部队伍。2016年首次在中国井冈山干部学院举办高规格的全省史志系统领导干部培训班，2017 年在遵义又举办全省史志系统领导干部培训班，继承弘扬党的优良传统和作风，补足精神之“钙”，为事业发展提供不竭动力。坚持开展以“讲政治、讲学习、讲团结、讲道德、讲实绩、讲规矩”为主要内容的文明和谐机关建设，连续开展“作风建设年”“能力建设年”活动，形成鲜明的工作导向。大力弘扬“修志问道、直笔著史”的方志人精神，组织“齐鲁方志人”征文，举办演讲比赛，结集出版《齐鲁方志人》。选树先进典型，开展向先进学习活动，用身边事教育身边人，见贤思齐，转变工作作风，提升工作能力，形成学习先进、崇尚先进、争当先进的浓厚氛围。

面对辛苦、艰苦、清苦的“三苦”史志工作，大家甘坐“冷板凳”，在史志事业这片沃土上默默耕耘，创造出一个又一个奇迹，收获了一个又一个硕果。史志干部从中得到历练成长，山东省地方史志办公室 2016 年提拔调整 13 名处级干部，2017 年争取 1 名同志提任班子成员，2 名同志到省政府驻外办事处担任副处级干部，一名同志被中组部录用。多名市县史志办主任交流到开发区、妇联、人大、政协等岗位担任主要领导职务。广大史志工作者扎根齐鲁文化深厚土壤，继承和发扬“修志问道、直笔著史”的史家优秀传统，切实担负起新时代方志人的历史担当和使命追求，始终保持着无私奉献、干事创业的澎湃激情，培育了正能量，铸就了精气神，开创了史志事业新局面。

四、统筹推进落实“六全”目标任务，是山东史志事业转型升级、创新发展的重要抓手

在推进事业发展的过程中，山东省地方史志办公室坚持战略思维和系统思维，注重搞好顶层设计，立足当前，谋划长远，并狠抓落实，一步一个脚印将蓝图变为现实。在谋划并实现省、市、县三级史志法规规章、规划纲要和地情网站全覆盖“三全”目标的基础上，进一步提出实施省、市、县三级第二轮修志，综合年鉴编纂和方志馆建设全覆盖的新“三全”目标并扎实推进。这“六全”目标成为史志事业转型升级、创新发展的有力抓手。

1. 实现史志法规规章全覆盖。2005 年山东省颁布实施《山东省地方史志工作条例》，是全国第二个颁布实施的史志工作地方性法规。在此基础上推动 17 市和 137 个县（市、区）制定出台史志法规、规章或规范性文件。特别是

2013 年以后加大了督导力度，通过下发通知、经常调度、通报情况、重点督查等手段，于 2014 年 12 月在全国率先实现省、市、县三级史志法规规章体系全覆盖，到目前也是唯一实现全覆盖的省份。同时依托各级政府“权力清单”和“责任清单”，将依法治志纳入政府依法行政范畴，进一步明确史志工作是各级政府法定的“官职”“官责”。

2. 实现史志发展规划纲要全覆盖。2015 年 8 月《规划纲要》出台后，山东于 2015 年 10 月在全国第一个出台以省政府办公厅名义印发的《山东省地方史志事业发展规划纲要（2016—2020 年）》，率先提出第二轮修志、综合年鉴编纂和方志馆建设“三全”目标任务，科学谋划史志事业发展方向。同时积极推动市县两级颁布实施史志规划纲要，一张蓝图绘到底。经过推动和督导，至 2017 年 8 月，市县两级规划纲要全部由政府办公室（厅）印发，明确具体的时间表、路线图，增强了工作的计划性，史志工作由过去可有可无的“软指标”变成必须完成的“硬任务”。

3. 实现地情网站全覆盖。山东在全国率先建成省、市、县三级地情网站，2016 年完成市县两级地情网站第二轮改版升级。在此基础上不断加强信息化建设，山东省情网升级扩容，实施第 7 次改版升级，开发“俯瞰齐鲁”历史地理信息系统、省情资料库原版显示等新功能，开展首轮县志数字化工作，用户总访问量 1300 万人次，在省内外的影响力不断扩大。充分运用新媒体拓展服务渠道，开通“山东史志”微信，1.5 万人关注，在“今日头条”手机客户端开通“山东史志”头条号，总阅读量达到 140 万人次。全省有 20 多个市县史志机构开通微信公众号，形成方便快捷、富有特色的方志文化传播体系。

4. 推进第二轮修志全覆盖。山东第二轮修志于 2001 年启动，到 2013 年初，仅出版省志分志 16 部，完成 21%，市级志书 3 部 2 卷，完成 16%，县级志书 56 部，完成 41%。按照这个进度，难以在 2018 年完成省政府要求的修志任务。为解决进度滞后的问题，山东省地方史志办公室提出“倒排工期”的思路，制定《全省第二轮修志倒排工期计划表》，明确每部志书完成时限，发放“明白纸”，细化目标任务，每半年调度一次情况，通报修志进展，加大督促检查力度。2017 年底，全省第二轮修志规划的 74 部省志分志完成 56 部，占计划的 76%；17 部市志完成 13 部，占计划的 76%；138 部县级志书完成 118 部，占计划的 86%。4 年时间出版志书数量是前 12 年的 1.3 倍。确保 2018 年全面完成二轮修志任务，比全国提前 2 年。同时，加强质量管理，完善 13 项志书质量管理制度，全流程管控编纂质量，每年培育几部重点志书，发挥带动作用，使得修志进度明显加快、志书质量同步推进。

5. 推进综合年鉴编纂全覆盖。在省市两级综合年鉴编纂“全覆盖”的基础上，大力推动县级综合年鉴编纂“全覆盖”，2013 年全省一年一鉴的县（市、区）仅 31 个，2017 年年底达到 127 个，2018 年将全部实现“一年一鉴、公开出版”，比全国提前 2 年完成。在保证数量的同时，打破常规、改革创新，推动年鉴编纂提速增效。年鉴编纂按以往惯例都是年底出版，《山东年鉴》2013 卷 10 月出版，2014 卷 7 月底出版，从 2015 卷开始稳定在 6 月底出版，连续四年保持全国最早出版，把“不可能”变成了“可能”，带动全省年鉴编纂全面提速增效。2013 年以来，《山东年鉴》每年进行 20 多项改革创新，使用二维码等新技术，不断增强服务现实功能，被纳入中国年鉴精品工程，获全国地方志优秀成果（年鉴类）特等奖。

6. 推进方志馆建设全覆盖。山东省政府办公厅印发的省史志事业发展规划纲要在全国第一个提出“到 2020 年实现省、市、县三级方志馆建设全覆盖”。为实现这一创新发展目标，采取定期调度、通报情况、政务督查、现场督导、将方志馆建设纳入档案馆建设体系等一系列措施，取得显著成效。2017 年 11 月，省政府办公厅印发《全省方志馆建设管理规范》，对方志馆概念与功能、建设规划与规模、建筑选址与设计、人员配备及运行管理等方面作出明确规定。省方志馆新馆建设方案经省政府同意，正在按程序向前推进，规划面积 2 万多平方米。市级方志馆已建成、在建或拟新建馆舍平均 5000 平方米，其中国家方志馆黄河分馆暨东营市方志馆面积达 2 万平方米。莱芜市方志馆规划 2 万平方米，青岛、潍坊等市方志馆规划 1 万平方米。全省已建成、在建或拟新建县级方志馆中，面积达到 1000 平方米以上的有 90 多家，其中 25 家在 2000 平方米以上，呈现出良好发展势头。

充分发挥方志功能　服务湖北发展大局

湖北省地方志办公室 ①

提　要：近年来，湖北省地方志系统围绕地方志事业转型升级，积极开发利用方志资源，作出了较大成绩，在服务党的中心工作和全省发展大局方面发挥了重要作用，但也存在方志资源开发不充分、方志事业发展不平衡、方志服务功能不完备、方志信息化建设滞后等不足。针对问题和不足，积极探索下一步工作的方向和发展路径：一是以"三化"建设夯实方志发展基础；二是以创新引领拓展方志服务功能；三是以主动作为扩大方志社会影响；四是以人才建设增强方志发展后劲。

关键词：方志资源　开发利用　服务大局

地方志是我国优秀的文化典籍，是我国民族文化宝库中的一块瑰宝，其历史之悠久、地域之广阔、内容之丰富，为世界所罕见。湖北是修志大省，地方志成果丰硕。面对新时代，湖北的地方志事业如何实现"创造性转化、创新性发展"的转型升级，如何更好地开发利用方志资源，展现地方志的魅力，湖北省进行了多方面探索。

① 执笔人：张静，原湖北省地方志办公室省志（市县志）工作处四级调研员。

一、湖北地方志资源开发利用情况

近年来，湖北省地方志工作不断创新发展思路，拓宽服务领域，在地方志编纂、管理和开发利用等方面取得积极进展：一是地方志工作的法治化、制度化建设不断完善，逐步进入依法修志的新阶段；二是志书编纂工作稳步推进，近4000万字的《湖北省志》、17部市（州、区）志和97部县（市、区）志全部完成编纂任务；三是年鉴工作发展迅速，年鉴编纂工作已由一部《湖北年鉴》进入向省、市、县三级地方综合年鉴为主体，行业、部门等多种年鉴同步发展的新阶段；四是地方志资源开发利用成果丰硕，积极服务地方经济社会发展，公共文化服务能力和水平日益提高，社会认可度和参与度不断提高。可以说，湖北省地方志事业在服务党的中心工作和全省发展大局方面发挥了重要作用。

（一）编纂志书年鉴为科学决策提供依据

湖北省地方志系统坚持结合实际，及时向领导提供综合及专项信息，为地方治理提供经验智慧。

一是帮助领导熟悉湖北历史地情。全省各级方志办坚持主动向每位新到任的各级党政领导负责人赠阅志书、年鉴、地情书，使各级志书成为当地党政领导开展工作的案头书、工具书。2014年以来，省方志办坚持每年向省“两会”人大代表、政协委员赠送《湖北简明省情手册》，帮助代表共谋发展。同时为进一步转化志鉴成果，全面宣传介绍湖北省情，用“口袋书”的形式简练地介绍各地的主要特色和精华内容，全省正在大力开展《湖北要览》系列地情丛书编纂工作，计划编纂出版117册（省级1册，每个市、县、区各1册）。目前，襄阳、建始等11部样稿的编纂任务已完成，正在进入出版程序。

二是为重大事件的形势判断提供依据。如1998年，湖北遭受特大洪水，洪灾区各地方志办放将历史上当地遭遇洪水时的水位、容易溃口的地段、地形图等汇编成册，为抗洪方案的制定提供翔实的历史资料参考。

三是利用资料优势，为全省深化改革、扩大开放提供地情参考资料。省方志办从1989年开始编撰《湖北年鉴》，已连续出版28卷；针对经济社会形势变化，定期整理、分析志书中的大量信息资料，为领导报送有针对性的信息专报，为领导掌握湖北经济社会发展规律，准确把握湖北时代定位提供重要参考。

（二）研究地情资料为经济发展提供服务

一是服务重大战略实施。在国家重大战略的湖北实施中，全省各级方志办积极行动，主动作为，提供大量专业翔实的资料，为战略的谋划和推进提供重要依据。如在落实精准扶贫的工作中，省方志办立足文化扶贫，主动谋划，帮助胡家河村编修《胡家河村志》，系统记述村史村貌和在新农村建设中取得的成就，深度挖掘千年银杏谷的旅游文化资源，唤醒村民的爱乡之情，坚定改变家乡面貌脱贫奔小康的信心。在三峡工程建设过程中，地方志为周边历史文物保护方略的制定提供大量翔实史料。2010 年，三峡面临全面完成初步设计建设任务后的第一次大洪水，峰值超过 1998 年上游来水的最大流量。为了应对这次洪水，仅宜昌市方志办就提供 760 多种方志资料协助进行历史水文调查。再如，在南水北调工程建设中，荆门方志办提供大量荆门、钟祥、沙洋的水文、地质和人文资料，协助这一跨世纪工程顺利通水。

二是服务招商引资。各地方志办充分发掘方志资源，以地方特色、乡音乡情为突破口，打响地方品牌，配合当地政府，吸引外地客商投资兴业，促进地方经济的发展。如民国《南溪县志》称："今蜀南来自湖广之家族，溯其始，多言麻城孝感乡"，又如民国《荣县志》曰："洪武二年，蜀人楚籍者，动称是年由麻城孝感乡入川，人人言然。"麻城利用湖广填四川的历史背景，将招商重点转向川渝，精准招商策略吸引到大量川渝地区企业投资。

三是服务产业发展和项目建设。方志本身就是文化产业的重要组成部分。近年来湖北省志书编纂的规模化、系统化，志书资料的数字化、信息化、网络化，为全省文化产业发展创造了经济和社会效益。同时，各地方志办主动融入地方产业经济发展，用翔实的土壤、气象、物产、矿藏、水利、民俗等资料，为开发地方特产资源，发展区域特色产业，创建特色品牌，丰富品牌文化内涵等提供重要依据，也为项目落户建设提供重要参考。如通山县方志为杨芳酱油、瑶山红茶、乌骨山羊等申报国家地理标志提供有力的佐证材料。崇阳县方志为申报地理标志产品（如崇阳野桂花蜜、雨山黄牛、众望麻花等）提供史料依据。

（三）发掘历史资料为城乡建设增添文化内涵

各级各地方志办积极参与城镇化建设和城市改造，帮助挖掘城市、乡村、街道的历史背景和文化内涵，在城市定位、宣传规划中起到重要引导作用，有力提升城乡建设品位和城镇化质量。2012 年，省方志办联合省住建厅编纂出版《湖北乡镇大全》，为全省城镇化建设和城乡一体化建设决策提供重要参考。为落实习近平总书记“望得见山、看得见水、记得住乡愁”的指示精神，2014 年湖北省又启动全省乡镇村志编纂工作，目前全省 17 个市州、直管市、神农架林区均已启动乡镇村志编纂工作，已出版乡镇村志近 300 部。其中，京山县《三阳镇志》入选中国名镇志文化工程首批名镇志（共 11 部）、大冶市《保安镇志》入选中国名镇志文化工程第二批名镇志，宜都市的《青林寺村志》入选全国名村志文化工程首批名村志。同时争取到第三届中国名镇论坛暨第三批中国名镇志出版座谈会在湖北召开，进一步扩大名镇名村志的示范带动作用。黄冈市统筹开发遗爱湖景区过程中，市方志办积极挖掘东坡文化、黄州历史文化，协助景区规划建设临皋春晓、东坡问稼、一蓑烟雨、琴岛望月、红梅傲雪、幽兰芳径、平湖归雁等景点，遗爱湖已成为黄冈重要的旅游名片。此外，在武汉市汉口中山大道改造建设、武汉地铁线路站点建设和命名、荆州襄阳等古城的建设和蕲春、秭归等特色小镇建设中，方志系统都发挥了重要作用。例如，襄阳市方志办整理出版《襄阳府志》，为襄樊恢复襄阳古名发挥重要作用。

（四）拓展修志领域为生态文明建设提供参考

湖北是生态大省。作为长江干线流经最长的省份、三峡工程库坝区和南水北调中线工程核心水源区、长江流域重要的水源涵养地和国家重要的生态屏障，湖北的生态安全地位举足轻重。全省地方志中关于自然历史的递嬗、水旱、灾害形成，气候物候变化，山川变迁等方面的记录，为各地保护自然环境、搞好生态文明建设提供系统、翔实、完整的生态建设史料。2014 年，省方志办与省水利厅联合编纂《湖北省湖泊志》，客观记述湖北省 755 个湖泊的自然地理、历史变迁、生态环境、治理开发、湖域特色等各方面的情况，是全省湖泊保护、开发和利用的权威资料，为湖北生态文明建设提供重要参考。

鄂州市主动从志书中挖掘出有关梁子湖流域的史料，为《梁子湖流域水资源保护条例》的起草提供大量翔实资料。

（五）创新发展模式服务精神文明建设

一是积极参与对外宣传。各方志办走出书斋，结合社会热点编纂地情丛书，积极参与社会发展项目建设，服务各地“走出去”，极大增强湖北人民的身份认同感和地方凝聚力。如省方志办和宜昌、咸宁方志办联合，承办“2017年湖北武汉·台湾周”分活动“情”系楚天—湖北文史两岸交流座谈会，开展两岸文化交流，扩大地方志的影响力。武汉市方志办先后编纂出版《百姓看武汉》系列、《名人武汉足印》系列和《武汉城市圈风物览胜》等书籍，参与万里茶道路线认证、武汉市优秀历史建筑的认证和评选等工作，成为武汉对外宣传的重要平台。特别是《中国红——辛亥革命百年祭》丛书英文版在土耳其伊斯坦布尔国际书展上举办首发式，获得广泛赞誉，扩大了中华文化的影响。宜昌市史志办出版的《美丽宜昌》系列地情资料丛书、荆州市出版的《荆州——一个有故事的城市》《荆州巨变三十年》等地情丛书，有力提高了两地的知名度和美誉度。

二是扎实开展专题编撰。各地方志办深度整理标志性史实，为当地留下宝贵的精神财富。如1998年大洪水发生后，荆州市编纂出版《98荆州抗洪志》，弘扬了伟大的抗洪精神。武汉方志办编纂出版《武汉国民政府史料》《武汉民国初期史料》《龙腾江汉——武汉解放60年大事纪略》《武汉票证——计划经济时期市民生活记忆》等地情书籍，展示武汉文化的深度和厚度。

三是主动参加主题活动。通过多种多样的活动，丰富人民群众文化生活。如武汉方志办先后与有关单位合办《可爱的武汉》《孙中山、宋庆龄图片展》等展览；与《长江日报》合办《知我武汉，爱我武汉》知识问答；与《武汉晚报》合办《老房子的故事》；与武汉电视台合办《武汉的博物馆》并合作拍摄电视剧《江城风云》；与武汉人民广播电台合办《今昔大武汉》专栏；与《楚天都市报》合办《荆楚掌故》栏目；与《青年人报》合办《百年沧桑话水患》等，将书本上的资料转化成生动形象的爱国家、爱家乡教材。宜昌市与三峡电视台、三峡晚报社合作推出“红色印记”“宜昌人物谭”专栏，较好地开展方志宣传。黄石市联合电视台拍摄史志宣传片《金牛客》《黄石舰》充分反映改革开放 40 年黄石人精神风貌。恩施州承办“砥砺前行、绿色崛起——恩施州喜迎十九大经济社会发展成就图片展”，从志书年鉴等相关资料中，精选 468 幅图片、103 件实物布展，引起社会各界热烈反响。

二、湖北方志资源开发利用工作中存在的主要问题

近年来，虽然湖北方志系统在修志、存史、服务发展大局等方面进行了多方面的探索和努力，取得一些成绩，但也存在一些不容忽视的问题：

（一）方志资源开发不充分

不少人还存在“地方志就是编几本书”的思想偏差和修完志书就万事大吉、“一修了之”的错误做法和开发利用修志成果可做可不做的认识误区，导致湖北省方志事业主要工作还停留在“存史”层面，不能完全满足服务经济社会发展的需要。湖北方志中蕴含的数千年长江文化、楚文化，博大精深，是中华优秀文化的宝矿。在开启湖北“建成支点、走在前列”新征程中，方志的政治、经济、文化等综合价值亟待挖掘。

（二）方志事业发展不平衡

一是地区发展不平衡。省以及武汉、荆州、宜昌、襄阳等经济大市、文化大市方志开发利用效果较好，其他各市及县级方志事业发展相对落后。二是业务发展不均衡。人力物力主要集中在志书编纂方面，年鉴、旧志整理、地情资源开发等工作没有协调发展，信息化与方志馆建设比较滞后。三是融合发展不同步。方志是文化事业的重要组成部分。我国历史上，经济活跃、文化繁盛之世，也是方志大修兴之时。国内发达地区方志事业发展相对领先，也是这个道理。当前湖北正处于经济发展最好时期，GDP 跃居全国第 7 位。与之相比，方志事业与文化发展、社会发展、经济发展的融合度还不够。

（三）方志服务功能不完备

方志宣传普及是地方党委政府的重要社会职责，近年湖北省方志公共服务有了较快发展。但整体看，方志的公共服务功能还不完备，还不能为社会

大众提供可快速查询、可视可听的湖北地方史实、地情和人文信息。与沿海发达地区相比，差距明显。

（四）方志信息化建设滞后

大数据时代，方志信息化数据化是大势所趋。湖北省方志信息化建设已经启动，还处于起步阶段，与信息化发展的趋势、与沿海发达省份的跨越式发展相比，明显落后，亟待改进。

三、推进湖北方志资源开发利用的对策与建议

方志是中华优秀文化的重要载体。“治天下者以史为鉴，治郡国者以志为鉴”。习近平总书记曾多次强调，历史是最好的教科书，是最好的老师，可以把历史智慧告诉人们，可以启迪后人。他说：“不忘历史才能开辟未来，善于继承才能善于创新。”他还说：“历史记述了前人积累的各种科学文化知识，记述了他们治理国家和社会的思想与智慧，记述了他们经历的成功和失败的经验与教训”。“在中国的史籍书林之中，蕴涵着十分丰富的治国理政的历史经验。”2006年，习近平同志在温州市苍南县考察台风“桑美”灾后重建工作时，调阅了《苍南县志》，并在与当地领导座谈时大段朗读了书中关于台风的记载，告诫地方干部要以史为戒，认清台风活动以及影响浙江的规律，科学决策，不断提高防台风抗台风和处置各类自然灾害的能力。习近平同志在担任上海市委书记期间，还专门要求报送《上海通志》，以备查阅。李克强总理多次对地方志工作作出重要批示，明确提出“修志问道，以启未来”“为当代提供资政辅治之参考，为后世留堪存堪鉴之记述”的重要指示。

当前，地方志发展进入从以修志为主向修用并重全面转型的新阶段。推动地方志事业发展，必须从战略全局高度重视，将其作为文化强国建设的一项重要基础工作来抓，以大局意识为统领，以服务发展为主线，以改革创新为动力，以人才建设为基础，进一步推进地方志事业的发展和繁荣，为全面建成小康社会和全面深化改革提供历史借鉴和智力支持。

（一）以“三化”建设夯实方志发展基础

湖北省要强化顶层设计，推进方志制度化、系统化、信息化建设。完善资料报送、志稿评审、质量评价、审查验收、批准出版制度，确保资料工作有规可依，有矩可循。建立地方志资源共建共享网络和保障系统，推动志书资料互联共享。

（二）以创新引领拓展方志服务功能

主要做到：一是创新发展思路，将地方志工作纳入公共文化服务体系、文化产业发展和智库群建设统筹谋划，健全地方志事业发展综合体系，推动方志事业从“一本书主义”向志、鉴、库、馆、网、用、会、刊、研、史“十业并举”转型。结合“中国梦”、精神文明建设、爱国主义教育和文化产业发展需要，积极挖掘红色文化、地域历史文化，策划出版各类专题地情丛书。二是打造服务平台。建议在东湖周边或规划建设的长江新城区域内，选择一合适位置，新建湖北方志馆。建筑面积和功能设置可比照深圳方志馆。同时，大力推进未建方志馆的市（州）将方志馆建设纳入市（州）建设规划，引导有条件的县（市、区）建设方志馆；学习北京等地经验，开辟建设专项方志馆；提升方志馆公共文化服务水平，完善方志馆馆藏功能，定期开办专题展览，倾力打造方志馆品牌。三是加大信息资源开发。按照“互联网＋地方志”的新理念，谋划启动“智慧方志”信息化工程，加快推进网站、微信平台等数字化平台建设，扩容地方志数据库（数字方志馆），主动为社会各界读志用志提供信息服务。

（三）以主动作为扩大方志社会影响

主要做到：一是加强合作联动。建立联动机制，畅通地方志与电视台、报社、出版社等文宣部门的合作渠道，引导方志部门积极谋划、参与系列专题或专项项目制作；加强方志馆与博物馆、档案馆、科技馆资源共享；动员和组织各种社会力量参与地方志事业，提升方志事业的知晓度、参与度。二是主动服务。积极参与规划编制、旅游开发、气象研究、地名普查、历史文化遗产发掘保护、扶贫行动、陈列展览等方面工作，提升方志部门在地方对外宣传、特色小镇建设、城乡建设规划、历史文物保护、生态文明建设等工作谋划和在“一带一路”“长江经济带”“长江中游城市群发展”“湖北生态省建设”、湖北文化强省等战略实施中的参与度。三是加强宣传。加大对地方志工作、地情信息和方志文化的宣传力度，创新服务手段和方式，用人民群众喜闻乐见的方式推动方志成果进机关、进农村、进社区、进校园、进企业、进军营。推介一批高质量的地方志成果（包括翻译出版一批地情书籍），推动荆楚文化走向全国和世界。

（四）以人才建设增强方志发展后劲

针对留不住人才、人才不足的情况，应设立一套留住人才的科学机制。一是经常深入基层，与当地党委政府作工作，为转变单位性质作努力；二是创新用人机制。各级地方志工作机构可积极探索利用服务外包的方式开展业务工作；努力做好地方志人才资源的发现、吸引、培养和使用，通过公开、公平、公正的方式，选择适岗人才，并用好、用活人才，使人尽其才、才尽其用，发挥最大效益；加强地方志机构与高校、科研院所合作，建立联合培养机制和定期合作机制，设立省级地方志专家库。广泛吸纳行业协会、科研机构、高等院校等社会各界专家型人才，以及对历史、地情文化感兴趣的民众的参与，形成既涵盖地方志系统外的专家、学者和民间人才，又涵盖系统内的在职人才的局面；三是加强培训与学习。建立层级化的人才培训规划，针对不同领域、不同岗位人员的具体情况，制定切实可行的培训计划，分期分批进行专业及法律知识培训，并邀请专家进行讲解，鼓励和支持地方志人员接受专业继续教育以及全国各地的学术交流活动，实现培训与学习常态化。在互联网时代，还要加大对从业人员进行互联网知识的培训，学会用更便捷、现代的方式演绎、创新传统，记录今天的发展与成就。

湖南省地方志“两全目标”工作的现状和对策

湖南省地方志编委会①

提　要：湖南省地方志编纂委员会以带着问题深入基层的方式，开展对全省各市州全面推进地方志“两全目标”工作情况的专题调研。总体来看，各级地方党委、政府进一步重视地方志工作，为“两全目标”落实提供领导保障；方志工作者全面提振讲政治、精业务的精气神，为“两全目标”落实提供基本队伍保障；第二轮志书编修及年鉴全覆盖工作有序开展，扎实推进，“两全目标”工作进展顺利。针对目前还存在的认识、条件、保障、工作不到位等问题，提出建议和对策：进一步健全工作体制和机制，规范机构设置和人员编制，完善保障措施，加强队伍建设。

关键词：“两全目标”　现状　对策

为深入学习贯彻习近平新时代中国特色社会主义思想和党的十九大精神，根据中指组有关精神特别是全国地方志系统“两全目标”工作推进会要求，2018 年 3 月至 4 月上旬，湖南省地方志编纂委员会组织有关人员分期分批，

① 执笔人：隆清华，湖南省地方志编委会市县志工作指导处处长；张征远，湖南省地方志编委会年鉴处处长。

先后赴湘西州、张家界市、株洲市、湘潭市、永州市、娄底市、长沙市等市州开展调研，并赴龙山县、花垣县、张家界市永定区、武陵源区、株洲市荷塘区、石峰区、湘潭市雨湖区、岳塘区、长沙市芙蓉区等县市区及有关镇村进行实地调研。调研组一方面认真听取部分市州、县市区两级政府的专题汇报，全面、详细了解各地“两全目标”落实总体情况。另一方面，深入一线与基层的地方志工作者和地情专家面对面交流，探讨如何保障“两全目标”工作的顺利推进，以及目标任务完成以后地方志事业如何转型升级发展。在开展“两全目标”工作专题调研的同时，调研组还先后到花垣县十八洞村，龙山县里耶镇、捞车村，张家界市永定区王家坪镇、马头溪村等，对基层志书编修特别是名镇名村志的编修进行实地调研，到株洲市石峰区等城市区调研工业特色志编修。通过现场查阅志稿资料、听取工作汇报、座谈交流、参加指导志鉴编纂培训会、查看办公条件等，对各市州结合学习贯彻党的十九大精神，全面推进地方志“两全目标”工作情况，进行深入的专题调研。同时，还采取电话问询、报表统计、上报材料、落实“两全目标”季报制度等方式，对其他各市也进行全面调查了解。

按照国务院办公厅印发的《规划纲要》规定，到2020年全国地方志系统全面完成第二轮修志规划任务，实现省、市、县三级综合年鉴“一年一鉴、公开出版”全覆盖，这是当前全国地方志工作重中之重的“两全目标”。湖南省对“两全目标”提出更高的要求，争取到2018年，全省要基本完成二轮修志任务，基本实现三级综合年鉴“一年一鉴”全覆盖。通过这次专题大调研，调研组比较客观地掌握了各地“两全目标”工作进展的最新情况，对一些地方工作中存在的困难和问题也做到心中有数。同时，主要领导和职能部门负责人深入到一线，边调研边研究边解决问题，切实督促目标任务的落实。特别是通过对湘西州和张家界市从市、州到县、市、区到镇、村的深入调研，以及对株洲市、湘潭市、长沙市城市区志鉴工作的专题调研，地方志工作指导更加切合实际、更加形式多样、更加接地气，工作推动效果更好。

本次调研坚持问题导向，一是“两全目标”工作领导是否到位？方志工作者精神面貌如何？二是“两全目标”工作总体进展情况如何？各市州具体完成情况怎样？三是“两全目标”工作推进中还存在哪些问题和困难？接下来落实目标任务有哪些建议和对策？

一、领导重视，方志队伍素质明显提升

（一）地方党委、政府进一步重视地方志工作，为“两全目标”落实提供领导保障

近年来，随着依法治志的不断推进，特别是全国地方志事业发展规划纲要的颁布实施，市县两级党委政府进一步加强了对地方志工作的领导，自觉坚持“一纳入、八到位”工作机制和“党委领导、政府主持，地方志工作机构组织实施，社会各界广泛参与”的工作体制，切实履行依法治志的法定职责，扎实推进“两全目标”和地方志事业转型发展，为地方志事业持续健康发展提供坚强的领导保障。

从此次大调研来看，自2015年国务院办公厅印发《规划纲要》，2016年省里相继出台《湖南省人民政府办公厅关于进一步加强地方志工作的意见》《湖南省地方志事业发展规划纲要（2016—2020年）》后，湖南省大部分市州均先后以“两办”或政府办的名义下发、出台相关文件。长沙市、株洲市、湘潭市、岳阳市、常德市、张家界市、益阳市、郴州市、永州市、湘西州等市州均出台“意见”和“纲要”，衡阳市、邵阳市将“两全目标”任务的落实明确写进全市“十三五”规划。岳阳市、永州市、邵阳市、株洲市将地方志工作纳入政府绩效考核体系，湘西州将地方志工作纳入政府目标管理，其他部分市及县（市、区）也结合实际情况建立健全地方志工作督促检查考核机制，进一步提升地方志工作的法治化水平。

调研中了解到，大部分市州政府常务会议认真学习习近平总书记、李克强总理关于地方志工作的重要讲话和重要批示精神，认真落实全国、全省地方志工作会议精神，及时了解上级要求，听取地方志工作汇报，研究、部署、解决地方志工作中存在的困难和问题。株洲市政府专门研究全市地方志“两全目标”推进工作，帮助解决实际困难；每年以市委办市政府办名义印发做好年鉴工作的通知；2018年3月27日还专门印发《株洲市人民政府办公室关于做好全市地方志“两全目标”工作的通知》；株洲市石峰区、荷塘区档案区志局局长均由区政协副主席兼任并挂帅。张家界市在全省率先完成市县两

级二轮修志任务，永定区在全省率先进入中国名镇志文化工程、中国名村志文化工程，并在人民大会堂举行的首届全国名村论坛“美丽乡村建设”环节作为唯一代表发言，区史志办主任因地方志工作业绩突出而被记功表彰，这些都足以体现张家界市、区两级政府对地方志工作高度重视；张家界市委常委、常务副市长罗智斌在调研交流中，以自己亲身参与修志的认识和体会反复强调地方志工作的重要意义。湘潭市分管领导市委常委、常务副市长杨广经常听取工作汇报，给地方志部门出题目、定任务，出席地方志重要会议和活动。在创建全国文明城市、市人大地方立法、城市地名命名等重要活动中，均有市地方志办的参与；市、县两级均建立由政府一把手担任地方志编纂委员会主任的长效机制，并明确由一名副职具体分管地方志工作；市政府组织召开《湘潭市志（1986—2005）》发行会。永州市委书记、市人大常委会主任李晖到市史志办调研工作时要求：要让史志结硕果，让史志“活起来”，让史志队伍强起来。岳阳市明确史志办主任参加党委、政府重大决策、重要会议和重大活动，各县市区史志办主任兼任同级党委办副主任，地方志工作机构的统筹协调能力进一步增强。2017 年年底在迎接省政府地方志工作督查中，各有关市及时召开市政府常务会议专题研究地方志工作，市委、市政府领导明确表示，以督查为契机，切实落实“一纳入、八到位”工作机制，确保“两全目标”全面完成。地方志工作一度处于停滞状态的娄底市，市委市政府领导明确表示，举全市之力，排除万难，坚决补齐短板，还清历史欠账，确保全市地方志工作尽快取得明显成效，并明确加强责任落实，决定将各承编单位、各县市区政府将地方志工作纳入政府督查事项，且作为年度绩效评估指标进行考核。

此次大调研，调研组将相对贫困的湘西州列为重点调研地。调研中了解到：湘西州每年的政府工作报告都把地方志工作列入报告内容，并要求抓好督促落实；在确保 2018 年提前完成“两全目标”任务的基础上，2018 年湘西州委、州政府决定全面启动名镇名村志文化工程，首批启动《里耶镇志》《边城镇志》《十八洞村志》等 20 部名镇名村志编修工作，部分将申报中国名镇志文化工程、中国名村志文化工程。湘西州分管副州长李平经常听取地方志工作汇报，大会小会强调确保“两全目标”任务的完成，并结合州情给方志部门交课题、定任务，使地方志工作在政府“大盘子”中真正有位子。在龙山县的调研中，调研组听取县委、县政府及有关镇政府的汇报，并深入实地与镇、村修志人员和地情专家座谈、交流，了解基层修志工作情况。湘西州作为经济欠发达地区，各级党委、政府对地方志工作确确实实是高度重视，并抓出成效。

（二）方志工作者全面提振讲政治、精业务的精气神，为“两全目标”落实提供队伍保障

各级地方志工作队伍的建设在不断加强，主要体现在：一是各级地方志工作者切实转变工作作风；二是志鉴编纂、审查中牢牢把住了正确的政治方向；三是编纂、审稿专业水平不断提升；四是涌现出一批特别敬业和具有奉献精神的方志工作者。

各级地方志工作机构都认真组织学习习近平新时代中国特色社会主义思想，深入贯彻落实党的十九大精神，坚持正确的政治方向和理论导向，切实提高政治站位，努力加强党的建设，严明政治纪律，自觉增强政治意识、大局意识、核心意识、看齐意识，围绕中心，服务大局，全面树立讲政治、顾大局的政治规矩。特别是通过近年来开展“三严三实”专题教育、“两学一做”学习教育，地方志系统全面经历积极健康的党内政治生活洗礼，经受深刻的党性锻炼考验，各级地方志工作者切实转变了工作作风，提振了精神面貌，纪律更加严明，工作更加务实。各级地方志机构切实加强党建工作，以党建引领地方志工作、以党建促进地方志工作的良好局面正在形成。

同时，各级地方志工作者坚持以习近平新时代中国特色社会主义思想和党的十九大精神为引领，明确地方志事业发展的历史新定位，做到为党立言、为国存史、为民修志。在地方志书编纂、审查、验收工作中，始终强化“官书”“官修”的明确定位，牢固树立质量第一原则，严把志书政治质量关，深刻认识并解决好地方志工作中的政治问题。各类地方志书编纂，始终坚持以马克思列宁主义、毛泽东思想、邓小平理论、“三个代表”重要思想、科学发展观、习近平新时代中国特色社会主义思想为指导，运用辩证唯物主义和历史唯物主义的方法，坚持实事求是的原则，客观、全面、系统地记述各地自然、政治、经济、文化和社会的历史与现状。各级地方志工作者自觉认真学习党的十八大以来的重要政治理论、重大方针政策，全面提高政治理论素养，注重学用结合，特别是在志书和年鉴的凡例表述、篇目设定及内容记述中，坚

持用正确的政治理论指导地方志编纂工作。比如在2017年10月以后公开出版的志书、年鉴的凡例中，均及时增补以习近平新时代中国特色社会主义思想为指导的内容；在志书、年鉴篇目设置和内容编纂中，尤其是年鉴栏目设置中，及时要求融入《中华人民共和国宪法修正案》有关内容等。

为确保“两全目标”任务的顺利完成，各地注重加强地方志工作队伍的业务能力建设。市州、县市区两级志办积极组织业务培训工作。每一部志书、年鉴的启动、编纂，前前后后都要举办多次大大小小各个层面的业务培训，并通过志鉴点评会、志稿评审会、地方志成果评奖等各种会议和活动，采取以会代训、以稿代训等有效方式培训专业队伍。2018年3月28日，在龙山县的调研中，正逢《龙山年鉴》编纂启动暨业务培训大会召开，调研组成员临时调整行程，应邀出席会议。调研组还了解到，在近年来全国、全省方志理论征文活动中，很多基层同志都积极参与，踊跃投稿，涌现出一批80后、90后的方志理论新生代。此外，各地还十分重视修志编鉴“实战训练”，注重在地方志编纂实践中练兵，以老带新，合力提升整体业务水平。

从市州、到县市区以及镇村基层，都拥有一批十分敬业的基层地方志工作者和地情专家。他们长期坚守在地方志工作岗位上，不忘初心，不计得失，不求回报，辛勤工作，默默耕耘，干出了实绩，作出了贡献。比如，湘西州地方志办公室副主任李雄野、张家界市地方志编委副主任向凤毛等，任劳任怨坚守地方志工作岗位近30年，不仅精于业务，尽心工作，更是干一行爱一行，一心扑在地方志事业上，并且特别有责任心、有担当精神、有创新意识，抓业务建设，克服编制少、人员少、经费不足、业务骨干断档等困难，使经济欠发达地区的地方志工作不仅不落伍反而走在全省前列。他们既是地方志学术带头人，又是志办主任的好助手。张家界市永定区史志办主任孟艾林和张宏和同志，在永定区“两全目标”任务基本完成后，积极谋划修志工作的开拓延伸和方志事业的转型发展，不到两年时间里在全省率先各完成一部中国名镇志丛书和中国名村志丛书的编纂出版。不少在市州、县市区志办“一把手”岗位上的方志工作者，在带好班子的同时，都亲力亲为，担纲编纂、审稿，撰写理论文章。

二、全省地方志“两全目标”工作进展顺利

（一）第二轮修志工作进展情况

从实地调研和报表统计情况看，全省第二轮省、市、县三级志书编修工作有序开展，扎实推进，成果颇丰。在2017年年末全国“两全目标”进展情况的通报中，湖南省级志书进度排名为全国第7位、地市级进度排名为第15位、县级进度排名为第9位。截至目前，规划编修的66部省级志书，已出版48部，其他各部均在编纂之中。市县两级二轮志书编修总体进入后期攻坚阶段，个别滞后的市、县(市、区)，通过督查也有了实质性进展：规划编修的14部市州志，已出版6部，交付出版2部，终审验收1部，出版、验收共9部；规划编修的121部县市区志，出版95部，验收3部，评审11部，出版、验收、评审共109部。张家界市和常德市已全面完成市县两级二轮修志任务；湘潭市、郴州市、湘西州、岳阳市已基本完成市县两级志书编纂、出版任务；岳阳市、益阳市、衡阳市已完成市级志书出版；永州市已全面完成县级志书出版任务；邵阳市已全面完成县级志书评审任务。

在加快修志进度的同时，各地都不断强化志书质量管理。志稿审查中，坚持依照《地方志书质量规定》，严格执行志稿三审制度。按照质量第一的原则和要求，严把志稿政治关、体例关、史实关、保密关、文字关、数据关。以参会评审、以会代训等方式加强业务指导。各志书编纂单位在志书编纂中都做到反复修改、核实史料，打好志稿质量基础。有的地方还出台相应规定，加强志书质量管理，确保志书质量。

在这次实地调研中，市、县两级二轮志书尚未全面公开出版的市州都纷纷表示，将进一步加快进度，保证质量，全力推进，确保按照全省、全国要求完成任务，不拖后腿。湘潭市、湘西州表示，将确保在2018年提前完成市、县两级二轮修志任务；株洲市表示，力促《炎陵县志》尽快评审，《天元区志》尽快交付终审验收，确保2020年前全面完成市县两级二轮修志；调研期间，长沙市专门召开全市二轮志书编纂工作推进会，全力确保《长沙市志》《长沙市开福区志》编纂工作顺利推进，早日出版，不拖后腿；永州市表示，继续加大工作力度，争取《永州市志》早日总纂成稿交付评审、验收和公开出版；

调研期间，娄底市召开了全市第二轮修志工作促进会，全面部署市、县两级二轮志书编纂攻坚工作，抢速度，补短板，争取按全国要求完成二轮修志任务。

（二）“一年一鉴、公开出版”全覆盖情况

从此次大调研看，全省各级地方综合年鉴工作稳步推进，各市州都把年鉴工作作为地方志重要工作任务来抓，志鉴工作齐头并进。市州级地方综合年鉴普遍已连续编纂出版多年（有的已创办30余年），长沙、株洲、湘潭、衡阳、岳阳、常德、益阳、郴州、永州、怀化、湘西等11部市州年鉴早已实现“一年一鉴、公开出版”。《邵阳年鉴》连续编纂发行多年，但未公开出版；《张家界年鉴（2015—2017）》为3年卷综合年鉴；《娄底年鉴》一度停刊后重新启动编纂工作。全省启动年鉴编纂的县市区共计105个，其中64个实现“一年一鉴、公开出版”。大多数年鉴为一年一卷，有的为几年一卷。2017年，县市区新创办综合年鉴23部，新增公开出版年鉴11部，长沙市、岳阳市、益阳市、永州市4个市的县市区综合年鉴全部实现“一年一鉴、公开出版”，提前实现全覆盖目标。湘西州、张家界市、湘潭市、株洲市等都纷纷表示，确保2018年完成“一年一鉴、公开出版”全覆盖目标任务，长沙市、永州市、常德市表示要积极参与中国年鉴精品工程，争创中国一流精品年鉴。

各市州综合年鉴均已创办多年，并已形成比较成熟的工作模式，资料权威性和认知度越来越高，社会影响越来越大。2017年全国地方志优秀成果（年鉴类）评审中，全省共有11部年鉴在此次评审中被评为特、一、二、三等奖和提名奖并被通报表扬。其中，《长沙年鉴（2016）》《醴陵年鉴（2016）》《长沙县年鉴（2015）》被评为特等年鉴；《浏阳年鉴（2015）》被评为一等年鉴；《湖南年鉴（2016）》《常德年鉴（2015）》被评为二等年鉴；《岳阳年鉴（2016）》《湘阴年鉴（2016）》《望城年鉴（2016）》《芙蓉年鉴（2015）》被评为三等年鉴。

在这次实地调研中，一些地方综合年鉴尚未实现“一年一鉴、公开出版”全覆盖的市州均表示，努力争取在2018年全面实现市、县两级“一年一鉴、公开出版”全覆盖目标。湘西州尚有保靖县因人员严重缺乏尚未未正式启动年鉴编纂，州里表态一定加紧督促抓落实；其他已经开展年鉴工作的县市，重点确保高质量公开出版。张家界市表示，市本级年鉴2018年一定要实现“一年一鉴，公开出版”，并督促个别尚未开展年鉴编纂的县区尽快启动年鉴工作，

并规范办鉴。株洲市和湘潭市进一步健全工作考核机制，加大督促检查和业务指导力度，采取一县一策的指导帮助方式，力推“一年一鉴、公开出版”全覆盖工作。

三、存在的问题及困难

通过此次大调研，调研组对全省“两全目标”工作推进存在的问题和困难有了更清醒的认识。当前存在的主要问题有以下几方面。

（一）对地方志工作重要性认识还不到位

有的市、县特别是一些市辖区，对地方志工作重要性认识还不够，未站在方志文化自信的高度来认识地方志工作的重要意义。一些地方没有认真学习贯彻习近平总书记和李克强总理关于重视修史修志工作的重要讲话和重要批示精神，没有认真贯彻落实《地方志工作条例》和国务院办公厅印发的《规划纲要》，致使当地地方志工作体制不顺、机制不灵，地方志事业受到严重影响，修志编鉴等主业严重不到位。

（二）基础条件不够扎实

主要是地方志工作机构、人员编制、队伍结构普遍存在问题，不少地方特别是县、市、区一级存在人员配置不足、业务力量薄弱、地方志人员编制被挤占、工作人员被长期外借等问题。

（三）经费保障不够到位

由于少数县市经费得不到实质性保障，个别县市志书未按时交付终审、出版，很多地方综合年鉴没有公开出版，地方志资料馆藏普遍存在无馆室、欠缺规范化管理问题和资料安全隐患问题。

（四）工作进展不尽人意

个别市县二轮修志和年鉴编纂出版工作进度缓慢；有的志鉴质量有待提高等。

全省“两全目标”工作面临着时间紧、任务重、困难多的不利局面，需要全省各级各有关部门认清形势，进一步强化责任意识，采取有效措施，合力促进全省“两全目标”任务按时保质完成。目前，“两全目标”大调研还在继续进行。下一步，将针对上述问题，结合调研中各级领导、修志人员提出的合理化建议，进行专门研究，提出解决办法，努力确保“两全目标”工作顺利推进。

四、建议和对策

（一）进一步健全工作体制和机制

各级党委、政府要严格按照《地方志工作条例》和《规划纲要》的要求，切实建立健全“党委领导、政府主持、地方志工作机构组织实施、社会各界广泛参与”的工作体制和“将地方志工作纳入各地国民经济和社会发展规划、地方各级政府工作任务，做到认识、领导、机构、编制、经费、设施、规划、工作到位”的“一纳入、八到位”工作机制。由于地方志工作涉及政治、经济、文化、社会和生态自然各个方面，需要全社会广泛参与。因此，将地方志工作纳入各级政府的绩效考核内容是十分必要的，也是实践证明十分有效的工作机制。

（二）进一步规范机构设置和人员编制

要按照《地方志工作条例》第五条规定在县级以上人民政府设立主管本行政区域的地方志工作专门机构，并且要严格依照《规划纲要》中“地方志工作机构设置和人员编制，要与其有效履行职能、顺利开展工作的要求相适应”的要求，结合新一轮机构改革，规范设置地方志工作机构和合理确定人员编制。

（三）进一步完善保障措施

各级政府应当按照《地方志工作条例》第四条“地方志工作所需经费列入本级财政预算”的规定和《规划纲要》的要求，将史、志、鉴编印出版和资料收集管理、信息建设等所需经费足额纳入财政预算。应当切实解决好各级地方志工作机构资料保管设施不到位的突出问题。

（四）进一步加强队伍建设

要按照《规划纲要》的要求，分级建立方志专家库、地情专家库，切实加强业务培训，实现省、市、县三级业务骨干培训全覆盖。近年来，全省地方志系统在业务培训方面扎实推进，举办综合、专题培训班，在全系统形成了工作实、业务精的良好风气。省级专家库近期刚刚建立。下一步要进一步提升业务培训的水平和品质，建立健全市、县两级专家库及有关制度，特别是要建立各级地情专家库，充分发挥基层地情专家的作用。

（五）进一步推进依法治志

各地应当根据党的十九大精神和全面依法治国的要求，从机构设置、人员编制、经费保障、工作考核等方面，认真贯彻落实《地方志工作条例》有关规定，不断加强地方志法治化、制度化建设。当前，要重点针对“两全目标”要求，加大督促检查力度和工作问责力度，确保到2020年全面完成“两全目标”任务。

广东省自然村落历史人文普查工作的探索与实践

广东省地方志办公室[①]

提　要：在城镇化进程对自然村落带来冲击和影响的背景下，广东省地方志系统创造性地开展全省自然村落历史人文普查工作，其目的意义有四：一是摸清最基础省情，为省委、省政府决策提供依据；二是抢救与保护岭南历史文化遗产；三是服务于“一带一路”和侨务工作；四是服务于城镇化和社会主义新农村建设，助力广东乡村振兴战略实施。报告以“普查缘起与目的意义”“总体设计与构想”“工作机制与推进措施”“普查成果与社会效应”“难点问题与探索思考”五个部分，全面阐述广东省自然村落历史人文普查工作开展的情况、成果及产生的社会效应，为全国自然村落历史人文资源的抢救与保护作出积极探索，实践中积累的经验和教训具有一定的借鉴意义。

关键词：自然村落　历史人文　普查　措施

2015 年 5 月，广东省自然村落历史人文普查工作正式启动，这项被称为“开全国先河”“全世界绝无仅有”的大型村情普查，以广东全省 13 万多

---

① 执笔人：刘波，广东省人民政府地方志办公室方志处处长；萧艳娥，广东省人民政府地方志办公室方志处副处长；张莹，广东省人民政府地方志办公室省情专家库专家。

个自然村落作为普查对象，展开拉网式资料调查，普查内容涵盖全省自然村落历史与现状的方方面面，被列为中国社会科学院国情调研项目之一。项目实施三年来，全省直接投入力量超过 17 万人次，参与人数逾百万；项目规划的 110 卷 600 册巨型图书《全粤村情》陆续面世，全书预计 6 亿字，图片 70 多万张。调查规模之大、涉及面之广、工程之艰、参与人数之多、资料之丰，创广东乃至全国地方志资料收集编纂之最，既是一次考验决心、耐心、恒心的匠心巨制，也是一次对地方志工作组织策划、跨学科融合、社会资源调配等创新发展的探索与实践。党的十九大提出"实施乡村振兴战略"的重大决策部署，广东省自然村落历史人文普查收集整理的海量普查资料，将为助力广东乡村振兴战略提供重要的基础地情信息支撑。

一、普查缘起与目的意义

（一）普查缘起

自然村落是传统文化的母体，是人类聚居的基本单元，积淀着华夏民族演进发展的历史记忆与形态风貌，承载着民族的文化寄托、心灵守望和精神归依，是乡村历史、文化遗产的"活化石""博物馆"。然而，由于城市化城镇化进程加快，大规模拆建、商业性开发、人口迁移以及自然灾害等原因，自然村落正在快速衰落、消失。2010 年初，国务院发展研究中心的一组数据显示，2000 年到 2010 年十年间，全国自然村落数量减少 90 万个，平均每天有 250 个自然村落消失。2015 年初，相关部门再次公布一组数据：2002 年至 2014 年，全国自然村落从 363 万个锐减至 252 万个，十几年间减少 110 万个自然村。"暧暧远人村，依依墟里烟。狗吠深巷中，鸡鸣桑树颠。"这样的乡村景象渐行渐远。衰落的不仅是村庄有形的物质文化遗产，还有民俗风情、人文风貌、民间技艺等无形的非物质文化遗产。

自然村落的这一现实状况，引发社会热切关注，如何抢救保护村落人文历史资源，留住乡风乡情和乡愁，成为社会面临的痛点和难点。广东是移民大省，中原文化与当地的百越文化、海外传入的西方文化融合，形成独具地方特色的岭南文化，改革开放更为岭南文化增添新的篇章，很多保存在自然村落中的历史人文印记，随着工业化、城镇化的快速发展已经消失或正在消失，抢救村落历史人文资料愈加紧迫。2010年，广东省人民政府地方志办公室将目光投向南粤广大乡村，谋划全省自然村落历史人文普查项目，并进行专家论证，由于当时第二轮修志任务尚未完成，项目停留在酝酿谋划阶段。2014年，广东全面完成第二轮修志任务后，将这个项目提上日程，策划实施，时任中国社会科学院院长、中指组组长王伟光和中国社会科学院副院长、中指组常务副组长李培林对该项目给予充分肯定。2015年4月，广东省委办公厅、省政府办公厅印发《关于加强地方志工作的通知》，要求对全省自然村落历史人文与现状进行全面普查，并在广东省第七次地方志工作会议上动员部署。5月，这项声势浩大的普查工作正式启动。

（二）目的意义

自然村落人文历史是中华传统文化的重要组成部分。习近平总书记反复强调，中华优秀传统文化是中华民族的突出优势，是我们在世界文化激荡中站稳脚跟的根基，指出“乡村文明是中华民族文明史的主体，村庄是这种文明的载体，耕读文明是我们的软实力。”广东开展自然村落历史人文普查，全面挖掘、保存村落历史人文资源，具有重要的历史意义和现实意义。

一是摸清最基础省情，为省委、省政府决策提供依据。历史上，广东是我国重要的移民区，中原及各地人士陆续迁入，带来的中原先进文化与当地百越文化、海外传入的西方文化相互融合，创造了绚丽多彩、地方特色浓郁的岭南文化。而这些历史文化印记多保存在自然村落中。开展这项普查，全面记录村落历史人文状况，可夯实省情研究基础。

二是抢救与保护岭南历史文化遗产。随着经济社会的发展，城市化进程加快，一些自然村被清拆或搬迁，不少自然村成为“空壳村”，加快了自然村落形态与实质的消失。开展这项普查，是抢救与保护村落中岭南历史文化遗产的迫切需要。

三是服务于“一带一路”建设和侨务工作。广东是海上丝绸之路的发祥地，沿海地区的自然村落留下众多海洋文明的印记。广东又是我国重要的侨乡，祖籍广东的华人华侨、港澳台同胞占全国总数的三分之二。开展此项普查，可为“一带一路”建设的实施提供历史借鉴，为华人华侨、港澳台同胞了解家乡、联系乡情、寻根问祖提供指引与帮助，增强他们与家乡、祖国的联系和感情。

四是服务于城镇化和社会主义新农村建设，助力广东乡村振兴战略。广东区域发展差异较大，开展自然村落普查，可为城镇化和社会主义新农村在规划与建设中结合乡村实际，保留乡村风貌、记住乡愁、延续历史文脉提供依据，探索一条保护与开发并举、继承与创新并重的可持续发展路子，让历史遗存与当代生活共融、传统文化与时代精神共鸣，为自然村落的人文历史、自然生态风貌进行有序开发、科学利用提供资源智库咨询参考平台。

著名社会学家李培林评价说，广东自然村落历史人文普查不仅为经济学、社会学、政治学、人类学、民俗学等众多领域的研究提供宝贵素材，也为政府相关决策提供基础性的资政信息，意义重大。

二、总体设计与构想

广东省自然村落历史人文普查，是一项涉及历史、地理、人口、经济、建筑、交通、古文献、碑刻等十多个领域的复杂的系统文化工程，李培林在接受《南方》杂志记者采访时说，像广东这样面向全省18万个自然村落[①]，开展人文历史与现状的基础省情调查，在全国尚属首次，在全世界也是绝无仅有的。也正是因为“首创”，无先例经验可循，广东自然村落历史人文普查工作面临的挑战也是巨大的，每一步都在探索中进行。广东省地方志办本着“能查尽查”的原则，精心设计项目实施方案。

（一）普查对象和内容

广东省此次自然村落历史人文普查，确定以自然村落为普查对象，包括现存的自然村、“城中村”和虽然已改为居委会但内容仍基本清晰的原自然村。自然村落是人们经过长时间聚居而自然形成的村落，一般以氏族为中心，有较为紧密的生产生活关系，有约定俗成的风俗习惯，有相对鲜明稳定的历史文化，有着族群最本真的生产生活状态和乡村传统文化形态。自然村落这一独特的文化价值，是本次将自然村落作为普查对象的要义所在。

确定以自然村落为普查对象之后，首先面临的问题就是自然村的界定，

① 18万个自然村为首次摸查的数据，经实地核查，现列入普查的自然村为13万多个。

界定的难点不是在于概念，而是在于现实划定的困难。广东汉族族群主要由广府人、客家人、潮汕人三大民系组成，间有壮族、瑶族、回族等少数民族群落，除通常的自然村落外，还有渔民村、围垦建造的沙田村、移民村等。各民系民族聚居在相对集中的地域内，有自己的生活方式和风俗习惯，各地对“自然村”的理解和习惯观念也不一样。这样的构成，使得族群聚居村落的建制形态多种多样：山区的自然村相对稳定，变化不大，自然村比较容易区分，而平原地区的村落有的已经连成片，不容易区分，有的在城镇化过程中一分为几，分别划归不同的行政村或社区，不容易界定；有些地区的行政村由多个自然村组成，有些自然村又分为多个行政村；有的自然村与村民小组等同，有的不等同。凡此种种，给自然村的划分和界定带来困难，各地在统计自然村数量时，也因划分标准不一，使全省自然村落数量难以确定。为此，省地方志办经过专门研究后作出界定标准：1. 普查对象为 2015 年底存在的自然村，包括“城中村”和虽已改为居委会但普查内容基本清晰的原自然村。2. 自然村下分为几个小自然村的，以当地村民认同的最小村落单位为普查对象。3. 一个自然村属于多个行政村或下设多个行政村的，仍以该自然村为普查对象。根据这一界定标准，各地重新逐一核定自然村落，全省自然村落数量从初查的 18 万个核定为 13 万多个。

普查内容的设计是整个普查工作的关键所在。广东省地方志办为此专门召开学术论证会，听取各方专家学者和试点村意见，精心设计广东省自然村落历史人文普查表（模版），将最初的填表式改为更便于操作的填空式，采取条目引领、段落内容填空的形式编制，内容有地理位置、自然环境、村落由来、隶属关系演变、主要姓氏及源流、人口状况、港澳台同胞及华人华侨、生产经营、物产资源、公共设施、传统建筑、宗族活动、民俗技艺、传说掌故、主要历史事件及人物等，共 30 多个大项 200 个子项，涵盖自然村落的历史与现状的方方面面。时间断限上限追溯到村落形成时，下限至 2015 年末。普查资料根据约定俗成、属地观念、节点统计、提纲挈领的要求收集填报。

（二）总体任务和目标

广东省自然村落历史人文普查，旨在拓展地方志发展空间，将地方志事业的触角向乡村一线延伸，多元化、结构化开发利用地方志资源，促进方志事业转型升级，服务党委、政府中心工作，服务人民群众精神文化生活需求，服务地方经济社会发展。总体任务和目标：一是编纂出版《全粤村情》巨型图书。收录整理每个自然村落历史人文概况，全书预计6亿字，110卷600册，图片70万张以上，图文并茂，全景式展现广东自然村落历史人文画卷。二是建立地情数据库。将普查中收集的文字、图片、音像等资料录入数据库中，形成数以十亿字计的数据库，打造全省最全面的基础地情数据库。三是全方位开发利用普查资源。采取先易后难、分步推进、梯次开发、集中展示的原则，系统打造印刷出版类、专题展览类、影像类、媒体类、数字类及调研类等多种形式的开发利用成果，出版系列图书、刊发特色村情，制作系列微视频、纪录片，出品一批群众喜闻乐见的地方文化产品。四是开展村落宣传推介。在村落普查资源的基础上，发现和打造一批新的特色村，通过“南粤村情一点通”、微信公众号等互联网媒介，向海内外展示广东村落风采，传递乡音、乡情，激发思乡、爱乡之情，吸引外来投资或海内外乡亲回乡建设，助力乡村振兴战略。五是撰写调研报告。结合普查情况，撰写综合性、专题性系列调研报告，向党委政府提出挖掘历史人文资源、保护自然村落、开展新农村建设助力乡村振兴等方面的意见及建议。六是编写村史、村志。在普查的基础上，发现一批名村、特色村，指导条件较好的编修村志，全面记述村落的历史与发展现状，推进地方志编修纵深化、精细化、品牌化。

三、工作机制与推进措施

广东省自然村落历史人文普查，是一项跨部门、跨学科、跨地域、历史跨度大的浩大工程，需要调动社会各方力量来共同完成。普查工作在广东省委省政府的领导下，实行“各级党委政府领导、地方志机构牵头、有关部门配合、以乡镇（街道）为单位组织实施”的工作机制，省、市、县、镇、行政村（社区）、自然村6个层次同时行动，自上而下层层落实，加上中国社会科学院、中指组专家，社会各界参与，形成“八级联动，通力合作”的普查大格局，确保普查组织工作高效运作。

（一）普查机构和工作保障

1. 领导机构。省、市、县（市、区）、乡镇（街道）分别成立本级普查工作领导机构和工作机构，负责本行政区域普查工作的实施。2016 年 1 月，省政府办公厅印发《关于成立广东省自然村落历史人文普查工作领导小组的通知》，省普查工作领导小组组长由分管地方志工作的副省长担任，成员为省直有关部门负责人和各地级以上市地方志工作分管领导。省普查工作领导小组下设办公室，日常工作由省地方志办负责。民政、住房城乡建设、文化、参事室、文联等为普查工作领导小组成员单位，配合做好相关工作。省普查领导小组成立后，全省、市、县镇三级相继成立普查领导机构上千个，多地将普查工作列入政府工作计划和“十三五”规划。各乡镇（街道）勇担重任，成立由镇（街道）书记或镇长（主任）任组长，多个部门和行政村（社区）负责人组成普查领导小组，抽调工作人员组建普查工作机构，把普查工作作为当地文化建设的大事来抓，为普查工作提供有力的组织保障。

2. 学术机构。为提高普查的学术价值，成立广东省自然村落历史人文普查工作学术委员会，委员会主任由中国社科院副院长、中指组常务副组长、著名社会学家李培林担任，学术委员由知名社会学、农村、经济、历史、法学、规划、人口、民俗、文化、地方志等领域的专家担任。学术委员会着重研究解决普查工作中的专业学术问题、项目重要决策咨询、指导学术交流活动等，为普查工作提供强有力的智力支持和学术支撑。各级普查也充分发挥本地专家作用，助力普查工作。

3. 编纂机构。乡镇（街道）是普查工作实施主体，负责普查资料收集填报、初稿撰写与初审；县（市、区）普查办成立《全粤村情》编辑部和复审审查验收小级，负责普查资料总纂与复审；地级以上市普查办成立终审审查验收小组，负责指导、督促本市普查工作和《全粤村情》各卷的终审；省普查办对终审稿进行抽查审验。层层负责，逐级把关。

4. 普查队伍。此次普查覆盖全省 13 万多个自然村落，基础资料的普查、收集堪称海量，动用的人力除各级普查员外，还有众多村民、社会热心人士、退休干部、大学生、教师、志愿者、老镇长、村干部以及海外乡亲等各方社会群体，上至八九十岁的老人，下至十几岁的青少年，千千万万的普查人员怀着对乡土文化的深厚感情，投入到村落普查的海洋里，筑起这项浩大文化工程的基石。全省直接普查的队伍17万人，参与人数超过百万，可谓一场遍及南粤大地的“人海战役”。

5.经费保障。普查工作经费采取财政分级负担的办法给予保障，列入各级财政预算，三年来，全省各级投入普查工作的经费上亿元，总体上保证了普查工作的开展。

（二）统筹谋划和全面推动

1.科学部署，分步推进。2015年3月，为做好村落普查准备工作，制定可行的工作方案，省地方志办领导率队，分赴粤中、粤西、粤北、粤东各地，就如何组织实施自然村落历史人文调查工作、问题和难点以及解决办法等问题开展专题调研。同时，在全省119个县（市、区）各选取2—3个自然村先期摸底。根据发现的问题和意见建议，制订工作实施方案。同年9月，经省政府同意，省地方志办印发《广东省自然村落历史人文普查工作方案》，并部署试点工作，全省21个地以上市均按要求指定1个以上乡镇（街道）为普查试点单位，全省列入试点的乡镇（街道）37个，1300多个自然村。经过3个多月的努力，试点工作的各项任务基本完成，共填写1300多份普查表，撰写1000多份初稿，计200万字。省地方志办组织力量对试点工作进行研究分析，进一步完善普查工作方案。试点工作为全面启动普查工作探索了方法，积累了经验，激发了社会各界、村民参与收集保护村落历史人文资源的热情，为普查工作在全省铺开作了良好的铺垫。

2.宣传发动，全面铺开。2016年3月，在总结试点工作的基础上，广东省自然村落历史人文普查工作全面铺开，各地市县区镇相继召开动员大会，部署普查工作，资料收集、普查表填报、村落概况文稿编写、网络系统录入等工作同步展开。《南方》杂志、《南方日报》、广东电视台等各家媒体相继推出《广东提升软实力开全国先河：百万人为18万村落留史》《普查工作是在跟时间赛跑》《广东对18万个自然村落开展历史人文普查：让村落不再寂寞》《广东自然村落普查，全世界绝无仅有》《广东历史人文普查助力护好乡村文明》等一系列报道，引起社会各界广泛关注，为普查工作创造了良好的舆论氛围。省地方志办还专门拟定若干普查宣传用语，供各级普查机构使用。各地还利用横幅标语、广告牌、宣传画、微信等媒介进行广泛宣传，增强了普查工作的社会影响，形成众所周知、各方关注的有利局面。

3. 广泛发动，各方参与。一是广泛发动社会力量参与，离退休干部、教师、学生、志愿者，以及来自社会各界的热心人士不分年龄、不分职务、不分地域，无偿、自愿、积极投入普查工作，体现了传承中华民族优秀传统文化的情怀与担当。二是组建志愿团队，服务于普查工作。省地方志办于2017年暑假，经面试考核从中山大学和华南师范大学遴选一批优秀大学生组建为大学生服务队，经培训后委派到各地协助开展普查工作。寒假又以自愿报名的方式从仲恺农业工程学院选派一批大学生，分派到生源所在地，服务于家乡普查工作。东莞、中山、湛江、云浮等地与高校合作，共建大学生社会实践项目，激发了青年学生“做一名普查志愿者”的热忱。

4. 督促指导，全程管控。一是分级负责，加强协调推进。实行省、市、县（区）、乡镇（街道）分级负责制度，层层压实任务。省地方志办适时召开阶段性工作会议、现场会、推进会，把握方向，全面推动；开展专项督查调研，由办领导带队深入各市、县、区和重点村落督查督办；实行每月进度通报，对进度最前的五个地区和进度滞后的后五个地区进行点名，推广好的做法，督促后进。各级地方志工作人员经常深入乡镇、村落督查检查，培训指导，确保普查工作有序开展。二是充分论证，制定规范。资料收集填报、文稿撰写对象、内容、方法、组织形式、保密工作、出版印刷、云数据平台等工作均广泛征求意见，充分论证，并经中国社科院及有关领域专家认可，最终普查确认的自然村名称和公开出版的《全粤村情》文稿须在一定范围内公示，听取群众意见；会同广东省信息中心、保密等部门召开普查资料保密论证会，对可能出现的相关泄密问题开展专题论证，预警防范。相继制订了“普查表填报说明要求”“资料审核实施意见”“编写分工与编写规范”“审查验收办法”“编辑出版规范”“普查稿公示”“数据上传规范”等一系列规范性文件。三是加强培训，专业指引。除了召开全省性业务培训会外，各级地方志工作者也纷纷走上讲坛，讲授普查业务知识，每一步都为普查工作作出清楚明确的专业指引。四是审查验收，严格把关。《全粤村情》各分卷实行初审、复审、终审三级审查验收制度，各级审查验收小组由普查工作领导小组成员和保密、公安、民政、城乡建设、外事侨务、农业、文化等方面专业人员组成，严把政治关、史实关、保密关、文字关。

2016年底，时任广东省委常委、常务副省长徐少华对全省自然村落历史人文普查工作作出“部署有力，措施到位，各地配合，效果明显，各级有关同志为此付出了宝贵心血和辛勤劳动”的重要批示，对普查工作给予充分肯定。

四、普查成果与社会效应

自然村落历史人文普查，将地方志工作的触角向乡村延伸，拓展了地方志事业发展的空间和领域，是地方志机构主动担当社会责任、服务大局、创新服务手段的一次重要实践。工作开展过程中，形成以普查为中心、查用并举、成果丰硕的良好态势，社会效应显著。

1.《全粤村情》陆续出版。至2018年5月，全省21个地级以上市13万多个自然村落全面完成基本资料普查，自然村普查表填报完成率100%，数据库录入完成率87.6%。《全粤村情》初稿完成率98.8%，总纂稿完成率88.2%；初审完成率91.8%，复审完成率77.2%，终审完成率50%；送交出版印刷的80册。基本实现普查工作阶段性目标。

2.编辑出版《广东省精准扶贫村情集成》，助力中心工作。为贯彻落实省委省政府《关于2277个省定贫困村创建社会主义新农村示范村的实践方案》，助力省委省政府精准扶贫中心工作，2017年，省地方志办组织力量辑录2277个省定贫困村的村情资料，编辑出版《广东精准扶贫村情集成》共32册，为省领导及有关部门实施精准扶贫提供决策参考，受到高度评价。

3.开展南粤古驿道调查，编纂出版《驿道乡情》。为响应习近平总书记“让收藏在博物馆里的文物、陈列在广阔大地上的遗产、书写在古籍里的文字都活起来”的号召，2016年初，广东省政府作出“将南粤古驿道调查列入广东省自然村历史人文普查工作的范围中，以利将历史人文资料转化成空间管控和建设成果”的指示。结合普查工作，省地方志办优先开展古驿道及沿线自然村落的普查工作，经过半年多的努力，基本查明广东全省古驿道走向及现状，首次绘制出南粤古驿道及沿线自然村落分布图。广州、深圳、清远等市方志办以丰富多彩的形式开发宣传古驿道调查成果，编制《城事——驿道风痕篇》画册、《驿传文化 道载千秋》艺术长卷等。2017年，省地方志办编纂的《驿道乡情》出版发行，为南粤古驿道的保护修复、活化利用再添动力。

4. 新发现一批文化遗产，促推相关申报立项工作。广东省自然村落历史人文普查工作开展三年来，各地新发现一批珍贵的文化遗产，包括古建筑遗迹、文献、碑刻、特色民俗技艺、名人故居等，如江门新会区发现晚清著名海军爱国将领林国祥的故居；广州增城区发现多个可申报非物质文化遗产，方志办正会同相关部门开展非遗项目申报工作非遗项目申报；各地核实查明不少来由不清、众说不一的古建、古迹、历史事件等史实，有力支持了文物保护和非遗申报工作。

5. 开发利用自然村落普查成果，助力乡村振兴战略。乡村振兴战略是党的十九大作出的重大决策部署，为充分利用普查资源成果，助力乡村振兴战略，2018 年 3 月，省地方志办制订印发《开发利用自然村落普查资源　助力乡村振兴战略工作方案（2018—2020）》，提出“全省地方志系统要乘势而上，利用全省自然村落历史人文普查资源优势，开发一批富有岭南文化特色的精神文化产品，为推动乡村振兴战略实施提供基础地情资源支撑”的要求，规划组织开发普查数据系统，服务决策咨询，并以印刷出版类、专题展览类、影像类、媒体类、数字类、调研类等形式项目，结构化开发普查地情资源。目前，各项开发利用工作正在有序开展。一是组织编纂《广东名村系列丛书》《广东乡村集萃系列丛书》，选取全省各地特色突出的村落，提取广东乡村特点，打造一批名村名产，推出一批美丽乡村微视频、纪录片，多方位展现广东魅力乡村风采。二是加强与农村问题研究智库合作，开发系列资政研究报告。利用普查数据的特色和优势，全面结合乡村振兴 20 字总要求，围绕特色产业、精准脱贫、乡风文明、共建共治共享等主题，深度开发系列研究报告，服务于省委、省政府决策。三是组织开发普查数据信息系统，服务决策咨询。在已有数据的基础上，依托 GIS（地理信息系统）等现代信息技术，将普查数据库打造成为可视化、立体性、多层次的成果展示平台；集数据存储、跟踪与监测、分析与评估、预测判断等功能于一体的智能决策服务系统，为各级党委政府和有关部门提供决策咨询服务。该项工作现处于实施方案研究制定阶段。此外，各级地方志机构结合普查工作，陆续推出一批开发利用成果，如广宁县《广宁客家大屋与客家文化》、广州从化区《影像温泉》《村越千年》、佛山高明区《美丽高明百村行》等图书和专题片。全省还组织编纂《上岳村志》《石牌村志》《石塘村志》等名村、名街、名山志系列特色志；规划建立“广东村情数据库”“南粤村情一点通”网站；建立方志驿站，打造乡村方志文化线等，形成多方位开发、立体式呈现的格局，促进方志转型、服务升级。

6. 举办主题教育实践活动，发挥自然村普查的教化育人作用。2017年，广东省地方志办联合省教育厅、团省委、省学联举办“爱家乡 查村情”主题教育实践活动，发动广大青年学生和社会人士深入广东乡村，察看和记录村情，感受乡村文化魅力，活动期间共收到185个单位和个人提交的1400多组参赛作品（包括文章、照片、视频和其他类型），还有大批人员通过活动直接参与普查工作，活动取得良好成效，既达到了爱国爱乡教育的目的，又扩大了普查影响，推动普查工作开展。2018年，省地方志办又联合省委农办、文明办、教育厅、团省委、省学联、南方报业传媒集团组织开展“多彩乡村 情系故里”主题实践活动，广泛发动社会各方深入村落，用微视频的方式记录广东乡村风貌、乡土风情的历史传承及在当代呈现的新特点，探寻古朴民风与普通百姓平淡生活中的深刻哲理，激发了社会各界的热忱参与。主题活动于4月启动以来，引起社会强烈反响，受到各方好评，陆续收到了一些参赛作品，省内多所重点高校正在积极组队参与。

五、难点问题与探索思考

广东省自然村落历史人文普查，既是地方志部门的职能所在，也是一项突破职能的创新工作，理念思路、组织形式、纵横幅度及编纂规模，都超出既往工作经验，是地方志事业努力实现自身跨越的积极尝试。从某种意义上来说，广东省自然村落历史人文普查也是为全国探路，没有现成的经验可借鉴，每一步都在探索中推进，普查反映出来的难点和问题，很多已经不仅仅是地方志系统的问题，也折射出其他社会系统的问题，如村级档案资料的建设、社会资源的调配整合等。在探索实践的过程中，无论是经验还是教训，都有其宝贵的价值和借鉴的意义，引发对地方志事业发展的诸多思考。

（一）突破难点，解决问题

首先，自然村落历史人文普查开始之初，面临的难题就是统一思想认识问题。全省13万多个自然村落，有很大一部分从未开展过族谱、村史、村志等文史工作，不少村干部对自然村落历史人文普查工作缺乏认识，而村干部作为此次普查基础资料工作的组织者，能否做好工作，取决于他们的认识水平。不少地区反映，业务上、技术上的问题都容易解决，最难的还是帮助村干部提高认识，这对地方志部门的工作方式灵活性和宣传组织行动的开拓性也是极大的考验和难点所在。只有突破这个难点，才有可能开展工作，各地方志机构在这方面下了很大功夫，队伍也在这一过程中突破自身局限，锻炼提高。

其次，普查对象确认困难。以自然村落为普查对象，是此次普查工作的独特性所在，但难点也在于此。如何科学定位和区分自然村与行政村、村民小组以及围垦沙田聚落、生产队之间的关系，给普查对象的确定带来很大困扰，不少地区走了弯路。广东全省自然村落的数量从最初的18万多个调整到目前的13万多个，即是这一难点在摸索过程中的体现。实际上这个问题一直伴随普查全过程，因为各地不断发现被遗漏或错认的自然村，自然村落数量仍处于变动之中。

第三，机构不全，人才短缺。地方志的核心和源泉在于地情资料，地情资料很大一部分在乡镇，随着地方志事业不断向纵深拓展，乡镇越来越成为地方志工作的重要主体，而绝大部分乡镇没有方志机构，形成任务最重、力量最薄弱的“倒挂”状况。此次普查任务的直接责任和主体在镇村，由填村报资料和撰写初稿，镇（街道）进行初审，需要文化素质高、写作能力强的人才能完成普查资料收集撰写工作，对人才相对缺乏的镇村来说，是制约普查工作的一大问题。

第四，经费不足。自然村落历史人文的普查工作工程量巨大，需要聘请的人员多，开支巨大，普查工作经费普遍紧张，经济欠发达地区缺口更大。要聘请大量的工作人员参与普查调查工作，致使经济比较发达的村普查工作比较顺利，财力比较薄弱的村困难重重。为此，各地想尽一切办法解决资金缺口，解决不了的情况下，很多普查人员发扬奉献精神，义务工作。

第五，资料核实困难。此次普查涉及的资料年代久远、范围广泛，不少资料没有史料可查，如建村时间、姓氏迁徙、华侨华人数量等资料，主要来自口口相传。涉及进士举人的人物，核实难度也相当大。历史事件的挖掘也普遍存在困难。

（二）探索与思考

一是工作理念的创新。在地方志“一业为主，多业并举”的新发展格局下，广东省自然村落普查实践促进了地方志跨学科、跨领域、跨地域交流合作的创新工作理念，促使地方志部门谋求更加灵活主动的方式方法，扩展地方志资政和服务功能，促进地方志事业的可持续发展。

二是工作路径的拓展。地方志工作的社会化，必然带来工作方式的转变，固守旧方法已经不能满足新发展理念的工作需要。实践中深切体会到，地方志工作需要三个突破和打通：一是突破单一的“书本主义”，打通从一元到多元的通道；二是突破“闭关自守”“守株待兔”的被动状态，打通主动与社会接轨的通道；三是突破部门之间的界线，打通与学界、文化界等界别的通道，善于借力和整合社会资源。

三是人才队伍的培养。地方志事业的多元化发展，要求人才专业结构也相应多元化、综合化，需要培养更多“一专多能”的复合型人才，才能适应地方志工作的新发展、新要求。在当下社会购买服务已经十分普遍的新形势下，如何对服务单位进行专业培训、资质认定和服务项目质量管控，是当下乃至今后需要探索的问题，不仅需要制度的保障，更需要新的机制架构。

四是成果利用的方向。自然村落历史人文普查是广东省委省政府部署的一项重要工作，是地方志服务乡村振兴战略的重要抓手和依托，普查是基础，开发利用才是目的。在助力乡村振兴战略中，地方志系统需要进一步找准切入点，将普查成果深挖掘、精加工，让普查成果价值最大化，在乡村振兴战略中发挥更大的作用。

“欲知大道，必先为史。”从哪里来，到哪里去，取决于有什么样的历史和我们留住保存了多少历史。自然村落蕴藏的历史信息和人文景观，是农耕文明留下来的最大遗产，不仅具有历史文化传承等方面的功能，对于乡村现代化进程、生态文明建设都有其重要价值。普查工作开展三年来，村落一直在变，自然村落历史人文普查，尽可能将每一个村落当前的风貌保留在史册中，给当今和后世留下永不消失的记忆。广东地区的自然村落从发展、变迁到普查、抢救，也是全国自然村落发展状况的一个缩影，从中也折射出许多村落发展、保护中一些普遍性的问题，通过大数据总结分析研讨这些问题，将具有重要的价值和意义。

广西地方志资料年报制度的探索与实践

项目调研组 [①]

提　要：2014 年以来，广西通过开展试点工作、逐步推开的办法，践行地方志资料年报制度。至 2018 年 6 月，共有 36 个市、县（市、区）以不同形式开展资料年报工作。广西各地在探索与实践的过程中，形成四种主要的工作模式，分别是南宁市模式、南宁市青秀区模式、隆安县模式、桂林市模式。通过调研，适时地总结经验，发现了问题。针对存在的问题提出如下对策：一是搞好顶层设计，制定适应度宽、接受度广、机动性大的地方志资料年报制度。二是实施依法治志，结合行政手段加大地方志资料年报制度的执行力度。三是加大地方志资料年报制度的宣传力度。四是加强地方志资料年报工作培训。五是做好地方志资料年报的审验、存藏等工作。六是进一步落实激励机制。

关键词：地方志　资料年报　制度　工作模式

2009 年，广西志办下发《关于印发〈广西壮族自治区地情资料年报规定〉的通知》，对全自治区地情资料年报工作进行部署，但各地尚未有实质性的实

① 执笔人：吴辉军，广西壮族自治区地方志办公室地情信息处处长；张文，广西壮族自治区地方志办公室地情信息处副处长；游勇，广西壮族自治区地方志办公室地情信息处副调研员；周珍朱，广西壮族自治区地方志办公室地情信息处副主任科员。

施。2014 年 6 月，广西志办下发《广西志办关于开展广西地情资料年报试点工作的通知》（桂志办发〔2014〕36 号），确定南宁市、桂林市、南宁市青秀区、武鸣县（现武鸣区）、柳州市鱼峰区、北流市、桂林市临桂区、龙胜各族自治县、灵山县、自治区人民政府《政府志》编辑室、自治区公安厅《公安志》编辑室等 11 个单位为第一批地情资料年报试点单位。8 月，下发《关于印发〈广西地情资料年报工作试点实施方案〉的通知》（桂志办发〔2014〕42 号），将试点单位调整为 10 个，武鸣县（现武鸣区）不作为第一批试点。2015 年 5 月，下发《关于开展广西地情资料年报第二批试点工作的通知》（桂志办发〔2015〕22 号），确定北海市、崇左市、隆安县、柳州市柳北区、阳朔县、荔浦县、北海市铁山港区、平南县、西林县、都安瑶族自治县 10 个单位为第二批地情资料年报试点单位。2016 年后要求在有条件的市、县（市、区）适时推开地情资料年报工作。至 2018 年 6 月，全自治区共有 36 个市、县（市、区）以不同形式开展资料年报工作。

广西地情资料年报自 2014 年启动试点工作以来，用近 4 年的时间来探索资料年报的工作模式和工作方法。为了总结试点工作验，以便在全自治区铺开地情资料年报工作，2018 年 3 月 27 日—6 月 28 日，广西志办除了要求各地上报地情资料年报工作总结，还专门派出地情信息处调研组深入南宁市、南宁市青秀区、隆安县、桂林市、崇左市、北海市地方志办公室，自治区人民政府《政府志》编辑室、自治区粮食局《粮食志》编辑室等 8 个单位，对地情资料年报工作进行专题调研。现将调研情况报告如下。

一、调研方式

在深入实地调研前，广西志办下发《关于报送地情资料年报工作总结的通知》（桂志办发〔2018〕20 号），要求全自治区各市、县（市、区）上报地情资料年报工作总结，至 6 月底，共收到 91 个市、县（市、区）上报的工作总结（或情况说明），还有 34 个市县未上报（见附件）。此外，自治区人民政府《政府志》编辑室、《公安志》编辑室等 2 个试点单位也报送了年报工作总结。

调研组采取现场查看资料和召开座谈会相结合的办法，对南宁市、南宁市青秀区、隆安县、桂林市、崇左市、北海市地方志办公室，自治区人民政府《政府志》编辑室、自治区粮食局《粮食志》编辑室等8个单位的资料年报或志书资料搜集工作进行全面了解。

二、调研内容

一是地情资料年报工作的做法及成效；二是地情资料年报工作的经验及体会；三是当前地情资料年报工作存在的问题；四是对地情资料年报工作的意见和建议。

三、各地资料年报主要做法

通过对8个单位的实地调研，地情资料年报工作在各地的实践中，形成四种主要的工作模式。

（一）南宁市模式

南宁市于2012年在全自治区率先制定并实施《南宁市地方志资料年报制度》，参考广州市地方志资料年报的做法，结合本市工作实际，形成直接为编修第三轮地方志书服务的地方志资料年报工作模式。

1. 年报内容。南宁市地方志资料年报制度直接围绕第三轮志书的编修思路，要求报送大事记资料、主体资料、人物资料、专题资料、图表资料、附录资料6个部分内容；主体资料编写提纲为志书框架，根据各单位、行业工作、事业实施的具体情况制定，机构有变化，职能有调整的，及时整合和增补提纲。为了与年鉴资料区分开来，南宁市每年3月底为年鉴资料上报节点，9月底为地方志资料年报报送节点。每年5月，南宁市将地方志资料编写提纲连同编写通知一并印发，要求各承报单位9月30日前上报资料。

2. 做法。主要有行政手段和激励机制相结合。行政手段方面，2012年，南宁市制定《南宁市地方志资料年报制度》，并由市政府办公厅印发《关于印发南宁市地方志资料年报制度的通知》；2014年，召开全市地方志资料年报工作推进会，市分管领导出席会议，会议通报实施年报制度以来交稿情况，明确要求承报单位补报资料，并由市“两重两问”办进行督办；2016年，南宁市将地方志工作纳入年度绩效考评，地方志资料年报工作成为考评内容之一（地方志工作占 2 分），当年基本实现市直单位年内组稿年内交稿；每年至少举办 1 期全市编写人员业务培训班，就年报编写内容、编写规范及要求进行培训，并编写《南宁市地方志资料年报选例汇编》（编写范本），在全市业务培训会上印发各承编单位，供编写人员学习参考。激励机制方面，南宁市地方志资料年报有偿，该项工作经费每年为 3-5 万元，按照 20 元 / 千字、15 元 / 图片的标准，酌情发放给相应的供稿人。

3. 成效。地方志资料年报工作制度实施以来，基本完成 2006—2016 年的资料收集，资料上报率达 98%。共收集年报 740 份，字数 1400 万，图片 9000 余张。南宁市级 121 个承编单位，除南宁警备区、武警南宁市支队外，均已完成资料年报报送；南宁吴圩国际机场、南宁海关、中国人民银行南宁中心支行等中央、自治区直属单位积极承报年报资料，地方志资料年报制度实施取得阶段性成效。

4. 亮点。2016 年 1 月，南宁市地方志办纳入市政府公布的 61 个具备行政执法主体资格的行政执法单位，为依法治志提供更加有力的保障。2017 年，南宁市将地方志资料年报工作列入地方志行政执法检查重点之一，2018 年初开展第一次地方志工作行政执法检查，对市直承报单位采取书面检查，对 7 区 5 县进行现场检查，依法推进地方志资料年报制度全覆盖和长效运行机制的建立。

5. 存在问题。通过实地查看，南宁市地方志资料年报所收集的资料存在以下问题：一是以经过加工的主体资料为主，原始资料较少，多数为工作总结，不利于地情资源的开发利用和资料存藏；二是部分单位资料年报稿件质量不高，不按照提纲编写，存在“一稿两投”现象，直接用年鉴稿充当资料年报，且经过加工的稿件带有撰稿人的主观意识，不利于志书编修使用；三是地方志资料审查粗放化、任务重，由于人力有限，南宁市资料年报审查重点只能放在六大块资料是否齐全，主体资料中的共性资料如机构、领导人变更、涉及主要职能的资料是否完善，图片资料是否合格，资料是否注明来源，《南宁市地方志资料年报报送表》是否填写回执等，而没有精力审查每一部分资料是否还有缺漏，经过承报人员整理的每个单元资料要素是否完整、信息是否全面、对下一步资料长编的编写是否有价值等；四是通过绩效考评等行政手段无法约束到中央、自治区驻南宁市机构，这些机构往往不主动配合，资料年报稿件报送不及时，没有形成稳定的组稿渠道，导致这一部分资料收集得不够全面。

根据调研和各市县上报的总结情况来看，北海市、西林县、柳州市鱼峰区、南宁市江南区、马山县、北海市海城区、北海市银海区、浦北县等地开展地情资料年报工作，采取的工作模式与南宁市接近，注重主体资料的编撰。

（二）南宁市青秀区模式

2008 年 7 月，青秀区适时开展第三轮地方志资料收集工作，积累一定的资料年报工作经验。至 2014 年 6 月，青秀区共收集保存 2005—2013 年地方志资料 600 多万字，图片 5000 多幅，编写资料长编 80 多万字。当年，青秀区被确定为自治区地情资料年报工作试点单位。青秀区根据广西志办制定的《广西地情资料年报工作试点实施方案》，结合实际，启动地方志资料年报工作。

1. 年报内容。主要分两个阶段。第一个阶段为 2014—2017 年，青秀区综合自治区和南宁市级的年报工作方法，将年报资料分为 6 大部分：主体资料、大事记资料、人物资料、专题资料、图片音像视频资料、附录资料，同时参照《广西地情资料年报工作试点实施方案》资料清单，着重收集原始资料，将每年的 6 月定为年报时间节点。第二阶段为 2018 年，地方志资料年报工作与年鉴资料收集同步进行，将年鉴资料的框架和条目扩大化，吸纳年报资料的部分内容。在印发报送资料通知时，地方志资料年报与年鉴资料报送合二为一，不再出现“地方志资料”字样，统一称为《关于报送〈青秀年鉴·2018〉资料的通知》。

2. 做法。成立机构，建立专人负责制。2014 年，青秀区委办、政府办联合印发《南宁市青秀区地方志资料年报工作规范实施方案》，成立地方志资料年报试点工作领导小组，组长由青秀区委书记、青秀区政府区长担任，副组长由青秀区政府常务副区长、青秀区委办公室主任、青秀区政府办公室主任担任。领导小组下设办公室，办公室设在青秀区地方志办公室。青秀区地方志办公室在没有编制的情况下，聘请人员专人负责资料年报工作，2017 年之前聘请的是熟悉业务的退休干部，专门负责该项工作的开展。

3. 成效。基本完成 2005 ~ 2017 年资料收集。截至 2018 年 3 月，青秀区共积累保存 2005 ~ 2017 年青秀区地方志资料 1100 多万字，图片资料 1 万多幅，编写资料长篇（2005 ~ 2013）300 多万字。

4. 亮点。创造性地将年报与年鉴资料上报工作相结合。青秀区立足实际，通过综合考量，将地方志资料年报工作与《青秀年鉴》资料收集工作结合在一起，参照《新城区志》框架与内容，扩充《青秀年鉴》的条目，将两项资料收集工作合并起来，形成发文交稿一站式收发，节约重复撰稿收集流程。

5. 存在问题。根据收集到的资料显示，个别单位收集资料的全面性、史料性、针对性不够强。固定条目部分各部门收集的材料集中在部门机构概况、年度总结、大事记、重点工作与活动等，对调研报告、典型材料、出版刊物等附录存档的原始资料收集比较欠缺；动态条目部分各部门提供的资料比较少，缺乏部门特色资料，部门主动创新思想不够。随着政府机构改革的深入，不少部门或分立或合并，职能转变较大，岗位变动、人员交替频繁，基层材料收集人员的流动性导致承报单位供稿人员业务素质不均衡，在一定程度上影响各部门提供的资料年报质量。

在全自治区已开展地情资料年报工作的市县中，大多数都在探索地情资料与年鉴资料相结合的模式。柳州市柳北区主要搜集年鉴资料和单位年度总结；都安瑶族自治县以年鉴编写为平台，使地情资料的编藏工作有序进行；桂林市临桂区将地情资料年报工作与编纂《临桂年鉴》同步进行；龙胜各族自治县充分利用收集年鉴资料的时机，在下文报送上交年鉴资料时注明要求各乡镇、县直各单位上报地情资料；南宁市武鸣区试行年鉴资料和地方志资料年报同时部署，同步培训，分期交稿；平南县要求地情资料年报工作与编纂《平南年鉴》同步进行；阳朔县在年初启动《阳朔年鉴》的同时，下发文件启动地情资料的年报工作，地情资料以文字资料和图片资料为主；荔浦县在开展“一年一鉴”的工作目标的同时，同步收集地情资料年报材料，两份通知一并发，两份材料一并交；北流市每年的地情资料均随同当年年鉴稿同时报送。

（三）隆安县模式

2015 年，广西志办确定隆安县为第二批地情资料年报试点单位。两年多来，隆安县按照为第三轮修志服务的目标要求，扎实推进地方志资料年报工作，取得一定成绩。

1. 年报内容。隆安县地方志资料年报内容包括主体资料、大事记资料、人物资料、专题资料、文献资料、图片音像资料、其他资料 7 个部分，明确 111 个承报单位，各承报单位按照工作实施方案，于每年的 9 月（2015 年为 10 月）上报资料。

2. 做法。成立机构，列入全县年度绩效考评。2015 年 8 月，隆安县委办、县政府办印发《隆安县地方志资料年报工作方案》，成立资料年报工作领导小组，由县委书记、县长担任组长；隆安县每年举行一次地方志资料年报收集工作培训。2017 年，县绩效办将地方志工作列入全县 79 个考评单位的年度绩效考评（占 2 分），有力推动资料年报工作开展。

3. 成效。基本完成 2006–2016 年地方志资料的收集工作。2016 年，隆安县基本完成 2014、2015 年地方志资料的收集整理，2017 年完成 2006—2013 年及 2016 年的地方志资料年报收集工作。

4. 存在问题。在调研过程中，调研组发现，由于县志办和具体承报单位工作人员对地方志资料年报工作的理解程度不同，无法统一资料收集标准，从而导致收集上来的资料参差不齐。有的工作人员认为应该侧重上报原始资料，而有的认为应该侧重上报撰写稿；有的认为某些资料不重要、不需要上报；有的工作人员不明确何为重大事件、应该报什么；有的工作人员认为某些事件应该由其他相关权责部门来上报、事不关己；等等。此外，由于地方志资料年报涉及全县 100 多个承报单位，涉及面广，又是一项新开展的业务，要求上报的资料时间较久远，各承报单位组稿人员变动大，业务培训难以跟上，报送的资料缺漏比较严重。

根据各市县上报的总结来看，北海市铁山港区、百色市右江区、田阳县、德保县、贺州市八步区等县区的地情资料年报工作模式与隆安县类似，借鉴南宁模式将上报内容分成六大部分，同时主要搜集未加工的原始资料。

（四）桂林市模式

2014 年，桂林市被确定为第一批地情资料年报试点工作单位，并严格按照《广西地情资料年报工作试点实施方案》，围绕“为地方志编纂服务，为地情资源开发利用服务”的工作目标来开展资料年报工作，结合本市实际，印发了《关于开展桂林地情资料年报工作试点的通知》，选择本市 57 个单位作为首批试点。2014 年以来，已在全市铺开资料年报工作。

1. 年报内容。桂林市地情资料年报内容包括基本资料、音像、图片、特色资料 4 个部分，每年 3 月，由桂林市地方志编委会印发地情资料年报工作通知，于 4 月 30 日前与年鉴资料一同报送。

2. 做法。开展试点，逐步铺开。2014 年 7 月，桂林市遴选市直 40 个单位作为市本级的试点单位，同时召集试点单位传达学习自治区有关地情资料年报的指示精神，进行深入动员，学习培训有关年报资料的培训业务。2015 年，扩大阳朔县、荔浦县为试点单位，全市的试点扩大为所有市直单位。2016 年，桂林市本级在所有年鉴承编单位中开展了地情资料年报工作，要求在 5 个试点县（区）的基础上，有条件的县区适时开展此项工作。桂林市志办将此项工作列入年终督查内容，作为评优评先的重要依据，促进这项工作的开展。至 2017 年底，桂林市及各县区地方志办公室已经全面开展地情资料年报工作。

3. 成效。综合上报率为 60%。在桂林市本级地情资料年报工作中，2014 年共有 20 个市直单位上报资料，2015 年有 53 个单位（含县、区）上报资料，2016 年有 78 个单位（含县、区）上报资料，2017 年有 58 个单位（含县、区）上报资料。

4. 存在问题。资料年报工作是桂林市近几年才开展的一项新的工作，有的单位和县区对这项工作的重视还不够，认识还不到位。个别县区地方志办每年只是下发一个开展地情资料的通知，并没有认真去督促和收集，极少部分单位存在久拖不交地情资料的现象，甚至多年来一直不上交，特别是一些中直、区直驻辖区的单位和部分企业单位，收集资料非常困难，导致每年收集到的地情资料都不完整。部分单位上报的年报资料质量很差，有的就是一个总结或者是年鉴条目资料，不符合年报资料要求，存史价值低。

桂林模式在实践中，根据自治区制定的地情资料年报实施方案来开展工作，取得一定的成效。此外，还有桂林市秀峰区、叠彩区、象山区、灵川县、资源县、平乐县、恭城县，河池市宜州区，象州县等地都采用这种工作模式，工作成效参差不齐。

四、存在的主要问题

文件提及的试点单位中，自治区人民政府《政府志》编辑室、自治区公安厅《公安志》编辑室以及崇左市地方志办公室等作为自治区试点单位，由于人员配置、工作环境或资金配套等条件的限制，最终没有正式开展地情资料年报工作（但自治区人民政府《政府志》编辑室仍坚持在系统内部以及面向各厅局全面搜集保存历年地方志资料，并编写资料长编）。以上人员配置、工作环境或资金配套等方面的问题也在《广西通志》各专志承修单位和市县中普遍存在。具体如下：

一是部分承修单位在机构、编制、人员等问题上长期难以解决。《广西通志》专志编辑室共 67 个，均是非常设机构；除自治区人民政府《政府志》编辑室和自治区公安厅《公安志》编辑室等个别单位外，均无正式编制。编辑室的负责人往往由业务处室人员兼任，编辑人员主要靠返聘或外聘。而返聘或外聘往往存在以下问题：一是报酬不高，很难物色到业务精、责任心强的人员；二是聘用人员具有不稳定性，资料年报工作难以持续而稳定地开展；三是地情资料年报工作容易涉及涉密敏感问题，难以依靠外聘人员来做，如自治区公安厅《公安志》编辑室。全区 14 个地级市、111 个县（市、区），地方志工作机构共 120 个。部分城区地方志办公室不是常设机构，也无编制，如南宁市青秀区地方志办公室、桂林市象山区地方志办公室等都是挂靠在人民政府办公室下，没有正式编制，地方志办公室主任由政府办副主任兼任。部分市县级的地方志工作机构人员少，尤其是在岗的业务人员少，人员老化严重，同时要保证完成政府下达的其他各项任务。

二是办公条件差，绝大部分地方志办公室都没有资料室。在对地情资料年报工作试点单位的调研中，自治区人民政府《政府志》编辑室仅有 1 间约 10 平方米的图书资料室，存放条件差，面积小，达不到存放年报资料的硬件标准；南宁市青秀区、隆安县、崇左市等 3 个试点单位都没有资料室，其中南宁市青秀区地方志办公室仅有 1 间办公室，崇左市地方志办公室仅有 2 间办公室，人均办公面积不到 5 平方米；桂林市地方志办公室有 2 间共约 20 平方米的书库作为储存仓库使用，收集的地情资料只能存放在办公室。

三是“两全目标”迫在眉睫，部分市、县（市、区）没有精力来开展地情资料年报工作。截至2018年6月底,《广西通志》专志已出版25部，未出版42部；市县志已出版43部，未出版78部。年鉴方面，根据中指办的统计，截至2018年第一季度末，2017年卷的三级地方综合年鉴广西出版覆盖率为48.4%，2018年卷的尚未出版，2019、2020年卷也要继续完成。距离到2020年完成“两全目标”的时限只剩不到两年，时间紧，任务重。没有完成目标的市县集中人力、物力、财力，全力推进“两全目标”的完成，无暇顾及地情资料年报工作。

四是部分市县及单位领导不重视地方志工作，承报单位对地情资料年报工作接受度不高。当前，各级政府都围绕着发展经济、扶贫领域等重要工作来展开部署，各承报单位也更重视本单位业务和中心工作，因而对地方志工作抱着无所谓或者不理解的态度，认为地情资料年报与年鉴资料、地方志书资料上报重复，或敷衍，或无视。

五是不少地方在执行过程中理解不到位，执行不到位，对地情资料工作依然存在困惑。广西启动地情资料年报试点时，在相关文件中明确规定试点单位和主要任务、总体要求、报送内容和试点要求、保障措施，并附有地情资料目录样板、报送清单样板和特色资料年报参考清单等，同时在各次业务培训也都加以强调。但调研组发现，不少地方在试点过程中，由于各市、县（市、区）条件不一，地方志工作发展不平衡、不充分，加上试点推行过程中各地的理解有偏差，人员变换频繁，且主体业务繁重，或培训不到位，或简单应付，或“偷工减料”形式主义，或执行不到位，或督办不到位等，依然存在以下问题：1.不明确为什么报的问题。通过调研发现，就为什么报的问题，不少地方依然存在两种困惑：一种是地方志机构的困惑，即究竟是按志书的要求来编写稿件，单纯为第三轮修志而报？或是按自治区的要求，直接上报原始资料，为存史和编修志书、开发利用等上报？年报资料的利用率究竟能有多少？另一种是承报单位的困惑，究竟为什么报？与档案局收集的资料有何区别？与年鉴资料有何区别？ 2.不明确报什么的问题。根据调研，部分市县一级地方志工作机构在实际工作中并未真正明确要报什么，承报单位的范围有哪些？资料搜集的范围有多广？具体报什么材料？什么才是合格的资料？ 3.不明确怎么报的问题。从横向看，主要是不明确地方志资料报送和党史、档案部门的资料报送的关系。有人认为，党史、档案部门也在收集资料，而档案部门有完善的法律法规、工作制度、报送渠道、保管条件，可以充分整合资源，将地情资料扩充到档案中，更有利于工作的开展。从纵向看，各级地方党委政府对地方志工作机构的重视程度不同，直接导致资料年报工作成效不一、资料存藏条件不一，纸质版资料的收集管理在未来将是头等难题，而电子版资料的长期保存也存在安全问题。鉴于以上问题，以致地情资料年报试点工作的整体效果不够好，年报材料不统一、不规范，不完整，达不到预期目的。

五、对资料年报工作的建议

一是搞好顶层设计，制定适应度宽、接受度广、机动性大的地方志资料年报制度。由于全区各地的地方志工作发展不平衡，地方志资料年报工作基础也不相同，在制定资料年报标准时，要充分考虑各地的适应程度、接受程度。要划定自治区、市、县（市、区）三级的承报单位范围，明确地方志工作机构和承报单位的职责；要划定年报资料收集的范围，明确具体内容；分别制定自治区、市、县（市、区）三级资料年报制度的实施细则和报送要求，包括年报方式、年报时限、资料格式、填写要求、激励机制等。

通过调研发现，资料年报工作可采用两种方式：一是将年报工作和年鉴资料报送工作结合起来，在上报年鉴资料的同时，补充报送相应的原始资料，这种工作方式更适应《广西通志》各专志承修单位和大多数市县情况，实际操作起来更为可行。二是条件较好、“两全目标”已提前完成的市县，可结合第三轮志书的编纂来编写和报送年报资料。因此，建议在相关制度、实施细则和报送要求中分别予以规定。

此外，在年报资料工作全面铺开之时，“地情资料年报”的称谓建议改为“地方志资料年报”，理由如下：其一，“地方志”的概念包括地方志书和年鉴，资料年报主要与地方志书或年鉴相结合，为地方志书和年鉴的编修以及地方志资源的开发利用服务；其二，承报单位对“地方志”已有一定程度的认知，而对“地情”的含义不甚理解，使用“地情”二字，容易认定是额外增加的另一新任务；其三，两个概念在不同场合均有使用，应予统一。

二是实施依法治志，结合行政手段加大地方志资料年报制度的执行力度。

坚持以《地方志工作条例》《广西壮族自治区实施〈地方志工作条例〉办法》为依据，贯彻落实《规划纲要》《广西地方志事业发展规划（2016—2020年）》精神，全面提升工作人员依法治志水平和能力，在全区开展依法治志宣传教育，营造氛围，促进法治意识和行政手段相结合，修志成果与资政服务相结合，确保地方志资料年报制度持续深入实施。此外，进一步推动各级政府将地方志工作纳入绩效考评，为地方志资料年报工作保驾护航。

三是加大地方志资料年报制度的宣传力度。广西新编地方志有37年的历史，新编年鉴也有33年的历史，而地方志资料年报是一项崭新的工作，大多数人对这项工作认识度不够，要适时地进行宣传，以培训、工作汇报和纪念活动为契机，开展各种形式的宣传活动，使各承报单位充分认识地方志资料年报工作的重要性。

四是加强地方志资料年报工作培训。定期举办全区地方志资料年报工作培训班，使培训工作进入常态化的同时，多渠道征集承报单位意见，开展形式灵活多样的专题性培训，确保收集的资料有使用价值、有收藏价值。强化年报审查人员的业务培训，开展经常性的交流研讨活动，不断提升审查人员的整体素质。此外，还应编写地方志资料年报范例（手册），明确不同类别资料的质量要求及标准。

五是做好地方志资料年报的审验、存藏等工作。落实年报资料审查工作分工，明确审查内容、要点及办结时限，发现不合格的资料要及时与承报单位联系，进一步修改完善，审查合格的要及时反馈。建立完善的资料保管制度，规定资料室的硬性标准，如资料室的面积、环境及资料柜的标准等，专人管理、专项存放。开发地方志资料年报网络系统，根据审查工作细则制定网络报送规则，精简上报流程，既高效省力，又能解决电子版文件的存放问题。

六是进一步落实激励机制。鉴于各地资料年报工作中采取的激励机制有限的情况，建议在稿酬和表扬奖励等方面采取相关措施。其中，稿酬的基本稿酬标准和计算方法参照国家版权局和发改委2014年联合下发的《使用文字作品支付报酬办法》来规定。资料年报与年鉴编纂结合的，属资料汇编性质，稿费标准定为每千字20元；资料年报与地方志书编纂结合的，属原创作品性质，稿费标准定为每千字300元。各级地方志工作机构每年年底通过各种方式对本年度资料工作情况进行督查和总结，对工作开展得好的单位和个人进行表扬和奖励。

综上所述，地方志资料年报是一项综合性的工作，需要领导重视，需要各相关部门的配合；年报资料与年鉴资料、志书资料不同，却密不可分，与档案资料、党史资料亦不同，需鉴别分类；年报资料是支撑志书、年鉴、地情书等编纂工作的基础，不是某个单位、处室或个人行为，具有整个地域、行业的存史意义。地方志资料年报是一项长期性的工作，不能一蹴而就，与档案深入人心不同，地方志资料年报是一项崭新的工作，要形成制度化、常态化，需要经过反复实践，先易后难，还需要加强顶层设计，逐步推开。地方志资料年报是一项紧迫性的工作，很多资料由于无人搜集、无人整理、无人保管，导致缺失严重，将直接影响第三轮志书的编纂，更不利于存史。要把地方志资料年报这项工作做好，任重而道远。

附件：

广西地方志资料年报情况一览表

统计时间：2018 年 6 月

序号	市 / 县（市、区）	上报总结情况	是否试点单位	是否开展该项工作
1	南宁市	是	第一批试点	是
2	南宁市良庆区	否	否	
3	南宁市青秀区	是	第一批试点	是
4	南宁市江南区	是	否	是（2017 年开始）
5	南宁市西乡塘区	是	否	否
6	南宁市邕宁区	是	否	否
7	南宁市兴宁区	否	否	
8	南宁市武鸣区	是	否	是
9	隆安县	是	第二批试点	是
10	宾阳县	是	否	否
11	横县	否	否	
12	马山县	是	否	是（2012 年开始，2014 年以后停滞）
13	上林县	否	否	
14	柳州市	是	否	否
15	融水苗族自治县	是	否	否
16	鹿寨县	是	否	否
17	柳州市柳江区	是	否	否
18	融安县	是	否	否
19	柳州市柳北区	是	第二批试点	是
20	柳州市柳南区	是	否	否
21	柳州市鱼峰区	是	第一批试点	是
22	柳州市城中区	是	否	否
23	柳城县	是	否	否（资料收集）
24	三江侗族自治县	是	否	否
25	桂林市	是	第一批试点	是
26	桂林市秀峰区	是	否	是（与档案、党史结合的搜集资料）

续表

序号	市 / 县（市、区）	上报总结情况	是否试点单位	是否开展该项工作
27	桂林市叠彩区	是	否	是（2016 年 5 月启动）
28	桂林市象山区	是	否	是（2017 年开始）
29	桂林市七星区	否	否	
30	桂林市雁山区	否	否	
31	阳朔县	是	第二批试点	是
32	桂林市临桂区	是	第一批试点	是
33	灵川县	是	否	是（2016 年开始）
34	全州县	否	否	
35	兴安县	是	否	否
36	永福县	否	否	
37	灌阳县	否	否	
38	资源县	是	否	是（2017 年开始）
39	平乐县	是	否	是（2017 年开始）
40	荔浦县	是	第二批试点	是
41	龙胜各族自治县	是	第一批试点	是
42	恭城瑶族自治县	是	否	是（2017 年开始）
43	梧州市	是	否	否
44	藤县	是	否	否（年鉴资料扩大化）
45	岑溪市	是	否	否
46	蒙山县	是	否	否
47	梧州市万秀区	否	否	
48	梧州市长洲区	否	否	
49	梧州市龙圩区	是	否	否
50	苍梧县	是	否	否
51	北海市	是	第二批试点	是
52	北海市海城区	是	否	是（2016 年 1 月启动）
53	北海市银海区	是	否	是

续表

序号	市/县（市、区）	上报总结情况	是否试点单位	是否开展该项工作
54	北海市铁山港区	是	第二批试点	是
55	合浦县	否	否	否
56	防城港市	是	否	否
57	防城港市港口区	否	否	
58	防城港市防城区	否	否	
59	东兴市	是	否	否
60	上思县	是	否	否
61	钦州市	是	否	否
62	浦北县	是	否	是
63	钦州市钦北区	是	否	否（年鉴资料）
64	钦州市钦南区	否	否	否
65	灵山县	是	第一批试点	是
66	贵港市	是	否	否（年鉴资料）
67	贵港市港南区	否	否	否
68	贵港市覃塘区	否	否	否
69	桂平市	是	否	否（年鉴资料）
70	平南县	是	第二批试点	是
71	贵港市港北区	否	否	否
72	玉林市	是	否	否
73	兴业县	是	否	否
74	玉林市玉州区	是	否	否
75	玉林市福绵区	是	否	否
76	北流市	是	第一批试点	是
77	容县	是	否	否
78	博白县	是	否	否
79	陆川县	是	否	否（年鉴资料）
80	百色市	否	否	

续表

序号	市 / 县（市、区）	上报总结情况	是否试点单位	是否开展该项工作
81	百色市右江区	是	否	是（2015 年开始）
82	田阳县	是	否	是（2015 年开始）
83	田东县	是	否	否
84	平果县	是	否	否
85	德保县	是	否	是（2015 年开始）
86	靖西县	是	否	否
87	那坡县	否	否	
88	凌云县	否	否	
89	乐业县	否	否	
90	田林县	否	否	
91	隆林各族自治县	是	否	否（地方志资料）
92	西林县	是	第二批试点	是
93	贺州市	是	否	否
94	贺州市八步区	是	否	是
95	贺州市平桂区	否	否	
96	钟山县	是	否	否
97	昭平县	是	否	否
98	富川瑶族自治县	否	否	
99	河池市	是	否	否
100	河池市宜州区	是	否	是（2016 年底）
101	河池市金城江区	否	否	
102	巴马瑶族自治县	是	否	否（年鉴资料）
103	环江毛南族自治县	是	否	否
104	天峨县	是	否	否（计划今年启动）
105	东兰县	否	否	
106	罗城仫佬族自治县	是	否	否
107	都安瑶族自治县	是	第二批试点	是

续表

序号	市 / 县（市、区）	上报总结情况	是否试点单位	是否开展该项工作
108	南丹县	是	否	否
109	大化瑶族自治县	是	否	否
110	凤山县	否	否	
111	来宾市	是	否	否
112	忻城县	是	否	否
113	武宣县	是	否	否
114	合山市	是	否	否
115	象州县	是	否	是（2017 年启动，地方志资料年报）
116	来宾市兴宾区	否	否	
117	金秀瑶族自治县	否	否	
118	崇左市	是	第二批试点	否
119	扶绥县	否	否	否
120	大新县	是	否	否
121	天等县	否	否	否
122	宁明县	是	否	否
123	龙州县	否	否	否
124	凭祥市	是	否	否
125	崇左市江州区	否	否	否

深度开发方志资源　打造“创意方志”

——云南在地方志资源开发利用上的实践与探索

何　燕[①]

提　要：为更好地发挥地方志在公共文化服务中的重要作用，云南省地方志机构立足实际，积极探索地方志资源开发利用的新模式和新方法，取得较大成绩。然而，对地方志资源的开发利用仍存在诸多问题，总的来说，尚未形成由“一本书主义”向“十业并举”转型发展的新格局，地方志资源开发利用的广度和深度远远不足，地方志事业亟待由一项工作向一项事业转型升级。云南省地方志办积极寻求解决之道，初步提出“深度开发方志资源，打造‘创意方志’”的构想，力求通过组织落实各项工作任务，推动形成体系完善、结构合理、品质优良、与时俱进的地方志开发利用新格局。

关键词：地方志资源　开发利用　创意方志

一、地方志资源开发利用工作的探索和实践

为更好地发挥地方志在公共文化服务中的重要作用，云南省地方志机构立足实际，以改革创新和修志为用为突破口，积极探索地方志资源开发利用

---

① 何燕，云南省地方志办公室副主任科员。

的新模式和新方法，加强对地方志资源的深加工，拓宽服务渠道，增强服务功能，创新服务手段，更好的贴近经济社会发展实际，贴近人民群众需要，取得较大成绩。

（一）编写地方史籍，传播历史智慧，传承中华文明

云南省地方志系统注重开发地方历史资源，编辑出版多种类多层次的地方历史读物，创造较为丰富的方志成果。

1. 书写革命战争及英雄儿女，弘扬家国情怀，把各族群众统一到爱国主义战线上来。2005 年，正值世界纪念反法西斯战争 60 周年，德宏州志办编撰反映德宏人民抗击日寇侵略事迹的图书《热血忠魂铸千秋》，以大量翔实的史料记录这段荡气回肠的光辉历史，激发人民的爱国热情。2011 年 4 月，文山州麻栗坡县志办分别到麻栗坡镇、大坪镇、天保镇、马街乡、下金厂乡、猛硐乡等地开展自然、人文景观等地情调查，共拍摄图片资料 6000 余幅。根据文献材料和实地调查，整理出《督办陈钟书喋血台儿庄》《赴越受降督办谢崇琦的人生轨迹》《项崇周走上银幕》等文史资料。2017 年，麻栗坡县志办编辑出版《人民万岁——老山支前参战图志》，宣传介绍文山州各族群众在老山前线支前参战的英勇事迹。2015 年 10 月，文山州丘北县史志办校注的《勋二位陆军上将衔陆军中将黎公天才事略》出版，记述黎天才 (1865 ~ 1927) 成长及壮年投军从戎、功勋卓著的事迹，是研究辛亥革命历史的重要文献。2015 年 12 月，由保山市史志委编纂的《滇西抗日战争史集》出版，内容包括日军轰炸滇西并发动细菌战，日军在滇西占领区的暴行，滇西人民支前抗日，中国远征军滇西反攻战史料等。

2. 书写地方史和历史人物，赓续文明传统，传承历史智慧。2009 年 10 月，红河州建水县志办张绍碧等人员耗时多年潜心搜集、整理，并由魏学民等为建水籍进士作画编纂出版图文并茂的《云南临安进士谱》。2009 年 11 月，云南省志办李一是编著的《古滇风云人物》出版。全书以通俗易懂的方式记述古代云南具有影响力的风云人物。2013 年 1 月，文山州麻栗坡县志办、县党史研究室结合新农村建设工作中怎样处理好保护传统民居、民俗建筑开展联合调查，对漫江村壮族原生态民居和民俗文化进行调研，拍摄大量历史遗迹、传统建筑、民俗物件等地情资料图片。2013 年 12 月，由德宏州志办组织编

辑再版的《德宏历史资料》丛书完成编辑出版，更名为《德宏史志资料》。该书收录有关德宏及周边地区和国家历史上的政治、经济、文化、军事、民族、外交等方面的珍贵历史资料，共计500余万字，既填补了德宏有史无书的空白，又成了德宏地情资料的宝库。2017年12月，德宏州志办组织编纂出版的《德宏简史》，该书记述德宏的整个历史脉络，着重记载德宏境内古丝绸之路历史，古代傣族历史，滇西抗战史等重要事实，成为地方干部教育的权威首选教材。2018年5月，曲靖市志办组织编纂的《曲靖简史》完成公开出版，填补了曲靖地方历史研究的空白。

3. 书写时代精神，记录改革进程，参与见证和谱写伟大中国梦的云南篇章。2008年，丽江市志办收集并整理丽江三十年的历史资料，编辑《丽江三十年大事记》《丽江文化大事记》。与丽江电视台联合制作《沐浴春风30年》，全面回顾、展示丽江30年的巨大变化，该节目每晚在《丽江新闻》栏目中播出，成为观众最喜欢的栏目，此举提高了方志工作的影响和知名度，弘扬了时代主旋律。2009年，为庆祝中华人民共和国成立60周年，由云南省志办编纂的大型画册《云南60年》出版。该书展示云南60年翻天覆地的变化，尤其是改革开放所取得的辉煌成就。2016年，大理州及所辖县市志办撰写《回望：那些州庆年》，在2016年11月22日《大理日报》第四版整版刊载。还与州文化局、大理日报社、大理州电视台合作，借助电视、网络、报纸、微博、微信等新闻媒介，推出州庆“倒计时”栏目，以大事记的形式重点记录大理州成立60周年的历史痕迹。2017年，迪庆州《迪庆交通辉煌十二五》《回首迪庆十二五展望迪庆十三五》等记录改革和变迁的书籍出版。

（二）坚持改革创新，增强服务能量，助力云南旅游、文化、教育和生态文明建设

在地方志从一项工作到一项事业转型升级的过程中，云南省地方志工作机构积极探索创新，使地方志服务于经济社会发展大局，服务于文化建设和旅游发展，服务于将云南建设成为生态文明建设的排头兵，服务于政府决策，服务于教育和宣传等。

1. 引领地方文化融入“一带一路”倡议，服务旅游、文化产业和各项经济建设。2009年4月，云南省地方志编委会副主任吴光范著《迪庆·香格里

拉旅游风物志》出版。全书以全球瞩目的世界上绝无仅有的“三江并流”自然奇观和香格里拉奇景为经纬，以地名为载体，揭示这一区域鲜为人知的原生态的、自然的、民族的、历史的、人文的信息。本书对迪庆地质、生物、人文资源、科学研究、旅游业、经济发展和生态保护都产生了重要的积极影响。2017年8月，中科院哲学研究所“一带一路”沿途省份（云南）文化国情调研团一行5人专程到丽江市地方志办调研，并围绕“如何把丽江地方文化融入当前国家战略‘一带一路’的建设中”展开座谈。市地方志办邀请市内专家学者为调研团提供纳西族历史文化、丽江文化精神、丽江生物多样性与生态保护、茶马古道文化、南方丝绸之路、东巴文化保护与传承、东巴经典哲学、丽江文物保护等方面的资料。迪庆州志办利用地方志资源助力精准扶贫工作。迪庆州志办副主任周国星到扶贫点参加扶贫工作期间，完成《维西县康普乡齐乐村千促工作成效及问题研究》调研报告，被《香格里拉研究》期刊刊用后，在州内引起广泛关注。

2. 利用地方志资源服务生态文明建设，助力将云南省建设成为生态文明建设的排头兵。2015年，普洱市志办主编的《天赐普洱 世界茶源—回眸中国普洱茶节》（大型画册）出版。该书以纪实文字和现场图片呈现普洱市自1993—2013年每届茶节的精彩时刻及盛况，呈现中国普洱茶节举办对普洱经济、文化、社会等方面的推动作用，突出崇尚自然、敬畏自然、顺应自然、追求人与自然和谐共生的绿色发展理念，有利于推动普洱市生态文明建设。2015年10月，大理州志办编纂的《南涧高原特色生态产业》出版。该书针对南涧彝族自治县生物药业、高山生态茶、无量山乌骨鸡、生态烟草泡核桃、牛肉等优势及资源进行逐一剖析，指出发展规划及其奋斗目标。为各地发展生态产业，建设生态文明提供范本。

3. 以地方志资源提供地情信息服务，满足群众阅览需求，增进政府部门科学决策。云南省地方志工作机构均主动向党委、政府领导赠送志书、年鉴和地情书籍，及时为领导决策提供资政和地情信息服务。同时，致力于地方志资源服务公众，热情接待上门查阅地情资料人员，为省内外高等院校、科研机构、各有关部门（单位）及社会各界人士提供资料查询服务。为扩大志鉴赠阅和发行范围，提高志鉴的利用率，多地深入开展了志鉴进机关、进企业、进农村、进社区、进学校、进军营等活动，扩大了志鉴的社会效应。2012年

1月，富宁县首次在富宁新华书店开辟地方志书专柜，进一步拓宽读志用鉴渠道，为社会提供全方位服务。专柜推出《富宁县地图》《富宁县志》《富州县志点注及资料辑录》《富宁县医药志》《富宁年鉴》等10部文献资料。2017年，德宏州志办利用新兵入伍之际，组织工作人员到武警边防支队新训大队开展史志进部队活动，为新兵介绍德宏州的历史与现状，为他们初到德宏能及时了解当地情况提供帮助。2017年，红河州建水、石屏等县志办与县图书馆等单位合作，在地方文献数据库网站开辟专栏，免费为公众提供地情资料查阅服务。

4. 以地方志资源服务教育和宣传，向全社会普及地情知识，扩大地方文化影响力。2013年，大理州宾川县委、县政府决定由宾川县志办承编一本适合小学四、五年级学生使用的乡土教材。2015年3月，由宾川县志办承编的《家在宾川》出版，当年9月投入教学。该书内容由美丽宾川我的家、热区宝地壮美河山、岁月悠悠人杰地灵等十课组成。2016年，大理州志办在州委宣传部的领导下，与州白族文化研究院、州文联合作，认真组织谋划"大理州建州60周年文化成果展"，积极收集各种志书、年鉴、地情资料，展示自大理州成立60年来地方志取得的丰硕成果，向人民群众普及地情知识，扩大地方文化影响力。

（三）编纂民族文化地情书，增强地方文化自信，为将云南省建设成为我国民族团结进步示范区作出贡献

云南是一个多民族的边疆省份，是我国统一的多民族大家庭的缩影。云南省地方志工作机构在建设民族文化大省，建立民族文化自信，增进民族团结等积极探索与实践，通过著书立说，编辑史书画册，出版地情书籍，举办展览等方式，发掘大批优秀的民族文化瑰宝，对增进民族团结和边疆稳定发挥着重要的作用。2006年3月，楚雄彝族自治州州志办根据国家民委和省民委的《民族问题五种丛书》的要求，承担《楚雄彝族自治州概况》编写任务，州志办利用地方志资料，采编、补充新资料完成编写工作。2007年，大理白族自治州州志办编纂出版《大理"风花雪月"民族文化丛书》，丛书包括《离人和神最近的地方》《风花雪月的故事》《白族女人》《剑川木雕》《白族民居》《石头相伴的文化》共六部。2015年5月，文山壮族苗族自治州丘北县史志办、

丘北县史志学会编纂的《风情普者黑》画册出版。该书精选壮、苗、彝、瑶、回、白6种少数民族头饰、服饰、生产生活、节日、风俗、民间艺术图片600多幅。红河哈尼族彝族自治州州志办利用部门优势，开展专题地情研究，编纂出版《元阳苗族》《岁月印记》等一批地情书，对增进民族文化繁荣，维系民族感情产生积极作用。

（四）编纂出版修志理论文集，增强方志文化自信

一直以来，云南省地方志机构注重编著修志理论文集，为地方志事业的发展打下夯实的理论基础，也是树立方志文化自信的重要举措。2008年，云南省志办编纂的《依法修志 科学发展》出版。该书收录全省地方志系统70余篇志鉴理论文稿，旨在深入贯彻落实《地方志工作条例》，同时为全省二轮修志提供可资借鉴的重要参考和基本依据。2009年，由云南省地方志办公室编纂的《志者之歌》出版。该书汇集全省方志人210余件反映全省种各族人民生活巨变、中华人民共和国成立60年的辉煌成就的散文、诗词歌赋、绘画、书法、摄影等作品。2011年4月，云南省志办编著的《以法修志 和谐发展》文集出版，对进一步增强法制意识，推动方志理论研究，不断完善方志学科建设，总结、交流并推广二轮修志经验等进行梳理和总结。

二、存在的问题及对策

总的来说，尚未形成由“一本书主义”向“十业并举”转型发展的新格局，地方志资源开发利用的广度和深度远远不足，地方志资源潜藏的巨大能量还未得到有效挖掘，地方志事业亟待由一项工作向一项事业转型升级。

1.不平衡、不协调、不到位的问题。目前，云南省地方志资源开发利用工作正在有序推进，虽然出了一些新成果，但存在着发展不平衡的情况。个别地区和部门对地方志工作认识不深，领导、机构、编制等还不到位，人才队伍建设滞后，开发利用仍需开阔思路，等等。对于这些问题，须认真研究解决。要积极争取领导支持，进一步明确政府做好地方志工作的主体责任和法定职责，落实好“一纳入、八到位”。要坚持和完善“党委领导、政府主持、地方志编委会及其办公室组织实施、社会各界广泛参与”的工作体制，探索地方志工作

机构主导、社会各界有序参与地方志资源开发利用的途径和方式。积极争取人力社保、编制、财政、法制等部门的支持，为地方志开发奠定坚实基础。

2. 人员少，队伍不稳定问题。省地方志办公室人员少，总的编制仅有 24 人（其中，工勤编 3 人），在职人员仅有 21 人，具体的业务工作人员仅有十余人，与其所承担的任务极不相称。市县地方志机构因机构规格普遍偏低或机构规格不独立致使人员匮乏，很大程度上阻碍地方志事业发展，也阻碍了地方志资源开发利用。在当前政策严、经费紧的情况下，人员聘用受到限制，面对地方志资源开发利用新形势，全省各级地方志机构工作压力极大。针对这一问题，省志办正在着手争取各方面的支持，譬如争取扩充编制，使工勤编转为事业编，争取省级财政资金支持等，寻求解决地方志系统的人员问题。

3. 人才队伍青黄不接，专业人才匮乏。地方志工作是一项专业性很强的文化事业，需要在丰富的实践中不断总结经验并进行理论升华，地方志资源的开发利用才有基础。目前，云南省地方志系统的老专家多已退休离岗多年，后继专业人才相对较少，年轻人短期内难以对地方志业务有深入研究，缺乏对地方志资源进行开发利用的基础能力，存在人才断档、青黄不接、方志队伍整体素质不高的问题。针对这一问题，云南省志办正着手考虑与高校合作，开办地方志学习专业，培养理论研究氛围，培养专业人才等，寻求解决人才断档问题，为地方志事业及资源开发利用输入源源不断的年轻血液。

4. 地方志工作者开拓创新、积极进取意识不够强。有些地方志工作者还习惯于沿袭封闭自锁的老传统，因循守旧，墨守成规，工作标准满足于交差即可，缺少“全国创优，永争第一”的劲头和信心。针对这种情况，地方志系统要积极转变观念，增强活力，不满足于历史经验和现有知识储备，围绕中指办和省政府的顶层设计，不断进取，争创佳绩。

5. 地方志工作围绕中心、服务大局不够，影响力有待提升。地方志主要服务于党政部门、科研院所、地方志研究人员等。《云南史志》和“方志云南”等平台，也因受众的局限而影响力有限。地方志的事业格局还没有打开，地方志服务经济社会发展的能量还有待挖掘。地方志系统要充分利用自身优势，要围绕党委、政府的中心工作和社会需求，挖掘地方志资源的现实价值、历史价值，主动服务和融入国家“一带一路”建设，积极参与把云南省建设成为民族团结示范区、生态文明建设排头兵、面向南亚东南亚辐射中心，自觉把地方志工作纳入公共文化服务体系，不断拓宽服务渠道，传播方志文化，提升社会影响力。要敏锐捕捉地方志事业发展的新形势，准确把握地方志转型的新任务新要求，不断提升事业发展水平和质量。

6.信息化建设滞后，没有建成省级地情网站和数据库，阻碍了地方志资源的开发利用。与其他省、市、区相比，云南省的地方志信息化建设十分薄弱，不仅没有省级地方志网站，各州（市）、县（市、区）地方志网站正常运行的也不多。方志馆建设方面，仅有昆明市、红河州、昭通市及石林县、陆良县等10多家方志馆建成并投入使用。方志馆网建设滞后，导致方志资源难以实现有效共享，极大阻碍了地方志资源的开发利用。目前，云南省地方志信息化建设已经提上日程，云南省志办正在积极申请信息化建设的项目资金，争取信息化建设项目早日落地。

三、深度开发方志资源，打造“创意方志”

为统筹推进“五位一体”总体布局和“四个全面”战略布局，主动融入国家“一带一路”建设，围绕省委、省政府中心工作，以云南省地方志资源开发利用为主线，顺应时代发展要求，推进全省地方志事业转型升级，云南省地方志办初步提出“深度开发方志资源，打造‘创意方志’”的构想，力求通过组织落实各项工作任务，推动形成体系完善、结构合理、品质优良、与时俱进的地方志开发利用新格局。

“创意方志”的建设以“围绕中心、服务大局，以用为本、注重开发，面向受众、普适高效”为原则，拟利用“新媒体+方志”、移动终端推送、方志资料上网等现代信息技术，使地方志资源“动”起来。开发趣味图书，开展主题展览，举办方志大讲坛，编纂极简云南史干部读本，编纂服务云南打好“绿色能源、绿色食品、健康生活目的地”三张牌系列专刊，编纂《云南减贫志》等也在计划实施之列。

云南省地方志办要进一步整合优化现有资源，加大与省级部门和州市沟通、协调和联系力度，形成云南地方志资源开发利用的合力，强化人员、经费保障，明确工作责任主体，建立工作台账，确定时间表、路线图，实施好各项行动任务，开创云南地方志开发利用新局面。

创新工作方法，助推甘肃省地方志事业发展

甘肃省地方史志办公室[①]

提　要：创新是加快地方志事业发展的活力和源泉，甘肃省地方志积极从抓党建促业务、集中攻坚全力推进"两全目标"、加快信息化建设和方志成果数字化转化等方面入手，大胆探索创新，取得明显成效。但在工作推进过程中也存在全面完成"两全目标"的形势还很严峻、创新的意识还不够强、资料征集工作难度大、在公共文化服务作用的发挥上还不够充分等问题和不足，甘肃省地方志系统将采取各种举措，切实解决工作中存在的问题：一是坚持以习近平新时代中国特色社会主义思想为指导，全力推进地方志开拓创新；二是紧盯完成"两全目标"的最后时限，切实加快修志编鉴进度；三是始终将质量意识贯穿于志书编纂工作全过程，保证志鉴质量提高；四是加强人才队伍培训和方志理论研究，提高理论指导方志实践的能力；做大做强地方志资源开发利用工作，更好满足人民群众需要；加快地方志信息化、方志馆建设，提升公共服务水平，等等。

关键词：地方志　信息化　"两全目标"　创新发展

---

① 执笔人：司德芳，甘肃省地方史志办公室省志编纂处主任科员。

2017年，甘肃省地方史志办公室主动担当，大胆开拓，努力探索，勇于创新，积极作为，大力推动地方志事业发展，全省地方志工作迈上新台阶。

一、积极探索创新加快甘肃地方志事业发展的新途径

2017年，甘肃省地方史志办公室紧密结合全省地方志工作实际，深入实践，积极探索地方志工作的新方式、新手段，努力在探索中求创新，在创新中求发展，加快和促进了全省地方志事业发展。

（一）不断改进创新加强党的建设的方式方法，形成抓党建促业务的保障机制

一年来，我们从强化理论武装、整肃机关作风、加强党风廉政建设入手，积极探索创新加强党的建设的有效途径，提高了干部职工的政治素质，增强了干部职工做好地方志工作的紧迫感、责任感，保证和促进了地方志各项业务工作的顺利开展。一是抓理论武装。充分利用党组理论中心组、党支部“三会一课”、干部职工政治学习等制度和形式，组织领导班子成员和党员干部认真学习党的十八大、十九大精神，学习研讨习近平新时代中国特色社会主义思想，坚持学思践悟，树牢“四个意识”，坚决维护以习近平同志为核心的党中央权威和集中统一领导，做到在思想上政治上行动上同以习近平同志为核心的党中央保持高度一致，自觉把习近平同志治国理政新理念新思想新战略作为编史修志的根本遵循，增强贯彻落实习近平新时代中国特色社会主义思想的政治自觉。二是抓整肃机关作风。以全党开展的“两学一做”学习教育常态化制度化和省委“转作风、抓落实”、省纪委“三纠三促”专项行动为契机，紧密结合全省史志系统思想工作实际，针对少数单位和党员干部中存在的缺乏事业心不干事、缺乏工作能力不会干事、缺乏紧迫感不能干事、缺乏责任心干不好事等问题，完善制度抓规范，见人见事抓转变，集中解决“懒、散、慢、拖、低、误”的不良作风和消极现象，调查处理一些与全面从严治党要求相悖的典型事例，整肃机关纪律作风，弘扬新风正气，浓厚了抓党建、转作风、促业务的氛围，全省史志系统和省史志办的工作精神面貌发生明显变化。三是抓廉政建设。室党组坚持把党风廉政建设主体责任落实与各项业

务工作结合起来，同部署同落实同检查，层层签订《党风廉政建设目标责任书》，先后召开4次党风廉政建设工作会议，专题研究加强党风廉政建设工作的具体措施；新修订《巡察工作实施办法》《干部选拔任用规定》《财务管理和固定资产管理制度》等10项规章制度，紧盯廉政风险点，坚持抓早抓小抓细抓常，严格要求业务人员廉洁修志、廉洁办一切事业，预防和杜绝违反廉洁纪律问题的发生；检查梳理出不担当、不作为以及弄虚作假3个方面的突出问题及表现十数条，建立问题清单和工作台账，逐个限期整改销号，解决一些长期解决不了的老大难问题。

（二）推动工作机制创新，集中力量开展攻坚行动

主要创新的工作机制有：一是对原有的工作模式进行创新，集中力量开展攻坚行动。针对二轮志书编纂进度严重滞后等突出问题，按照国务院办公厅《规划纲要》和省政府《甘肃省地方志事业“十三五”发展规划》的要求，紧盯到2020年全面完成二轮志书修编和地方综合年鉴全覆盖的“两全目标”，对传统的领导方式、工作方式进行创新，采取领导挂帅、分片包干、责任到人的创新机制，抽调干部组成5个攻坚小组，集中力量开展攻坚行动，使二轮修志进度明显加快，取得突破性进展。2017年完成省志编纂19部，相当于2004—2015年12年间共完成省志编纂16部的119%。截至目前，累计编纂出版省志分卷45部，占规划任务72部的63%，彻底改变二轮省志编纂严重滞后的局面。市（州）志已完成编纂或形成初稿13部，占规划任务14部的93%。县（市、区）志已完成编纂或形成初稿61部，占规划任务85部的72%。2018年，二轮省志编纂将完成规划任务的80%以上。二是充实年鉴编辑力量，实行定量限时完成的工作机制。针对鉴编辑力量不足的问题，抽调2名人员到年鉴处工作，使年鉴编辑力量由3名人员变为5名。为实现《甘肃年鉴》当年编辑、当年出版，对年鉴编辑工作推行定量限时、责任到人的工作机制，2017年《甘肃年鉴》实现当年编辑、当年出版，为领导机关调研决策提供即时服务。三是积极探索建立面向社会的开放性管理机制，形成党委领导、政府主持、社会广泛参与的修志工作新格局。针对地方志部门自身人力有限，专业人才不全的实际，对一些专业性较强的志书，采取外聘方式修志，实现修志主体的多元化和提供方式的社会化。比如，在对《甘肃省志·建

置志》《甘肃省志·地理志》《甘肃省志·动植物志》的编写中，通过采用项目招标、政府购买社会服务等形式，委托兰州大学、西北师大、甘肃省农业职业技术学院等高校编写，保证了学术质量，加快了工作进度。

（三）多措并举推进信息化建设，不断创新和提升地方志公共服务的能力和水平

2017年全省各级地方志工作机构立足本地实际，采取多种措施办法，大力推进信息化建设，地方志网站、数据库数量增加，内容不断丰富，地方志工作机构通过信息技术手段为政府和社会公众服务的能力与水平进一步提高，一是2017年进一步对甘肃地方史志网站的版面、栏目设计进行修订完善，拓宽搜集地情资料的渠道，做大做强地情资料数据库，全年累计实现数字转换3.1亿字，完成对一轮省、市、县三级志书和二轮部分省、市、县三级志书、年鉴、旧志、地情资料的数字转换，累计上传382部志书，向社会公众全面展示甘肃自然、政治、经济、文化、社会等历史与现状，反映甘肃省地方志事业发展情况，成为省情展示、检索的公共服务窗口和地方志工作交流的重要文化平台。二是市县网站（网页）建设速度加快，全省已有13个市（州）、68个县（市、区）开通地方史志网站或专门网页，设置地情书籍、现时信息、地情概况、修志动态、地情研究、地方志理论研究、政务信息公开等栏目，加强网上地情资料搜集、网上志鉴编纂系统平台建设。如兰州市改进志书、年鉴编纂方式，建立地方志系统办公自动化平台，与业务处理系统结合，实现志书、年鉴校审网络视频化和办公无纸化，使志书、年鉴编纂、出版、建库在统一规范标准下实现各阶段无缝链接，提高志鉴编纂质量。三是加强制度建设，推动地方志信息化建设稳步发展。2017年全省各级地方志机构按照《甘肃省地方史志信息化建设规划》的要求，普遍加强制度建设，陆续制定并出台相关规章制度。如兰州、白银、平凉、庆阳、陇南等市出台网站管理规定、信息报送制度、资料审查制度、计算机网络安全管理制度等，加强了网站建设、信息网络安全、信息采集与发布等工作的管理，保障了地方志信息化建设的健康开展。

二、存在问题

2017年虽然在工作中取得一些成绩，但还存在不少问题和差距。

一是全省全面完成“两全目标”的形势还很严峻,修志编鉴工作总体靠后。一些省直部门以及市（州）、县（市、区）对修志编鉴工作认识不到位，组织领导不力,影响业务正常进展。有的部门近十年时间也完成不一部志书的编纂,严重拖累志书编纂的整体进程。一些县（市、区）对编辑年鉴、实现综合年鉴公开出版存在着思想上不够重视、措施上不够得力、人员以及经费保障不够到位的问题，严重影响“两全目标”的如期实现。根据中指组对2018年第一季度全国第二轮省市县三级志书和综合年鉴全覆盖完成情况的统计排名,甘肃省二轮省、市、县三级志书的编纂进度分别排名第18位、11位、18位,在全国31个省（市、区）和新疆生产建设兵团排名中属于中等偏下的等次；省、市、县三级综合年鉴公开出版分别排名第1位、18位、29位，特别是县级综合年鉴编辑出版进度的排名位列全国倒数第三。由此可见，甘肃省修志编鉴工作与全国其他兄弟省市相比,存在的差距还很大,如期实现“两全目标”的工作任务还很艰巨。

二是创新的意识还不够强，长期形成的思维方式、工作模式与全面深化改革的要求还有差距。相对于这些年经济社会结构的快速发展变化，地方志系统自身在修志组织形式、工作方式转变、创新上力度不大,求平稳思想较重。比如，经过一轮志书的编修，地方志编纂已逐渐形成一套稳定的体例特性和文风规范,但同时新方志也存在新的不足,如对社会民生记载的内容有待充实、可读性有待提高等，特别是在信息化和“互联网+”的时代，必然对志书资料收集方式、编纂方式、编纂手段、使用方式、传播方式、保存方式，以及地方志机构之间的相互合作、信息共享等等提出新的要求，地方志编纂理应主动适应和应对这些变化，进一步提高地方志工作的水平、效率和质量。

三是资料征集工作难度大，影响着修志编鉴的进度。随着政府职能转化、社会组织多元化进程的加快，由于没有及时建立起有效的、规范的资料征集制度，资料征集缺乏制度保障，使原来仅仅依靠政策性文件和行政手段来组织地方志工作的模式，已难以适应新的发展形势的需要，原有靠政府职能部门提供资料的渠道已经不能完全解决问题，甚至在一些行业、一些领域已不起作用，一些单位对资料征集工作不重视、不愿提供资料的问题日益突出，造成修志编鉴无材料可收集，影响修志编鉴的进程。

四是地方志工作在公共文化服务作用的发挥上还不够充分，在满足人民群众日益增长的文化需求方面还存在差距。地方志因其特殊的编纂方式、严肃的记述方法、较大的体量特征等，主要服务于党政部门、科研院所、地方志研究人员等；方志馆也因其藏书的专业性，无法像综合图书馆吸纳足够的人气；地方志网站、微信公众号等新平台，建立初始，影响力有限；加之地方志机构自身对地方志成果的宣传展示不够，以至于社会上对修志行业、志书了解不多，尤其是普通群众对地方志了解甚少，修志事业的影响力还不够大，地方志资源在地方公共文化服务体系建设中的作用发挥不够，地方志为人民群众提供文化产品的方式和途径还不够丰富，工作方式、工作手段还跟不上社会发展的步伐。

三、发展趋势及展望

近几年来，甘肃省地方志工作在理念、体制和实践上积极探索，工作思路日趋清晰，机构设置不断完善，修志队伍更加稳定，各级地方志机构开拓创新、奋发有为的劲头越来越高，地方志工作成效明显，社会各界对地方志的认知度和参与热情与日俱增，地方志事业正处于历史上最好的发展时期。展望未来，甘肃省地方史志办将牢牢把握这一难得的发展趋势和历史机遇，乘势而上，顺势而谋，应势作为，以创新的思维、开拓的举措、创造性的成果，继续保持甘肃省地方志事业不断向前发展的好势头，努力推动地方史志事业转型升级，不断取得新突破、新进展。

（一）坚持以习近平新时代中国特色社会主义思想为指导，全力推进地方志开拓创新

作为地方志部门工作者，当前和今后一个时期，首要的政治任务，就是要深入学习贯彻落实党的十九大精神，深入学习贯彻落实习近平新时代中国特色社会主义思想，为推进地方志开拓创新提供强大思想武器。一是要抓住新时代为地方史志事业转型升级提供的难得历史机遇，全力推进地方史志事

业转型升级。党的十九大在为党和国家未来发展绘制宏伟蓝图、制定时间表和路线图的同时，也为地方史志工作从“一本书主义”向“十业并举”(即史、志、鉴、库、馆、网、用、会、刊、研)全面转型指明方向，地方志系统要抓住这一发展新机遇，立足新时代，扎根人民，强化方志人的家国情怀和文化自信，增强责任意识，迎难而上、攻坚克难，倾心爱岗敬业，全力履职尽责，把冷板凳坐热，把死材料搞活，实现地方志事业全面转型升级，努力使地方志工作有新气象、新担当、新作为。二是地方志要紧紧围绕经济社会发展开拓创新，把“创新、协调、绿色、开放、共享”的新发展理念融入地方志工作，在坚守地方志优秀传统的同时，不断创新地方志发展理念，转变发展思路，更好为地方政府中心工作和经济社会发展服务。三是地方志要以人民为中心开拓创新，新时代地方志工作不能成为“关在书斋”“藏在深山”默默无闻的一项工作，而应该以人民的需求为导向，始终坚持“修志为用”，全面提升服务水平，推动地方志更加贴近群众、更接地气，让每个中国人都能在地方志中找到自己的位置，让地方志走进千家万户。四是要在推动地方志开拓创新、加快发展的过程中，要以地方志事业的大发展涵养社会主义核心价值观，夯实国家文化软实力的根基，传播当代中国价值观念，坚守中华文化立场，展示中华文化独特魅力，助力社会主义文化强国建设，助推中华民族伟大复兴的中国梦的实现。

（二）紧盯完成“两全目标”的最后时限，切实加快修志编鉴进度

现在距2020年仅剩2年多的时间，完成“两全目标”的任务迫在眉睫。必须采取强有力的措施，加大推进编纂力度。要分类制定志、鉴全覆盖时间表，采取“倒逼”的方式向前推进。特别是要下大力气大功夫，搞好省志攻坚集中行动，推进省志编纂进度，对尚未完成《邮政志》《发展改革志》《扶贫志》《民主党派工商联志》《宗教志》《工业经济志》《建设志》等省志分志承编任务的单位，要进行一次认真的摸底调研，弄清情况，分析原因，找出症结，研究制定具体的解决措施，在此基础上，采取“一单位一办法”“一志一策”的形式分类推进，努力实现重大突破，确保按时完成任务。市（州）、县（市、区）志，要加快推进《天水市志》《张掖市志》《甘南州志》《临夏州志》《秦安县志》

《甘谷县志》《夏河县志》《广河县志》《泾川县志》《甘州区志》《成县志》《礼县志》《武都区志》《文县志》《卓尼县志》《宁县志》《红古区志》《张家川县志》《积石山县志》志稿的编纂进度，争取在2018年前完成终审，提前实现市（州）县（市、区）志的全覆盖。在年鉴方面，未编辑或未公开出版地方综合年鉴的地方，各级政府要切实加强领导，明确工作分工，靠实工作责任，强化工作保障，加大推进力度，尽快实现一年一鉴、公开出版发行的目标。要结合“转变作风改善发展环境建设年”活动，对照省政府“十不准”要求，认真查找修志编鉴工作中存在的差距，分析工作作风上存在的问题，采取得力措施加以整改，以良好作风推动修志编鉴工作。抓紧落实地方志书编修和地方综合年鉴编辑各项任务，用按期实现“两全”目标的实际行动检验作风建设的成效。各级地方志机构要以“作风建设年”为契机，针对在抓落实方面存在的“懒、散、慢、拖、低、误”等不良现象，狠抓作风整肃，以作风转变促进各项工作任务的落实到位，以工作落实情况检验作风建设的成效。要采取上门督办、集体约谈、业务指导等措施，一部志书、一本年鉴地抓调度、促进度、提质量，下移工作重心，前置工作关口，确保将每项任务落到实处，以完成工作量的积极变化改变在全国的排名位次，力争进入先进行列。要强化督促检查，对责任不落实、工作不到位、工作持续后进、完不成规划目标任务的单位和市（州）、县（市、区），协同有关执纪执法部门，开展专项督促检查活动，进行责任追究。

（三）始终将质量意识贯穿于志书编纂工作全过程，保证志鉴质量提高

地方志书和地方综合年鉴是以各级地方政府名义编修编辑的“官书信史”，具有权威性的“存史、资政、育人”的重要功能，必须将质量意识贯穿于志书编纂工作全过程，保证志鉴质量。一是修志各承编单位要坚持广泛搜集资料、仔细进行筛选、精心组织编写，对志稿中的一些重要史料要进行认真考证，特别是对一些重要史实、数字、名称要逐一进行核实，努力提高志书的客观性、著述性、科学性，保证志书的社会公信力和“官书”的权威性。二是要提高业务指导水平。制定科学的业务指导方案，创新指导方法，在全面指导的同时，实施深度介入、分类指导，增强业务指导的针对性和时效性。

对编修中存在的疑难、重大问题，要经集体研讨后，提出指导意见，减少指导偏差，避免走弯路。三是要继续建立健全志书质量保障体系，严格规范志稿评审验收程序，广泛吸收社会各界人士参与志稿评审，认真听取专家学者的意见和建议，按照“精品佳志”的标准精心打磨、仔细修改，真正把质量关口前移落到实处。四是要进一步强化省、市、县三级地方志工作机构质量责任主体意识，认真研究解决影响和制约志书质量提高的问题，严格执行中指组和省地方史志编纂委员会制定的质量标准、编纂规范，从严格一评三审制入手，探索建立质量问题的倒查机制、责任追究机制等制度，切实保证志书质量的提高。

（四）加强人才队伍培训和方志理论研究，提高理论指导方志实践的能力

要做到：一是要下功夫抓紧抓好人才队伍培训工作，按照地方历史、地域文化、志鉴编纂三个方向，坚持经常举办业务研讨会，开展业务理论学习，采取更加灵活的方式，组织开展业务学习成果汇报会，加大对学有所得、学有所成同志的奖励，促进业务人员掌握修志编鉴规律，提升文化素养和业务素质，增强开展业务的实务知识技能，努力使业务人员真正成为能够胜任修志编鉴新任务新要求的行家里手，为提升方志理论研究、加快地方志事业发展提供人才保证。二是要强化方志理论研究对“六位一体”发展格局的支撑推进作用，加强对提高二轮志书质量的理论研究创新，用理论研究创新的最新成果，来指导解决修志实践中遇到的新情况、新问题。要加强对重大选题的研究确定，面向全社会发布理论研究课题项目，安排专项经费资助课题研究，推动课题研究工作顺利进行。三是要对年度内全省方志系统取得的优秀理论成果进行评比、表彰，强化方志理论研究成果的运用，建立健全人才评价和激励机制，营造浓厚的理论和学术研究氛围，努力实现方志理论研究既出成果，又出人才。

（五）做大做强地方志资源开发利用工作，更好满足人民群众需要

加强地方史志资源开发、保护，做大做强地方志资源开发工作，是提升

我国文化软实力、建设文化强国、实现中华民族伟大复兴的重要举措，必须切实重视对地方志资源的开发利用。一是要继续围绕全省中心工作和社会大众的文化需求，深入挖掘甘肃省历史和地域文化资源，加强重大选题的策划和研究，推出一批具有现实价值和历史价值、可读性强、趣味性强、人民群众喜闻乐见的、有重大社会影响力的地方志资源开发优秀成果，不断丰富地方志文化。二是要设立地方史志资源开发和保护资金，用于抢救保护和开发利用珍贵的、目前还散失在国内外的地方史志资源。三是要积极拓宽地方志资源的服务渠道和服务手段，加强与传统媒体和新兴媒体的合作，利用“互联网 + 地方志”，加大对地方志工作、地情信息和方志文化、地域文化的宣传力度，满足社会各界对方志文化资源的需求，使广大群众都能享有知晓当地历史与文化的权利，都能享受到地方志系统提供的方志文化服务。

（六）加快地方志信息化、方志馆建设，提升公共服务水平

地方志工作是地方公共文化建设的重要组成部分，要把地方志工作纳入到全省公共文化服务体系建设的大局中来谋划和发展，按照《甘肃省地方志事业“十三五”发展规划》《甘肃省地方史志信息化发展规划（2016—2020 年）》要求，积极推动地方志部门加快信息化、方志馆等基础设施建设，提高其为经济社会发展服务的能力和水平。一是要按照“互联网 + 地方志”的新理念，以建立统一的信息发布平台、统一格式的数据库、统一的全文检索方式为目标，加快推进地方志网络化、数字化、新媒体建设，抓紧建成全省地方志系统统一的信息平台。各市（州）地方志工作机构要继续完善已建成的地方志网站（网页），地方史志网站（网页）或栏目要有明确的地方史志标识，栏目设置要充分植入方志元素，充分反映本地志鉴及地情资料内容，彰显地方特色，确保建立高质量的地方史志网站（网页）或专栏。县（市、区）地方史志网站（网页）要严格执行《政府网站发展指引》，规范县（市、区）网站建设。个别已建成县（市、区）地方史志网站（网页）的可以整合到当地政府门户网站或并入市级地方史志网站。二是要加快史志成果数字转化步伐，建设具有海量信息的省情数据库。各市（州）、县（市、区）地方史志工作机构要加快数字化工作步伐，对一、二轮已出版的志书、年鉴、地情资料要优先进行数字化，积极推进地情资料、照片、录音录像、旧志等专题数据库建设，实现史志作品

出版发行和数字化同步调，加快史志成果数字化入库，不断扩充完善数据库资源。三是要多方使用好新媒体手段，开展多种形式的网络服务，为社会公众提供全面便捷的本地区经济社会发展情况信息服务，比如，可通过开设微信公众号、制作专题影像志、发行电子版、建立方志文献收藏中心、地情展示中心等方式，方便社会大众近距离接触地方史志、了解地方史志，增强全社会的方志意识，扩大地方史志事业的社会影响。四是要大力推动方志馆建设，已经建好方志馆的地方，要做好展室建设和维护，加大资料文献的收集和购置，充实丰富馆藏资料；尚未建立方志馆的地方，要积极争取建立方志馆，尽力完善地方志公共文化基础设施，不断提升地方志服务社会大众的能力。

“一带一路”倡议下新疆方志馆公共文化服务能力建设探索与创新

■ 陈　忠[①]

提　要：方志馆是集藏书、展示、科研、学术交流、资源开发利用、爱国主义教育等多功能于一体的公共文化基础设施，是推动新时代地方志事业发展的重要平台。新疆坚持把方志馆公共文化服务能力建设定位为繁荣、发展、保存、传承新疆新编社会主义地方志成果，开发利用地方志资源，宣传展示新疆地情，实现新疆社会稳定和长治久安总目标的公共文化阵地。本文以新疆方志馆公共文化服务能力建设在“一带一路”战略中的重要价值为切入点进行探讨。

关键词：“一带一路”方志馆　公共文化　服务能力

2014年5月，第二次中央新疆工作座谈会明确提出，要把新疆打造成丝绸之路经济带核心区。2015年3月，经国务院授权，国家发展改革委、外交部、商务部联合发布的《推动共建丝绸之路经济带和21世纪海上丝绸之路的愿景与行动》明确提出：“发挥新疆独特的区位优势和向西开放重要窗口作用，深化与中亚、南亚、西亚等国家交流合作，形成丝绸之路经济带上重要的交通

① 陈忠，新疆维吾尔自治区地方志编委会信息处主任科员。

枢纽、商贸物流和文化科教中心，打造丝绸之路经济带核心区。”这不仅为新疆经济社会发展注入了强劲动力，也为新疆深度融入国家发展大局、加强与周边国家乃至世界各国多领域务实合作提供前所未有的重大机遇。在此背景下，新疆方志馆应运而生，新疆方志馆建筑面积6327平方米，预计2020年正式开馆运营。新疆方志馆的整体定位是：收藏研究、开发利用地方志资源和宣传展示国情、地情的公共服务机构，是爱国主义教育基地、新疆地情展示中心、地方文献收藏中心、综合数据网库中心（数字方志馆）、对外文化交流中心。在充分考虑到新疆方志馆作为地方文化展示重要组成部分的基础上，设计展陈时做到专业性与可观性的有机统一，积极探索信息技术在史料的整理、运用和推广等方面广泛应用，力争把新疆方志馆打造成为传播新疆历史文化与地情展示的重要窗口。

一、新疆方志馆公共文化服务能力建设的意义

公共文化服务体系建设是文化强国战略的基础工程，是文化建设的基本任务。[①] 2017年，新疆文化工作报告中指出，要坚决贯彻党中央关于新疆工作的大政方略，紧紧围绕总目标，紧贴文化工作的新形势、新任务、新要求，努力推动全区文化事业的蓬勃发展。近些年随着管理观念的不断更新，新疆的传统文化事业顺应国家公共文化发展的大趋势，正向当代公共文化服务体系转型过渡。建设新疆方志馆既体现了自治区党委、自治区政府对地方志工作的关心和支持，又彰显出地方志在“一带一路”建设中具有不可或缺的独特文化作用，更为新疆丝绸之路经济带核心区建设提供强有力的文化支持。

（一）新疆方志馆公共文化服务能力建设是构建现代公共文化服务体系的重要任务

新疆自古就是一个多民族和多宗教地区，文化生长和文化生态一直有别于其他地区而表现出区域文化特殊性，这使新疆公共文化服务能力也表现出自身的特点。新疆地方志馆建设项目是自治区文化建设的基础性工程，是构

① 郑赟：《公共文化服务视角下重庆方志馆建设管理问题研究》，第8页。

建自治区公共文化服务体系的一个重要组成部分。在新疆方志馆公共文化服务体系建设中，重点通过引进先进科技手段，用沙盘、挂图、实物、模型、雕塑等展品，声光电等技术手段，分门别类地展示新疆政治、经济、文化、民族、社会、社会、交通、地理、气候、物产等。同时，融入“互联网+”技术，通过大数据、云计算满足公众对多元的文化需求，实现方志文化的有效供给，打造全域化公共文化服务网络，实现方志文化服务体系全覆盖。

（二）新疆方志馆公共文化服务能力建设是弘扬社会主义核心价值观的需要

习近平总书记指出，“培育和弘扬核心价值观，有效整合社会意识，是社会系统得以正常运转、社会秩序得以有效维护的重要途径，也是国家治理体系和治理能力的重要方面。”现代公共文化服务体系建设作为国家文化建设以及国家治理体系建设的重要组成部分，其内在理念与实践运行必然需要社会主义核心价值观的精神引领与深层驱动，其实践进程也必然促进社会主义核心价值观的社会化、大众化。多民族的独特历史条件使新疆地区形成独具特色的民族传统文化，成为中华民族传统文化的重要组成部分。新疆方志馆公共文化服务能力建设对各族人民树立马克思主义“五观”(国家观、民族观、历史观、文化观、宗教观)、正确认识新疆“三史”(新疆历史、新疆民族发展史、新疆宗教演变史)、增强“五个认同”(对伟大祖国、对中华民族、对中华文化、对中国特色社会主义、对中国共产党的认同)，对各族群众进行爱祖国、爱家乡、爱人民、爱社会主义教育，维护祖国统一、反对民族分裂的具有重要意义。

（三）新疆方志馆公共文化服务能力建设是坚持以人民为中心的根本体现

促进公共文化服务城乡、区域、人群均衡发展，加快弥补少数民族地区公共文化服务的“短板”，本质上是让全体人民共享经济社会文化发展成果，实现公共文化服务的均等化；推动公共文化产品和服务由“政府端菜”向“百姓点菜”转变。新疆方志馆公共文化服务能力建设必须坚持以人民为中心，充分挖掘新疆地域特色和地情特点，通过各类形式多样的长期和短期展览，充分展示地情风貌、区域特点、发展成就和地域文化，为社会各界人士了解新疆提供重要窗口。通过对地方志收藏、整理、研究、交流、开发、利用为各级领导机关和公众提供决策依据与资料参考。积极发挥方志馆教育功能，以方志馆为平台，通过举办培训班、研讨会、论坛、讲座、学术年会等形式，活跃方志学术气氛。充分利用馆藏资源，积极开展与国内外进行民族文化交流，为公众提供更加丰厚的文化滋养。

二、“一带一路”核心区建设与新疆方志馆公共文化服务能力建设的关系

习近平总书记指出，“一项没有文化支撑的事业难以持续长久。”在“一带一路”核心区建设中，政治上的沟通有助于为“一带一路”建设奠定基础、扫清直接障碍，经济上的互利有助于为“一带一路”建设提供能量、注入直接动力，而文化上的互鉴则为“一带一路”建设凝聚共识、提供重要土壤。新疆与“一带一路”沿线国家、地区，语言相通、风俗相近，传统友谊源远流长，具备了深厚历史渊源和人文基础。据预计，2030年前后新疆拥有周边中亚、南亚八国这两地区巨大的消费市场人口约超过16亿，这其中也蕴藏着巨大的文化消费群体，“一带一路”倡议首先是互联互通，这顺应了时代要求和各国加快发展的愿望，通过坚持经济合作和人文交流共同推进，真正在“一带一路”沿线国家民众中形成一个相互欣赏、相互理解、相互尊重的人文格局，为“一带一路”建设打下文化基础。张骞出使西域的一个主要目的就是“断匈奴右臂”，联络被匈奴击破、驱逐的月氏王国，共同打击处于扩张态势中的匈奴。[①] 特别是进入新世纪、新阶段，新疆面临的国际环境错综复杂和问题相互交织。方志馆既是一种物质文化的地理标志，更是一道确保意识形态安全的屏障，在筑牢思想文化阵地等方面的重要地位和作用日渐凸显。通过地方志馆去探索新疆的历史渊源和文化史迹，增强本土历史文化的凝聚力和辐射力，通过开发地方志资源中有关历朝历代维护社会稳定等方面的史料，为打击“三股势力”提供思想保障和智力支持。按照中央、自治区党委部署，

① 王湘穗：《发展与安全：一带一路的两翼》，《中国投资》2015年第4期，第26页。

这几年，新疆地方志工作超前谋划、多措并举，务实创新，把方志馆建设作为新疆文化建设的基础性重要设施，构建自治区公共文化服务体系的重要组成部分，实现新疆社会稳定和长治久安，提高文化软实力重要基础平台。

“一带一路”倡议为新疆方志文化“走出去”提供良好平台，搭建起了桥梁纽带，要充分利用地缘优势，推进方志文化“走出去”战略，加强国际文化交流，把中华民族悠久的历史和灿烂的文化展现给世界，让世界了解中国、了解新疆。充分发挥地方志在服务“一带一路”文化发展的作用，利用已有的修志成果，以方志馆为平台展示新疆丝绸之路经济带核心区建设成就，为“一带一路”建设提供各类公共文化服务，从而彰显方志文化在“一带一路”核心区建设中的独特作用。

三、新疆方志馆公共文化服务能力建设的实现路径

党的十九大报告指出，要以“一带一路”建设为重点，坚持引进来和走出去并重，要坚持中国特色社会主义文化发展道路，激发全民族文化创新创造活力，建设社会主义文化强国。新疆在“一带一路”核心区建设中不断提高方志馆公共文化服务能力建设，促进“一带一路”沿线地区民心相通和文明交融，为沿线地区民心相通奠定双多边合作的坚实基础，意义重大。

（一）全面贯彻“创造性转化、创新性发展”理念

中华民族优秀传统文化历经世代传承积淀，又在不断推陈出新中赓续绵延。2013 年 11 月，习近平总书记在山东考察工作时提出，要加强对中华优秀传统文化的挖掘和阐发，努力实现中华传统美德的“创造性转化、创新性发展”。2014 年 2 月，在中央政治局第十三次集体学习时进一步提出，要认真汲取中华优秀传统文化的思想精华和道德精髓，重点做好“创造性转化、创新性发展”（以下简称：“两创”方针）。“两创”方针与我们党倡导的“古为今用，推陈出新”“取其精华、去其糟粕”等思想一脉相承，一以贯之。同时又结合新的时代要求作出新的理论概括，是我们正确对待中华传统文化的总开关。地方志作为中国传统文化的一支主要力量，在“一带一路”倡议的大背景下，按照习近平总书记提出的“两创”要求，抓住机遇、勇于担当，

放大格局、开阔视野，深化改革，处理好继承和发展的关系，把握好“守”和“变”的关系，在继承的基础上创新，探索出方志馆公共文化服务能力建设最有效路径。

（二）建设方志馆大数据现代服务体系

在实施方志文化“走出去”战略中，新疆充分利用“互联网+”，融入前沿科技，与华为技术有限公司签署云计算发展战略合作协议，携手开展基于云计算、大数据的智慧研发与应用，通过大数据、云计算满足公众对多元的文化需求，构建“地方志大数据”共享平台，展示地方志的当代价值及独特的文化魅力，向社会提供优质服务，推动方志文化走向世界。新疆在积极兴建实体方志馆的同时，还分别通过建立区情数据库、数字方志馆等，加快推进方志信息化、现代化建设进程，扩大地方志资源利用范围、提高地方志成果利用率，实现“存史”数字化新格局。与传统的地情资料库相比，网络地情资料库占用的物理空间相对较小，储存信息海量。一切可以数字化的信息都可实现储存，如视频、音频等。新疆数字化方志成果目前已全部储存到“天山云”平台，确保了访问速度，可满足上万人同时在线。实践表明，应用大数据建立起来的数字方志馆，既是对实体的补充，更是对方志界应对挑战的创新举措。

（三）建立完善方志馆公共文化服务体系

“一带一路”倡议为新疆发展带来了历史性机遇，如何利用好机遇，就得放眼全球，把握事物发展规律，更好展示地方志当代价值及独特的文化魅力。习近平总书记指出：“要紧紧围绕建设社会主义核心价值体系、建设社会主义文化强国，完善文化管理体制和文化生产经营机制，建立健全现代公共文化服务体系、现代文化市场体系来做好工作，以此推动社会主义文化大发展大繁荣。”要坚持问题导向，积极探索，加快推进公共文化服务体系建设。[①] 一要提升方志馆公共文化服务能力，抓好基础设施建设的规范化，增加方志馆的馆藏量，夯实方志馆提供公共文化服务的基础。把方志馆列入政府社会经

① 郑赟：《公共文化服务视角下重庆方志馆建设管理问题研究》，第28页。

济发展规划中。建立方志馆公共文化服务保障机制。二要加强方志馆人才队伍建设。要全面落实人才的经费保障，全面提高方志工作者的能力，要广开渠道，借助“一带一路”核心区建设，利用好“留学中国新疆”计划，吸引周边国家更多优秀人才服务新疆地方志事业。三是建立方志馆公共文化服务体系建设协调机制，实现方志资源共建共享。要统筹方志服务设施网络建设，整合基层方志资源等，建设综合性方志馆作为服务中心。要大力开展方志馆业务及理论研究，提高方志馆的建设水平和文化内涵。要充分利用自身优势挖掘地方志资源的现实价值、历史价值，扩大方志文化的社会影响力。

V

附　录

2017年全国地方志大事记

杨海峰　安　山[1]

1月

1日，山西省地方志办公室开通《方志山西》微信公众号。

是日，广西地情网全新升级改版上线。

4日，《八一镇志》篇目论证会暨写作任务分配会在国家方志馆召开。中指办主任冀祥德、副主任刘玉宏出席会议。中指办副主任邱新立主持会议。

是日，江苏省地方志办公室党组书记、主任漆冠山一行5人，到中指办座谈并举行《江苏历代方志全书》捐赠仪式。冀祥德、刘玉宏出席并讲话。

5日，中指办北京大学校友暨江苏省地方志办公室向北京大学赠书仪式在北京大学图书馆举行。冀祥德出席仪式并讲话，北京大学常务副校长吴志攀出席仪式并致辞，刘玉宏、邱新立出席仪式，漆冠山介绍《江苏历代方志全书》编纂出版情况。赠书仪式由北京大学图书馆馆长朱强主持。

5—6日，中国年鉴精品工程第二次专家评审会议在京召开。会议对《山西年鉴（2016）》等7部中国年鉴精品工程试点单位编纂的年鉴稿进行评审。冀祥德、刘玉宏出席会议并讲话。

---

① 安山，中指办方志处主任科员。

6日，冀祥德、刘玉宏、邱新立在国家方志馆听取苏州市地方志办公室工作汇报。苏州市地方志办公室主任陈兴南进行工作汇报。会后举行捐赠仪式，冀祥德代表中指办、国家方志馆接受赠书并向苏州市方志办颁发捐赠证书。方志出版社总编辑于伟平等出席会议。

是日，冀祥德、刘玉宏、邱新立在国家方志馆听取四川省地方志工作办公室工作汇报。四川省地方志工作办公室党组书记、主任马小彬汇报2016年的各项工作和2017年工作的布局谋划。于伟平等参加会议。

10日，2017年全国地方志系统通讯工作座谈会在北海市召开。冀祥德出席会议并讲话，邱新立主持会议，广西壮族自治区地方志办公室主任李秋洪、北海市副市长蔡晶出席会议并致辞。

是日，冀祥德、邱新立，就《全国地方志事业发展规划纲要（2015—2020年）》（以下简称《规划纲要》）贯彻落实情况到广西调研并在北海市召开座谈会。

11日，海南省委常委、秘书长胡光辉主持召开省委秘书长会议，专题听取史志工作汇报，研究全省史志工作。

11—12日，浙江省各市方志机构负责人年度工作会议在嘉兴桐乡召开。

12日，首批被列入中国志书精品文化工程的《北辰区志（1979—2009）》首发式在天津市北辰区举行。冀祥德出席首发式并讲话。天津市地方志办公室主任关树锋出席首发式。

是日，北京市地方志编纂委员会办公室印发《北京市地方志资源开发利用规划（2017—2020年）》。

是日，湖北省市（州）方志办主任工作会议在武汉武昌召开。

13—15日，中国社会科学院院长、中指组组长王伟光，中国社会科学院副院长、中指组常务副组长李培林一行，到海南省调研地方志工作并在海口市召开海南省地方志工作座谈。海南省副省长王路，冀祥德出席会议并讲话，邱新立出席会议，海南省政府副秘书长种润之主持会议，海南省地方志办公室主任毛志华作汇报。

14日，南海主权与地方志论坛在海口市召开。王伟光出席开幕式并讲话。李培林主持开幕式，海南省委常委、宣传部长许俊出席开幕式并致辞。冀祥德、刘玉宏、邱新立、毛志华出席开幕式。

16 日，中指办、国家方志馆、方志出版社召开中层干部会议。冀祥德、刘玉宏、邱新立、于伟平出席会议并讲话。会议由刘玉宏主持。会上，冀祥德要求中层干部培养、增强“十大意识”（政治意识、组织意识、纪律意识、大局意识、担当意识、执行意识、表率意识、角色意识、协作意识、感恩意识）。

是日，广东省地方志工作机构主任会议在广州市召开。

22 日，中指办、国家方志馆、方志出版社召开全体人员会议，传达中国社会科学院 2017 年度工作会议暨党风廉政建设工作会议精神。冀祥德出席会议并讲话，刘玉宏、邱新立出席会议并传达有关会议精神，于伟平出席会议。

是日，甘肃省史志办主任张军利、敦煌市副市长张诚一行到中指办汇报工作。冀祥德、刘玉宏、邱新立听取汇报。

24 日，冀祥德出席云南省申报中国名镇志文化工程、中国名村志文化工程的《和顺镇志》《江东村志》编纂工作启动会并讲话。云南省地方志办公室主任任玉华出席会议并讲话。腾冲市长庄宇出席会议并致辞，腾冲市副市长李兴主持会议。

是日，贵州全省地方志工作会议在贵阳市召开。

是月，中共中央办公厅、国务院办公厅印发《关于实施中华优秀传统文化传承发展工程的意见》。第三部分重点任务第一项“深入阐发文化精髓”中明确强调：“加强党史国史及相关档案编修，做好地方史志编纂工作，巩固中华文明探源成果，正确反映中华民族文明史，推出一批研究成果。”

2 月

3 日，李培林到国家方志馆看望中指办、国家方志馆、方志出版社全体干部职工。冀祥德、刘玉宏、邱新立、于伟平陪同看望。

是日，广西壮族自治区副主席黄伟京在自治区人民政府副秘书长吴建新等陪同下，到广西方志馆调研地方志工作并看望自治区地方志办公室干部职工。

4 日，广东省省长马兴瑞、副省长邓海光、省政府秘书长李锋一行到广东省地方志办公室看望慰问干部职工。

6 日，中指办在国家方志馆召开国家社科基金重大专项课题《中国抗日战争志》研究实施方案研讨会议。冀祥德、刘玉宏、邱新立出席会议并讲话。

8日，重庆市副市长屈谦在市政府副秘书长王余果陪同下，到市地方志办公室调研全市地方志工作，看望慰问市志办干部职工。

9日，国土资源部史志办公室专职副主任张泓一行6人到中指办汇报座谈史志工作。冀祥德、刘玉宏听取汇报并讲话。

是日，广西壮族自治区地方志机构主任工作暨党风廉政建设和反腐败工作会议在南宁市召开。

10日，中指办印发《全国信息方志与数字方志建设工程实施方案》。

13日，中共上海市委常委、市委宣传部部长、市地方志编纂委员会主任委员董云虎，到上海市地方志办公室调研并召开座谈会。中共上海市委副秘书长、市委宣传部副部长、市地方志编纂委员会副主任委员朱咏雷，市委宣传部秘书长姜迅等陪同调研。

14日，中指组印发《关于制定到2020年实现“两全”目标“时间表”“路线图”及转发西藏、青海相关材料的通知》。

15日，新版湖北方志网上线。

16日，李培林在京接见山东省政府办公厅党组成员、省史志办公室主任刘爱军一行。冀祥德陪同接见。接见后，刘爱军一行5人到中指办汇报工作，冀祥德、刘玉宏、邱新立出席会议并讲话。

是日，山西省副省长王赋一行到山西省地方志办公室调研指导工作。

17日，李培林在京接见重庆市地方志办公室主任姚红一行。冀祥德陪同接见。接见后，姚红一行3人到中指办汇报工作，冀祥德、刘玉宏、邱新立出席会议并讲话。

20日，《铜仁地区通志》首发式暨铜仁市二轮修志总结大会在铜仁召开。冀祥德，贵州省地方志办公室主任田洪，中共铜仁市委书记陈昌旭出席会议并讲话，铜仁市市长陈晏出席会议并致辞。

是日，刘玉宏到海口市督导《三沙市志》编纂工作，并出席《海南史志馆布展大纲》第二次研讨会。毛志华、海南省地方志办公室副主任陈波分别介绍《三沙市志》编纂进展情况。

21日，传承弘扬中华优秀传统文化暨《广西通志（1979—2005）》出版座谈会在南宁市召开。黄伟京、冀祥德、于伟平出席会议并讲话。吴建新、李秋洪等参加会议。

23日，2017年度吉林省地方志工作机构主任会议在长春市召开。冀祥德，吉林省地方志编纂委员会党组书记、副主任李云鹤出席会议并讲话。会后，吉林省地方志编纂委员会专家学术报告会在长春市举办。冀祥德以“推进依法治志”为题作报告，报告会由李云鹤主持。

24日，山西省地方志办公室主办的“晋志讲堂”开讲，山西省地方志办公室党组书记、主任张志仁主持开讲仪式并讲话。

28日，全国第二轮省级志书（政法）编纂业务研讨会在石家庄市召开，冀祥德出席会议并讲话，河北省人民政府常务副秘书长吴晓华出席会议并致辞，河北省人大常委会原副主任、河北省地方志编纂委员会副主任、《河北省志》总纂龚焕文，于伟平，河北省地方志办公室主任杨洪进出席会议。

3月

1日，王伟光在京听取刘爱军关于山东省史志工作情况的汇报，对山东史志工作给予充分肯定。

是日，《方志馆建设规定》研讨会在石家庄市召开。冀祥德出席会议并讲话，刘玉宏主持会议并作总结讲话。

2日，李培林在京接见新疆维吾尔自治区地方志编委会党组书记、副主任廖运建一行。冀祥德陪同接见。接见后，廖运建一行9人到中指办汇报工作，冀祥德、邱新立出席会议并讲话。会后，举行赠书仪式。

是日，陕西省地方志工作会议暨经验交流现场会在渭南市召开。刘玉宏出席会议并讲话，陕西省地方志办公室主任秦向东出席会议并作工作报告。

6日，安徽省地方志办公室巡视员刘成典，铜陵市委常委、副市长罗云峰一行6人到国家方志馆就国家方志馆长江分馆筹建情况作专题汇报。冀祥德、刘玉宏听取汇报并讲话。

8日，中国名村志文化工程篇目论证会暨编纂业务培训班在上海市金山区召开。冀祥德，上海市地方志办公室主任洪民荣，金山区区长胡卫国等出席开幕式。会上，举行《中国名村志文化工程丛书编纂责任状》签字仪式。

是日，冀祥德赴乌镇指导中国名镇志文化工程《乌镇志》编纂工作，浙江省地方志办公室主任潘捷军主持调研指导会议。

15 日，国家方志馆长江分馆选址讨论会在安徽省铜陵市召开。刘玉宏，铜陵市委常委、副市长罗云峰，安徽省地方志办公室副主任吴静等出席会议。会议期间，铜陵市委书记李猛、市长倪玉平分别会见刘玉宏一行，并就长江分馆建设交换具体意见。

17 日，《中国地情报告（2017）》编写研讨会在国家方志馆召开。冀祥德、邱新立出席会议并讲话。

20—21 日，安徽省辖市地方志办公室主任会议在合肥市召开。

21 日，湖南省市州地方志办公室主任会议在长沙召开。

22 日，中国地情网二期建设研讨会在国家方志馆召开。刘玉宏出席会议并讲话。

24 日，江苏省副省长张敬华到江苏省地方志办公室调研，看望和慰问省地方志办公室干部职工。省政府办公厅主任谢润盛陪同调研。

28 日，中国人民大学书报资料中心主办的中国人民大学人文社科成果评价发布论坛暨学术评价与学科发展研讨会历史分论坛在中国人民大学逸夫会议中心举办，冀祥德受邀出席论坛并作主题报告。

是日，湖北省政府召开《湖北省地方志工作规定》颁布实施 10 周年座谈会。副省长郭生练出席会议并讲话。

29 日，河北省地方志办公室主任杨洪进一行 4 人到中指办汇报工作，冀祥德、刘玉宏、于伟平出席会议并讲话。

30 日，李培林到中指办、国家方志馆、方志出版社宣布干部任职决定。冀祥德、刘玉宏，于伟平出席会议并讲话。会议由刘玉宏主持。李培林宣读中国社会科学院党组《关于冀祥德同志任职的通知》：院党组会议 2017 年 3 月 30 日研究决定，任命冀祥德同志为中指组秘书长、中指办党组书记。

是日，辽宁省各市地方志（史志）办公室主任会议在沈阳市召开。

31 日，威海市史志办公室主任耿祥星一行 2 人到中指办汇报工作，冀祥德、于伟平出席会议并讲话。

4 月

6 日，陈兴南等一行 5 人到中指办汇报首届方志馆馆长论坛、苏州创博会方志中国展、周庄镇影像志启动会议筹备工作。冀祥德、刘玉宏出席会议并讲话。

是日，廖运建、刘星向自治区副主席、自治区地方志编委会副主任吉尔拉·衣沙木丁汇报近期新疆地方志工作开展情况。

7 日，李培林在京接见辽宁省人民政府地方志办公室主任鄢钢城和宁夏回族自治区社会科学院副院长刘天明、自治区地方志办公室主任贠有强，并听取工作汇报。冀祥德陪同接见。接见后，刘天明、贠有强一行 6 人到中指办汇报宁夏地方志工作；鄢钢城一行 6 人到中指办汇报辽宁地方志工作。

是日，国家方志馆黄河分馆暨东营市方志馆深化设计研讨会在京召开。刘玉宏、王吉能出席研讨会并讲话。

是日，山西省政府督查室印发《关于对全省志鉴“两全”目标完成情况开展专项督查的通知》。

8 日，《中国抗日战争志》项目暨中国地方抗日战争志工程启动会议在京召开。李培林出席会议并作题为《志记历史，不忘初心，为实现中华民族伟大复兴中国梦而奋斗》的讲话。中共中央党史研究室副主任、秘书长张树军，国家档案局副局长、中央档案馆副馆长王绍忠，冀祥德、田嘉，军事科学院军事历史和百科研究部部长、全军军事志指导小组办公室主任曲爱国，邱新立，中国社会科学院世界历史研究所副所长汪朝光，中国社会科学院近代史研究所副所长金以林等出席会议。

9 日，《关于做好地方史编写工作的若干规定（讨论稿）》征求意见会在京召开。冀祥德出席会议并讲话，邱新立主持会议并作总结。

10—11 日，冀祥德在刘爱军陪同下到济宁市调研史志工作，并为济宁市史志编修培训班授课。

11 日，冀祥德到泰安市出席中国名山志工程启动座谈会，并调研泰安市史志工作。刘爱军陪同调研。泰安市市长李希信，市委副书记张涛，市委常委、组织部长高尚山，副市长成丽、张红旗，市政府秘书长张韧等会见冀祥德一行。

14日，临沂市史志办公室主任刘志强一行4人到中指办汇报工作。冀祥德、于伟平出席会议并讲话。

17日，《中国名酒志文化工程实施方案》征求意见会在北京召开。刘玉宏、邱新立出席会议并讲话。

18日，内蒙古自治区地方志办公室主任胡满达、常务副主任查干浪涛等一行10人到中指办汇报工作。冀祥德、刘玉宏出席会议并讲话。会后，举行图书捐赠仪式。

19日，中国名酒志文化工程启动会议在宿迁召开。冀祥德出席会议并讲话。漆冠山，宿迁市副市长薛启书等出席会议并致辞。

21日，中国苏州文化创意设计产业交易博览会"方志中国"展览在苏州国际博览中心开展。冀祥德、漆冠山共同为展览揭幕。刘玉宏主持开幕式。

是日，首届全国方志馆馆长论坛在苏州市召开。冀祥德出席开幕式并讲话。刘玉宏主持会议，漆冠山，苏州市委常委、宣传部部长盛蕾出席会议并致辞。

22日，中国名镇志文化工程中国名镇影像志启动仪式在江苏周庄召开。冀祥德出席会议并讲话，刘玉宏、漆冠等出席会议。

25日，全国第一次《汶川特大地震抗震救灾志》编纂工作经验交流会暨地方志质量建设研讨会议在汉中市召开。冀祥德出席会议并讲话，邱新立、秦向东等出席会议。

26日，冀祥德以"志鉴编纂出版常见法律错误及其纠正"为题，给广西培训班学员授课。李秋洪主持授课并评议。授课后，冀祥德到柳州市地方志办公室调研并召开座谈会。

是日，西藏自治区以视频会议的形式召开地方志工作推进会议。西藏自治区副主席、政府秘书长、自治区地方志编纂委员会副主任房灵敏出席会议并讲话。

28日，2017年北京市地方志工作会召开。市长、市地方志编委会主任蔡奇致贺信。副市长、市地方志编委会副主任王宁出席并讲话，市地方志编委会常务副主任、《北京志》主编段柄仁出席。市政府副秘书长尹培彦主持会议。

是日，浙江省副省长成岳冲在省政府专题听取全省地方志工作汇报。

是月，江苏省地方志办公室编制的《地方志元数据规范》《地方志数字化处理规范》正式列入江苏省质监局2017年度第一批江苏省地方标准项目计划。

5月

3日，山西省地方志志鉴“两全目标”推进会在太原市召开。山西省副省长王赋出席会议并讲话，张志仁出席会议并通报山西省志鉴“两全目标”进展情况。会议由省政府副秘书长张文栋主持。

是日，内蒙古自治区人民政府召开全区地方志工作电视电话会议。会上，内蒙古自治区地方志编纂委员会副主任、地方志办公室主任胡满达宣读自治区主席布小林关于地方志工作的批示。会议由自治区政府办公厅副主任孙利剑主持。

8日，黑龙江省方志馆全景模拟展馆正式开通。

10—11日，黑龙江省地方志机构主任工作会议在鹤岗市萝北县召开。

11日，全国第二轮志书（政治部类）编纂业务研讨会、第二次《汶川特大地震抗震救灾志》编纂工作经验交流会在成都市召开。冀祥德出席开幕式并讲话。邱新立主持开幕式。会后，冀祥德在马小彬的陪同下到成都市方志馆考察，并与市志办干部进行座谈。

18日，广西壮族自治区主席陈武到广西地方志办公室调研。黄伟京，自治区政府副秘书长、政府发展研究中心主任黄洲，李秋洪等陪同调研。

是日，宁夏回族自治区5·18地方志宣传日活动暨《宁夏通志》首发式在银川市举行。宁夏回族自治区人大常委会副主任袁进琳、自治区政协副主席安纯人、冀祥德、负有强等出席仪式。仪式上，冀祥德代表中指组及其办公室向宁夏回族自治区政府赠送《汶川特大地震抗震救灾志》；宁夏方志网正式开通。

19日，上海市地方志办公室举行“2017上海地方志论坛”。论坛发布主题为“乡镇街道村志编修调查”的《上海市地方志年度报告（2017）》，并推出首部“上海地方志外文文献丛书”——《上海故事》。

19—23日，2017年第一期全国地方志工作机构新任负责人培训班在延安市举办。冀祥德出席开幕式并讲话。秦向东、延安市副市长杨光远出席开幕式并致辞。

20 日，冀祥德一行到延安市延川县文安驿镇梁家河村调研，并就《梁家河村志》编纂召开座谈会。

20—21 日，国家社科基金抗日战争研究专项工程《中国抗日战争志》分卷《大事记》《人物志》《文献辑录》编写（纂）研讨会在延安市召开。邱新立出席会议并讲话。

22 日，德国下萨克森州政府对华合作顾问迪特·舒伯特访问中指办。刘玉宏会见迪特·舒伯特一行，双方就开展方志文化交流合作进行座谈。

25 日，中指办、国家方志馆、方志出版社召开全体人员会议，学习宣传贯彻习近平总书记致中国社会科学院建院 40 周年的贺信精神。刘玉宏、邱新立出席会议。会议由邱新立主持。

26 日，地方志转型升级理论与实践探索——第七届中国地方志学术年会在重庆市召开。冀祥德出席开幕式并讲话。重庆市人民政府办公厅副主任游贤勇出席开幕式并致辞。邱新立、姚红出席开幕式。开幕式由邱新立主持。开幕式后，冀祥德为重庆市地方志工作者作地方志转型升级与依法治志的讲座。

是日，为庆祝中国社会科学院成立四十周年，中国社会科学院历史学部学术报告会在中国社会科学院学术报告厅举行。刘玉宏作题为《修志问道　以启未来》的主题报告。

29 日，黑龙江省委书记张庆伟专门听取全省地方志工作情况和黑龙江历史文化的汇报。黑龙江省委常委、省委秘书长张雨浦等参加汇报会。

是月，中共中央办公厅、国务院办公厅印发的《国家“十三五”时期文化发展改革规划纲要》（以下简称《纲要》）。《纲要》第八部分传承弘扬中华优秀传统文化和专栏 19“中华文化传承工程”中明确强调：“加强中国共产党史、中华人民共和国史编修，加强地方史编写和边疆历史地理研究。完成省、市、县三级地方志书出版工作。开展旧志整理和部分有条件的镇志、村志编纂。”

6 月

2 日，中国志书精品工程专家评审会在国家方志馆召开。冀祥德出席会议并讲话，邱新立主持会议。

4日，由马小彬带队的四川方志系统领导干部培训班来国家方志馆参观学习。刘玉宏、邱新立在国家方志馆学术报告厅为四川方志系统领导干部培训班学员授课。

7日，首届北京市地方志开发利用暨方志馆建设论坛在北京市房山区举办。刘玉宏出席论坛并讲话。

9日，中国地情网二期建设研讨会在国家方志馆召开。冀祥德、刘玉宏出席会议并讲话。

是日，湖南省地方志资料年报工作经验现场推介会在长沙市举办。邱新立出席会议并讲话。

12日，中指组印发《方志馆建设规定(试行)》。

13日，2017年全国地方史志期刊主编培训班在晋城市开班。冀祥德出席开班式并讲话，张志仁出席开班式并致辞，邱新立主持开班式。

是日，国家方志馆黄河分馆展陈设计方案评审会在国家方志馆召开。刘玉宏出席主持评审会。

14日，冀祥德在张志仁陪同下到晋城市方志馆调研，并与晋城市地方志办公室全体人员座谈。

是日，郑州市地方史志办公室主任朱军一行5人到中指办汇报工作。冀祥德、刘玉宏出席会议并讲话。

14—15日，中国名街志、中国名山志、中国名水志编纂工作研讨会在扬州市召开。邱新立出席会议并讲话，漆冠山等出席会议并致辞。

15—17日，中指办、国家方志馆、方志出版社学习贯彻习近平总书记在哲学社会科学工作座谈会上重要讲话精神专题培训班在中国社会科学院北戴河培训中心举办。冀祥德、刘玉宏、邱新立出席。

16日，河南省地方史志办公室、河南省新闻出版广电局印发《关于进一步做好地方史志编纂出版工作的意见》。

19—28日，以刘玉宏为团长的中国地方志欧洲学术交流团一行6人赴德国、法国、英国开展学术交流。

20日，冀祥德出席湖南省地方志系统业务培训班并为学员授课。易介南主持开班式。授课后，冀祥德到浏阳市调研地方志工作。

26日，山东省精品志书编修培训班在济南市开班。冀祥德、刘爱军出席开班式并讲话。

27日，国家方志馆黄河分馆、黄河文化馆建设工作领导小组第二次全体会议在东营市召开。冀祥德，东营市委书记申长友，黄河水利委员会副主任牛玉国出席会议并讲话。东营市市长赵豪志等出席会议。

7月

3日，《景芝酒志》出版发布会在安丘市举行。刘玉宏、山东省政协副主席陈光、中国轻工业联合会原会长步正发、中国酒业协会理事长王延才等出席会议，刘玉宏、王延才分别讲话。

5日，黑龙江省地方志办公室主任隋岩一行9人到中指办汇报工作。冀祥德、刘玉宏、邱新立、于伟平出席会议并讲话。

6日，《全国地方志系统考核奖励管理办法（试行）》专家论证会议在国家方志馆召开。冀祥德出席会议并讲话，刘玉宏、邱新立出席会议。国家公务员局考核奖励司（国家表彰奖励办公室）国家表彰奖励处处长吴瑞祥等参加会议。会议由刘玉宏主持。

8—9日，2017年全国地方志系统信息化工作会议暨信息化研究会年度会议在丹东市召开。冀祥德出席会议并讲话，刘玉宏、于伟平出席会议，鄢钢城等出席会议并致辞。会后，冀祥德到丹东市调研地方志工作并召开座谈会。

8日，中国地方志学会专家顾问委员会成立大会在丹东市召开。冀祥德、刘玉宏等出席会议。

9日，中国地方志学会编辑出版研究会成立大会在丹东市召开。冀祥德出席会议并讲话，刘玉宏出席会议。会后，中国地方志学会编辑出版研究会学术交流活动在丹东市举行。

11日，冀祥德出席山西省志鉴编纂培训班并为学员授课。

13日，全国地方志优秀成果（年鉴类）评审系列会议暨《中国抗日战争志·军事志》编写研讨会在龙口市召开。冀祥德出席会议并讲话。邱新立、刘爱军出席会议并讲话。会后，冀祥德到招远市调研史志工作并召开座谈会。

14日，中国年鉴精品工程试点单位2017年卷年鉴篇目研讨会在龙口市召开。冀祥德出席会议并讲话。邱新立、刘爱军出席会议并讲话。会后，冀祥德到烟台市莱山区调研史志工作并召开座谈会。

18—22 日，中指办第二期援藏志鉴编纂业务培训班开班仪式在西藏自治区山南市举办。冀祥德出席开班式并讲话。西藏自治区党委副秘书长次仁平措出席开班仪式并讲话，山南市委书记许成仓出席开班仪式并致辞。邱新立，西藏自治区地方志办公室主任汪德军等出席开班仪式。在开班仪式后，冀祥德以《新形势、新定位、新目标、新举措》为题为学员授课。邱新立以《志书编纂理论基础与方法》为题为学员授课。22 日，刘玉宏为中指办第二期援藏志鉴编纂业务培训班的学员授课。第二期援藏志鉴编纂业务培训班期间，冀祥德、邱新立听取西藏自治区和山南市、昌都市、日喀则市、那曲市、拉萨市、林芝市、阿里地区 7 个地市地方志办公室代表的工作汇报，并到阿里地区实地调研地方志工作。

26 日，福建省副省长杨贤金到福建省方志委调研，看望和慰问省方志委干部职工。省政府副秘书长赖碧涛等陪同调研。

29 日，贵州省地方志办公室副主任归然、茅台集团有限公司档案馆馆长安国友一行 4 人到中指办就《茅台酒志》申请加入中国名酒志文化工程及编纂工作情况进行汇报。冀祥德、刘玉宏、邱新立听取汇报并讲话。

31 日，李培林在冀祥德，中国社会科学院办公厅副主任胥锦成、邱新立，以及新疆维吾尔自治区副主席吉尔拉·依沙木丁，廖运建等陪同下，到新疆方志馆（新疆地情展示中心）调研建设情况。

8 月

1 日，全国地方志系统“两全目标”工作推进会暨援藏援疆工作座谈会、“继承中华传统，弘扬方志文化”论坛暨 2017 年全国地方史志期刊工作会议在伊犁哈萨克自治州伊宁市召开。李培林出席会议并讲话，吉尔拉·衣沙木丁，新疆生产建设兵团党委常委、秘书长李冀东，伊犁州党委副书记、州长库尔玛什·斯尔江出席会议并致辞，西藏自治区人民政府副主席德吉出席会议，冀祥德通报全国地方志系统“两全目标”工作推进情况。会前，新疆维吾尔自治区党委书记陈全国、自治区政府主席雪克来提·扎克尔等自治区领导会见李培林一行，就地方志工作进行交流。晚上，李培林会见德吉率领的西藏地方志代表团一行，并听取西藏自治区地方志工作情况汇报。冀祥德主持会议。邱新立、次仁平措、汪德军等出席会议。

4日，王伟光一行到青海省地方志办公室看望慰问干部职工，听取工作汇报，提出工作要求。副省长杨逢春主持座谈会。

8—9日，2017年全国年鉴工作会议暨年鉴研究会年度会议、精品年鉴与年鉴编纂创新研讨会在齐齐哈尔市召开。冀祥德出席开幕式并讲话。刘玉宏，黑龙江省人民政府副秘书长马立新等出席会议。

10—11日，冀祥德、刘玉宏到黑龙江省大兴安岭地区调研地方志工作，并在加格达奇听取大兴安岭地方志工作汇报。

17日，江西省委常委、常务副省长毛伟明在省政府副秘书长、省机关事务管理局局长翟明等陪同下，到江西省地方志办公室看望慰问全体干部职工。

21日，北美东亚图书馆协会中文委员会图书机构，包括美国哈佛大学燕京图书馆、美国哥伦比亚大学东亚图书馆等24家图书馆、研究机构的28人到访方志出版社，冀祥德出席会议并讲话，刘玉宏、于伟平等出席会议。

22日，第二次全国地方志科研工作会议暨中华一统志编修可行性论证会议在通辽市召开。冀祥德出席开幕式并讲话。胡满达、通辽市副市长崔景英出席开幕式并致辞。邱新立主持开幕式。

是日，安徽省铜陵市委常委、副市长罗云峰一行5人到中指办就国家方志馆长江分馆建设情况作专题汇报。刘玉宏听取汇报并讲话。

26日，第六届中国法学博士后论坛在中国社会科学院学术报告厅举行。开幕式后，举行中国社会科学院首届“十大杰出法学博士后”颁奖仪式。冀祥德荣获首届“十大杰出法学博士后”荣誉称号，李培林为其颁奖。

30日，张志仁一行4人到中指办汇报工作。冀祥德、邱新立出席会议并讲话。会上，举行图书赠送仪式。

是日，黑龙江省地方志办公室副主任袁建勋一行6人到中指办就《北大仓酒志》《雁窝岛酒志》申请加入中国名酒志文化工程及编纂情况进行汇报。冀祥德、邱新立出席会议并讲话。

9月

1日，第二次全国方志馆工作会议暨方志馆业务培训班在丽水市召开。王伟光出席开幕式并讲话。李培林出席开幕式并宣读全国方志馆工作通报表扬决定。成岳冲，中共丽水市委书记史济锡出席开幕式并致辞。冀祥德出席开幕式并主持会议。刘玉宏出席开幕式并作全国方志馆工作总结。会后，浙江省地方志工作汇报会在丽水市召开。王伟光、李培林听取汇报并讲话。成岳冲、冀祥德、史济锡、张伟斌、迟全华、潘捷军、卢彩柳等出席汇报会。同时，《方志馆建设规定（试行）》座谈会在丽水市召开。刘玉宏出席座谈会并讲话。

8日，成岳冲一行到浙江省方志办调研指导工作，在看望慰问《浙江通志》编纂委员会及省方志办工作人员后，与省方志办有关同志进行座谈。省政府副秘书长李云林参加座谈。

是日，2017年辽宁省“两全目标”推进会暨志鉴编纂业务培训会在本溪市召开。

10日，在贵阳国际会议展览中心举行的第七届中国（贵州）国际酒类博览会上，中指办应组委会邀请举行中国名酒志文化工程新闻发布会。冀祥德介绍中国名酒志文化工程开展的有关情况。新华社、中新社、贵州日报、中国食品报、贵州电视台等16家媒体参加新闻发布会。

是日，冀祥德一行到贵阳市调研地方志工作，听取息烽县副县长冯劲锋、贵阳市地方志办公室主任邓忠元关于息烽县和贵阳市地方志工作情况汇报。田洪等陪同调研。息烽县县长卓飞参加调研座谈会。

11日，2017年第二期全国地方志工作机构新任负责人培训班开班仪式在遵义市举办。冀祥德出席开班仪式并讲话。田洪、遵义市副市长李莲娜出席开班仪式并致辞。邱新立主持开班仪式。开班式结束后，冀祥德以“地方志转型升级与依法治志”为题为培训班学员讲授第一课。12日，邱新立以《方志发展史及志书编纂规范》为题为培训班学员授课。15日，刘玉宏以《方志馆建设的形势与任务》为题为培训班学员授课。15日下午，刘玉宏出席结业式并作总结讲话。

12日，在第十二届中国北京国际文化创意博览会“文化创意产业重点项目——省市文化合作项目”签约仪式上，陈玲、关树锋、杨洪进共同签署《京津冀地方志事业协同发展框架协议》。

13日，李培林在邱新立，北京市政府副秘书长徐志军，陈玲、杨洪进陪同下到“京津冀运河文化展”展区参观指导。陈玲、杨洪进汇报京津冀联手挖掘运河文化等工作情况。

是日，冀祥德出席杭州市地方志业务培训班，并以《新形势、新定位、新目标、新要求》为题为学员授课。授课后冀祥德出席杭州市地方志工作座谈会并考察杭州市方志馆。

14日，李培林在京接见福建省地方志编委会主任陈秋平一行并听取福建省地方志工作汇报。冀祥德陪同接见。接见后，陈秋平一行3人到中指办汇报工作。冀祥德、邱新立出席会议并讲话。

16日，刘玉宏到遵义市汇川区、仁怀市调研方志馆建设工作，田洪陪同调研。

18日，深圳市委副秘书长、市委办公厅主任裴蕾，深圳市史志办公室主任、市方志馆馆长黄玲一行8人到中指办汇报工作。冀祥德、刘玉宏出席会议并讲话。

19—20日，以“走向世界的中国方志文化”为主题的方志文化国际学术研讨会在京召开。李培林出席大会开幕式并致辞。美国哈佛大学哈佛燕京图书馆馆长郑炯文作为外宾代表致辞。冀祥德、刘玉宏、邱新立出席开幕式。开幕式由冀祥德主持。开幕式后，冀祥德作题为“论方志文化自信”的主旨发言。20日，举行闭幕式。刘玉宏、邱新立，美国俄亥俄州立大学图书馆中韩文部主任李国庆出席闭幕式。李国庆作为与会外宾代表作会议总结，邱新立作大会总结。闭幕式由刘玉宏主持。来自中国、美国、德国、日本、越南等国家和地区的代表150多人与会。此次会议得到新华社、人民日报、人民日报海外版、光明日报、中国青年报、中国社会科学报以及新华网、光明网、中国新闻网、中青在线、中国社科网、中央党校理论网等多家主流媒体的关注，新华社进行了专题采访，并采用中、英、阿拉伯等多语种进行全方位报道。

19日，由上海市地方志办公室、上海社会科学院历史研究所联合主办的2017年地方志与地方史理论研讨会在上海社会科学院分部召开。本次研讨会的主题为“地方志理论：比较研究和发展前沿”。

20 日，李培林在福州分别会见福建省委常委、宣传部部长高翔，杨贤金，交谈如何发掘福建资源，推动地方志事业发展，弘扬中华优秀传统文化。

是日，由福建省地方志编委会主办的“与历史同行”喜迎十九大“方志之夜”文艺晚会在福建大剧院上演。李培林，福建省人大常委会副主任叶双瑜、彭锦清，福建省政协副主席李红，冀祥德、陈秋平等观看演出。

22 日，《中国影像志 · 福建名镇》暨《八闽历史文化名镇名村影像志》开机仪式在龙岩市上杭县古田镇举行。李培林出席并致辞，冀祥德主持开机仪式，陈秋平出席并致辞。

27 日，第三届冀皖方志理论研讨会暨河北援疆援藏对接会在内丘县举办。冀祥德、杨洪进出席会议并讲话。刘成典主持会议，保定市人大常委会主任（原保定市市长）马誉峰出席会议并作经验介绍。

27 日，中指组印发《关于做好影像志工作的意见》。

10 月

9 日，方志出版社博士后科研工作站揭牌仪式暨首届方志学博士后进站典礼在国家方志馆举行。冀祥德出席会议并讲话。中国社会科学院当代中国研究所副所长、博士后合作导师张星星，邱新立、于伟平出席会议并讲话。刘玉宏主持会议。

是日，上海市政协副主席赵雯到上海市地方志办公室调研。赵雯观看上海市地方志工作展览和地方志成果陈列并召开调研座谈会。洪民荣汇报市地方志办公室工作和上海地方志事业发展情况。

11 日，中指办“一体两翼”工程专家聘任仪式暨《中国地情报告（2017）》编纂研讨会在京召开，冀祥德出席会议并讲话，刘玉宏、邱新立出席会议。

12 日，常州市人民政府副秘书长黄建德、常州市方志办主任李亚雄来中指办汇报工作。冀祥德出席会议并讲话，邱新立出席会议。

16 日，广东省副省长黄宁生到省地方志办公室调研并慰问地方志工作人员并召开座谈会。

17 日，辽宁省副省长崔枫林到省地方志办公室开展工作调研，并与全办人员座谈。

19 日，湖南省副省长向力力在省政府副秘书长彭翔等人的陪同下，到省地方志编委会考察调研。易介南汇报湖南地方志工作情况。

20 日，江苏省副省长王江到省方志馆调研地方志工作，看望和慰问省地方志办公室干部职工并参观江苏省方志馆。谢润盛陪同调研。

23 日，江苏省人大常委会副主任许仲梓带领部分省人大常委会委员、省人大代表到省方志馆调研地方志工作，推动《江苏省地方志工作条例》立法进程。许仲梓一行参观江苏省方志馆并召开座谈会。

25 日，《中国地情报告（2017）》编纂业务研讨会、中国名水志文化工程实施方案论证会暨第三次《汶川特大地震抗震救灾志》编纂工作经验交流会在西宁市召开。邱新立出席开幕式并讲话，青海省政府副秘书长马锐出席开幕式并致辞。高煜主持开幕式。

是日，东营市机构编制委员会批复东营市史志办机构编制问题，同意市史志办公室加挂国家方志馆黄河分馆牌子，为市政府直属事业单位，规格调整为正处级，领导职数为 1 正 2 副，增设方志科，编制增加至 17 人，职责增加"承担国家方志馆交办的资料搜集、学术研究和业务交流等工作"。

26 日，中国社会科学院召开传达学习贯彻党的十九大精神会议一结束，中指办、国家方志馆、方志出版社立即召开全体人员会议，传达学习贯彻党的十九大精神及院党组有关要求与部署。冀祥德出席会议并传达会议精神，刘玉宏、于伟平出席会议。

27 日，冀祥德到湖北省调研地方志工作并召开座谈会。座谈会前，郭生练会见冀祥德一行。

28 日—11 月 14 日，《中国影像方志》第二季在央视科教频道播出 18 集。

29 日，以"转型升级：地方志走进新时代"为主题的中国地方志学会方志学分会 2017 年年会、第二期全国年鉴主编培训班暨《中国年鉴研究》创刊发布座谈会在常州市召开。冀祥德出席开幕式并讲话。刘玉宏、漆冠山、常州市副市长方国强出席开幕式。刘玉宏主持开幕式。会后，中国精品志书《常州市志（1986—2010）》首发式暨表彰会在常州市举行。冀祥德出席会议并讲话，刘玉宏等领导出席。下午，冀祥德以"志鉴编纂及出版常见法律错误及其纠正"为题，为第二期全国年鉴主编培训班学员讲授第一课；《中国年鉴研究》创刊发布座谈会在常州市召开。冀祥德出席座谈会并讲话。刘玉宏主持会议。

11 月

1 日，冀祥德出席临沂市地方史志工作“三全目标”推进会议并讲话。

2 日，广西全区地方志工作推进会在南宁市召开。黄伟京出席会议并讲话。

6 日，山东省政府办公厅印发《全省方志馆建设管理规范》，是全国第一个由省级政府印发的关于方志馆建设的规范性文件。

7 日，安徽省地方志系统信息化和方志馆工作培训班在旌德县举办。刘玉宏为培训班授课。

8 日，邱新立出席第十四届湖北·武汉台湾周“情”系楚天——湖北文史两岸交流座谈会并致贺词。此次座谈会是第十四届湖北·武汉台湾周文化交流的分项活动之一，由湖北省地方志编纂委员会办公室承办。湖北省政协副主席许克振，台湾湖北文献社社长汪大华分别致辞。

是日，江苏省政府在南京召开《江苏援藏援疆建设志》编纂工作会议，王江出席会议并讲话，谢润盛主持会议。漆冠山对《江苏援藏援疆建设志》编纂工作情况进行说明。

8—10 日，西藏自治区地方志工作业务培训班在拉萨举行。自治区党委副秘书长陈凡彦出席开班式并讲话，自治区政府副秘书长杨林出席开班式并致辞，汪德军主持开班式。

9 日，江西省地方志办公室主任梅宏一行 3 人到中指办汇报工作。冀祥德、刘玉宏、于伟平听取汇报并讲话。

是日，日照市地方史志办公室主任李世恩一行 4 人到中指办汇报工作。冀祥德、刘玉宏听取汇报并讲话，于伟平出席会议。

10 日，“方志大讲堂”第十五讲在国家方志馆一楼学术报告厅举行，主题是宣讲党的十九大精神。讲座由中国社会科学院马克思主义研究院副院长、研究员、博士生导师金民卿主讲，题目为“中国特色社会主义新时代的政治宣言和行动纲领”。冀祥德主持讲座并讲话。刘玉宏、邱新立、于伟平出席讲座。

14 日，国土资源部部长姜大明就认真做好国土资源系统史志年鉴工作作出批示。

是日，全国国土资源系统史志年鉴编纂培训班在重庆举办。刘玉宏出席开班仪式并讲话。国土资源部总规划师、部史志领导小组副组长李永杰出席开班式并讲话。会后，刘玉宏一行到重庆市调研地方志工作。

15—16 日，《地方史工作规定（征求意见稿）》等五个文件征求意见会在京召开。冀祥德出席会议并讲话，刘玉宏、邱新立出席会议。

17 日，《地方综合年鉴编纂出版规定（试行）》修订讨论会议在国家方志馆召开。刘玉宏出席会议并讲话。

18 日，中国社会科学院历史学部第十六届史学理论研讨会在琼海市召开。会议主题为历史上的海洋文化、海上丝绸之路：历史价值与当代意义。冀祥德、邱新立应邀出席会议。会后，冀祥德、邱新立调研海南省琼海市地方志工作并召开座谈会。

22 日，冀祥德出席 2017 年中国人民大学人文社会科学学术成果评价发布论坛，并在历史分论坛上作题为《拓展视野 坚定自信 推动方志学一级学科建设》的发言。

22 日—12 月 9 日，《中国影像方志》第二季在央视科教频道播出 18 集。

24 日，全国地方志资源开发利用工作会议暨第二期全国地方志信息化业务培训班在广州市召开。冀祥德出席开幕式并讲话，广东省政府副秘书长李贻伟致辞，刘玉宏主持开幕式。

24—25 日，贯彻落实十九大精神“中国梦·方志情”首届全国方志馆讲解员大赛在广州市举行。冀祥德、刘玉宏等出席开幕式。刘玉宏主持开幕式。赵媛媛等 10 名选手获得“全国方志馆十佳讲解员”称号，谭艳妮等 10 名选手获得“全国方志馆优秀讲解员”称号，北京市地方志办公室等 10 个单位获得“优秀组织奖”。冀祥德、广东省地方志办公室主任陈华康、广州市副市长黎明分别为获奖选手和单位颁发证书。

26—27 日，冀祥德在陈华康陪同下到东莞市调研地方志工作。

28 日，莱芜市副市长张桂爱、副秘书长郭文德一行 5 人到中指办就莱芜市地方志工作、国家方志馆冶炼分馆和全国方志文化主题公园申报建设工作进行汇报。冀祥德听取汇报并讲话。

29 日，吴凤端一行 3 人到中指办就湖北省地方志工作、国家方志馆茶叶分馆申报建设工作进行汇报。冀祥德听取汇报并讲话。

12月

1日，冀祥德出席《象山县志》终审会并讲话。

是日，在中国地情网一期正式开通两周年之际，中国地情网二期正式上线运行。中国地情网二期的开通，实现了国家、省、市、县、乡（镇）、村（社区）六级地情网站的覆盖。

3日，第四届世界互联网大会（乌镇峰会）在乌镇开幕。《中国名镇志·乌镇志》作为本届世界互联网大会的特别礼物被赠予参会的国内外重要嘉宾，并获准在大会重要位置放置其中英文版。这是极具中国特色的地方志书首次以中英文双语版本的形式亮相重大国际会议。

6日，2017年《云南省志》编纂业务培训班在昆明市开班。冀祥德出席开班式并致辞。云南省人大常委会原副主任、省地方志编纂委员会副主任吴光范，任玉华出席开班式并作动员讲话。开班式后，冀祥德以《志鉴编纂中注意的若干法律问题》为题给培训班学员授课。

10日，《新疆抗日战争志》编纂工作启动会议在乌鲁木齐市召开。冀祥德出席会议并致辞。李学军出席会议并讲话。会议由吉尔拉·衣沙木丁主持。会后，冀祥德为参编人员作题为《新时代、新定位、新目标、新举措》的专题讲座。

12日，第二届全国名镇论坛暨第二批中国名镇志丛书出版座谈会在黔东南州雷山县举行。李培林、冀祥德出席开幕式并讲话，贵州省人大常委会副主任李岷、黔东南州人大常委会副主任吴锡锋出席开幕式并致辞。邱新立、于伟平等出席开幕式。会上，向入选第二批中国名镇志丛书的26个镇授牌和颁发证书，并播放了中国名镇志文化工程宣传片。

是日，山东省委常委、组织部长杨东奇对山东省史志工作作出批示。

13日，刘玉宏以《方志馆建设研究》为题，为2017年湖北省地方志系统新任主任和业务骨干培训班授课。

14日，山东省省长龚正对山东省史志工作作出批示。

是日，广东省市县地方志工作专题培训班在广州市举办，黄宁生出席会议并讲话。

15日，安徽省地方志办公室党组书记、主任郭德成一行6人到中指办汇报工作。冀祥德听取汇报并讲话，刘玉宏、邱新立出席会议。会后，黄山市方志办向国家方志馆“魅力中国”展览捐赠展品。

是日，中指办召开解放军军事志工作座谈会。军事科学院军队政治工作研究院解放军党史军史研究中心主任郭志刚一行3人到中指办座谈交流。冀祥德、邱新立出席会议并讲话。

17日，由陕西省委宣传部主办，陕西省地方志办公室承办的贯彻落实十九大精神“坚定文化自信 讲好陕西故事”调讲决赛举办。

17—23日，以刘玉宏为团长的一行6人赴台湾地区交流地方志文献工作。台湾图书馆学会原秘书长、台湾文物保护协会秘书长彭慰女士一同交流。

21—22日，首届全国年鉴论坛暨《中国方志发展报告（2017）》《中国年鉴发展报告（2017）》出版座谈会在深圳市召开。冀祥德出席开幕式并讲话。这是中指组及其办公室和方志出版社倾力打造的中国地方志“一体两翼”工程的最新成果。

21日，中指组印发《地方综合年鉴编纂出版规定》。

26日，2018年全国地方志机构主任工作会议、第二次全国地方志工作经验交流会和中国名山志文化工程启动仪式在济南市召开。李培林出席会议和启动仪式并讲话。山东省副省长王随莲出席会议和启动仪式并致辞。冀祥德、邱新立等出席会议和启动仪式。冀祥德主持会议和启动仪式。李培林、王随莲、冀祥德、邱新立、刘爱军、成丽、中国山岳旅游联盟执行副秘书长王国银共同启动中国名山志文化工程。李培林代表中指组向山西省地方志办公室原主任李茂盛颁发“你真方志”牌匾和荣誉证书。李培林、王随莲、冀祥德、邱新立、刘爱军为方志出版社济南工作站揭牌。

是日，齐鲁名镇名村志丛书新闻发布会暨赠书仪式在济南市举行。李培林、王随莲、冀祥德、邱新立、刘爱军出席会议。

是日，山东省首家“方志书苑”揭牌仪式在济南市举行。李培林、王随莲、冀祥德、邱新立、刘爱军等出席仪式。

27日，山东省各市史志办主任工作会议在济南市召开。

28日，全国地方志系统旧志整理座谈会在京召开。刘玉宏主持会议并讲话。

是日，2018年江西省设区市地方志办公室主任会议在南昌市召开。

29 日，首届中国地情论坛、首届全国名村论坛在人民大会堂举行。李培林出席开幕式并讲话。中国社会科学院科研局局长马援出席开幕式，冀祥德、刘玉宏、邱新立出席开幕式并讲话。

30 日，中国国情网建设专家研讨会在国家方志馆召开。冀祥德、刘玉宏、邱新立出席会议。

2017年全国地方志系统相关统计指标数据

张晶萍 ①

为全面准确掌握全国地方志工作进展情况，特别是各地“两全目标”完成情况，中指办分别于2017年11月、2018年2月开展2017年度全国地方志系统统计工作和统计补报工作，并先后印发《关于开展2017年度全国地方志系统统计工作的通知》和《关于补报全国地方志系统统计数据的函》。

本次统计工作覆盖全国31个省（自治区、直辖市）和新疆生产建设兵团，涉及二轮志书、行业志、部门志、专业志、乡镇村志、街道社区志、山水名胜古迹志、地情书、教材、理论著述、工具书、历代方志整理出版、地方综合年鉴、行业年鉴、部门年鉴、专业年鉴、信息化建设、方志馆建设、地方志工作机构及人员等14个要件。各省在收到通知后，十分重视此次统计工作，第一时间向市县两级地方志机构进行通知传达。各级地方志机构积极部署，认真组织专业人员进行统计，通过逐级上报的方式，各省将省内统计数据进行汇总并上报中指办。中指办在收到各省上报材料后，对各省报送数据进行认真筛选、甄别、核实、统计、汇总，于2018年4月顺利完成2017年度全国地方志系统统计工作。

① 张晶萍，中指办信息处副主任科员。

附件1：全国第二轮省市县三级志书规划与出版情况统计表

附件2：全国地方志系统年鉴编纂任务及出版情况统计表

附件3：全国地方志系统行业志、部门志、专业志、乡镇村志、街道社区志、山水名胜古迹志、地情书、教材、理论著述、工具书、历代方志整理出版情况统计表

附件4：全国地方志系方志馆建设情况统计表

附件5：全国地方志系统信息化建设情况统计表

附件6：全国地方志系统工作机构情况统计表

附件7：全国地方志系统工作人员情况统计表

附件 1

全国第二轮省市县三级志书规划与出版情况统计表

（截至 2017 年 12 月 31 日）　　　　单位：部

序号	项目 行政区划	省级志书		市（地）级志书		县级志书	
1	北　京	68	11	—	—	18	2
2	天　津	61	35	—	—	16	7
3	河　北	72	4	7	3	148	102
4	山　西	91	42	7	3	119	62
5	内蒙古	76	15	12	4	103	49
6	辽　宁	84	8	57	18	100	53
7	吉　林	60	30	9	8	59	52
8	黑龙江	99	19	13	4	143	81
9	上　海	218	11	—	—	25	19
10	江　苏	60	15	13	8	96	76
11	浙　江	113	4	11	6	87	43
12	安　徽	88	47	17	17	110	110
13	福　建	80	33	9	3	84	35
14	江　西	102	0	11	9	100	96
15	山　东	74	56	17	10	138	106
16	河　南	136	0	18	14	150	142
17	湖　北	83	0	17	16	97	94
18	湖　南	66	48	14	6	121	96
19	广　东	43	43	19	19	99	99
20	广　西	68	26	15	4	106	34
21	海　南	55	6	2	0	20	0
22	重　庆	86	56	—	—	39	27
23	四　川	93	32	21	16	179	166
24	贵　州	64	17	9	2	88	53
25	云　南	68	0	16	6	128	74
26	西　藏	57	4	7	0	73	7
27	陕　西	77	23	11	1	106	27
28	甘　肃	72	16	14	7	85	46
29	青　海	62	12.5	8	1	46	14
30	宁　夏	25	25	5	1	22	15
31	新　疆	10	0	11	2	68	18
32	兵　团	5	4	15	1	144	12
合　计		2416	642.5	385	189	2917	1817

说明：1.《中共新疆生产建设兵团委员会党校、新疆生产建设兵团行政学院简志》《新疆农垦科学院志》《新疆生产建设兵团勘测规划设计研究院史志》《新疆生产建设兵团航空企业管理局、新疆通用航空有限责任公司志》等 4 部志书在 2016 年兵团志办公室上报的“2016 年度全国地方志系统统计”中按照地市级志书进行统计，省级志书仅有 1 部《新疆生产建设兵团志》。中指办在 2017 年发布的各省各级进度（带书名）中，将这 4 部志书划入省级志书范围，使兵团省级志书增加至 5 部，相应的地市级志书减少 4 部。参照中指办的划分标准，在兵团志办公室上报的“2017 年度全国地方志系统统计”中将这 4 部志书放在省级志书进行统计

2. 根据国务院相关规划与西藏自治区实际，西藏自治区再次规划二轮志书，编纂下限设为 2010 年

3. 青海省志规划 62 部，其中，《国税》和《地税》为 1 部，《邮政志》和《电信志》为 1 部

附件 2

全国地方志系统年鉴编纂任务及出版情况统计表

（截至 2017 年 12 月 31 日）

单位：种

序号	地区	省级综合年鉴	地（市）级综合年鉴				县级综合年鉴				行业、部门、专业年鉴
			区划数	启动编纂	一年一鉴	公开出版	区划数	启动编纂	一年一鉴	公开出版	
1	北 京	1	—	—	—	—	16	16	16	16	23
2	天 津	1	—	—	—	—	16	16	16	6	8
3	河 北	1	11	11	11	11	168	110	70	54	20
4	山 西	1	11	11	11	11	119	116	71	71	40
5	内蒙古	1	12	8	9	8	103	54	26	5	11
6	辽 宁	1	14	14	14	14	100	54	33	30	6
7	吉 林	1	9	9	9	9	60	60	48	51	4
8	黑龙江	1	13	13	11	7	128	100	47	14	17
9	上 海	1	—	—	—	—	16	16	16	15	17
10	江 苏	1	13	13	13	13	96	93	93	89	46
11	浙 江	1	11	11	11	11	89	89	80	74	51
12	安 徽	1	16	16	16	16	105	105	55	76	4
13	福 建	1	9	9	9	9	84	84	84	82	10
14	江 西	1	11	11	11	8	100	86	72	22	43
15	山 东	1	17	17	17	17	137	129	127	122	96
16	河 南	1	17	17	17	17	158	120	120	66	24
17	湖 北	1	13	13	13	13	103	98	97	49	23
18	湖 南	1	14	14	13	11	122	105	91	64	22
19	广 东	1	21	21	21	21	121	121	121	121	43
20	广 西	1	14	14	14	14	111	111	90	102	60
21	海 南	1	4	4	3	4	23	23	7	19	3
22	重 庆	1	—	—	—	—	38	38	36	17	12
23	四 川	1	21	21	21	21	183	183	178	157	33
24	贵 州	1	9	9	9	9	88	88	88	86	5
25	云 南	1	16	16	16	16	129	127	122	106	11
26	西 藏	1	7	7	7	7	74	57	40	55	1
27	陕 西	1	10	10	10	8	107	107	61	42	1
28	甘 肃	1	14	13	13	9	86	79	81	13	16
29	青 海	1	8	8	6	7	43	30	23	9	7
30	宁 夏	1	5	5	5	5	22	22	22	14	0
31	新 疆	1	14	14	14	14	96	87	52	84	4
32	兵 团	1	14	7	7	7	—	—	—	—	3
总 计		32	348	336	331	317	2841	2524	2083	1731	664

说明：除行业年鉴、部门年鉴、专业年鉴出版情况统计时限为 2016 年 10 月 1 日至 2017 年 12 月 31 日外，其他项统计时限均为截至 2017 年 12 月 31 日。启动编纂、公开出版栏的统计对象为省市县三级行政区划最新一卷

附件3 全国地方志系统行业志、部门志、专业志、乡镇村志、街道社区志、山水名胜古迹志、地情书、教材、理论著述、工具书、历代方志整理出版情况统计表

（2016年10月1日至2017年12月31日） 单位：部

序号	项目 / 行政区划	行业志 部门志 专业志	乡镇村志 街道社区志	山水名胜 古迹志	地情书	教材 理论著述 工具书	历代方志整理
1	北　京	0	6	0	18	2	0
2	天　津	0	1	0	2	0	0
3	河　北	22	85	0	59	5	25
4	山　西	36	28	1	45	1	24
5	内蒙古	19	2	0	20	2	4
6	辽　宁	20	6	0	20	4	5
7	吉　林	0	1	1	40	0	2
8	黑龙江	3	1	0	4	1	1
9	上　海	12	120	1	23	1	0
10	江　苏	25	42	1	46	1	11
11	浙　江	36	19	1	36	2	28
12	安　徽	10	3	0	19	0	2
13	福　建	8	5	0	21	0	11
14	江　西	32	13	3	35	1	11
15	山　东	57	79	4	50	8	45
16	河　南	26	39	1	38	1	28
17	湖　北	10	13	1	19	6	14
18	湖　南	26	17	2	34	8	12
19	广　东	17	31	0	45	7	13
20	广　西	9	3	0	17	0	11
21	海　南	3	2	0	0	0	1
22	重　庆	10	1	1	4	1	5
23	四　川	29	21	0	76	8	27
24	贵　州	20	11	0	19	5	3
25	云　南	39	14	3	17	0	12
26	西　藏	0	0	0	3	0	0
27	陕　西	42	19	4	25	1	64
28	甘　肃	14	6	0	48	0	5
29	青　海	2	0	0	0	1	0
30	宁　夏	1	0	0	4	0	1
31	新　疆	4	2	0	3	0	1
32	新疆生产建设兵团	3	0	0	0	0	0
总计		535	590	24	792	66	366

附件 4

全国地方志系方志馆建设情况统计表

（截至 2017 年 12 月 31 日）

单位：个

序号	行政区划	方志馆建设情况		
		省级	地市级	县区级
1	北　京	1	—	1
2	天　津	1	—	1
3	河　北		2	14
4	山　西	1	2	5
5	内蒙古	1	7	8
6	辽　宁		1	3
7	吉　林	1	7	16
8	黑龙江	1	14	57
9	上　海	1	—	4
10	江　苏	1	7	6
11	浙　江		3	10
12	安　徽	1	9	13
13	福　建	1	3	14
14	江　西	1	8	7
15	山　东	1	17	130
16	河　南	1	8	28
17	湖　北	1	8	4
18	湖　南	1	5	15
19	广　东	1	9	10
20	广　西	1	1	
21	海　南	1		
22	重　庆	1	—	9
23	四　川		7	17
24	贵　州		4	19
25	云　南		1	2
26	西　藏	1		
27	陕　西	1	2	2
28	甘　肃		2	10
29	青　海	1		
30	宁　夏		2	1
31	新　疆	1	3	24
32	兵　团			
总　计		23	132	430

说明：1. 广东省统计数据中包括地市级 1 个正在筹划中，未正式建设；县区级 1 个未建成

2. 西藏自治区于 2013 年立项西藏革命建设改革纪念馆，统计在内

3. 山西、内蒙古、安徽、福建、青海省级方志馆已经立项，重庆市方志馆在建，统计在内

附件 5

全国地方志系统信息化建设情况统计表

（截至 2017 年 12 月 31 日）

单位：个

种类＼项目	地情网站数		数字方志馆（数据库）建设		新媒体建设	
	规划数	建成数	规划数	建成数	规划数	建成数
省级	25	31	25	22	32	34
市级	204	221	79	53	126	128
县级	668	656	230	151	201	226

全国地方志系统信息化建设情况统计明细表

（截至 2017 年 12 月 31 日）

单位：个

序号	行政区划	省级地情网站数		省级数字方志馆（数据库）建设		省级新媒体建设		市级地情网站数		市级数字方志馆（数据库）建设		市级新媒体建设		县级地情网站数		县级数字方志馆（数据库）建设		县级新媒体建设	
		规划数	建成数	规划数	建成数	规划数	建成数	规划数	建成数	规划数	建成数	规划数	建成数	规划数	建成数	规划数	建成数	规划数	建成数
1	北　京	1	1	1	1	1	1							16	16	1		1	1
2	天　津	1	1	1		1	1							1		1			
3	河　北	1	1			1	1	4	4			1	1	7	7			41	41
4	山　西		1				1		5		2		2		4				6
5	内蒙古	2	2	2	2	2	2	12	12					3	5				
6	辽　宁		1		1				8		1		5		2		1		
7	吉　林	1	1	1	1	1	1	11	7					59	1				
8	黑龙江	1	1	1	1			4	4			2	2						
9	上　海		1	1			1							8	11	3	2	7	10
10	江　苏	1	1		1	2	2	13	9		2	13	13		29				14
11	浙　江	1	1	1	1	1		1	8	2	2	1	3	28	31	8	2	13	16
12	安　徽	1	1	1	1	2	2	16	14	16	1	16	3		6				4
13	福　建	1	1	1	1	1	1	10	7	5	4	4	4	83	28			12	10

续表

序号	行政区划	省级地情网站数		省级数字方志馆（数据库）建设		省级新媒体建设		市级地情网站数		市级数字方志馆（数据库）建设		市级新媒体建设		县级地情网站数		县级数字方志馆（数据库）建设		县级新媒体建设	
		规划数	建成数	规划数	建成数	规划数	建成数	规划数	建成数	规划数	建成数	规划数	建成数	规划数	建成数	规划数	建成数	规划数	建成数
14	江　西	1	1	3	2	1	1	11	7	3	1	10	10		4	2	1		9
15	山　东	1	1	1	1	1	1	17	17	17	17	7	7	137	137	137	137	17	17
16	河　南	1	1	1	1	2	2	10	14	8	7	15	14	33	24	22	2	21	11
17	湖　北	1	1	1	1	1	1	16	16	1	1	7	7	45	45			32	32
18	湖　南		2	1	1	1	1	14	11				2		24				1
19	广　东	1	1			2	2	11	15	6	3	11	13	58	86	16		17	7
20	广　西	1	1	1	1		1	14	14	1			4						1
21	海　南		1	1			1							1					
22	重　庆	1	1	1	1	1	1							6	4	3	1	3	2
23	四　川	1	1	1	1	4	4	13	17	8	1	11	11	15	18	18	3	14	14
24	贵　州	1	1	1	1	3	3	4	7	3	2	6	4	4	17	7		1	3
25	云　南							1	3					1	2	2		2	8
26	西　藏																		
27	陕　西	1	1			1		11	11	1	1	9	9	106	106			7	6
28	甘　肃	1	1	1	1	1	1	9	9	8	8	3	3	56	48	10	2	10	10
29	青　海	1	1																
30	宁　夏	1	1	1		1	1	2	2			1	1	1				2	2
31	新　疆	1	1	1	1	1	1						1		1			1	1
32	兵　团																		
总　计		25	31	25	22	32	34	204	221	79	53	126	128	668	656	230	151	201	226

说明：根据广西壮族自治区文件要求，已建成的县级地情网已办理永久下线

附件 6

全国地方志系统工作机构情况统计表

（截至 2017 年 12 月 31 日）　　单位：个

种类＼项目	独立	属政府办公厅（室）	与党史办合并	与档案局（馆）合并	与党史办、档案局（馆）合并	无机构	其他
省级	22	5	2	1	0	0	2
地市级	157	68	97	19	14	1	1
县区级	651	600	818	384	296	195	76
合计	830	673	917	404	310	196	79

说明：1. 浙江省地方志办公室隶属浙江省社科院，宁夏回族自治区地方志办公室隶属于宁夏回族自治区社会科学院，统计入“其他”项

2. 新疆生产建设兵团志办公室既属兵团办公厅又与党史办公室合并，不再计入党史办公室

3. 北京：县区级“其他”1 个：石景山区方志办与档案局合署办公

4. 内蒙古：呼和浩特市清水河县志办、托县志办、和林县志办、玉泉区志办、赛罕区志办为临时机构，回民区无机构；包头市东河区、白云矿区无机构；阿鲁科尔沁旗、巴林左旗、林西县、克什克腾旗、元宝山区、松山区属临时机构；乌兰察布丰镇市地方志工作职能划归市委宣传部，商都县地方志工作职能划归文化促进会，集宁区无机构；鄂尔多斯市达拉特旗地方志办公室是与党史办、报社合署办公

5. 辽宁：地市级“其他”1 个：抚顺市地方志办公室是抚顺市社科院的内设机构。县区级无机构 6 个：大连市中山区，抚顺市新抚区、东洲区，营口市站前区、西市区，葫芦岛市南票区

6. 黑龙江：县区级无机构的行政区划 9 个：哈尔滨市松北区，佳木斯市前进区、东风区、向阳区、郊区，七台河市桃山区、新兴区、茄子河区，大兴安岭地区新林区

7. 上海：闵行区地方志机构既是独立机构，又属于政府办公厅（室），纳入独立机构统计；金山区地方志机构既属区委办，又档案局（馆）合并，纳入属政府办公厅（室）统计

8. 江苏：县区级无机构 1 个：扬州市宝应县，县区级“其他”3 个：南通市崇川区地方志编纂委员会办公室、港闸区地方志编纂委员会办公室分别在崇川区委办公室、港闸区委办公室挂牌。宿迁市泗洪县地方志办公室机构、编制在县档案局，工作职能由县委党史工作委员会承担

9. 浙江：县区级“其他”3 个：义乌市志编辑部属临时机构；秀州区史志办所属秀州区委办公室；椒江地方志办公室属椒江区委办公室

10. 福建：县区级无机构 4 个：厦门市湖里区、海沧区、翔安区、集美区

11. 广西：县区级“其他”6 个：南宁市西乡塘区志办以及桂林市的象山区、叠彩区、雁山区、秀峰区、七星区志办属临时机构

12. 海南：地市级无机构 1 个：三沙市；县区级无机构 8 个：海口市秀英区、龙华区、琼山区、美兰区，三亚市海棠区、吉阳区、天崖区、崖州区

13. 西藏：县级地方志机构“其他”一栏中临时性机构 45 个，其中 21 个县（区）委办代管、20 个县（区）政府办代管、2 个宣传部代管、1 个政协办代管、1 个编译局代管

14. 陕西：县区级无机构 1 个：咸阳市彬县

15. 青海：市州级与档案局合并的 1 个：海西州；县区级与档案局合并的 2 个：都兰县、大柴旦行委；县区级无机构 14 个：海东市、天峻县、茫崖行委、大柴旦行委、玛沁县、甘德县、达日县、班玛县、久治县、玛多县、同仁县、尖扎县、泽库县、河南县；县区级临时机构 6 个：玉树市、称多县、囊谦县、杂多县、治多县、曲麻莱县。

16. 宁夏：县区级无机构 1 个：吴忠市利通区

17. 新疆：县区级无机构 1 个：伊犁州霍尔果斯市，该市刚成立，地方志机构未设

18. 新疆生产建设兵团：师级单位中，第八师石河子市志办公室是独立机构，同时与党史研究室合并，统计时

只纳入独立机构。另外 13 个师既属于师（市）办公室，又与党史研究室合并，统计时候只纳入师（市）办公室。团（场）级单位中，图木舒克市志办既属于市办公室，又与党史研究室合并，统计时候只纳入市办公室。其他 144 个团（场）无地方志机构

省级地方志工作机构情况统计表

单位：个

序号	项目 / 行政区划	独立	属政府办公厅（室）	与党史办合并	与档案局（馆）合并	与党史办、档案局（馆）合并	无机构	其他
1	北　京	1						
2	天　津		1					
3	河　北		1					
4	山　西	1						
5	内蒙古		1					
6	辽　宁	1						
7	吉　林	1						
8	黑龙江	1						
9	上　海	1						
10	江　苏	1						
11	浙　江							1
12	安　徽	1						
13	福　建	1						
14	江　西	1						
15	山　东	1						
16	河　南	1						
17	湖　北	1						
18	湖　南	1						
19	广　东	1						
20	广　西	1						
21	海　南			1				
22	重　庆	1						
23	四　川	1						
24	贵　州				1			
25	云　南		1					
26	西　藏			1				
27	陕　西	1						
28	甘　肃	1						
29	青　海	1	1					
30	宁　夏							1
31	新　疆	1						
32	兵　团		1	1				
合　计		22	5	2	1			2

市级地方志工作机构情况统计表

单位：个

序号	项目 行政区划	独立	属政府办公厅（室）	与党史办合并	与档案局（馆）合并	与党史办、档案局（馆）合并	无机构	其他
1	北　京							
2	天　津							
3	河　北		11					
4	山　西	9		2				
5	内蒙古	2	4	3		3		
6	辽　宁	5	2	6				1
7	吉　林	9						
8	黑龙江	8		1	4			
9	上　海							
10	江　苏	3		8	1	1		
11	浙　江	3	2	4		2		
12	安　徽	10		4	2			
13	福　建	8	1	1				
14	江　西	2	2	7				
15	山　东	12	5					
16	河　南	12	3	1	1	1		
17	湖　北	3		7	2	5		
18	湖　南	9		5				
19	广　东	8	1	7	4	1		
20	广　西	7	2	5				
21	海　南	1		2			1	
22	重　庆							
23	四　川	11	3	7				
24	贵　州	5		3	1	1		
25	云　南	10	2	3	1			
26	西　藏		2	5				
27	陕　西	6	3	1	1			
28	甘　肃	5	9	1				
29	青　海	6	1		1			
30	宁　夏	2	2	1				
31	新　疆			13	1			
32	兵　团	1	13	14				
合计		157	68	97	19	14	1	1

县级地方志工作机构情况统计表

单位：个

序号	项目 / 行政区划	独立	属政府办公厅（室）	与党史办合并	与档案局（馆）合并	与党史办、档案局（馆）合并	无机构	其他
1	北京			11	2	2		1
2	天津		8	2	6			
3	河北	15	107	8	14	24		
4	山西		43	2	72	2		
5	内蒙古		9	28	12	36	6	12
6	辽宁	6	36	28	18	6	6	
7	吉林	8	16	8	28			
8	黑龙江	22	40	3	56	2	9	
9	上海	2	1	6	2	5		
10	江苏	8	5	45	17	19	1	3
11	浙江	6	9	46	7	14		3
12	安徽	35	30	13	21	9		
13	福建	71	7	1			4	
14	江西	17	28	47	3	5		
15	山东	54	48	24	9	2		
16	河南	92	30	23	5	11		
17	湖北	7	9	49	2	34		
18	湖南	5	8	83	6	24		
19	广东	35	22	42	17	23		
20	广西	60	8	35		3		6
21	海南	1		14			8	
22	重庆	9		10	13	7		
23	四川	75	27	66	8	7		
24	贵州	9	2	35	31	19		
25	云南	63	7	59				
26	西藏		24	5				45
27	陕西	19	18	33	20	16	1	
28	甘肃	30	30	21	4			
29	青海		24		2		14	6
30	宁夏	2	3	9	3	4	1	
31	新疆			62	6	22	1	
32	兵团		1	1			144	
合计		651	600	818	384	296	195	76

附件 7

全国地方志系统工作机构情况统计表

（截至 2017 年 12 月 31 日）

单位：个

项目 / 种类	定编	在编	聘用	在编人员情况														
				行政管理人员							专业技术人员			学历学位情况				
				正厅（局）级	副厅（局）级	正处级	副处级	正科级	副科级	科员及以下	高级	中级	初级及以下	博士	硕士	本科	大专	高中以下
省级	1342	1227	71	23	62	246	245	347	88	83	44	82	29	29	269	749	143	40
地市级	4279	3861	487	7	31	424	690	1206	615	705	119	175	178	20	515	2750	547	87
县区级	14171	13132	3105	0	0	149	309	3217	3378	5628	255	541	517	6	498	8052	4291	525
合计	19792	18220	3663	30	93	819	1244	4770	4081	6416	418	798	724	55	1282	11551	4981	652

说明：1. 黑龙江省地市级在编人员中，专业技术人员高级：2 人与副局级重复，6 人与正处级重复，2 人与副处级重复；中级：4 人与正处级重复，2 人与副处级重复，4 人与正科级重复，4 人与副科级重复；初级及以下：1 人与正局级重复，4 人与副处重复，5 人与正科级重复，3 人与副科级重复，5 人与科员重复。区县级在编人员中，专业技术人员高级：5 人与正科级重复，1 人与副科级重复，1 人与科员及以下重复；中级：人与副处级重复，6 人与正科级重复，3 人与副科级重复，3 人与科员及以下重复；初级及以下：2 人与正科级重复，1 人与副科级重复，10 人与科员及以下重复。以上共 74 人存在“既有行政职务又有专业技术职称”情况

2. 福建省厦门方志办有一个正处（副局）级，列入副厅（局）级统计

3. 云南省地方志办在编人员情况统计中，行政管理人员与专业技术人员存在交叉重复情况

4. 西藏自治区县（区）级无专门地方志编制，已全部实现“专人专编”，临时抽调人员人数众多

5. 兵团志办公室有援疆干部 1 人；地市级 1 人、县区级 125 人从其他部门调来专兼职从事方志工作；县区级有图木舒克市史志办定编 3 人，在编 1 人

编后记

从2015年中指办正式启动中国地方志“一体两翼”工程以来，《中国方志发展报告》已经取得了重要成果。《中国方志发展报告（2015）》于2015年12月出版，《中国方志发展报告（2017）》和《中国方志区域发展报告（2017）》于2017年12月出版，《中国方志发展报告（2018）》历经一年的组稿、审稿、编辑、修改、总纂等环节，如今付梓面世。

《中国方志发展报告（2018）》，由总报告、评估报告，有关地方志工作机构、课题组等撰写的专题报告、探索与创新，以及附录汇编而成。

2017年12月，《中国方志发展报告（2017）》出版座谈会暨《中国方志发展报告（2018）》编纂启动会在广东深圳召开，会议邀请近50位省级地方志工作机构有关部门负责人、撰稿人以及方志界和科研院校的专家、学者参会，研讨《中国方志发展报告》编辑部此前制定的《〈中国方志发展报告（2018）〉编写方案》。该方案计划设立总报告、评估报告、专题报告、探索与创新、附录等栏目。与会人员进行了认真研讨提出了许多很好的意见和建议。3月，根据会议精神修改后的编写方案报经中指办党组研究通过。4月，中指办方志处按照编写方案要求，组织中指办，各省（自治区、直辖市）地方志编委会办公室、新疆生产建设兵团志办公室有关专家填写《〈中国方志发展报告（2018）〉分报告撰写申请表》并进行初稿撰写。6月，各位撰稿人陆续提交报告初稿。7—8月，方志处逐一对报告进行审阅并提出修改意见，联系撰稿人修改稿件。9—10月，杨海峰负责对《中国方志区域发展报告（2017）》进行统稿。11月初，上报中指办领导终审。11月中旬，交付方志出版社出版。

《中国方志发展报告（2018）》在编纂过程中，得到了中国地方志指导小组及其办公室领导的高度重视。中国社会科学院院长、中指组组长谢伏瞻，中国社会科学院原院长、中指组原组长王伟光，中国社会科学院副院长、中指组常务副组长李培林对这项工作给予关注和肯定，并就编纂工作作出重要指示。中指组秘书长，中指办党组书记、主任冀祥德，高度重视《中国方志发展报告（2018）》编纂工作，从报告定位、篇目框架、内容要求等方面提出了指导性意见和建议，还对全书进行了审定。中指办副主任邱新立十分关心编纂工作进展情况，对篇目框架、内容要求提出了指导性意见和建议。

本书可以说是集体智慧的结晶，得到了各级领导的高度重视和各级地方志机构的大力支持，各位撰稿人不辞辛劳反复修改打磨，各位编辑认真负责审读并提出意见。在本书出版之际，我们向所有参与和支持本书编修的同仁表示由衷的谢意。

由于编者经验和水平有限，不足之处在所难免，恳请广大读者提出宝贵意见，以便我们在下一年度的《中国方志发展报告》中改进完善。

《中国方志发展报告》编辑部

2018年11月